오래된 **신세계**

오래된 신세계

다음 단계의 문명을 위하여

2013년 6월 24일 제1판 1쇄 인쇄
2013년 7월 1일 제1판 1쇄 발행

지은이	숀 윌리엄 밀러
옮긴이	조성훈
펴낸이	이재민, 김상미
편집	이미경
디자인	달뜸창작실
종이	다울페이퍼
인쇄	천일문화사
제본	동호제책
펴낸곳	너머북스
주소	서울시 종로구 누하동 17번지 2층
전화	02)335-3366, 336-5131 팩스 02)335-5848
등록번호	제313-2007-232호

ISBN 978-89-94606-20-0 03940

너머북스와 너머학교는 좋은 서가와 학교를 꿈꾸는 출판사입니다.

오래된 **신세계**
다음 단계의 문명을 위하여

숀 윌리엄 밀러 지음 조성훈 옮김

차_례_

이 책은 유럽인이 라틴아메리카를 정복하기 전부터 오늘날까지 라틴아메리카 환경이 겪은 역사를 다루고 있습니다. 라틴아메리카만큼 생태와 환경이 다양한 곳도 많지 않습니다. 그래서 라틴아메리카를 연구하면 자연과 인간의 관계는 물론 자연이 인류 문명에 미친 영향에 대해 놀랍고도 흥미로운 역사를 배울 수 있습니다. 아스텍이나 잉카 같은 콜럼버스 이전 시대 사람들이나 오늘날 라틴아메리카를 구성하는 19개국에 이르기까지 자연은 지역 경제, 사회, 문화에 깊은 영향을 끼쳐왔습니다.

이 책은 환경사의 물질 면에 주로 관심을 기울입니다. 한국 독자 분들도 이 책에 나온 사례와 실천에서 한국인들 자신의 환경사에 대한 영감을 얻기 기대합니다. 환경사는 한국에서 식민주의로 생겨난 변화를 다룬 것일 수도 있고 빠른 산업 발전 및 도시 성장에 따른 문제일 수도 있습니다. 이 책에서 여러분은 전염병, 농업 위기, 광업에 따른 독성 물질 피해, 자연재해, 지질 변화, 자동차에 따른 오염과 교통 체증, 인구 혁명, 국제 관광업, 환경주의 사상의 발전과 환경 입법·정책 실행에 이르기까지 모든 근대 국가 및 근대화하는 국가에 환경사는 중요한 주제임을 알 수 있습니다.

역사가가 역사를 쓰는 데는 여러 이유가 있겠지만 제 바람은 사람들이 역사를 통해 자신이 환경 속의 다른 여러 종 가운데 하나라는 점을 좀더 잘 이해하는 것입니다. 옛 사람들의 성공과 실패를 새겨 보고 나라와 가족을 위해 무엇이 필요하고 무엇이 바랄 만한 일인지도 생각해 보기를 바랍니다. 저는 인류가 계속 성공을 거두려면 이러한 문제를 고려해야 한다고 생각합니다. 역사는 인간이 먹고 쓰고 함께하는 자연과 더 나은 관계를 맺기 위한 가장 좋은 도구라고 믿습니다. 자연은 우리에게 하루하루 먹을 양식을 제공하고 눈부시게 아름다운 풍경을 보여주기도 합니다. 그러한 자연이 인류에게 겸손함 또한 가르쳐주기를 기대합니다.

이 책을 한국 독자에게 소개하게 되어 매우 기쁩니다. 이 책에 관심을 보이고 번역하여 출판을 가능하게 한 조성훈 씨에게 진심으로 감사드립니다.

2013년 6월 유타 주에서
숀 윌리엄 밀러

라틴아메리카 환경사도 다른 환경사와 마찬가지로 역사가 짧습니다만 조금씩이나마 꾸준히 흥미로운 연구 성과가 쌓여가고 있고 저도 그런 연구에서 도움을 많이 받았습니다. 라틴아메리카 환경사에 관해 해마다 점점 더 다양한 주제로 새로운 역사 연구물이 나오고 있습니다. 거기에다 라틴아메리카 환경의 과거에 관심을 보인 사람은 역사가만이 아니라서 지리학자, 인류학자, 과학자를 비롯한 여러 다른 분야 사람들의 연구 성과도 참고할 수 있었습니다.

저는 이 책에 각주를 비롯한 학술 서적다운 요소를 되도록 적게 넣었습니다만, 이 책의 "더 읽을거리"에 나오는 저자들은 이 책 내용뿐만 아니라 제 생각을 가다듬는데도 분명히 영향을 끼쳤습니다. 연구 내용과 몇몇 결론은 제가 직접 한 것으로 잘못이 있다면 그 책임은 온전히 저에게 있습니다.

환경사는 새로운 분야입니다. 따라서 우리는 열대 자연이 거쳐온 역사에 관련된 의문점에 이제야 겨우 답을 찾기 시작했으며 매우 중요한 의문들에는 아직도 답하지 못했음을 잊지 말아야 합니다. 제가 이 책에서 가장 힘주어 강조한 주장 상당수는 아직 결론 나지 않은 것일 수 있습니다. 독자 여러분이 제가 이야기한 것을 분명한 사실로 받아들이지 않고 의문점들 자체에 얼마나 관심을 보이느냐가 이 책의 성공을 가늠하는 척도가 될 것입니다.

격려와 전문 지식으로 저를 도와준 허버트 클라인, 스튜어트 슈바르츠, 켄들 브라운, 제프리 셤웨이 씨께 특별히 감사드립니다. 그리고 무엇보다 제 가족, 특히 켈리에게 고맙다고 말하고 싶습니다. 이 책 또한 켈리에게 바치는 것입니다.

틀림없다. 이 땅이야말로 사람 살기에 가장 좋은 곳이다. 유난히 맑은 공기에 더없이 기름진 흙. 내 앞에 놓인 모든 것이 무척이나 흐뭇하고 눈이 즐거운 것들뿐이다.[1]

　1519년 에르난 코르테스Hernán Cortés는 멕시코 아스텍 제국으로 쳐들어가 아메리카 정복에서 가장 중요한 사건을 마무리 지었다. 쿠바에서 돛을 올린 코르테스 군대는 코수멜Cozumel의 산호초 지대를 지나고, 베라크루스Veracruz의 열대우림을 헤치고, 연기를 내뿜는 시에라마드레Sierra Madre의 화산 지대를 돌아 멕시코 계곡의 거울처럼 맑은 호수들을 가로질렀다. 지구에서 가장 아름답고 다채로운 지역 중 한 곳을 지나온 것이다. 놀랍게도 정복자들은 아스텍 제국까지 가는 길에 만난 자연에 대해 할 말이 거의 없었다. 자연은 의식할 필요가 없는 당연한 것이었다. 정복 연대기를 쓴 코르테스, 프란시스코 로페스 데 고마라 Francisco López de Gómara, 베르날 디아스 데 카스티요Bernal Díaz del Castillo 는 자연보다는 아메리카의 이국적인 문화를 정복한 사건에 초점을 맞췄다. 어떤 적이었고 어떻게 무릎을 꿇게 했는지가 이야기할 만한 것이었다. 아메리카의 자연은 이미 아메리카 원주민 문화가 정복한 것으로 보였다. 아메리카에서 사람이 만든 제국은 얼마간 저항할 수 있겠

10

지만 자연은 제국의 지배권을 새 주인들이 넘겨받자마자 납작 엎드려 가진 것을 내놓을 것이다.

코르테스와 부하들의 역사를 보는 관점은 편협하고 흔해빠진 것이었다. 그러한 역사관에서는 더 나은 문화, 기술, 종교를 지닌 무리들이 문명의 지배자로서 끊임없이 앞선 무리의 자리를 이어받는다. 코르테스 일당에게 옛날이란 정복자인 인간이 승리를 뽐내며 나아가는 인류의 개선 행진일 뿐이었다. 자연은 역사가 어떤 모습으로, 어떤 길로 가야 하는지 아무런 역할도 하지 않는 것과 같았다. 코르테스는 뒷날 중앙아메리카의 수수께끼 같은 숲까지 정복지를 넓히려 남쪽으로 떠날 때도 이런 생각에 사로잡혀 있었다. 한때 원기 왕성한 문명이었으나 폐허가 되어버린 마야Maya의 옛 땅에 들어선 코르테스와 그 뒤를 따른 무리는 나무에 발이 걸려 넘어지면서도 그 나무는 보되 과거는 보지 못했다. 어두컴컴한 정글은 겨우 600년밖에 안 된 것이었다. 그런 정글이 죽어 나자빠진 마야 도시들의 시체에 뿌리를 박은 채 기둥들을 갈라놓고, 마야 문명이 무너진 이유를 알려줄지도 모를 자료들을 헤집어 놓고 있었다. 그곳을 지나간 에스파냐 사람들에게 한때 으리으리했던 마야의 도시들은 수풀이 우거진 언덕에 알아볼 비석 하나 없는 도시의 무덤들일 뿐이었다.

코르테스는 정복을 하러 갔지만 이미 정복자들이 지나갔음을 알아채지 못했다. 눈부신 도시와 예술과 글과 기술과 도로로 반천년을 빛난 마야 문명이었다. 그런 문명이 어떻게 무너졌든 간에 결국 이긴 것은 자연이었다. 자연이 문명의 승리와 실수를 모두 덮어 가렸다.

여전히 우리는 역사를 에스파냐 정복자들과 같은 방식으로 이해한다. 역사를 자연과 아무 상관없이 살아간 문화 공동체들이 겪은 사건들로 여기는 것이다. 인간사라는 연극 무대에 문화라는 소품은 있지만 자연 풍경은 없는 것 같다. 얼마 전까지만 해도 우리 역사에는 짐승, 시내, 식용 작물, 흙덩이가 없었다. 그렇지만 자연은 인간사의 배경이기만 한 것도 아니고, 인간사를 지탱해주는 자원인 것만도 아니다. 자연의 배우들인 동물, 식물, 광물도 배역을 맡으며 그 비중은 인간의 것과 맞먹는다. 자연을 뺀 역사는 이기적인데다 부정확하고, 많은 것을 보지 못할 뿐만 아니라 인간사의 줄거리에 위험을 끼칠 수도 있다. 제대로 된 연극을 하고 싶다면 반드시 자연과 문화를 모두 주인공으로 뽑아야 한다. 둘은 서로 아프게도, 낫게도, 돕기도, 다치게 하기도, 죽이기도, 살리기도 해왔다. 하지만 자연과 문화 어느 쪽도 다른 쪽의 운명을 모두 결정할 수는 없었다. 오히려 그 반대였다. 둘은 자기 배역을 매우 약삭빠르고 예측할 수 없는 연기를 하기 때문에 한쪽이 다른 한쪽을 완벽하게 곯려먹는 일은 있을 수 없다. 바로 그 고집스러움 때문에 자연과 문화는 때로는 평범한 모습으로 때로는 재앙으로 서로 깊은 영향을 미친다. 모든 역사가 환경사일 필요는 없지만 몇몇 역사에서는 자연이 문화만큼이나 큰 몫을 한다.

이 책은 신대륙의 북회귀선 남쪽, 멕시코에서 카리브 해를 거쳐 남아메리카의 원뿔 지대까지 아우르는 열대 및 아열대 생태 지역의 인간과 자연의 역사를 다룬다. 아스텍의 테노치티틀란Tenochtitlán에서 먹을 것을 찾는 전략에서부터 오늘날 멕시코시티에서 숨 쉬기 위한 투쟁까지 거의 6세기에 걸친 역사를 다룰 것이다. 주제는 지난날의 열대 농사법부터 오늘날의 환경 관광까지 폭넓다. 그러나 주요 관심은 사람들이 열대를 어떻게 삶터로 삼으려고 애썼는가를 살펴보는 데 있다.

　콜럼버스를 비롯한 많은 사람이 에덴동산 같다고 한 그 풍경 위에서
사람이 산 곳은 어떤 모습이었는가? 인간은 자신이 자리 잡은 자연과
어떻게 어울렸는가? 우리는 사람이 산 곳, 그러니까 문화와 자연이 만
나 상대를 자신에게 맞추고자 겨루었던 그곳을 일컬어 삶터란 낱말을
쓸 것이다. 한 사람의 보금자리이건 한 문명 전체의 보금자리이건 삶
터는 인간 문화의 가장 중요한 상징 중 하나다. 삶터는 안전함, 아늑함,
아름다움, 가족, 장소, 기억을 품은 개념이다. 환경사에서 삶터의 특성
은 모두 이야기할 만한 것이지만 그중 우리의 최대 관심사는 열대 문
명이 세운 계획이 지속 가능한 것인지를 따지는 일이다.

　라틴아메리카에서 사람이 산 곳은 그들과 자식들, 자식의 자식들을
먹여 살리는 데 얼마나 성공하고 실패했는가? 원주민의 삶터는 길게
보아 자연과 더불어 살 수 있는 것이었나? 유럽인 이주자들과 아프리
카인 일꾼들이 만든 식민 도시와 농장은 아메리카의 풍경을 많이 망가
뜨렸는가? 새로 독립한 라틴아메리카 나라들은 자연의 부를 그 회복
속도보다 더 빨리 수출했기 때문에 지속 불가능한 이 산업에서 역시
지속 불가능한 저 산업으로 널뛰기를 해야 했던 것인가? 마지막 질문
은 다음과 같다. 오늘날 라틴아메리카의 삶터는 대개 도시이며, 이러
한 도시에는 대부분 건물이 빼곡하게 들어서 있는데 그렇다면 도시는
문화 붕괴로 가는 사악한 길에 있는 것인가? 여러분은 이 가운데 몇몇
질문에 대한 최근 대답에 놀라게 될지도 모른다.

　지속 가능한 발전과 지속 가능성을 헷갈리지 말아야 한다. 지속 가
능한 발전은 우리 관심사가 아니다. 환경사는 다른 역사와 달라서 물

질문명 진보나 사회 평등보다 문명이 얼마나 오래갈 수 있는가에 더 관심을 둔다. 첫인상은 딱딱해 보일 수도 있겠지만 환경사는 개인이 생물로서, 또 물질 면에서 성공을 거두는 것보다 인간 문명이 살아남는 데 더 관심이 있다. 인간이라는 생물 종은 박테리아만큼이나 끈질기고 공룡보다는 설치류와 비슷하며 온갖 인재人災와 자연재해에도 살아남았다.

고도로 발달했던 마야 문명은 오늘날 얼키설키 얽힌 숲 아래 말 없는 비극이 되어 묻혀 있다. 하지만 마야인들은 여전히 우리 곁에 튼튼한 한 민족으로 확실하게 살아 있다. 지금까지 자연은 사람이 생물로서 살아남는 일에 위협을 가한 적은 없다. 그러나 북회귀선 남쪽 아메리카의 역사에는 수많은 문명이 무너진 사례가 무더기로 있다. 마야 말고도 망했다고 알려진 문명이 10개가 넘는다. 어쩌면 우리가 모르는 그보다 더 많은 문명이 사라졌을 것이다. 인간이라는 종이 삶터를 꾸미는 가장 발달한 형태인 문명은 무척이나 약했던 것이다. 문명을 잃는 것은 안전함, 아늑함, 가족, 장소뿐 아니라 역사마저 잃는 것이다. 인류 멸종을 빼면 그야말로 인류 최대의 비극이라 할 수 있다.

지속 가능성이라는 문제를 다루는 데 초점을 맞출 주제는 네 가지다. 인구, 기술, 자연관, 소비관이 그것이다. 여러 요인 중에서 문명이 환경 속에서 지속 가능한 정도에 지대한 영향을 끼친 것이 이 요인들이다. 다른 조건이 모두 같다면 사람 많은 쪽이 적은 쪽보다 지속 가능성이 적다. 하지만 다른 모든 요인이 같은 일은 거의 없다. 적은 인구라도 덮어놓고 마구 쓰는 쪽이 인구가 많더라도 물질적으로 욕심이 덜한 쪽보다 오래가기 어렵다. 따라서 풍경과 시간을 가로지르는 이 여행에서는 문화와 자연이 가깝게 만나는 지점인 소비를 중요하게 다룰 것이다. 사람은 다른 생물 종과 마찬가지로 자연을 소비해야 살 수 있지만 생물로서 사는 데 필요한 것보다 확실히 더 많은 양을 소비하는 동물이기도 하다. 기술은 양날의 칼과 같은 주제다. 이를테면 잉카의 나무 난로와 시내 전차 덕분에 문화는 땔감을 덜 쓰고 오염도 덜 일으키며 난방과 교통을 해결할 수 있었다. 그러나 전기톱이나 자동차 같은 기술은 문화가 자원을 낭비하게 부추겨 엄청난 피해를 불러일으켰다.

문화의 자연관은 인간과 자연이 어울리는 방식을 결정하며 문화의 지속 가능성이 가장 중요한 요인일 수 있다. 때로는 생각도 중요한 법이다. 자연관이 그 자체로 역사에서 정말 중요했는지는 아직 살펴봐야 할 문제이다. 우리 인간이라는 종은 서로 힘을 모아 지구를 개조하고 그 다양성과 생명력을 파괴해왔다. 역사는 자연에 대한 종교 또는 과학적 관점은 여기에 영향을 끼치지 못했음을 보여준다. 원주민 중 상당수의 자연관은 유럽인의 자연관보다 자연에 훨씬 덜 해로운 것이었지만 원주민들도 숲을 사라지게 하고, 짐승을 사냥해 깡그리 없애고, 땅을 깎아 물욕과 정신의 욕망을 채웠다. 더욱 놀라운 것은 21세기 서구인들이 자연을 살갑게, 친근하게 본다는 점에서 그 어느 때보다도 깨어 있는 시대에 살고 있다는 사실이다. 대중적인 환경 운동이 일어난 지 반세기도 되지 않아 이 운동은 현대인의 생각에 엄청난 혁명을 일으켰다.

어쩌면 우리는 그 어느 때보다도 자연을 가치 있고 사랑스럽고 거룩하고 소중한 것이라고 여긴다. 하지만 환경주의 혁명에 가장 공이 큰 선진국들은 자신들이 사랑하고 존중한다는 바로 그 자연을 전에 없이 빠르게 소비하고 더럽히고 죽이고 있다. 윌리스 스테그너Wallace Stegner(퓰리처상 수상 작가. 미국 서부를 배경으로 한 여러 작품을 썼다―옮긴이)가 일깨워준 것처럼 자연 사랑과 자연 파괴는 완벽하게 양립할 수 있다. 물론 이념은 중요하다. 이념을 무시하지는 않으나 거의 모든 모임과 믿음이 그렇듯 시대착오는 그대로인 채 위선이 판친다.

역사가 해야 할 일 가운데 하나는 인간의 기억을 한 세대 넘게 이어가는 것이다. 한 세기를 사는 사람은 거의 없다. 우리 중에 자신이 태어났을 때 풍경이 어땠는지 말할 수 있는 사람도 거의 없다. 사실 많은 라틴아메리카 사람들은 미국 사람들만큼이나 빠르게 풍경을 바꾸기 시작했고, 자기 자신들도 걸핏하면 이곳저곳 더 나은 삶을 찾아 옮겨 다닌다. 그러다 보니 지금 자신의 삶터가 겨우 20년 전에 어떤 모습이었는지 아는 사람이 거의 없다. 우리는 이 땅에 우리가 영향을 끼친 것들에 대해 거의 알지 못한다. 어쩌면 시간이 흐름에 따라 잃어버렸을지도 모를 것들에 대해서는 거의 모르는 것이나 다름없다. 환경사는 우리가 잃어버린 것들을 떠올리고 이를 우리의 역사의식 속에 깊이 아로새기기 위한 것이다. 정식으로 자연을 역사 속에 넣어야만 현재와 미래에서 자연의 위치가 어떻게 바뀌었는지 알 수 있을 것이다.

J. R. 맥닐은 환경사를 사람과 "나머지 자연"의 역사로 간결하게 뜻풀이했다. 아무리 받아들이기 힘들다 해도 사람도 자연이다. 환경사가 자연사가 되지 않는 이상 이 이야기의 주 무대에는 사람이 남을 것이다. 또한 사람이 아닌 생명과 더불어 살아가려면 도움을 받아야만 하는 무생물 자원의 이야기도 구성의 한 부분이 될 것이다. 이 이야기에는 원주민, 식민자, 노예, 기업가, 농민, 도시인, 관광객 말고도 천연두,

설탕, 수은, 왜가리, 나비, 구아노, 고래, 태풍, 암초가 나온다. 라틴아메리카의 나머지 자연이 지닌 어마어마한 다양성은 이야기를 한층 재미있게 한다. 라틴아메리카의 인종 및 종족 구성이 다양하다 해도 사람은 결국 생물 종의 하나일 뿐이다.

반면 라틴아메리카의 관다발 식물은 3만 종이 넘는다. 또 다른 열대 대륙으로 라틴아메리카보다 훨씬 큰 아프리카나 아시아의 세 배에 이르는 숫자다. 난초만 따져도 8,000종이 있다. 3,000종이 넘는 새가 라틴아메리카에 살며, 아마존 강과 그 지류에는 2,000여 종류의 물고기가 살아간다. 작은 페루에는 나비가 3,532종이 있다. 그 어느 나라도 나비 종류가 이렇게 다양하지 않다. 나무 한 그루가 개미 50종을 먹여 살린다고 한다. 물론 이 모든 수치는 현재 이야기다. 실제로 헤아려 보기 전에 무엇을 잃었는지 알 도리가 없다. 그러나 우리는 살아남은 종 가운데 많은 수가 위협받고 있음을 안다. 브라질에서만 650종이 위협받고 있다.

우주의 시공간은 엄청나게 깊고 넓지만 우리에게는 그것을 모두 느낄 만한 능력이 없다. 우리가 이때까지 생명이 얼마나 드문 것인지를 깨닫지 못한 것은 그 때문이다. 우주 대부분은 텅 비고 생명이 없는 공간이다. 적어도 우리가 아는 한 이 지구 동물원에서 숨 쉬고 새끼를 낳는 생물들의 생명은 우주의 시공간을 통틀어 하나뿐일지도 모른다. 인간은 나머지 자연과 많은 부분이 같지만 놀랄 만큼 드문 존재들이라는 점만큼 우리와 자연의 공동 운명을 뚜렷하게 보여주는 사실은 없을 것이다. 우리는 보통 드문 것을 귀하게 여긴다. 그런데도 흔히 사람이든 사람이 아닌 것이든 살아 있는 것을 아무 생각 없이 다루고 있으니 앞

뒤가 안 맞는다. 이 우주에서 생명이 얼마나 연약한 존재인지를 이해하기만 한다면 아무리 이상하고 끔찍하게 생긴 생명이라도 더 많은 사람이 생명을 소중히 여길 것이다.

이 책 전반에서 문화를 평가할 가장 중요한 잣대는 지속 가능성이다. 이 잣대는 그 무엇보다 사람에게 중요한 조건이다. 지속 가능성은 자연의 건강과 생존에는 아무것도 보장해주지 않고 사람의 건강과 생존만 보장한다. 또한 오래가고 성공한 인간 사회를 만드는 데에만 초점을 둔 나머지 사람이 잘사는 데 뚜렷하게 보탬이 되지 않는 자연물은 신경 쓰지 않는다. 사실 지속 가능성은 인간 사회에 위협이 되는 자연물이나 생물은 인정사정없이 공격한다. 나아진 점도 있다. 우리는 몇몇 마음에 드는 생물 종을 구해냈다. 한 보기로 50년 전만 해도 사람들이 거의 신경 쓰지 않았던 고래를 들 수 있다. 몇몇 물줄기를 깨끗하게 하고 몇몇 구역에서는 갈수록 신경을 거슬리게 하던 도시 공기를 맑게 하기도 했다. 하지만 우리 스스로 보기에도 사람이 하는 일 대부분에는 지속 가능성이 많이 모자란다. 이는 이 별의 다른 생명들에도 좋은 징조라 하기 어렵다.

지속 가능성은 여전히 문화의 목표로 칭찬할 만한 것이지만 지속 가능성을 이룬다 해도 자연이 맞이할 비참한 운명을 뒤집지는 못한다. 자연을 지키려면 인간 행동에 지금보다 더 놀라운 변화가 일어나야 한다. 사람이 아닌 것들의 생명과 생명 없는 풍경도 지켜주어야 한다. 그러한 존재들이 계속 존재할 권리에 더 세심하게 마음을 써주어야 한다. 또한 우리는 끝없는 물질적 성장에 더는 매달리지 않아야 할 것이다. 그렇게 행동을 바꾼다고 해서 인간이 죽이고 먹을 권리를 잃지는 않을 것이다. 모든 생명체는 살기 위해 죽이고 먹어야 한다. 우리가 야생에 늑대를 다시 풀어놓았듯이 천연두를 다시 풀어놓을 필요는 없다.

우리가 해야 할 일은 문화의 목표를 덮어놓고 자연을 죽이며 끝없이 진보하는 쪽에서 자연과 함께 즐겁고 보람차게 사는 쪽으로 방향을 트는 것이다. 위험은 우리 가운데 많은 수가 알게 모르게 생각하고 아마도 기꺼이 받아들일 한 가지 가능성에 있기 때문이다. 인류는 천연두도 늑대도 없이, 또한 숲도 새도 산호초도 물고기도 들판도 풀밭도 없이 오래오래 살아갈 수 있을지 모른다는 가능성이다. 우리는 발전하는 기술과 기예를 이용해 자연 없이도, 또는 지금 있는 자연보다 더 작아진 자연만으로도 오랫동안 살 수 있을지도 모른다. 목숨을 지탱하는 지구 환경을 떠난 공상과학 소설 속 우주 여행자들처럼 우리도 합성식품과 정화 산소와 오줌을 거른 물을 소비하고 기후를 조종하며 생물로서 영원히 살 수 있을지도 모른다. 인간이 아닌 자연물에 대한 영혼의 갈망은 예술로 달랠 수 있을지도 모른다. 새 소리는 무선 이어폰 방송으로 듣고, 넓디넓은 숲과 어슬렁거리는 야생동물은 영상으로 보면서 우리 삶 구석구석은 점점 더 가상현실로 가득 찰 것이다.

이처럼 영화와 소설은 우울하고 절망적인 미래를 자주 그려왔다. 그리고 그러한 미래는 지속 가능할 수도 그렇지 않을 수도 있지만 늘 지옥 같은 모습이다. 자연과 인류의 긴긴 싸움에서 인간이라는 종만이 살아남는 것이 진정한 승리라고는 상상할 수 없다. 장차 약아빠진 우리 인류 문명에게 자연의 나머지 부분이 주는 생물 다양성은 필요 없을지도 모른다. 그렇지만 우리는 생물 다양성을 절실히 바라고 있다. 다음 단계의 환경관은 그것을 깨달은 환경관이이어야만 한다.

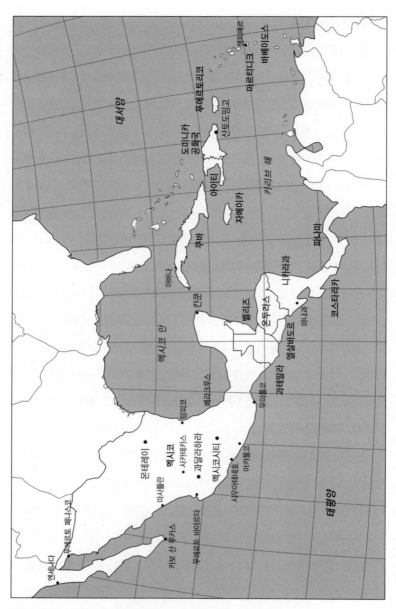

지도 1. 저자가 그린 중앙아메리카. 바탕 지도는 브리검영 대학 지리학부 제공.

지도 2. 저자가 그린 남아메리카. 바탕 지도는 브리검영 대학 지리학부 제공.

1장

오래된 신세계

아아, 우리 부모님, 거룩하신 휘츠홐Huitz-Hok이시여. 언덕과 골짜기와 숲을 다스리는 분이시여. 고정하시옵소서. 언제나처럼 소인은 옛일을 다시하고 있습니다. …… 아프실 수도 있겠지만 말입니다. 살고자 당신을 상처 입히고 일굽니다…… 온 마음을 바쳐 당신을 일구려 합니다.[2]

크리스토퍼 콜럼버스Christopher Columbus(1451?~1506)는 신세계를 찾아냈다. 콜럼버스가 전혀 몰랐던 두 대륙이었다. 하지만 콜럼버스는 사실을 받아들이지 않았다. 대신 자신이 알고 있던 세계의 반대편으로 가는 새 길을 찾아냈다고 옹고집을 부렸다. 콜럼버스가 바라온 곳, 곧 유럽인이 탐내온 동양이거나 하느님이 동쪽에 가꾼 인류의 첫 고향 에덴동산이라는 것이었다. 콜럼버스는 페르난도 왕과 이사벨 여왕에게 보낸 첫 보고서에서 자신이 찾아낸 섬들을 기름진 벌판에 놓인 과수원이라 이야기했다. 그리고 그곳은 늘 푸른 나무와 꽃과 열매와 꿀물이 가득하다고 기록했다. 콜럼버스도 뒤이어온 뱃사람들도 자신들이 찾은 곳을 사람 손이 닿지 않은 텅 빈 야생으로 보지 않았으니 이는 그냥 넘겨볼 일이 아니다. 콜럼버스는 그곳의 에덴 풍경이 자신이 떠나온 유럽 풍경보다 더 자연에 가깝다고 여기지 않은 것이다. 아무튼 에덴 '동산'은 에덴 풀밭이 아니었다. 신이 만든 것이든 사람이 만든 것이든 콜럼버스가 그려 보인 천국은 세련된 인공물이었다. 또한 그곳은 콜럼버스가 강조했듯 사람들로 우글거렸다. 아메리카가 유럽에 새로웠던 것은 사실이다. 그 점은 콜럼버스의 후계자들이 정확히 맞췄다. 하지만 유럽 사람들은 그곳이 전혀 새롭지 않다는 것도 잘 알고 있었다. 콜럼버스의 배가 생각지도 않은 대륙에 닿으며 일어난 놀라움을 걷어내니 현실은 더욱 또렷이 보였다. 이른바 "신세계"는 그저 또 다른 오래된 세계일뿐이었다.

우리는 오랫동안 콜럼버스가 오기 전의 아메리카를 이상화해왔다. 그곳은 나무가 우거진 자연보호구역으로 원주민은 있으나마나 할 만큼 적은 수가 살았는데 모두 환경을 아끼는 성자와도 같았다고 생각했다. 콜럼버스가 오기 전의 아메리카는 이러한 야생의 신화 속에서 사람이 거의 없는 자연 그대로의 땅이다. 그곳에서 환경과 생태는 조화와 균형을 이룬다. 학자들은 최근 연구에서 이런 그림의 액자를 때버렸지만 그림은 여전히 벽에 걸려 있다. 어떤 사람들은 텅 빈 땅이라는 신화가 아메리카 정복과 식민을 정당화하기 때문에 이를 고집한다. 하지만 이베리아 사람들, 즉 에스파냐와 포르투갈 정복자들이 그러한 신화를 만들었다고 비난할 수는 없다. 이베리아인 정복자들은 사람이 꽉 들어찬 두 대륙을 거리낌 없이 정복했고 변명 따위는 하지 않았다. 정복은 그 자체로 정당했다. 정복하고, 개종하고, 세금 물릴 사람은 많으면 많을수록 좋았다.

이베리아 사람들이 닿은 해안 중에 사람이 없는 곳은 거의 없었다. 닻을 내린 거의 모든 땅은 사람으로 북적거렸고 그 사람들은 화살을 받거나 선물을 받기 위해 이베리아 사람들을 맞이했다. 카리브 지역을 설명한 콜럼버스부터 티에라델푸에고를 설명한 마젤란Ferdinand Magellan(1480?~1521)까지 모든 이가 아메리카를 "사람이 많이 사는", "꽉 찬" 곳으로 묘사했다. 바르톨로메 데 라스카사스Bartolomé de Las Casas(1474~1566, 에스파냐의 성직자이자 역사가—옮긴이)에 따르면 1542년의 카리브 섬들은 사람이 사는 다른 지역만큼이나 인구가 많은 곳, 원주민으로 가득 찬 곳이었다.[3] 아마존 강으로 내려간 첫 유럽인 원정대의 신부였던 가스파르 데 카르바할Gaspar de Carvajal은 아마존 강가마저 사람들로 넘쳐났고 "하얗게 빛나는 도시들"에 수만 명이 산다고 기록했다. 카르바할에 따르면 어떤 도시는 강가를 따라 30킬로미터 가까이 이어져 있었다. "신세계"라는 이름을 지은 사람이자 아메리카라는 이름의 기원이 된 아메리고 베스푸치Amerigo Vespucci(1454~1512) 또한 남아메리카를 여행하며 얼마나 많은 사람을 만났는지 아메리카는 유럽과 아시아와 아프리카보다 더 많은 사람으로 빼곡하게 차 있다고 주장했다.

이베리아 사람들이 멕시코와 페루의 고원에서 고도로 발달된 제국들과 맞닿으면서 그런 주장은 더욱 힘을 얻었다. 라스카사스는 멕시코 본토가 "벌집의 벌처럼 사람이 많은 땅"으로 "하느님께서 모든 인류 또는 가장 많은 인구를 이 땅에 내려놓으신 것 같다"고 했다.[4] 얼마 전까지만 해도 이런 증언들은 자신이 이룬 정복을 더 멋있게 보이려 하는 자들의 허풍이라고 여겼다. 라스카사스는 인구가 엄청나게 줄었다는 비극을 강조하기 위해 인구수를 과장한 것이라고 생각했다. 적어도 18세기 후반 경제학자 애덤 스미스Adam Smith(1723~1790) 같은 이름난 사람들은 배운 것 없는 군인들과 비논리적인 성직자들의 이러한 증언을 미심쩍어했다. 16세기 초 이 증언자들은 아메리카 원주민 사회가 여기저기 드문드문 모여 산 자그마한 부족들의 원시 공동체 정도의 규모가 아님을 시사했다. 새롭게 쌓여가는 증거들은 정복자들이 남긴 투박한 이야기가 진실이었음을 보여준다.

콜럼버스 이전 아메리카의 인구수 추정은 여전히 주먹구구식이다. 아마도 원주민이 얼마나 살았는지 정확히 알 수 없겠지만 인구 추정치는 엄청나게 늘어났다. 1930년대 학자들은 1492년 신세계에는 800~1,500만 명이 살았으리라 짐작했다. 원주민은 문명을 이룰 수 없고 열대에서는 집약 농업을 할 수 없다는 인종주의 편견이 그러한 수치에 영향을 끼쳤다. 역사 인구통계학자들과 고고학자들은 그러한 추정을 완전히 뒤집어놓았다. 특히 콜럼버스 항해 500주년 이후 학계는 아메리카 문화가 세상에서 가장 인구가 많은 지역을 먹여 살린 사회들을 이루고 지탱했음을 설득력 있게 입증했다.

오늘날 우리는 1492년에 아메리카 인구가 4,000~7,000만이었고 (어떤 이들은 1억 1,500만까지도 추정한다) 그 대부분은 지금의 라틴아메리카 지역에 살았다고 믿는다. 멕시코와 중앙아메리카에는 총 2,400만 명가량이 살았을지도 모른다. 남아메리카도 엇비슷했을 것이다. 카리브 제도에만 300~700만이 살았다. (멕시코를 뺀) 북아메리카 땅에는 200~300만뿐이었다. 불행히도 우리는 북아메리카 쪽에서, 그것도 뒤늦게 나온 이야기를 자주 들었다. 북아메리카가 처녀지였다는 전설은 나중에 온 유럽인 정착민들의 증언에 따른 것인데, 사실 그 땅은 유럽인들이 생각한 것처럼 아무도 살지 않은 땅이 아니라 사람이 사라진 땅이었다. 적어도 이 사실만큼은 분명하다. 정복 이전에 빈 땅이란 없었다. 정복 이전에는 어디에나 수많은 문명과 부족들이 밀고 당기며 살고 있었다. 북아메리카에서 정복자들은 텅 빈 변경을 만난 것이 아니라 만들어낸 것이다.

뒷날 라틴아메리카가 된 땅에도 큼지막한 도시들이 여기저기 있었다. 멕시코 계곡에 있던 아스텍 제국의 도시인 테노치티틀란, 텍스코코Texcoco에만 각각 20만 명이 넘게 살았는데, 같은 해의 파리, 런던, 리스본보다 컸던 셈이다. 멕시코 동쪽의 셈포알라Zempoala에는 10만 명이 살았다. 잉카의 수도 쿠스코Cuzco는 그 좁은 땅 안에 5만 명이 살았고, 그곳에서 하루 정도 가야 하는 거리 안에는 그 몇 배가 살았다. 에스파냐와 포르투갈에는 아메리카에 있는 도시들에 맞먹을 만한 도

1장 **오래된 신세계**

시가 없었다. 뒤이은 3세기 동안에도 에스파냐와 포르투갈 사람들은 아메리카의 옛 도시들만큼 크고 오래가는 도시를 이루지 못했다. 더 적게 잡은 추정치를 보더라도 1492년 멕시코 계곡에는 100만 명이 살았다. 1600년, 1800년, 2000년도에 걸쳐 아메리카에서 가장 큰 도시였던 멕시코시티가 멕시코 계곡에 들어섰지만 20세기가 될 때까지 계곡의 전체 인구는 100만 명에 이르지 못했다. 콜럼버스가 오기 전에 베라크루스 만(멕시코만의 베라크루스) 저지대에는 50만 명이 살았으나 콜럼버스 이후 1990년대까지도 그 숫자를 넘지 못했다.

1492년에 원주민 인구가 아무리 많았다 해도 서기 천 년 전의 고전기 때 인구가 더 많았을지 모른다. 이베리아반도 사람들이 나타나기 수천 년 전에 이미 아메리카는 사람으로 꽉 들어차 있었다. 오늘날 안데스 산맥에는 이집트와 마찬가지로 기원전 3000년보다 조금 앞서 문명이 나타났을 것이라 보는데 이는 중국 문명과 인도 문명보다 앞선 것이다. 물론 그 증거는 대부분 세월과 먼지 아래 파묻혀버렸다. 문명인들은 깨끗한 것을 좋아해서 날마다 집과 거리와 사원의 먼지를 쓸어낸다. 문명이 사라진 뒤 아무도 빗자루 질을 하지 않으면 먼지가 쌓이기 시작한다. 그리하여 구세계의 유적들이 그랬던 것처럼 아메리카의 수많은 유적도 오늘날의 지면 아래 수 미터에 묻히고 말았다. 그리고 얼마 전까지만 해도 아무도 아메리카의 땅을 파보아야 한다고 생각하지 않았다.

땅심 돋우기

북회귀선 이남의 신대륙에서는 수백만에 이르는 사람들이 수천 년에 걸쳐 살았다. 이들은 땅의 풍경을 어떻게 바꾸어놓았을까? 신대륙이 처녀지가 아니었다면 얼마나 인류의 요구에 부응하여 어떻게 인간이 살 만한 곳으로 만들어놓은 것일까? 이 물음에 답하려면 신대륙의 농업을 살펴봐야 한다. 문화는 아메리카의 자연을 별의별 방법으로 고쳐놓았다. 먹을 것을 얻는 일은 그러한 방법 가운데서도 풍경을 가장 크게 바꿔놓은 것들 중 하나다. 그 보기로 유럽인이 아메리카에 처음 왔을 때 아스텍과 잉카와 브라질 저지대의 투피족Tupi이 쓰던 기술을 살펴볼 것이다. 비록 먼지 깊숙이 파묻힌 문화의 기술은 살펴보지 않겠지만 유럽인들이 만난 원주민 민족들은 길고 긴 문화의 사슬에서 맨 나중의 고리였음을 잊지 말자. 아스텍, 잉카, 투피는 아득한 옛날부터 내려온 문화 발달 과정을 볼 때 누가 뭐라 해도 신출내기였다. 이런 문명들도 저마다 농업기술에 한몫했지만 기술 대부분은 신참들이 자신들이 정복한 문화의 기술을 베낀 것이었다. 앞으로 볼 농법과 그 영향 중 일부는 아메리카 농업만큼이나 역사가 오래된 것이다.

북아메리카와 달리 열대 아메리카에서는 정착해서 농사를 짓는 것이 보통이었고, 그 가운데 많은 수가 집약 농업이었다. 아메리카 농업은 중앙아메리카와 페루에서 각각 따로 나타났으며 구세계의 영향을 받지도 않았다. 그러한 농업은 1492년에는 멕시코, 중앙아메리카, 카리브 제도, 안데스산맥 일대, 태평양 해안, 아마존 강가 일부에서 먹을거리를 얻는 가장 중요한 수단이 되었다. 날씨가 추운 파타고니아를 뺀 거의 모든 곳에서는 적어도 먹을거리를 얻는 보조 수단 정도는 되었다. 이렇듯 열대 아메리카에서 농업은 북아메리카보다 구세계가 겪은 것과 비슷한 영향을 끼쳤다. 그리고 열대 아메리카 몇몇 농업은 그어떤 유럽 농업보다 환경에 눈에 띄는 흔적을 남겼다고 할 수 있다.

물론 선사시대 아메리카에서는 거의 늘 수렵 채집이 먹고 사는 데가장 중요했고, 정착 농업만큼은 환경에 영향을 주지 않았다. 그렇다고 떠돌이 삶을 살던 유목민들이라고 뚜렷한 흔적을 남기지 않은 것은아니다. 학자들은 신세계에서 거대한 나무늘보, 거대한 비버, 말, 마스토돈, 그 밖의 몇몇 독특한 덩치 큰 동물들이 사라진 것은 떠돌이 탓이라 여겨왔다. 기후가 더 추운 북아메리카에서 대형 포유류가 사라진것을 기후가 바뀐 탓이라고 하는 것은 여전히 그럴 듯한 설명이다. 그럼에도 사슴, 산양, 큰뿔야생양, 영양, 말코손바닥사슴 같은 몇몇 종이살아남았다. 남아메리카에는 거의 모든 대형 포유류가 사라졌다. 아마도 남아메리카에 사람이 더 많고, 그러한 동물들이 사냥으로 사라진뒤 다시 건너올 수 있는 베링 해협에서도 멀었기 때문일 것이다. 열대아메리카에서 대형 동물의 멸종에 사냥꾼들이 큰 몫을 했을 것이다.남아메리카에서는 다른 곳보다 기후가 덜 바뀌었고 그러한 기후 변화는 사람이 오기 전에도 눈에 띄는 재난 없이 늘 일어났기 때문이다. 유럽인 정복자들이 자주 지나갔던 넓은 풀밭도 사냥꾼들이 만들었다. 불은 사냥꾼들의 으뜸가는 도구였다. 사냥꾼들은 사냥감을 몰아붙이기보다는 사슴이나 페커리 같은 얼마 안 남은 대형 포유류를 끌어들이고 먹여 살릴 풀밭을 만들고 유지하려고 불을 질렀다. 그렇게 해서 그 짐승들을 좀더 쉽게 잡아먹을 수 있는 사냥감으로 만든 것이다. 뒷날 열대 아메리카 곳곳에서 유럽인들은 날씨만 봐서는 울창한 열대 숲이어야 할 곳에 있는 풀밭을 보았다.

자연과 문화가 말 그대로 어색한 동맹 관계를 맺고 서로 맞춰 나가기 시작한 것은 사람들이 한 자리에 눌러앉으면서부터였다. 사냥꾼과 채집꾼들은 자연의 포상금을 좇아 이곳저곳 떠돌아다녔다. 하지만 머물러 살 삶터를 찾은 농부들은 오랜 기간 고생하고 실수도 하며 자연을 달래 한곳에서 계속 풍부한 식량을 얻어내는 법을 배워야만 했다. 아메리카의 농부들이 기후에 맞춰 찾아낸 수많은 농업기술은 지역에 잘 맞는데다 생산성도 좋고 자연을 바꾸는 힘도 커서 지금 봐도 놀라울 정도다. 아메리카의 첫 농부들은 구세계 기술 없이 농사법을 개발했다. 그 농부들에게는 숲을 없애고, 밭을 갈고, 곡식을 걷는 데 쓸 금속 도구도 무거운 짐을 옮기는 데 쓸 바퀴(알았지만 쓰지는 않았다)도 없었다. 무엇보다 눈에 띄는 점은 원주민 농부들에게는 일을 돕고 작물에 쓸 똥거름 얻을 큰 집짐승이 없었다는 사실이다. 야마와 알파카만 예외로 아주 좁은 지역에서 쓰였으나 사람보다 힘도 그리 세지 않았다. 열대 아메리카 농업의 성공과 영향은 튼튼한 장비보다는 기발한 기술에 있었다.

흙은 농부에게 가장 중요한 천연자원이다. 보잘것없어 보여도 기름진 흙이야말로 문명의 뿌리이며 농부가 흙을 제대로 다루지 못하는 문명은 고대든 현대든 금방 무너진다. 지역에 따라 더하고 덜한 차이는 있지만 대부분 처녀지의 흙은 농부가 일한 만큼 보상해준다. 하지만 해마다 같은 곳에 작물을 심으면 질소, 인 성분, 유황과 같은 흙의 중요한 양분이 바닥나고, 땅이 매우 걸은 곳에서라면 거름 없이도 20년 동안 풍작을 바랄 수 있지만 보통은 그 기간보다 훨씬 짧다.

좋은 흙을 메마르지 않게 하는 것은 모든 문명에 중요한 일이었다. 아메리카에서 이 일을 어떻게 했는지 살펴보기에 앞서 유럽은 어떠했는지 비교해보자. 17세기까지 유럽에서는 해마다 농경지 일부를 휴한지로 남겨 경작하지 않고 묵혔다. 유럽 농부들은 한 해에 한 번 수확을 했는데 그때마다 밭 흙이 바짝 메말라버렸다. 그래서 이듬해에는 그 밭에 농사를 짓지 않고 가축을 놓아기르며 가축들의 똥오줌으로 땅이 다시 걸게 되기를 기다렸다. 한 해 갈고, 한 해 쉬며, 한해 걸러 한 번은 확실하게 곡식을 거둘 수 있었다. 이것이 유럽 농부들이 찾아낸 지속 가능한 먹고 사는 방법이었다. 때때로 유럽 사람들도 같은 밭에 두 해 연달아 농사를 짓긴 했지만 아메리카 원주민 몇몇이 쓴 농법에 견주면 유럽 농법은 앞서지도 않았고, 얻는 것이 엄청 많지도 않았다.

오늘날 리우데자네이루의 강가에 들른 유럽인들은 하나같이 투피족이 매우 튼튼한 사람들이었다고 이야기한다. 투피 남녀가 벌거숭이로 다녔다는 이야기가 많지만 투피족에서 눈여겨볼 점은 그것만이 아니다. 프랑스인 칼뱅파 신교도였던 장 드 레리Jean de Léry는 투피족과 함께 살던 1550년대 중반에 투피족을 유럽 사람과 견주며 "투피족이 더 세고, 더 튼튼하고, 더 살찌고, 더 날렵한 사람들이다. 병에도 덜 걸린다"고 썼다. 투피족은 마치 날마다 젊음의 샘물을 마시기라도 하는 것처럼 더디게 늙는다고도 덧붙였다.[5] 최근 연구도 장 드 레리가 제대로 보았음을 알려준다. 드 레리가 살던 시기에 투피 지역에 묻힌 유골들은 매우 건강한 사람들의 것이다. 서반구에는 20세기가 될 때까지 그만큼 튼튼한 인간 집단이 없었다.

유럽 사람들이 브라질에서 맨 처음 만난 가장 많은 수의 원주민이 바로 투피족이었다. 기원 후 400년 무렵에 다른 곳에서 이주해온 투피족은 선주민을 몰아내고 브라질 바닷가를 지배하게 된 사람들이었다. 투피족은 보통 600명쯤 사는 큰 마을에 모여 살았고 걸핏하면 가장 가까운 투피 마을과 전쟁을 벌였다. 총과 금속을 가지고 브라질나무를 찾아 바닷가를 드나든 유럽 사람들과 약삭빠르게 거래하여 자기 맞수들보다 더 나은 군사력을 키운 투피 부족들도 많았다. 투피족과 포르투갈 사람들은 4세기 동안 줄기차게 서로 문화를 주고받았다. 그러면서 결혼도 하고 기술과 환경에 대한 앎과 농업 기술을 나누기도 했다. 오늘날에도 브라질의 지형지물과 자연물, 무엇보다 강, 나무, 풀, 동물에는 투피어로 된 이름이 많이 남아 있다.

투피족은 전쟁을 좋아해 싸움을 즐겼고 붙잡은 적을 잡아먹으며 잔치를 벌였다. 하지만 투피족이 튼튼했던 것은 사람 고기를 먹어서가 아니다. 브라질 바닷가에는 다른 어느 곳과도 비교할 수 없는 맹그로브 숲이 있었다. 바닷물이 드나드는 이 숲은 굴과 게와 물고기와 새가 살기에 좋은 곳이었고, 투피족은 이곳에서 단백질이 많은 생물을 잡아먹었다. 그들은 낚시와 채집만으로도 다른 문화에서만큼 많은 단백질을 얻을 수 있었다. 마니옥manioc과 옥수수 따위의 작물을 심어 얻는 음식물은 그보다 더 많았다. 투피족 사내들은 숲의 나무를 잘라 말리고 불을 붙여 나무 안에 있던 양분을 재로 바꿔 흙 속에 모았다. 이를

1장 오래된 신세계

화전 농법이라 한다. 실제로 농사는 여성들이 지었는데 이처럼 걸게 한 땅에서 처음 몇 해 동안은 엄청나게 많은 작물을 수확할 수 있었다. 얌과 비슷하게 생긴 마니옥은 구근식물로 한 평당 생산량이 매우 많아 유럽 농부는 꿈도 못 꿀 수준이었다. 마니옥은 심은 땅에 바로 저장할 수 있는 이점이 있었지만 다섯 해쯤 지나면 화전으로 일군 땅의 수확량은 크게 줄어들었다. 그곳에 더 머무르면 온 식구가 굶주릴 터였다. 그러면 다시 마을 사내들이 다른 숲에 불을 놓아 새 농토를 만들었다.

이러한 흐름은 되풀이되었다. 보통 투피 마을 사람들은 한 번도 불지른 적 없는 숲을 태우기보다는 20년 또는 40년 전쯤에 떠났던 곳에 다시 나무가 자란 곳으로 자리를 옮겼다. 투피 농법도 유럽 것과 같은 휴한 농법이었지만 그 주기는 더 길었던 셈이다. 투피족은 한 땅을 5년 일군 뒤 20, 30년 동안 내버려두었다가 다시 나무를 태우고 밭을 일구었다. 유럽 사람들은 한 해 또는 두 해에 걸쳐 동물의 도움으로 땅을 다시 걸게 했다면 투피족은 숲 식물의 타고난 재생력을 이용해 수십 년에 걸쳐 땅의 양분을 되찾았다. 이런 방식으로 수많은 사람이 먹고 살았는데, 아마도 리우데자네이루 근처에만 수백 마을에 걸쳐 15만 명이 살았을 것이다.

화전 농법이 사람으로 북적대는 도시를 먹여 살릴 수는 없지만 환경에는 엄청난 영향을 끼쳤다. 투피족은 옥수수, 콩, 호박, 마니옥에다 목화도 길렀다. 16세기 초에는 프랑스 사람들이 투피족한테 목화를 샀는데 어떤 기록에 따르면 배 한 척에 5.5톤의 목화를 실은 일도 있었다. 투피족이 먹을거리 이외에 다른 것도 재배할 수 있었음을 보여준다. 유럽 사람들 눈에는 아무도 숲을 건드리지 않은 것 같았다. 숲이 훼손

된 곳이 거의 없어서이기도 했지만 바닷가 숲은 투피족이 온 뒤 천 년이 넘게 베고, 태우고, 내버려둔 곳이었다. 그런 숲은 분명 덜 복잡했고 식물과 동물의 가짓수도 적었다. 숲의 생물이 서로 얽혀 사는 모습이 확 바뀌었다. 아마 마을 땅들 사이의 완충 지대와 가파른 언덕의 숲들은 이런 영향을 덜 받았을 것이다. 어쨌든 자연의 얼굴을 뒤바뀌어놓은 것은 화전이다. 그리고 화전은 투피족뿐 아니라 아메리카의 열대 숲이나 온대 숲에 살던 다른 문화에서도 써먹은 농법이었다.

투피족보다 옹기종기 모여 살아간 내륙의 아마존 강가의 원주민들에게는 흙을 기름지게 할 다른 방법이 필요했다. 이 원주민들이 살던 곳은 사람이 개조하지 않으면 민물고기와 좀처럼 잡기 힘든 사냥감 말고는 먹을 것이 거의 나오지 않는 열대 숲이었기 때문이다. 몇몇 곳에는 물고기와 사냥감조차 드물었다. 이러한 냉혹한 현실과 맞닥뜨린 외지인도 한둘이 아니었다.

1914년 미국 대통령 시어도어 루스벨트Theodore Roosevelt(1858~1919)가 브라질의 탐험가 캉지두 롱동Cândido Rondon(브라질의 군인. 모계는 원주민으로 노예해방과 공화주의 운동에 가담했다—옮긴이)과 함께 두비다 강(지금의 루스벨트 강)으로 길을 떠났다. 두비다 강은 아마존 강의 지류 가운데 가장 나중에 탐험된 곳이다. 롱동은 누구보다 정글 여행에 익숙했고 준비도 꼼꼼하게 했다. 하지만 탐험대는 지옥을 맛보았다. 한 사람은 물에 빠져 죽었고, 루스벨트의 아들 커밋도 물에 빠져 죽을 뻔했다. 일꾼 한 사람이 살해당했고, 탐험대는 살인자를 숲에서 내버려 죽게 했다. 루스벨트 자신도 다리 한쪽에 균이 들어가 심하게 곪았고 말라리아도 앓았다. 이 때문에 수명이 줄었는지도 모른다. 탐험대는

48일을 죽을힘을 다해 걸었지만 사람 사는 곳을 보지 못했고 먹을 것도 곧 바닥났다. 강은 쏜살같이 흐르는데다 물고기도 얼마 없었고 양식을 줄 원주민도 만나지 못해 탐험대는 야자 속을 파먹으며 목숨을 잇는 지경이었다. 2,400킬로미터에 이르는 탐험이 끝났을 때 루스벨트는 몸무게가 26킬로그램이나 빠져 있었다.

아마존 유역에 처음 들어간 유럽인이었던 1542년의 프란시스코 데 오레야나Francisco de Orellana 탐험대도 까딱하면 굶어 죽을 뻔했다. 실은 탐험 자체도 배가 고파 한 일이었다. 페루의 밀림에서 엘도라도를 찾다 어려움에 빠진 곤살로 피사로Gonzalo Pizarro(잉카 제국을 정복한 프란시스코 피사로의 동생—옮긴이)가 먹을거리를 찾아보라고 오레야나를 아마존 하류로 내려 보냈던 것이다. 오레야나 일행은 잡초에 허리띠와 신발을 삶아 뜯어먹으며 버텼다. 그러다 몇몇은 이름을 알 수 없는 풀뿌리를 먹고 돌아버렸다고 한다. 강을 따라 300킬로미터, 내륙으로는 알 수 없는 거리까지 뻗어 있는 오마과Omagua 땅에 다다른 굶주린 오레야나 일행은 마치파로Machiparo 시에 쳐들어가 주민들을 쫓아낸 뒤 자신들의 횡재에 깜짝 놀랐다. 그곳에는 한 해 동안 천여 명이 먹고도 남을 옥수수와 우리에 갇힌 민물 거북이가 쌓여 있었다. 오레야나 일행은 이 식량과 다른 것들을 배에 싣고 계속 강을 따라 내려갔다. 하지만 식량은 곧 바닥났고 일행은 남은 여덟 달 내내 굶주려야 했다. 잊지 말라. 마치파로 시를 떠난 뒤 오레야나 일행이 겪은 배고픔은 친구가 없어서였다. 오레야나 일행이 도둑과 강도라는 소문이 퍼져 나가 마을마다 강을 지나가는 일행에 위험한 흉기를 던져댔던 것이다. 오레야나 일행은 배고픔을 참기 힘든 때에만 위험을 무릅쓰고 원주민 마을을 덮쳐 물건이 가득 쌓인 창고를 털었다.

루스벨트와 오레야나가 아마존 유역에서 서로 다른 일을 겪은 것은 그곳에 살던 사람 수가 달랐기 때문이다. 아마존 유역에는 1914년보다 1542년에 사람이 더 많이 살았다. 루스벨트가 두비다 강을 지나갈 때 그곳에는 식량을 생산하는 사람이 아무도 없었다. 잘 알려진 것처럼 사냥감이 모자랐던 것도 어쩌면 사람이 그곳 풍경에 손을 대지 않았기 때문일 것이다. 반면 몇백 년 전 그곳에 살던 사람들은 아마존을 개간해 먹을거리를 넉넉하게 얻을 수 있는 곳으로 만들었다. 자연이 그냥 뭔가를 주는 일은 좀처럼 없다. 뉴잉글랜드에 닻을 내린 청교도 이민자들, 루이스, 클락, 카베사 데 바카Cabeza de Vaca(에스파냐의 탐험가로 북아메리카 지역을 탐험했다—옮긴이)와 같이 아메리카 땅을 처음 본 사람들은 원주민들이 그들을 따뜻하게 맞아주지 않았다면 굶어 죽었을지도 모른다. 이 사람들 앞에 놓인 자연은 그 무엇도 도움이 되지 않았을 것이다.

오마과 사람들과 아마존 유역의 다른 사람들은 투피족보다 훨씬 수가 많았다. 그리고 그 사람들이 살았던 땅은 흙이 얕게 깔린데다 양분도 거의 빠져나가 생산성이 낮다고 생각해왔다. 그런데 어떻게 그 많은 수가 먹고살 수 있었던 것일까? 화전 농업이 흔하긴 했지만 그것만으로는 사람이 빼곡한 마을들을 먹여 살리기에는 모자랐기에 아마존 사람들은 몇 가지 특별한 방법을 생각해냈다.

첫째, 강이 넘쳐흐르는 것을 농업에 이용했다. 바로 고대 이집트를 먹여 살리고 일으켜 세운 것과 같은 농법이다. 아마존 강도 나일 강처럼 언제 넘쳐흐를지 내다볼 수 있다. 세계 거의 모든 농업 공동체에서는 해마다 같은 흙에 농사를 짓는다. 달리 뾰족한 수가 없기 때문이다. 하지만 아마존 유역에서는 집약농법으로 농사를 짓긴 해도, 농부가 손대지 않아도 해마다 강이 넘쳐 강둑으로 기름진 새 흙이 밀려온다. 이곳에서는 강이 넘치면 넓은 홍수터에 안데스의 토사가 쌓였다. 그리고 물이 빠져나가면 아마존 사람들은 강물에 밀려온 기름진 새 흙에 씨앗을 뿌렸다. 나일 강과 달리 아마존 강에서는 물이 빠르게 빠져나가서 한 해에 두 번씩 곡식을 수확할 수 있다. 물이 차오를 때도 천천히 차올라서 느긋하게 곡식을 거둘 수 있다. 아마존 유역의 농부들은 한 해에 두 번씩 곡식을 거둬들였다.

얼마 전에는 또 다른 흙 관리법이 밝혀졌다. 오늘날 농부와 연구자들은 아마존 유역에서 어디서 왔는지 알 수 없는 흙을 발견했다. 아마존 유역에서 흔히 볼 수 있는 두께가 얇고 메마른 광물질 토양 사이 곳곳에 이상하게 두텁고 기름진 검은 흙덩어리들이 흩어져 있었다. 과학자들은 이런 흙은 틀림없이 화산암이 바스러진 것이거나 옛날에 호수가 있던 자리의 흙이거나 알 수 없는 어떤 자연현상으로 생긴 것이라는 이론을 제시했다. 고고학자들은 아마존 유역을 조금 늦게 살펴보기 시작했는데 열대 한복판에 문명이 발생할 수 있다는 사실을 믿지 않았기 때문이다. 아무것도 없을 것 같은 곳을 무엇 하러 파겠는가? 하지만 한 번 땅을 파헤치자 뜻밖의 물건들이 나타났다. 그 검은 흙덩이 안에 도자기 조각, 조개껍데기, 동물 뼈에다 사람이 남긴 다른 쓰레기도 있었던 것이다. 검은 흙은 자연에서 나온 것이 아니었다. 사람이 만든 것이었다.

2000여 년 전, 원주민들은 쓰레기를 모아서 기름진 땅을 만들었다.

원주민 문화는 자신들이 쓴 영양물질, 즉 불을 피우고 남은 재, 썩은 야채, 동물 시체를 땅에 되돌려 보냈다. 사람 똥오줌도 그렇게 했을 것이다. 게다가 숯도 묻었다는 것이 눈여겨볼 만하다. 아마존 숲의 흙에서는 양분이 잘 빠져나가지만 숲은 공동체가 되돌려준 영양분을 고스란히 유지했다. 이것은 아마존 사람들의 발명 중에서 가장 중요한 하나였을 것이다. 너비는 2~3헥타르, 깊이는 반 미터쯤 되는 기름진 땅들이 나타났다. 몇몇 땅은 너비 100헥타르에 깊이가 2미터에 이르기도 한다. 아마존 유역 곳곳에 원주민이 만든 검은 흙덩어리가 듬성듬성 흩어져 있다. 이런 땅을 만드는 데는 사람 손이 아주 많이 가지만 자연의 흙은 질이 안 좋고 다른 곳으로 갈 길은 막혀 있을 곳의 문화에서는 할 만한 일이었다. 그 흙은 오늘날에도 유용하게 쓰여 검은 흙에다 돈이 되는 작물을 기른다. 하지만 파파야와 망고를 기르는 농부들은 어쩌다 그 덕만 보고 있을 뿐이다. 옛 사람들은 흙을 다루며 땅심을 지켰을 뿐만 아니라 해마다 북돋았지만 요즘 농부들은 그 슬기를 물려받지 못했다.

마지막으로 아마존 사람들처럼 아메리카 열대 숲에 살았던 이들도 갖가지 방법으로 임업과 농업을 통해 먹을거리와 다른 쓸 것을 얻었다. 농부들은 숲을 베어낼 때 가장 쓸모 있는 나무는 남겨두었다. 아마존 유역의 농부들은 옥수수와 마니옥을 브라질 호두나무, 고무나무, 약초, 갖가지 야자나무 사이에 심었다. 야자나무에서는 열매, 기름, 알코올, 식물 섬유를 얻었고 나무를 잘라 집을 짓고 지붕을 얹기도 했다. 농부들은 농사를 안 짓는 땅에서도 이러한 나무 돌보기를 멈추지 않은 덕에 땅심이 다한 땅에서도 야자나무는 울창하게 자랐다. 농부들은 캐슈cashew(열대 견과류 열매—옮긴이) 같은 새 작물의 씨앗도 흩뿌렸다. 사람 뜻에 따라 숲이 자라난 것이다. 정성껏 가꾼 결과 숲의 야생성은 줄고 사람들은 좋아하는 것을 더 많이 얻어낼 수 있었다.

여러 열대우림에서 임업과 농업을 같이하는 것은 흔한 일이었다. 마야의 도시 티칼Tikal의 폐허 사이에 우거진 라몬나무, 다시 말해 아메리카 빵나무에서 오늘날도 그 흔적을 뚜렷하게 볼 수 있다. 야생 빵나무도 숲 여기저기에서 자라지만 티칼에서처럼 무리 짓는 일은 절대 없으며 한 해에 보통 한 번만 열매를 맺는다. 하지만 티칼에 빽빽이 늘어선 빵나무는 한 해 내내 열매를 맺는다. 여기서 마야 사람들이 나무를 가꾸며 자신들이 바라는 형질을 골라 북돋울 수 있었음을 알 수 있다.

추정대로라면 아마존 유역 숲의 12퍼센트가 사람 손을 거친 곳이다. 이런 숲에는 야자나무, 호두나무 따위의 열매가 열리는 사람에게 쓸모 있는 나무가 많다. 그 수도 사람이 손대지 않고 자연스레 자라는 것이 훨씬 많다. 오레야나 일행만 원주민 농장에서 굶주린 배를 채웠던 것이 아니라 루스벨트가 굶어 죽지 않으려 파먹은 야자도 두비다 강가에 살았던 원주민이 남긴 것일 수 있다. 이런 발견에 힘입어 아마존 숲이 자연의 숲이라기보다는 사람이 만든 뜰이라고 하는 사람도 있다. 여전히 아마존이 에덴의 마지막 뜰, 자연 그대로의 땅이라 하는 이가 많은 상황에 그런 주장은 논란거리임에 틀림없다. 이제 더는 그런 주장을 지나쳐버릴 수도 없다. 500년이 지났지만 아마존에는 현대 아마존 사람들보다 더 고르게 분포해 살았던 문명의 흔적이 남아 있다.

투피족과 같은 아마존 사람들이 자연에 표시를 남겼다 해도 유럽 사람들이 멕시코와 페루의 고원에서 본 표시에 견주면 매우 이해하기 힘든 것이다. 멕시코 계곡으로 가는 길을 처음으로 올라간 에스파냐 정복자들은 계곡 모습을 보고 소스라치게 놀랐다. 계곡 안에는 얕은 물이 반짝이는 큰 호수가 있었고 호숫가와 섬들에는 우뚝 솟은 하얀 피라미드가 들어선 도시들이 빛나고 있었다. 꿈인지 생시인지 헷갈려 하며 이스타팔라파Iztapalapa 시에 들어선 정복자들은 궁전과 거리를 보며 또 한 번 놀랐다. 베르날 디아스 델 카스티요Bernal Díaz del Castillo (에르난 코르테스의 멕시코 원정에 가담한 에스파냐의 군인—옮긴이)는 그 도시의 물로 가득 찬 뜰에 깊은 인상을 받았음을 털어놓았다. 디아스가 말하기를, 그곳은 꽃과 열매와 나무와 얕은 물가를 거니는 갖가지 새가 가득했고 "그 안을 보고 걸어도 믿기 어려운 곳"이었다. 그곳은 자연이 아니라 사람이 만든 뜰이었고 따라서 정복할 가치가 있는 곳이었다. 다음 날 정복자들은 남쪽 둑길을 따라 호수의 섬 위에 있는 아스텍의 수도 테노치티틀란에 들어섰다. 둑길은 너비가 8미터였는데 그날 아침에는 희한한 짐승 위에 올라탄 털보들을 보러온 사람들로 북적거렸고 호수는 구경꾼을 태운 카누들로 미어터질 지경이었다.

정복자들은 호수의 둑길에 대한 기록을 많이 남겼다. 그도 그럴 것이 텍스코코 호수 위에는 수많은 둑길이 있었다. 그중 많은 수가 텍스코코 호수 남쪽 땅과 테노치티틀란 사이에 모여 있었고, 섬으로 된 수도에서 내륙 방향으로 뻗어 있었다(지도 3을 보라. 지도 3에 나온 둑길과 도랑은 초기 자료에 나온 것들이다). 둑길 때문에 테노치티틀란은 마치 기사와 요정 이야기 속에 나오는 환상 도시처럼 보였다. 그뿐만이 아니었다. 정복자들은 둑길이 끊기면 지원군도 올 수 없고 도망도 가지 못할까봐 걱정이었다. 하지만 그것은 이 지역에 낯선 정복자들이 둑길의

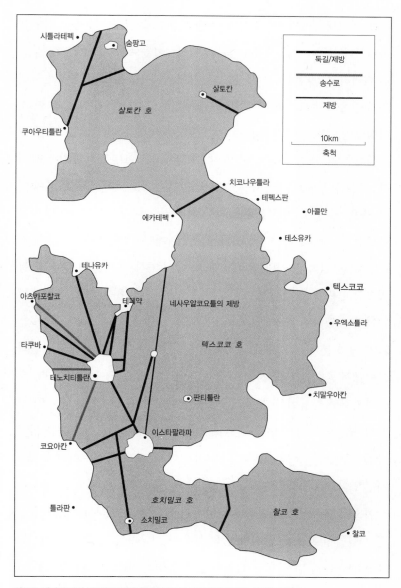

지도 3. 저자가 그린 1500년경, 멕시코 계곡의 아스텍 제국의 주요 수공학 시설.
출처 : 앙헬 팔레림의 책 참조. Angel Palerim, *Obras hidráulicas prehispánicas en el sistema lacustre del Valle de México*(México City : Instituto Nacional de Antropología e Historia, 1973), 243쪽.

주요 쓰임새를 잘못 안 것이다. 둑길의 주요 쓰임새는 수송도 방어도 아니었다. 물론 말과 수레로 짐을 나르는 이들로선 둑길이 호수에 놓인 다리라고 생각할 수밖에 없었다. 테노치티틀란에서 땅을 잇는 둑길과 도랑을 수송으로 쓰기에는 그 수가 너무 많았다. 수송에 쓰려 한 것이었다면 인력과 자원은 본전도 못 뽑았을 것이다. 짐을 나르려 한 것이었다면 세 개면 충분했을 것이다. 짐은 거의 카누로 날랐기 때문이다. 둑길은 무엇보다 농사를 짓고 물을 다루려고 놓은 것으로 수송이나 방어 기능은 그저 물을 다스리는 데 따라오는 것이었을 뿐이다.

보통 아스텍의 치남파Chinampa를 물 위에 뜬 정원이라고 하는데 이는 잘못된 것이다. 치남파는 아메리카에서 가장 잘 발달된 돋운 땅 농법으로 놀랍도록 섬세하고 규모가 큰 것이었다. 하지만 습지 농법에 치남파만 있었던 것도 아니고 가장 규모가 큰 것도 아니었다. 마야 문화와 잉카 문화, 잉카보다 앞서 있었던 문화, 아마존 문화에서도 늪과 호수에서 곡식 농사를 지을 수 있는 방법으로 돋운 땅 농법을 썼다. 오늘날까지도 콜롬비아에서는 5,000평방킬로미터에 이르는 돋운 땅을, 티티카카 호수 가까이에서는 1,200평방킬로미터에 이르는 돋운 땅을 볼 수 있다. 아스텍의 치남파는 너비가 겨우 120평방킬로미터에 지나지 않았다.

아스텍 민족이 1300년쯤에 나타나기 훨씬 이전에 멕시코 계곡에 살던 사람들이 호숫가 습지의 땅을 돋우어 치남파를 만들었다. 멕시코 계곡 사람들은 먼저 호수 진흙과 물풀과 썩은 채소를 갈대로 만든 가벼운 틀에다 물 위 1미터 높이까지 쌓아올렸다. 그리고 치남파 둘레를 빠르게 자라는 버드나무에 묶었다. 이렇게 만든 농토 하나하나의 너비는 몇 미터 안 되었지만 길이는 70미터가량 되었고 각이 잘 잡힌 사각형의 수로로 둘러싸여 있었다. 그 수로는 카누가 쉽게 오갈 수 있는 길이 되었을 뿐 아니라 물고기와 물새의 삶터이기도 했다. 치남파는 일정 간격대로 맞춰 심은 나무와 활기찬 물길에 둘러싸인 알록달록한 꽃밭과 밭으로 이루어진 세상에서 가장 아름다운 농토 중 하나였다.

멕시코 계곡 안의 치남파를 할 수 있는 모든 곳에서 치남파를 받아들였다. 좋은 점이 많은 농법이었기 때문이다. 치남파는 전통적인 관개법처럼 곡식이 있는 곳에 물을 대지 않고 물이 있는 곳에 곡식을 심어서 일손이 덜 들었다. 치남파에서 곡식의 뿌리는 층층이 쌓은 흙 알갱이 사이로 스며드는 물을 빨아들였다. 게다가 농토를 둘러싼 물이 그 주위 온도를 따뜻하게 하여 서리가 끼는 것을 막아주었다. 고도 2,200미터가 넘는 곳에서는 서리가 농사를 망칠 수도 있다. 농부들은 주변 배수구에서 계속 새 흙을 퍼올려 땅심을 지켰다. 사람이 쓰고 버린 유기물이나 똥오줌으로도 거름을 주었다. 디아스는 담으로 둘러친 도시의 수로 위에 담을 둘러친 변소들을 보았다. 변소마다 그 아래에 카누가 하나씩 말뚝에 묶여 있어 똥오줌을 받았고 그 똥오줌은 곧바로 치남파로 보내져 거름으로 썼다. 이처럼 똥오줌과 그 밖의 것들을 거름으로 사용하여 계곡의 영양분을 거의 완벽하게 재활용할 수 있었다.

치남파는 생산성이 매우 높은 농법이었다. 치남파에서는 한 해에 서너 번까지 수확할 수 있었고 휴한지를 두는 법이 없었다. 유럽 사람들이 두 해에 한 땅에서 한 번 작물을 거둘 때 멕시코 사람들은 여느 때처럼 겨울 날씨가 따뜻하기만 하다면 여덟 번을 수확할 수 있었다. 관리만 잘하면 돋운 땅의 땅은 검은 흙이 그랬던 것처럼 해마다 더 기름져갔다. 15세기 치남파는 1헥타르에서 열다섯 명을 먹여 살릴 수 있었다. 반면 같은 세기에 유라시아에서 가장 뛰어났던 치남파처럼 사람의 똥오줌에 바탕을 둔 중국 농법은 1헥타르에서 세 명도 채 부양할 수 없었다.

아스텍의 정복 활동을 통해 치남파는 그 기원인 멕시코 계곡 남쪽 호수에서부터 그 밖의 거의 모든 호수와 호수 도시들까지 퍼져 있었다. 수도 테노치티틀란에 있던 개인 주택의 치남파 정원들도 빼놓을 수 없다. 이처럼 치남파가 널리 퍼진 것은 아스텍 제국이 중앙집권을 이루고 기술력이 뛰어났기에 가능했다. 치남파 농법 역시 몇 가지 심각한 문제를 겪었다. 대부분 물 문제였는데 그중에서도 물의 소금기가 가장 무서웠다. 멕시코 계곡은 보통 계곡이라 할 수 없는 곳이었다. 멕시코 계곡의 호숫물에는 다른 곳으로 빠져 흘러갈 곳이 없었기 때문이다. 아스텍 사람과 몇몇 에스파냐 사람들은 텍스코코 호수 가운데에 물 빠지는 구멍이 있으리라 믿었다. 그렇지 않고서야 멕시코 계곡처럼 갇힌 곳에 수많은 강물과 샘물이 흘러드는데도 온 계곡이 물로 가득 차지 않는 것을 설명할 수가 없었다. 물론 호숫물이 심하게 불어나지 않은 것은 물이 계속 증발한 덕분이지만 물의 소금기가 더 많아지는 것도 문제였다. 그래서 치남파 물에 소금이 너무 많이 모이는 것을 막아야만 했다. 가뭄은 심각한 위협이었다. 가뭄이 길지 않을 때는 배수로에서 사람 힘으로 물을 길어 이 문제를 풀 수 있었다. 온 농토에 사람이 물을 길어야 할 때도 있었을 것이고 운하 사이에 배수로를 좁게 판 것도 그 때문이었을 것이다. 하지만 긴 가뭄에는 굶주릴 수도 있었다. 사실 가장 무서운 재앙은 홍수였다. 작물이 물에 다 잠겨버리면 그 자리에서 모조리 잃게 되기 때문이다. 1450년에 멕시코 분지는 큰 홍수를 겪었고 그 뒤 3년 동안 가뭄이 이어졌다. 비의 신 틀랄록Tláloc을 달래고자 수천 명을 제물로 바쳤지만 굶주린 수많은 사람들이 다른 곳으로 도망가는 것을 막을 수는 없었다. 그때 가뭄을 겪지 않은 바닷가 저지대 마을에서 스스로 노예가 되거나 자식을 노예로 팔아버린 사람이 많았다.

그러다 보니 물이 몹시 많거나 적거나 짜면 굶주림이 사람들을 덮쳤다. 에스파냐 사람들이 감탄한 둑길은 바로 그러한 물을 다루려고 만든 것이었다. 목테수마Moctezuma 1세(1398~1469, 아스텍의 황제. 아스텍이 정복될 때 죽은 목테수마는 이 사람과는 다른 사람이다—옮긴이) 치세를 전후해 아스텍 사람들은 댐을 짓고 물 흐름을 틀고 제방과 둑길을 쌓고 수문을 만드는 대규모 공사를 시작했다. 농토가 물에 잠기는 것을 막고 치남파가 다른 곳으로도 뻗어나갈 수 있게 한 것이다. 이러한 공사 가운데 가장 규모가 컸던 것이 텍스코코 시의 군주이자 시인이며 공학자였던 네사우알코요틀Nezahualcóyotl이 2만 명을 동원한 제방 공사였다. 길이가 16킬로미터에 이르는 네사우알코요틀의 제방은 텍스코코 호수를 가로지르며 소금기가 많은 호수 북서쪽 반을 아스텍의 수도가 자리한 소금기가 더 적은 나머지 반으로부터 떼어놓았다. 제방으로 넓은 면적의 호숫물이 단물이 되면서 수도 안팎으로 치남파를 늘릴 수 있었다. 수문이 있는 제방이 늘어나면서 홍수 때는 물이 높아지는 것을 막고 가뭄 때는 물을 저장하여 각 지역의 물 높이를 알맞게 맞출 수 있었다. 몇몇 제방 위에는 길이 놓여 둑길로 이어졌고, 큰 제방 가운데 차풀테펙Chapultepec과 추루부스코Churubusco에서 이어지는 두 개(어쩌면 세

개)의 송수로를 떠받쳐 섬으로 된 수도에 마실 물이 흘러들어오게 했다. 게다가 이 제방들은 수도에 있는 치남파의 물 높이를 조절하는 데도 쓰인 듯하다. 50킬로미터에 이르는 제방과 둑길과 수로에다 알려진 것만 해도 95가지나 되는 수공학 기술이 사용된 복잡한 시설이라고 해서 재난을 늘 막아주는 것은 아니었다. 완벽하지는 않아도 세계에서 가장 뛰어난 수공학 체계였음은 분명하다.

멕시코 계곡에서 치남파만으로 농사를 지었던 것은 아니다(코르테스는 카를로스 5세에게 1522년에 보낸 편지에서 넓은 계곡 땅 가운데 "단 1인치도" "갈지 않고" 둔 곳이 없다고 했다). 하지만 멕시코 계곡이 세계에서 가장 인구 밀도가 높은 곳 가운데 하나로 엄청나게 많은 사람을 먹여 살릴 수 있었던 요인은 치남파였다. 아스텍 사람들이 호수 위에서 이 독특한 제국을 번영시킨 것은 자연과 조화를 이루기보다는 이용했기 때문이다.

잉카 사람들 또한 자신들이 살던 깊은 산속 자연을 가꾸고 고치는 데 피땀 흘렸다. 잉카 제국보다 앞서 이곳에 살던 사람들도 마찬가지였다. 페드로 사르미엔토 데 감보아Pedro Sarmiento de Gamboa(1532?~1592, 에스파냐의 탐험가이자 작가. 잉카 제국에 대한 역사서를 남겼다—옮긴이) 말마따나 자연에서 바라는 것을 얻으려고 재주를 부린 것이다. 피사로의 군대가 지나간 페루 고지대는 정말 무시무시한 지역이었다. 유럽 사람들에게는 한 발짝 내딛을 때마다 고지 정복 신기록인데다 공기도 희박해서 말을 타지 않고 폐활량 좋은 원주민과 싸웠다간 온몸이 곤죽처럼 되기 십상이었다. 페루 고산지대는 제국을 쉽게 세울 만한 곳이 아니었다. 하지만 잉카 사람들 또한 아스텍 사람들처럼 앞서 살던 사람들의 농업 성공을 본받아 많은 수확을 올릴 수 있었다.

　잉카 사람들이 가파른 산지에 맞춘 농법 가운데 가장 중요한 것이 계단밭 만들기였다. 프란시스코 피사로Francisco Pizarro(1478~1541, 에스파냐의 식민지 정복자로 1532년 잉카 제국을 멸망시키고 현재 페루의 수도인 리마를 건설했다―옮긴이)의 비서였던 페드로 산초Pedro Sancho는 농사용으로 만든 계단을 뜻하는 마땅한 단어를 찾지 못해 그것들을 안데네스Andenes, 곧 산을 따라 올라가는 계단이라 했다. 안데스 산맥의 안데스란 산맥에 이 이름을 붙이면서 나온 것이다(안데스라는 이름이 잉카 제국, 즉 타완틴수유Tawantinsuyu의 네 지역 중 한 곳인 안티수유Antisuyu에서 나왔다는 주장도 있다. 이에 따르면 계단밭과 안데스란 이름을 연결 짓는 것은 에스파냐 사람들의 오해에 따른 것이다―옮긴이). 말 그대로 안데스 산맥은 계단이 놓인 산맥이다. 딱 맞는 이름이다. 계단밭은 베네수엘라에서 아르헨티나에 걸쳐 아메리카 옛 풍경에서 사람이 남긴 가장 뚜렷한 구조물로 지금도 쉽게 찾아볼 수 있다. 페루에 있는 계단밭만 해도 너비가 거의 6,000평방킬로미터이며 볼리비아의 티티카카 호수 지역에도 5,000평방킬로미터 정도의 계단밭이 있다. 이러한 계단밭은 대부분 에스파냐 식민지가 들어서기 전에 만든 것이며 정복 이후 오늘날까지 그 절반가량은 버려져 있다. 몇몇 산비탈, 이를테면 콜카Colca 계곡이나 우루밤바Urubamba 계곡 같은 곳의 산비탈은 온통 계단밭투성이다. 오늘날 마추픽추 같은 안데스 동쪽 정글 지역 상당수에도 계단밭이 있었으나 지난 몇 세기 동안 열대우림이 그곳을 덮으면서 계단밭을 망가뜨렸다.

　계단밭은 생김새가 다양하다. 산비탈의 계단밭은 계곡 바닥을 따라 부드럽게 휘어 있다. 페루의 우루밤바 강가에 있는 피삭Pisaq 북쪽의

자료 1. 저자가 찍은 페루 티폰의 관개수로가 있는 잉카 계단밭 지대 상반부(2005).

계단밭들이 그러하다. 어떤 것은 대충 깎아 만들어 매우 가파르다. 계단밭 가운데 가장 눈에 띄는 것은 잉카 사람들이 멋지게 다듬어놓은 벤치형 계단밭이다. 이러한 계단밭 중 많은 수는 버려진 채 500년이 흘렀는데도 말끔하기 이를 데 없다. 뭐든지 오래가도록 지어야 직성이 풀렸던 잉카 사람들이 사원과 집과 계단밭에 수많은 문명을 거치면서도 살아남을 정도로 정밀하게 좋은 재료로 담을 세운 덕분이다. 아마도 그중 가장 크고 아름다운 것은 우루밤바 강가의 높다란 계곡 지대에 자리한 티폰Tipon의 계단밭 지형일 것이다. 그곳 계곡에 줄지어 가로놓인 열두 계단밭 뒤에는 통짜 바위로 된 높이 4미터짜리 벽들이 서 있고, 계단밭 중앙 너비가 축구장만 한 것도 있다. 그중 한복판의 계단밭 양쪽에는 그보다 작은 계단밭들이 계곡 벽을 따라 늘어서 있다. 물은 수도교를 따라 흘러와 계단밭 지대 안의 커다란 샘에 모인다. 그리고 그 샘물은 담에 수직으로 난 홈을 따라 각 계단밭으로 흘러내려간다. 담에서 튀어나와 그림자를 드리우는 통짜 바위들은 한 층에서 다른 층으로 건너가는 디딤돌 구실을 한다. 이렇게 거대한 건축물이다 보니 행사장 또는 공공장소처럼 보인다. 이토록 아름답고 튼튼하게 만든 건축물이 고작 농경지였을 것처럼 보이지 않는다. 하지만 이 건축물은 아이오와 밭들처럼 옥수수 밭이었다(자료 1을 보라).

치남파만큼이나 계단밭을 만드는 데도 공을 들였다. 벽은 단단하게 다진 기반 위에 그 지역의 바위로 만들었고 흙은 보통 더 높은 산비탈에서 퍼왔지만 마추픽추 같은 곳에서는 기름진 강 맨 밑바닥 흙을 퍼내 찰흙층 위에 덮었다. 물기를 유지하는 데 도움을 준 찰흙층 아래에는 바위 조각으로 만든 층이 있었는데 이 층은 배수를 가능하게 했다.

계단밭은 흙이 깎여 나가는 것을 막았다. 하지만 계단밭의 주된 기능은 가파른 곳에 물을 대는 것이었다. 계단밭은 보통 메마르거나 조금 메마른 곳에 있지만 계단밭 대부분에는 관개시설이 있었다. 계단밭 없이도 가파른 비탈에서 농사를 지을 수 있었지만 물을 끌어들이지는 못했을 것이다. 따라서 계단밭은 단순히 농토만 늘린 게 아니라 대부분 관개가 되는 생산성 좋은 농지를 늘린 셈이다. 다른 좋은 점도 있었다. 계단밭은 흙을 깊게 했고, 관개가 안 된 곳에서는 특히 빗물을 잘 빨아들였다. 계단밭의 작물은 적도 아래 남향 비탈에서도 햇볕을 더 오래 쬐었다. 계단밭은 작물에 서리가 낄 확률도 낮았다. 서리는 계곡 아래쪽에는 밤마다 찾아드는 찬 공기 때문에 피해가 더 심각했다. 계단밭이 없었다면 매우 가파르고, 퍽퍽하고, 추위로 농사짓기 힘든 땅을 계단밭 덕분에 쓸 수 있었다.

잉카 사람들이 흙을 기름지게 한 방법은 유럽인들과 아주 비슷했지만 다른 점도 있었다. 잉카 사람들은 재와 사람이나 동물의 똥오줌과 물고기의 머리를 거름으로 주었고 휴한 농법도 썼다. 그들은 아스텍 사람들에게는 없었던 질 좋은 동물 똥거름이 두 가지 있었다. 하나는 야마에서 얻는 거름이었다. 야마 거름은 소나 돼지에서 나오는 거름보다 양과 영양분이 적긴 하지만 고원지대에서 야마 거름은 아주 쓸만했다.

또 다른 하나는 잉카 사람들이 바닷가 섬에서 캐낸 구아노Guano였다. 구아노는 몇천 년 동안 새똥이 쌓인 것이다. 잉카 사람들은 구아노를 바닷가 마을에 나누어주고 구아노를 지키고자 엄격한 법을 만들었다. 가스실라소 데 라 베가 Garcilaso de la Vega(1539~1616, 페루의 역사가로 페루와 잉카의 생활상 등을 주제로 한 역사책 《Comentarios Reales de los Incas》를 썼다. 모계로 잉카 귀족의 피가 흐른다—옮긴이)에 따르면 잉카 사람들이 돌화살촉을 구아노 소유권 증서로 썼고 구아노 수량을 관리했으며, 새를 죽이거나 산란기에 알을 훔치는 사람은 누구나 죽음으로 다스렸다고 한다. 잉카의 바닷가 사람들은 구아노를 귀중품으로 거래했다. 이따금씩 구아노를 고원지대로 들어 날랐다는 믿을 만한 증거도 있다. 아마 왕실이나 사원의 밭으로 보냈을 것이다. 잉카 사람들이 구아노를 쓴 방식이 지속 가능한 것이었는지는 확실히 말하기 어렵다. 적어도 잉카 사람들은 구아노를 조심스레 다루기라도 했다. 유럽 사람들이 구아노라는 특별한 자원을 다시 발견하기까지 300년이 걸린 반면 겨우 반세기 만에 그 구아노를 전 세계의 밭에 다 써버렸다.

안데스 지방은 문명을 일으키기 쉽지 않은 곳이다. 안데스 지방에서는 가뭄과 홍수와 느닷없는 서리로 3년마다 흉년이 들었다. 잉카 사람들은 이러한 예측 가능한 자연재해를 삶의 일부로 받아들였다. 그들은 창고에 남는 곡식을 저장하고, 힘을 모아 눈부시게 훌륭한 기반 시설과 밭을 만들고, 자신들의 공동체와 친족들을 매우 다양한 고도와 기후대에 퍼뜨려 자연재해에 맞섰다. 자연을 바꿀 수 없는 곳에서는 자연의 한계에 자신들을 맞추었다.

물론 기술에 지나지 않는 계단밭, 치남파, 검은 흙, 화전보다 더 중요한 사실은 중앙아메리카와 페루 사람들이 세계 나머지 지역과 자기들끼리도 별개로 농업과 문명을 발명했으며 그러한 발명은 지난 1000년 사이에 한 것이 아니라 4000년도 더 지난 옛날에 했다는 점이다. 오늘날 생산량에서 으뜸 작물인 옥수수를 재배한 사람들은 아메리카 원주민들이다. 아메리카 원주민들은 콩, 토마토, 고추, 아보카도, 감자, 마니옥 같은 다른 여러 식물도 식용 작물로 키웠다. 콜럼버스가 낙원을 찾아냈지만 그 낙원은 사람이 만든 낙원으로 인간의 손길이 빚은 정원이란 말이 가장 어울리는 낙원이었다. 중요한 것은 아메리카의 자연은 콜럼버스가 찾아 헤매던 자연스레 생긴 천상의 에덴동산도 아니었고 아직도 몇몇 사람들이 보고 싶어하는 텅 빈 그리고 티 없이 맑기만 한 야생도 아니었다는 점이다.

자연관과 소비관

우리는 원주민들이 기술 수준이 뛰어나지 않은데도 풍경에 눈에 띄는 변화를 일으켰음을 살펴보았다. 원주민들의 자연관은 유럽인과 뚜렷하게 달랐다. 그렇다면 그 자연관이 원주민의 자연 개발을 제약하지 않았을까? 원주민들은 자연을 어떻게 생각했을까? 그리고 그러한 생각은 원주민의 자연 활용에 어떤 영향을 끼쳤을까?

야생의 신화는 원주민을 환경주의의 선구자들처럼 그린다. 원주민들은 자연의 변화를 자연스럽게 또는 오랜 경험으로 잘 알았기에 자연에 피해를 되도록 덜 주려고 먹고사는 것만으로 만족하며 살았다는 것이다. 이러한 신화 속 원주민은 땅과 동물과 식물을 다정한 형제이자 후원자로 여긴다. 그러나 현실 속 원주민의 생각은 이와 달랐다. 원주민들도 유럽인들처럼 자연을 주로 캐내어 쓸 수 있는 자원 공급처로 여겼다. 동물은 곧 고기, 가죽, 털, 힘줄, 이빨, 뼈였고, 나무는 곧 목재, 땔감, 열매, 견과였다. 다른 점은 기독교의 신이 동물과 식물과 "모든 기는 것"에 대한 절대 지배권을 인간에게 주었다는 이유로 자연을 명백히 자원으로 여기고 쓴 유럽인과 달리 원주민들은 자연을 두려워했다. 유럽인은 자연과 인간 사이에 뚜렷한 선을 그었지만 원주민은 그렇지 않았다. 원주민은 식물, 동물, 움직이지 않는 물체에까지도 인간 사회의 구성원들에 좀더 가까운 지위를 인정했다. 원주민 문화에서 원주민들은 자신을 자연보다 위에 있다고 여기지 않았다. 그렇다고 원주민과 형제처럼 잘 지낸다고 생각한 것도 아니다. 원주민에게 자연은 진지하게 대해야 할 세력, 인간 세력과 같거나 더 센 세력이었다. 원주민은 친해서가 아니라 두려워서 자연을 존중했다.

우리는 투피족이 자신들이 살던 숲속 세상을 어떻게 생각했는지 아는 바가 거의 없다. 하지만 아스텍 사람들은 숲을 춥고, 어둡고, 비참하고, 죽음과 굶주림이 있는 곳으로 여긴 나머지 편집증에 가까운 두려움을 보였다. 숲에 사는 마야족조차도 숲을 두려워했다. 아스텍과 마야 원주민들은 악어와 고양이과 맹수와 독사를 당연히 두려워했고 지배층은 원주민들이 그러한 동물들에서 느낀 힘을 무시무시한 형상에 담아 이용했다. 농부들은 작물을 망치는 새와 벌레와 포유동물을 저주하며 돌이나 작대기를 들고 개와 함께 그러한 동물들을 부지런히 쫓았다(자료 2를 보라). 잉카 사람들의 수확 노래는 그 지역에 사는 되새의 일종인 툴라에게 다 익은 사탕옥수수를 먹지 말라고 경고하는 내용이었다. 그 노래에서 농부는 네가 옥수수를 먹으면 날개를 자르고 발톱을 뽑아 새장에 가둬버리겠다고 으름장을 놓는다.

원주민에게 자연은 무섭고 짜증나는 것이었지만 또한 사랑스러운 것이기도 했다. 원주민들은 새, 꽃, 나비, 풍경을 기리는 시를 썼는데 원주민들이 여러 자연물에 쏟은 사랑을 한눈에 보여준다. 여러 원주민 문화에 원숭이, 이구아나, 개, 갖가지 새 같은 애완동물이 있었고 원주민들은 그 동물들에 각별한 사랑을 쏟았다. 유카텍 마야족Yucatec Maya은 오늘날까지도 벌과 박새와 토끼와 사슴을 변함없이 좋아한다. 아스텍 사람들은 동물, 식물, 새를 모은 여러 공원을 유럽인들이 그러

자료 2. 잉카 허수아비. 개가죽을 뒤집어쓰고 죽은 새와 슬링을 들고 밭에 있는 앵무새와 다른 새를 쫓는다.

출처 : Felipe Guaman Poma de Ayala, *Nueva Crónica y Buen Gobierno*(*Codex Péruvien illustré*)(Paris : Institut d'Ethnologie, 1936), 859쪽.

한 시설을 만들기 몇 세기 전부터 이미 자연의 아름다움과 다양함에 놀랍도록 깊은 애정과 열정으로 문화적 관심을 보였다. 유럽 도시들은 자연을 담 밖으로 내몰았으나 아스텍 도시들은 자연을 품안으로 끌어안았다.

사실 원주민이 자연을 두려워하면서도 사랑한 것은 자연에 힘이 있다고 생각했기 때문이다. 모든 것에는 영혼이 깃들어 있으므로 단순한 자연물이 아니라 초자연물로 생각한 것이다. 거의 모든 원주민 집단은 사냥할 때는 사냥감에게, 나무 벨 때는 나무에게 사과했다. 심지어 농사지을 때는 밭과 씨앗에까지 용서를 구했다. 그렇게 자연을 달래 사슴과 나무와 바위와 씨앗의 영혼이 자신을 해치는 이들에게 복수하지 않기를 빌었다. 투피족의 경험 많은 사냥꾼은 사냥감을 잡은 뒤 용서해달라는 뜻으로 특정한 의식을 치렀으며 자기가 잡은 짐승의 고기는 먹지 않으려 했다. 그 짐승이 앙갚음할까 두려웠기 때문이다. 투피족은 뛰어난 사냥꾼을 앓게 할 힘이 짐승들에게 있다고 믿었다.

기독교에서는 시간과 자연 밖에 있는 어떤 통 큰 신이 사람들 쓰라고 자연을 만들어주었다고 믿는다. 자연을 정복하고 뜯어고치고 쥐어짜도 된다고 신께서 허락한 셈이니 어떤 의식도 후회도 필요 없다. 기독교의 신은 자연보다 세다. 아스텍족은 우주에서 신들이 자연을 하나로 붙들어 매려는 종잡을 수 없고 어디로 튈지 모를 싸움에 빠져 있다고 보았다. 사람의 피를 바치는 제사는 신을 달래려는 것보다는 신들이 혼돈에 맞선 싸움에서 지치지 않게 하려던 것이었다. 아스텍 신들은 인간과 동맹이었지만 기독교 신처럼 손짓으로 바다를 가르고 산맥을 움직이는 그런 신은 아니었다. 아스텍 신들은 아등바등 싸웠지만 자주 졌다. 비를 내리는 것조차 쉬운 일이 아니었다. 따라서 신들을 도와야만 했다. 걸핏하면 땅이 흔들리고, 화산이 터지고, 비가 안 오거나 심하게 많이 오고, 태풍이 몰아치는 것만 봐도 신들은 비실비실하고 자연은 제멋대로인데다 말도 잘 안 듣는다는 게 분명했다. 아스텍 사람들은 자연이 혼돈에서 왔고 혼돈으로 돌아가려 한다고 믿었다. 게다가 역사는 자연에서 인간의 위치가 불안정하다는 사실을 뚜렷하게 보여주었다. 아스텍 사람들 곁에 있던 이름난 도시들의 폐허, 즉 쿠이쿠일코Cuicuilco와 툴라Tula, 거기에 아스텍 문명보다 훨씬 더 웅장한 문화 생존투쟁의 표현이었던 테오티우아칸Teotihuacán은 문화란 것이 얼마나 덧없는지 확실하게 보여주는 증거였다. 자연은 우러러보고 떠받들어야 하는 것이었다. 아스텍 사람들과 잉카 사람들은 다른 문화는 정복했지만 혼돈은 정복할 수 없다는 것을 깨달았다. 아스텍과 잉카 사람들이 자연 위를 살금살금 다닌 것은 이 때문이다.

그렇다면 원주민들이 이 땅에 남긴 발자국은 유럽 사람들이 남긴 것에 견주면 보잘것없는 것일까? 정말 그럴까? 한 투피족 노인은 장 드 레리에게 왜 당신과 프랑스인들은 생고생을 해가며 이 먼 곳까지 와서 브라질나무를 가져가느냐며 이렇게 물었다. "당신 나라에는 이런 나무가 없는가?"

드 레리는 프랑스에는 브라질나무가 없지만 원주민들이 브라질나무로 목화 끈과 깃털을 물들이듯 프랑스에서도 그 나무로 옷감을 붉게 물들인다고 대답했다. 투피 노인은 다시 물었다. "그럴 수 있겠군. 그런데 왜 이렇게 많이 필요한가?"

드 레리는 온갖 애를 써가며 투피족이 이해할 만한 말을 떠올리며 재물을 모으는 게 얼마나 좋은 일인지 설명했다. 브라질나무를 왕창 가져간 상인은 도끼에, 가위에, 나이프에, 낚싯바늘에 거울까지 투피족 한 사람이 평생 버는 것보다 많이 살 수 있다고 이야기했다. 하지만 투피족 노인은 드 레리에게 까다로운 질문을 던졌다. "그렇게 부자라는 상인도 언젠가 죽지 않는가?"

드 레리는 유럽 사람도 죽는다고 인정했다. 하지만 그 재물은 상인의 자식들이 물려받을 것이라고 했다. 그러자 투피 노인은 다음과 같은 결론을 내렸다.

이제 보니 너희 프랑스 사람들은 정말 바보 천치로군. 그렇게 부지런히 바다를 가로질러야 하는 게…… 겨우 자식들한테 재산을 물려주려고 그런 거야?…… 우리도 아이가 있고 친척이 있어. 보다시피 우리도 아이들과 친척을 사랑하고 아껴. 우릴 먹여 살린 이 땅이 우리가 죽은 뒤에도 자식과 친척들을 먹여 살릴 거야. 우리가 느긋이 쉬며 아이들과 친척 걱정을 하지 않는 건 그래서야.[6]

한 번은 투피족의 가족 서른 명이 탄 카누가 뒤집혔다. 드 레리가 서둘러 그 사람들을 구하려고 하자 물에 빠진 투피 원주민들은 자신들을 구하겠다는 드 레리의 행동에 웃음을 터뜨리며 여유 있게 헤엄쳐 강가로 올라왔다. 그 뒤 드 레리는 투피족에게 어떻게 카누도 잃고 프랑스인 항구로 가져오던 보급품을 잃었는데도 아까워하는 기색이 없느냐고 물었다. 투피족은 대수롭지 않다는 듯 "이 땅에는 다른 것도 있지 않은가"라고 대답했다.

원주민에게는 재물 욕심이 없다는 생각은 처녀지 전설의 핵심으로 드 레리부터 루소까지 수많은 사람의 마음을 잡아끌었다. 투피족이 어떻게 사는가를 보면 사람의 욕심은 타고난 것이 아니라 문명의 부작용으로 생긴 것일지도 모른다는 생각에 끌리기 마련이다. 주로 수렵 채집으로 살아간 다른 여러 원주민 무리처럼 투피족의 삶도 거의 먹고 사는 수준에만 머물렀다. 투피족의 경제활동은 먹을 것을 얻고 비바람을 피하는 것이 전부였다. 그렇게 살아가는 데 사치라곤 거의 없었다. 투피족도 거래를 했지만 그 거래는 경제 목적보다는 정치·군사 목적이었다. 투피족은 자연에 바라는 것도 적은 편이었다.

이미 살펴본 것처럼 원주민이 그저 먹고 살려고 남긴 흔적조차 수세기가 지나도 사라지지 않았기에 아직도 찾으려면 찾아낼 수 있다. 투피족은 사랑하는 아들딸을 먹이려고 숲에 불을 질렀다. 요리하고, 고기 굽고, 연기 피우고, 불 밝히고, 도기 굽고, 밤에는 육식동물로부터 마을을 지키기 위해 땔감도 많이 썼다. 아스텍의 부모는 아이들에게 반드시 먹고 마시고 입어야 한다고 가르치고 또 그렇게 하려면 숲을 베고 땅을 갈고 작물을 심어야 한다는 것을 가르쳤다. 예나 지금이나 땅도 안 갈고, 나무도 안 베고, 피도 안 흘리고 먹을 수 있는 사람은 없다. 사람은 배가 고프면 나무나 짐승이나 영험한 바위가 복수할지도 모른다는 두려움 따위는 잊게 마련이다. 사람은 먹고 살려면 아무리 작더라도 자연을 훼손할 수밖에 없다. 원주민들이 자연을 피 흘리게 하는 데 자주 용서를 빌었지만 끝내는 하고 싶은 대로 다한 것도 사실이다.

모든 사람에게는 비바람을 피하며 먹고사는 것 이상을 쓸 능력이 있

다. 원주민도 마찬가지였다. 적어도 그런 능력이 잠재해 있었다고 할
수 있다. 브라질나무의 사례는 투피족에게도 적게나마 재물 욕심이 있
었음을 보여준다. 투피족은 브라질나무를 베어 모은 다음 그것을 유럽
인들 배로 실어 나르는 그야말로 뼈 빠지게 힘든 일을 기꺼이 했다. 원
주민 일부는 유럽 사람들이 가져오는 도끼, 나이프, 가위, 낚싯바늘, 거
울, 물들인 옷감 같은 물건을 정말 갖고 싶어했고, 유럽인들이 그것들
을 준다면 평소 하던 일을 제쳐두고 기꺼이 일할 뜻이 있었다. 물론 앞
서 말한 투피족 노인과 마찬가지로 검소함을 미덕으로 지킨 투피족도
많았다. 그런 투피족은 도끼 한 자루나 낚싯바늘 한 움큼만 받고 나면
더는 일하지 않았다. 하지만 유럽 사람들도 그와 같은 투피족도 새롭
거나 더 나은 물건으로 다시 꾀어내어 일을 맡기는 데 능숙했다.

　투피족에게도 사업가 정신이 있었다. 말재주가 있는 앵무새 한 마리
를 갖고 있던 한 사업가 여성이 프랑스인 방문객에게 귀가 솔깃한 제
안을 하기도 했다. "빗이나 거울 하나만 주면 이 앵무새가 당신들 앞에
서 춤추고 노래하게 해드리죠." 방문객들이 요금을 내지 않자 그 여성
은 앵무새에게 입 다물고 있으라고 명령했다. 그러자 앵무새는 프랑스
인들이 구슬려도 부리를 열지 않았다. 어쩌면 이 여성을 신세계 최초
의 생태 관광업자라고 해도 될 것이다.

　인간 문화는 흔히 먹고사는 데 드는 것 이상을 소비한다. 사람은 일
단 의식주가 해결되면 있어도 그만 없어도 그만인 즐거움과 아름다움
을 찾기 마련이다. 마시는 것과 취하는 것이 다르듯 아스텍 사회에서
도 선인장 섬유로 소박한 옷을 걸치는 것과 깃털 장식을 걸치는 것은
엄연히 다른 일이었다. 잉카나 아스텍처럼 도시가 발달한 사회의 사람

들은 품위를 지키는 데 재물 쓰기를 아까워하는 일이 거의 없었다. 물론 그런 소비에 끼어들 수 있는 사람은 몇 안 되었지만 말이다.

아스텍 사회와 잉카 사회는 신분제 사회로 무엇을 어떻게 쓰는가에 따라 귀족과 평민이 구분되었다. 목테수마 1세가 편찬한 아스텍 법전은 전체의 반 이상이 사치를 금지하는 내용이었다. 법전에 따르면 고위 신분을 나타내는 물건들은 오로지 귀족만이 쓸 수 있었다. 아스텍 평민들은 면화 옷도 입을 수도, 1층 이상의 집을 지을 수도, 집에다 박공지붕이나 탑을 올릴 수도, 금이나 옥으로 된 고급 장식품을 걸칠 수도, 술을 마실 수도 없었다. 그랬다간 사형이었다. 오직 귀족만이 수도에서 신발을 신고 다닐 수 있었고 그 이외 사람들은 맨발로 다녀야 했다. 평민은 가공하지 않은 선인장 섬유로 짠 망토를 걸치고 다녀야 했는데 그 길이는 무릎까지 내려오지 않아야 했다. 전투에서 다리를 다친 평민은 예외였다. 칼을 피하지 않은 사람의 다리는 몇 인치가량 천으로 덮는 영광을 누렸다. 잉카 제국에서는 이런 규칙이 덜 엄격했다. 모든 사람이 깃털 장식을 걸칠 수 있었고 신분이 낮은 사람은 질 낮은 천을 써야 했지만 면화나 털로 된 옷감도 쓸 수 있었다. 이러한 규제는 지나친 사치품을 쓰지 않도록 했을 것이고 그런 면에서 환경보호 성격도 있었다고 할 수 있다. 허락만 떨어지면 신분이 낮은 사람들은 신분이 높은 사람을 흉내 내기 때문이다.

지배층의 자연관은 덜 종교적이고 더욱 실용주의로 바뀌어간 것 같다. 디에고 두란Diego Durán(도미니코 수도회의 수사로 멕시코 사회의 역사를 썼다)은 원주민 정보원들에게서 "아스텍 사람들은 세상에 창조된 모든 것이 자신들의 것이라 생각합니다. 모든 게 그 사람들 재산이고 그 사

람들 것이라는 거지요. 물 위에 뜬 것이든 땅 위에 있는 것이든 마찬가지입니다"라는 설명을 들었다.[7]

　아스텍 지배층이 공물을 어마어마하게 많이 요구했다는 것만큼 그 사람들의 재물 욕심을 잘 드러내주는 것도 없을 것이다. 아스텍 지배층이 아무것도 하지 않는 놀고먹는 계급이 된 뒤 그들이 쓴 거의 모든 것이 그 공물에서 나왔다. 아스텍 지배층은 사치품뿐만 아니라 먹을거리, 땔나무에 건축 자재까지 요구했다. 아스텍 지배층이 거두어들인 공물을 목록으로 만들면 여러 쪽에 달한다. 그래서 실제로 쓰인 것은 요약본이지만 그것만으로도 아스텍 경제 규모가 얼마나 크고 지배층이 얼마나 잘 쓰고 살았는지를 알 수 있다. 공물 가운데는 자연물을 날것으로 가져온 것이 많았다. 먼저 살아 있는 동물을 공물로 받았는데 앵무새, 매, 말똥가리, 야생 거위 따위 새들과 우리에 가둔 오셀롯 표범과 재규어, 커다란 항아리에 담은 뱀, 꿀벌이 든 벌통, 아마도 안전하게 보관했을 전갈, 지네, 거미도 포함되었다. 목테수마 2세(1466~1520, 아스텍의 마지막 황제―옮긴이)는 심지어 이와 벼룩까지 바칠 것을 요구했다. 죽은 동물 역시 공물로 받았는데 사슴, 토끼, 메추라기, 칠면조, 족제비, 물고기, 구운 메뚜기, 온갖 빛깔의 깃털 달린 새들에 상상할 수 있는 모든 동물의 가죽이 포함되었다. 숲에서는 나무판자, 나무 들보, 기나피 땔나무(이 나무로 불을 때면 불이 밝았기 때문에 지배층만 기나피 나무를 쓸 수 있었다), 목탄, 고무, 송진, 횃불로 쓸 소나무, 그림 그리는 데 쓰는 그을음 덩어리, 귀족의 뜰을 꾸미는 데 쓸 뿌리째 뽑아낸 살아 있는 나무들, 아스텍 사람들이 특히 좋아한 다양한 종류의 꽃들, 옥수수, 칠리 고추, 호박, 토마토, 그 밖에 여러 가지 먹을거리를 얻었다. 마지막으로 장인들은 지배층을 위한 기성품 면화 옷, 지배층이 하인들에게 입힌 용설란 섬유 옷, 금, 옥, 산호로 만든 호화로운 장신구, 면화 갑옷, 흑요석 칼, 방패, 휴대용 투석기, 바위, 활, 방패를 세금으로 바쳤다. 멕시코 연안에 있는 토츠테펙Tochtepec 지방은 목화가 자라고 열대 숲의 산물을 얻을 수 있는 곳으로 그 지방에서는 무늬를 넣은 면화 망토 9,600벌, 여성용 튜닉 1,600벌, 고무공 1만 6,000개, 케트살quetzal 깃털 뭉치 80개, 깃털 묶음 2만 4,000개, 카카오 200상자를 해마다 바쳤다. 지방마다 그 지역 환경에 알맞은 생산품을 공물로 바쳤고, 제국이 커지면서 지배층이 받은 물건의 가짓수도 늘어났다.

잉카 제국 역시 넓은 지역에 걸쳐 공물을 거둬들였고 남는 공물은 제국 전역에 있는 창고에 보관했다. 흔히 잉카의 곡물 창고라 불리는 이러한 시설은 흉년이 들었을 때 구호 식량을 저장한 곳이라 생각하는데 실제로도 그 시설들은 여러 번 그렇게 쓰였을 것이다. 하지만 원래 잉카의 곡물 창고는 계속 전쟁을 벌이는 잉카 군대의 식량과 옷과 무기를 보관하는 데 쓰였다. 흉년에 먹을 식량을 보관하는 일은 정부가 아니라 마을 단위에서 담당했다. 잉카의 창고는 군용품만 보관한 것이 아니었다. 그곳에는 중앙정부가 지방 유력자들과 좋은 관계를 맺는 데 쓰였던 높은 신분을 상징하는 물건들도 쌓여 있었다.

페드로 산초는 한 창고에 알록달록한 깃털을 가진 죽은 새 10만 마리가 쌓여 있는 것을 보았다. 그 새들의 깃털은 모두 흠 없는 상태였다. 연장, 나이프, 가죽 방패, 실내화도 쌓여 있었다. "모든 것이 어마어마하게 쌓여 있다 보니 어떻게 이런 다양한 물건을 이토록 많이 받을 수 있는지 답이 나오질 않았다."[8] 프란시스코 데 헤레스Francisco de

Xerez(피사로 원정대의 서기로 동행함—옮긴이)는 여러 창고에 질 좋은 옷감이 서까래에 닿을 만큼 쌓여 있었다고 했다. 프란시스코 피사로는 구리 막대기와 금은 접시를 보관한 창고에 깊은 인상을 받았고 무지갯빛 벌새 깃털이 놀랄 만큼 많이 쌓여 있는 모습을 꼼꼼하게 묘사했다. 잉카 사람들은 이 자그마한 새 가슴에서 뽑은 깃털만으로 긴 옷옷을 만들었다. 에스파냐 사람들에게 잉카의 창고에 있던 물건들은 대개 신기한 물건들일 뿐 특별히 신경 쓰지 않았다. 하지만 에스파냐 사람들과 손잡은 원주민들은 그 물건들을 모조리 자기 것으로 만들었다. 오늘날 수만 채나 남아 있는 잉카의 창고들은 이 지역에서 얼마나 많이 만들고, 또 썼는지를 보여주는 확실한 증거물이다.

아스텍 지배층은 공물로 지위가 높은 사람들만 먹을 수 있는 음식으로 잔치를 벌였고 장엄한 궁전을 여럿 지었다. 디아스가 쓴 보고서에 따르면 목테수마는 복잡하게 얽힌 궁전 구역에서 날마다 호화로운 잔치를 열었고, 천 끼씩을 베풀어 자신의 귀족 친구와 친척들에게 대접했다. 네사우알코요틀의 궁전 지역은 너비가 거의 1제곱킬로미터에 이르고 사원 40채, 연회장 하나, 동물원 하나에 방은 300개가 넘었다. 그중 많은 방이 공물을 쌓아두는 데 쓰였다. 에스파냐 사람들에 따르면 목테수마와 아타우알파Atahualpa(잉카 지도자. 지방에서 군세를 일으켜 쿠스코의 잉카 우아스카르에 맞서 승리를 거두었으나 에스파냐 정복자들에 포로가 된 뒤 살해당했다—옮긴이)에게는 하루에도 수십 번씩 옷을 갈아입는 버릇이 있었다고 하니 과시 소비 성향이 얼마나 컸는지 알 수 있다. 또한 지위를 자랑하는 소비에서는 질만큼이나 양도 중요했음을 짐작할 수 있다.

그토록 안간힘을 썼으나 아스텍 지배층은 공물로 받은 물건들을 다 쓰거나 보관하거나 선물할 수가 없었다. 그래서 공물이 어마어마하게 많이 남았고, 지배층은 그것들을 시장에서 공물로 들어오지 않는 물건과 맞바꾸었다. 아스텍의 수도에는 놀라운 구경거리가 많았지만 그 가운데서도 틀라텔롤코Tlatelolco의 중앙 시장은 가장 눈이 휘둥그레질 만한 곳이었다. 원주민 6만 명이 날마다 이곳에서 몇백 가지 물건을 사갔다. 시장은 상품에 따라 철저하게 구획되어 통제받았다. 유럽에는 규모 면에서 이에 비길 만한 시장이 없었다. 로마와 이스탄불의 시장을 가본 적 있는 여행 경험 많은 군인들조차 "이렇게 구획 정리가 잘되고, 크고, 질서 있고, 사람 많은" 시장을 본 적이 없었다. 틀라텔롤코의 거대한 시장에서는 재목, 벽돌, 물감, 연장, 땔나무, 도자기류, 조리기구, 가정용품, 가구, 이부자리, 침대요, 장신구, 옷, 푸줏간 고기, 털가죽, 물고기, 달걀, 과일, 채소, 담배, 향신료, 약, 종이, 면화가 든 상자, 여러 가지 색실, 케이크, 꿀과 초콜릿으로 된 양초를 팔았다. 야외 음식점에서 밥을 먹거나 이발할 수도 있었다. 틀라텔롤코의 시장은 교외 쇼핑몰과 대형 마트와 가구 용품 백화점을 한곳에 모아놓은 것과 같았다.

몇몇 도시는 특정 시장에 집중했다. 디아스에 따르면 이초아칸과 아스카포찰코의 노예 시장에서는 리스본의 포르투갈 사람들보다 더 많은 포로를 팔았다고 한다. 아콜만 시장은 식용 개만 팔았다. 디아스는 아스텍이 에스파냐 사람들에게 정복되고 50년이 지난 뒤에도 갖가지 크기의 개 400마리가 아콜만에서 그날의 끼닛거리로 팔리는 것을 보았다. 개도 많고 거름으로 쓸 개똥도 많이 팔리고 있었지만 한 지역민은 디아스에게 그날 장은 자신이 태어나 지금까지 본 장 가운데 가장 작은 것이었다고 안타까워했다.

장보기 자체가 소중하고 교양 있는 여가 활동이 되었다. 두란은 만약 자신이 아스텍 여성에게 천국에 갈 테냐, 시장에 갈 테냐고 물으면 여성은 아마도 "천국에요. 하지만 먼저 장 좀 보고요"라고 재치 있는 대답을 할 것이라고 생각했다. 디아스가 알고 지낸 한 여성은 늙어서 아프다는 핑계로 미사에 나가지 않았고 고해성사할 때는 다른 사람들이 실어 날라야 했다. 하지만 그런 할머니가 시장에는 날마다 제 발로 걸어 나갔다. 사실 할머니가 죽은 것도 시장 사람들 무리에 끼어 입을 벌린 채 시장의 이 끝에서 저 끝까지 돌아다니다 힘이 빠져 죽은 것이었다. 두란은 물었다. "이게 악덕 아니라고 할 사람이 있을까요?"[9]

원주민 종교의 자연관조차도 먹고사는 데 드는 것 이상으로 써야 할 이유가 되었다. 세계 어디에서나 정착 농민들은 자연이 혼돈에 빠지지 않도록 애쓰는 신들을 돕고자 동물 희생물을 바친다. 여기에 숲도 "희생물로 바쳤다." 신들이 쓰는 것이 하도 많다 보니 숲도 지속 가능성 공식에 변수로 넣어야 할 정도였다.

잉카 사람들은 온갖 제사에서 동물 희생물을 바쳤다. 잉카 제사장들은 아침마다 흰 야마의 머리를 해 뜨는 쪽으로 향하게 한 다음 그 목을 땄다. 그리고 그 몸은 먹지 않고 화로에 태워 재로 만들었다. 연기를 피워 올려 태양신을 즐겁게 하려던 것이다. 이러한 제사를 지내는 공동체마다 한 해에 야마 365마리가 죽어나갔다. 잉카 사람들은 희생 제사를 농사 주기에 맞춰 치렀다. 곡식을 심을 때 평민들은 기니아 피그를 희생물로 바쳤고 정부에서도 갈색 야마 100마리를 바쳐 비가 잘 오기

1장 오래된 신세계

를 빌었다. 옥수수를 수확할 때는 온갖 빛깔의 야마 100마리를 바쳤다. 이렇게 동물을 떼로 죽인 목적을 가장 잘 보여주는 희생 제사는 동물 굶기기였다. 가물거나 서리가 내리거나 홍수로 사람이 굶주리게 될지도 모를 때 잉카 사람들은 털이 검은 짐승들을 우리에 가둬 굶어 죽을 때까지 먹이를 주지 않았다. 그렇게 죽는 짐승은 대개 야마였지만 개도 끼어 있었다. 이 짐승들은 천천히 말라 죽었겠지만 잡아먹히지는 않았을 것이다. 따라서 사람이 굶주리는 걸 막는 데 직접 보탬이 되지도 않았을 것이다. 이 풍습은 동물이 굶으니 사람은 굶지 않을 것이라는 상징적 역할이 크다. 마지막으로 잉카 사람들 역시 신과 조상들에게 재물을, 특히 값비싼 옷감을 바쳤다. 전하는 말에 따르면 잉카 사람들은 값비싼 옷감과 그 옷감을 만들 털실을 얻고자 동물들을 무더기로 불살랐다 한다.

아스텍 사람들 역시 농사의 신들을 먹여 살리려고 수많은 짐승을 희생시켰다. 아스텍에는 야마와 같이 몸집이 큰 집짐승이 없어서 더 작고 다양한 짐승을 바쳤다. 하지만 잉카 사람들과 달리 아스텍 사람들은 희생 제물을 먹는 데 거리낌이 없었던 듯하다. 아스텍에서 신들에게 음식을 바치는 방법은 그것을 불태우거나 호수 위나 저승으로 가는 문이라고 믿은 동굴 입구에 가져다 놓는 것이었다. 또한 아스텍 사람들은 신들을 떠받들고자 여러 불꽃을 피워두었다. 이러한 불꽃을 피우는 데 넓은 면적의 숲이 땔나무로 들어갔다. 아스텍 제국은 물론 아스텍에 절대 무릎 꿇지 않은 이웃 타라스칸Tarascan 사람들의 신전 내부에도 이러한 불꽃 수백 개가 있었다. 아스텍은 공물 중 일부로 땔나무를 받아 불꽃을 유지했고, 이러한 제사 불꽃을 훨씬 중요하게 여긴 타라스칸 사람들은 오직 왕의 관리들한테만 제사 불꽃에 쓸 땔나무를 모으는 일을 맡겼다. 아스텍과 타라스칸 사람들은 전쟁을 준비할 때면 언제나 커다란 모닥불도 여럿 피웠다. 사실 아스텍이 망한 것은 타라스칸 사람들이 지적한 대로라면 아스텍 사람들이 제사 불꽃을 제대로 돌보지 않아서였다.

원주민의 신들에게는 집도 필요했다. 게다가 이따금씩 어마어마하게 큰 집이 필요했는데 때로는 기념비적인 규모였다. 그 꼭대기에는 신들을 모신 중앙아메리카의 피라미드들을 짓는 데 엄청난 일손과 자원이 들어갔다. 자원 가운데는 돌과 돌 사이를 이어붙이고 벽을 칠하는 데 쓰이는 회반죽이 특히 많이 들어갔다. 아스텍 사람들은 신전을 더욱 크게 만들었다. 테노치티틀란의 중앙 사원을 세운 날부터 100년 남짓 되는 1519년까지 아스텍 사람들은 그 신전 꼭대기에 부속 건물을 일곱 번 더 지었다. 그것은 재건축이라기보다는 증축 공사였다. 틀라텔롤코의 두 번째 사원도 그만큼의 증축 공사를 거쳤다. 유럽에서 그랬던 것처럼, 이곳에서도 각 공동체마다 지역의 여러 신을 섬기는 데 이웃을 앞서 가려고 으리으리한 종교 기념물을 다투어 지었던 것으로 보인다. 유럽에서는 그런 목적으로 대성당을 짓는 데 수 세기가 걸렸다. 반대로 중앙아메리카에서는 사원을 세기마다 몇 번씩 증축했다. 신과 조상을 섬기는 거대한 건축물을 짓는 데 잉카 사람들의 낭비가 더 적었다. 잉카 사람들은 높이가 낮고 짜맞추어 회반죽이나 석고가 필요 없는 바위벽을 지은 뒤 거기에 목재와 이엉으로 지붕을 얹었다. 하지만 잉카 사람들도 신전 장식에는 아낌이 없었다.

아타우알파의 몸값을 받으러 간 세 명의 에스파냐 사람은 태양 사원

1장 **오래된 신세계**

코리칸차Qorikancha의 벽에서 황금 판 3,500장을 벗겨냈다. 코리칸차 사원은 말 그대로 황금 판으로 벽지를 발라놓았는데 그 황금 판 하나의 두께는 손가락만 하고 길이는 1미터에 달했다. 황금 판의 무게는 2~5킬로그램이었는데 어림잡아 하나에 2킬로그램이었다 하더라도 황금 판의 무게를 모두 더하면 7톤에 이른다. 나중에 더 많은 에스파냐 사람들이 코리칸차에 왔을 때 그들은 사원 안 여러 방에 황금이 여전히 많이 남아 있는 것을 보고 무척 놀라워하면서도 즐거워했다. 코리칸차와 같은 신전 구역에 있던 다른 사원도 이와 비슷한 방식으로 은 판이 덮여 있었다. 이렇게 귀금속이 많았던 것을 보면 잉카 제국의 광업이 적잖게 발전해 있었음을 짐작할 수 있다. 신들도 사람처럼 고기와 바위와 사치품을 소비했다.

사람을 먹는 사람들

아메리카에는 사람을 먹는 사람들이 있었다. 뒷날 학자들은 이를 원주민의 농업 체계가 인구를 계속 먹여 살리기에 충분할 만큼 좋은 것이 아니었다는 증거로 삼아왔다. 이러한 식인 행위에 대한 자료는 많다. 우리가 조사하기로 세 곳의 문화 중 두 곳, 곧 투피족과 아스텍 제국에서는 계속 사람을 잡아먹었다. 특히 아스텍 제국에서 사람을 먹은 이들이 이해하기 어려울 만큼 많다. 아스텍에서 사람을 먹은 데 대해 다음과 같은 설명을 해왔다.

아스텍은 인구밀도가 높고 인구수는 늘어나는데다 큰 집짐승도 없다 보니 야생에서 단백질을 얻을 수 있는 공급원이 바닥났을 것이 분명하다. 그러자 단백질에 굶주린 주민들이 싸우려는 목적에서가 아니라 사람 고기를 얻으려는 목적에서 의례적으로 전쟁을 시작했을 것이다. 그리고 이긴 쪽은 패한 쪽의 사람들을 희생 제물로 지역 사원 꼭대기로 가져가 피 튀기는 의식으로 죽였을 것이라는 흔해빠진 이야기다. 피를 뒤집어쓴 사제는 희생자의 가슴에 능숙하게 흑요석 칼을 찔러 넣어 아직도 두근거리는 심장을 끄집어내고 남은 몸뚱이는 사원의 가파른 계단 아래로 굴려버린다. 그 다음 웬만해선 이야기하지 않는 일이 벌어진다. 사원 아래에 있는 사제들이 망가진 시체를 토막 낸 뒤 그 팔과 다리는 귀족 집안에 나눠주고 몸통은 가까운 동물원이나 조류원의 짐승들 먹이로 가져갔다는 것이다. 마지막으로 머리는 골통을 파먹은 뒤 해골만 사원 내부에 모아 전시했다고 한다.

단백질이 모자라서 사람을 먹었다는 이러한 주장은 원주민 농업은 생산성이 낮았다는 낡은 편견을 따른 것이다. 하지만 투피족과 아스텍 사람들은 단백질이 모자라서가 아닌 다른 이유에서 사람을 먹었다. 앞에서 봤듯이 투피족이 먹는 음식에는 오늘날 사람들이 먹는 것보다 단백질이 더 많이 들어 있었다. 이는 투피족의 몸이 튼튼했다는 것에서도 드러난다. 그런데도 투피족은 서로 먹었다. 투피족은 사람을 먹지 않아도 살 수 있는데 사람을 먹으니 유럽 사람들은 이를 끔찍한 짓으로 여겼다.

아스텍의 단백질 가설은 아스텍 사람들이 사람 단백질 말고 얻을 수 있었던 단백질의 양을 매우 낮춰 본 것이다. 아스텍 사람들에게 덩치 큰 집짐승이 없었던 것은 사실이다. 하지만 아스텍 사람들도 개, 칠면조, 머스커비 오리 같은 중간 크기의 짐승을 키웠다. 올멕Olmec 사람들은 들개와 길들인 개를 다른 어느 짐승보다 많이 먹었다. 고고학자들은 아스텍 계곡의 사람이 살았던 곳에서 수 세기에 걸쳐 사슴 뼈 무더기가 줄어든 것을 확인했다. 아스텍 사람들은 정복 직전까지도 이 사슴들에서 단백질을 섭취했다. 개와 칠면조 뼈가 시간이 갈수록 늘어난 것을 보면 아스텍 사람들이 집짐승 쪽을 더 많이 먹었음을 알 수 있다. 그래도 집짐승보다는 들짐승을 더 많이 먹었다. 토끼 뼈도 많이 보이는데 토끼는 새끼를 아주 빨리 쳐서 엄청나게 많이 잡아먹어도 문제가 없었다. 고고학자들은 진흙 거북 껍데기는 흔하게 찾을 수 있었지만 물고기 뼈는 찾지 못했다. 물고기 뼈는 부드러워 쉽게 썩어버렸기 때문이다. 역사 기록은 정복 직전이나 한참 뒤에 아스텍의 호수에서 수많은 물고기와 물새를 잡았음을 알려준다. 16세기 초 아스텍 사람들은 한 해에 물고기를 100만 마리 이상 잡았다. 주로 블랑코(지방질이 2퍼센트 정도인 물고기를 일컫는 말―옮긴이) 종류를 잡았는데 잡은 물고기들은 말려서 시장에 내다 팔았다. 새를 잡은 곳도 많았는데 특히 호수에서 많이 잡았다. 아스텍처럼 개를 기르는 사회에서 사냥해 잡은 작은 동물의 뼈는 고고학 발굴 현장에서는 실제로 잡은 동물 수보다 적게 나오는 일이 많다. 개가 그 뼈를 먹어버리기 때문이다. 개들은 도살된 다른 개의 뼈까지도 먹는다.

사실 더 중요한 단백질 공급원은, 특히 대중에게 중요했던 단백질 공급원은 유럽 사람이 보기에 속이 메슥거릴 생물들이었다. 생김새나 맛만 따지지 않는다면 단백질은 어디에나 널려 있다. 유럽 사람에게 단백질이란 곧 포유동물, 새, 물고기 따위였다. 하지만 아스텍 사람들은 먹을 수 있는 단백질은 거의 다 먹었다. 뱀, 도마뱀, 말벌, 날아다니는 개미, 벌레 애벌레와 같이 에스파냐 사람들이라면 "아니말리토 animalito(작은 동물―옮긴이)"라 하찮게 보고 공물로도 받지 않았던 생물들도 가리지 않았다. 말린 개미 한줌이면 어른 한 사람이 하루에 먹어야 할 단백질 양을 채우고도 남는다. 호수에서 잡아 빵에 넣어 구워 먹던 에스카우이틀리Ezcahuitli라는 빨간 벌레는 아스텍 사람들에게는 정말 별미였다. 전쟁 신 우이칠로포츠틀리Huitzilopochtli조차도 그 벌레를 "참으로 내 살이요, 피요, 양식이로다"라고 했다. 오쿠일타말리 Ocuiltamalli는 벌레를 넣어 만든 타말레tamale(옥수수 가루, 다진 고기, 고추로 만드는 멕시코 요리의 일종―옮긴이)였다. 오늘날까지도 일부 멕시코시티 시민들은 도롱뇽과 딱정벌레와 구운 귀뚜라미와 모기 알을 먹는다.

아스텍 사람들에게는 그것 말고도 중요한 단백질 공급원으로 두 가지 식물이 더 있었다. 사람들이 거의 잊어버리고 있던 그 두 식물은 요즘 들어서 건강식품 가게에 다시 나타났다. 참깨와 비슷하고 기름기가 많은 곡류 식물인 치아Chia는 아스텍의 공물 서열에서 옥수수와 콩에 버금갔다. 치아는 단백질 함유량이 20퍼센트나 되어 죽과 음료수를 만드는 데 인기 있는 재료였다. 이 식물은 아스텍 종교에서도 중요한 작물이었다. 아스텍 사람들은 치아 씨를 갈아 만든 반죽으로 신의 모습을 사람 크기로 만들어 전시했다. 이 먹을 수 있는 신상神像은 전시가 끝나면 조각내서 먹었다. 치아를 이렇게 신상 모습으로 만들어 먹은 것은 가톨릭의 화체설化體說과 매우 닮아 있다. 이러한 이교도 풍습을 불편하게 여긴 에스파냐 신부들이 치아를 길러 먹지 못하게 하는 바람에 치아는 역사에서 거의 모습을 감췄다.

영양분이 매우 많은 안데스 곡류인 키노아Quinoa 또한 비슷한 종교적 이유로 재앙에 가까운 화를 입었다. 아스텍 사람들의 단백질 공급원 가운데 가장 별난 것은 멕시코 계곡 호수 표면에 무성하게 자라는 스피룰리나Spirulina로 아스텍 사람 사이에서는 테쿠이츨라틀Tecuitlatl로 불렸다. 스피룰리나는 단백질 함량 60퍼센트에 필수 아미노산 여덟 가지가 모두 들어 있다. 아스텍 사람들은 이것만 먹어도 필요한 단백질을 모두 섭취할 수 있었다. 디아스는 그물에 이 푸른 점액덩이들을 걷어 올려 물가에 널어 말린 다음 작게 조각내서 시장에 내다 파는 식구들을 이야기했다. 디아스에 따르면 그 조각의 생김새는 빵 같고 맛은 치즈 같았다고 한다. 하지만 유럽 사람 대부분은 거기에 맛을 들이

지 못했다. 아프리카 차드 호수 가까이에 사는 사람들은 고기를 얻을 길이 거의 없지만 여전히 스피룰리나를 먹으며 단백질을 얻는다.

설사 멕시코 계곡이 이런 모든 맛있는 먹을거리들이 없었다 하더라도 아스텍 사람들이 먹은 아메리카 옥수수(8종)와 콩(12종)만 합해도 단백질을 얻는 데 충분했을 것이다. 옥수수에는 필수 아미노산 여덟 가지 가운데 일곱 가지 성분이 있다. 아미노산 일곱 가지 가운데 트립토판은 옥수수에 매우 단단하게 붙어 있어 소화가 잘 안 되지만 중앙아메리카 여성들은 옥수수를 석회에 불려 트립토판을 사람이 흡수할 수 있게 하는 방법을 찾아냄으로써 문명에 기여했다. 옥수수에 모자란 것은 리신뿐인데 이것은 콩에 많이 함유되어 있다. 여러 전통 음식이 그렇듯 옥수수와 콩을 같이 먹으면 필요한 모든 단백질을 충분히 얻을 수 있어서 고기를 따로 먹지 않아도 된다. 고기를 못 얻거나 아주 적게 얻은 아스텍 사람들도 채소만 먹으면서도 그 지역에서 단백질을 충분히 섭취할 수 있었던 셈이다.

단백질 때문이 아니라면 왜 서로 잡아먹었는가? 투피족은 복수하려고 전쟁 포로를 먹었다. 기본적인 종교 관념이라 할 수 있다. 적들이 내 형제를 먹었으니 이제 내가 그 적들의 형제를 먹는 것으로 적들에게 복수하는 것이다. 아스텍과 잉카가 신들을 먹여 살려야 한다는 같은 이유에서 사람을 제물로 바쳤다(보통 잉카 사람들은 제물을 먹지는 않았다). 사람을 제물로 바친 데에는 종교 말고도 정치 및 공물 관련 동기가 있었을 수도 있다. 하지만 여전히 가장 그럴듯한 설명은 인신 공양을 했던 여러 문화는 배가 고파서가 아니라 우주관 때문에 그런 일을 했다는 것이다. 종교는 고기를 얻으려고 사람을 도살하는 구실이 아니었다. 그러나 우주관으로 아스텍 사람들이 인신 공양을 한 것은 이해할 수 있을지 몰라도 사람을 먹은 것까지는 설명해주지 못한다. 왜 희생 제물로 바친 사람의 몸을 먹었는가? 투피족이 전사들을 먹은 것은 어느 정도 죽은 전사의 힘을 자기 것으로 얻고자 한 이유에서였다.

아스텍에서는 남자는 물론 여자까지 먹었다. 아스텍 사람들의 경우 가장 그럴듯한 설명은 먹는 쪽이 더 실용적이었기 때문일 것이다. 좋은 음식을 무엇 때문에 버리겠는가. 유럽 사람들과 달리 원주민들에게는 사람을 먹으면 안 된다는 금기가 없었다. 원주민은 사람과 동물의 영혼이 평등하다고 보았다. 마음과 정신과 힘이 있는 생물인 사슴을 먹어도 괜찮다면 사람을 먹으면 안 될 까닭은 무엇인가? 신체, 매장, 부활이라는 기독교 관념을 제쳐놓고 생각하면 식인은 죽은 사람을 처리하는 매우 효율적이고 환경에 부담을 덜 주는 방법일 것이다. 시체는 공중 보건을 위협한다. 그런데 아스텍 희생제는 그런 시체를 몇천 구나 만들어냈다. 유럽 사람들은 시체를 땅에 깊이 묻는 것이 해결책이었다. 그러려면 공간이 필요하고 일손도 많이 드는데다 그렇게 일한다고 쌀 한 톨 나오는 것도 아니고 시체의 영양분을 제대로 재활용하지도 못한다. 화장을 하려면 땔나무가 많이 든다. 소름끼치는 일이긴 하지만 식인이야말로 시체를 다루는 가장 싸고, 안전하고, 효과적인 방법이다. 그보다 더 쉬운 설명은 사실상 칼로리 섭취를 마음껏 할 수 있었던 지배층이 사람 고기에 맛을 들였던 것이다. 투피족이 그랬듯이 맛이 있었기 때문에 사람 고기를 먹었던 것이다. 목테수마 2세가 날마다 희생제를 한 까닭 가운데 하나는 목테수마와 그 손님들이 사람 고기를 먹고 싶어서였다고 전한다. 베르나르디노 데 사아군Bernardino de

Sahagún(에스파냐의 수도사이자 역사가—옮긴이)의 아스텍 정보원들은 옥수수를 갈지도 요리를 하지도 실을 잣지도 않는 게으른 아내는 "식용으로 쓸 노예를 사는 장사꾼에게 팔려가 우상 앞의 희생 제단 위에서 삶을 마친다"고 주장했다.[10] 이 점에서는 우주관과 더불어 식량 문제가 희생제를 정당화하는 데 중요한 역할을 한 것 같다. 단백질 부족이 아니라 사람 고기가 먹고 싶다는 마음이 아스텍 실용주의에 힘을 보탰을 듯하다.

어떤 이유였고 어떻게 정당화했는지에 상관없이 아스텍의 인신 공양은 환경에 중요한 결과를 남겼다. 멕시코 계곡에서 제물로 죽은 사람의 추정치는 저마다 다르다. 매우 존경받는 한 연구자는 해매다 25만 명씩 바쳤을 것이라고 하고, 다른 많은 사람들은 2만 명 안팎이었을 것으로 생각한다. 아스텍 사람들이 단언한 바에 따르면 15세기 중반에 중앙 신전을 신에게 다시 바치느라 나흘 동안 행한 희생제에서 8만 400명이 희생되었다고 한다. 숫자가 들쑥날쑥하긴 하지만 아스텍 사람들은 흔적을 남겼다. 초초틀란Xocotlán에서 베르날 디아스는 해골 무더기를 발견했다. 그 무더기는 가지런히 쌓여 있어 디아스는 길이, 너비, 높이를 보고 그 무더기에 쌓인 해골이 10만 개가 넘는다고 셈할 수 있었다. 자기 글을 읽고 사람들이 못 믿어할 것을 안 디아스는 그 숫자를 되풀이해 이야기했다. 더구나 그 숫자는 작대기로 해골의 귀에서 귀로 관자놀이를 뚫어 전시해놓은 촘판틀리Tzompantli를 셈에 넣지 않은 것임을 따로 설명했다. 안드레스 타피아스Andrés Tapias(에르난 코르테스와 함께 아스텍을 무너뜨린 에스파냐인 정복자—옮긴이) 역시 테노치티틀란의 중앙 신전에 해골 13만 6,000개가 쌓여 있었다고 한다. 이 숫자를 받아들이면 몇 가지 섬뜩한 주장에 이르게 된다. 첫째, 사람 고기는 아스텍의 식량 공급에서 중요한 부분이었다는 것이다. 먹으려고 사람을 기르는 것은 자원을 그다지 효과적으로 사용한 방법은 아니다. 하지만 많은 희생자가 중앙 계곡 바깥사람이었으니 지배권을 거머쥔 지역에는 순이익이었다. 아스텍 사람들은 단백질이 모자라서 사람 고기를 먹은 것이 아니지만 그렇다고 사람 고기를 거부하지도 않았다.

둘째, 인신 공양은 틀림없이 인구가 느는 것을 어렵게 했을 것이다. 인신 공양이 한 일은 수천 명의 목숨을 직접 빼앗은 것만이 아니다. 인신 공양의 희생자가 거의 젊은 사람이었기에 사회 전반의 출산율까지 떨어졌다. 인구가 100만 명인 어떤 계곡의 도시에 10만 개가 넘는 해골이 전시되어 있었다면 인신 공양이 아스텍 인구에 끼친 영향은 결정적이었을 것이다. 그 해골 더미가 수십 년에 걸쳐 쌓인 것이었다 해도 마찬가지다. 잉카 사람들과 아스텍 사람들이 출산율을 떨어뜨리려고 인신 공양을 한 것은 아니다. 두 나라는 맬서스Thomas Robert Malthus(영국의 고전파 경제학자. 식량은 산술급수적으로 늘어나고 인구는 기하급수적으로 급증해 인류의 기근은 필연이라고 주장했다—옮긴이)처럼 인구 걱정을 하지 않았다. 오히려 아이를 많이 낳은 여성에게 상을 주며 출산을 장려했다. 하지만 하늘의 신에게 사람 한 명을 보낼 때마다 그 시대에는 먹을 입 하나가 줄어들지만 다음 세대에 태어날 사람 수는 그보다 더 줄어든다.

지속 가능성이라는 문제

　아메리카 사람들은 인간 자원을 이용해 자연 풍경을 바꾸었다. 그렇다고 해서 무조건 사람과 자연의 관계가 지속 불가능했을 것이라는 법은 없다. 지속 가능성이란 자연을 고치고 바꾸고, 이용하여 사람에게 필요한 물건을 얻어내면서도 자식 세대가 똑같은 일을 계속하는 것 또한 보장하는 것이다. 어떤 문화가 지속 가능성을 누린다는 것은 그 문화의 명예 가운데 하나라 할 수 있다. 하지만 지속 가능성이 무엇인지를 따지는 일은 어떻게 그것을 이루느냐에 견주면 쉬운 일이다.

　원주민은 지속 가능성이란 명예를 누릴 만한 사람들이었을까? 신세계가 1492년에 이미 늙은 세계였다면 그 세계는 이미 환경이 나빠져 죽어가는 세계였을까? 원주민 문화가 지속 가능했느냐는 문제를 놓고 이런저런 말이 많다. 하지만 내 생각에 원주민은 신세계에서 몇천 년을 살며 자연을 어디까지 밀어붙여도 되는가를 경험으로 배운 듯하다. 적어도 농업 분야에서는 그랬다. 그런 깨달음은 거저 얻은 것이 아니다. 때때로 원주민은 지속 가능성보다 생산성과 사치를 더 중요하게 여겼다. 몇몇 문화가 박살난 것도 확실하다. 어쩌면 그 문화들이 지속 가능하게 사는 법을 깨우치지 못했기 때문일 것이다. 원주민은 앞날도 마치 오늘처럼 여기며 한 해 농사를 지을 때면 언제나 다음 해에 어떻게 할까를 곰곰이 생각했다. 유럽 사람들 대부분이 그랬던 것처럼 15

세기 무렵 원주민도 지속 가능한 식량 생산법의 틀을 세워 놓은 상태였다.

다른 면에서 보더라도 원주민은 자신들이 자연에 끼치는 해를 알고 있었다. 적어도 몇 차례 자연보호 정책으로 체제를 좀더 지속 가능하게 고치기도 했다. 아스텍 사람들과 잉카 사람들은 흙, 숲, 물, 야생 생물 같은 자연 자원도 바닥날 수 있다는 것을 알았다. 잉카와 아스텍 농법을 통해 경험에서 우러난 자연보호 정신이 깃들어 있음을 살펴보았다. 원주민이 몇몇 곳에서 나무를 못 베게 하고 또 심기도 해서 숲을 지켰다는 증거도 남아 있다. 아스텍 사람들 가운데 적어도 네사우알코요틀이 다스리던 때의 텍스코코 사람들은 숲을 지켰다. 왜 그랬고 언제까지 그랬는지 뚜렷하지 않다. 어쩌면 유럽에서 주로 그랬던 것처럼 지배층의 사냥터를 만들려고 숲을 지켰을 것이다. 또는 나중에 쓸 땔나무를 남겨두려고 몇몇 숲을 남겨두었던 것일지도 모른다. 이유야 어찌 되었든 보호받는 숲이 어느 정도 컸다면 그 숲에서는 나무가 튼튼하게 자라고, 야생 생물이 살고, 샘물이 마르지 않고, 흙도 덜 침식되어 사람들도 그 덕을 보았을 것이다. 처음에 네사우알코요틀의 보호림에서는 아무것도 캐낼 수 없었다. 가난한 사람들을 돕기 위해 규제를 느슨하게 하면서부터 말라 죽은 나뭇가지를 주워 땔나무로 쓸 수 있었다.

안데스 산맥에 살던 사람들은 산비탈에 자생종 오리나무를 심어 숲을 새로 만들었던 것으로 보인다. 서기 1000년경 이전까지 페루의 안데스 산맥 남쪽 호수의 바닥에 쌓인 침전물을 보면 그때까지 이 지역에 나무가 거의 없었음을 알 수 있다. 침전물 속 꽃가루는 잡초에서 나온 것이 대부분이고 토양침식도 심각했음을 보여주는 증거도 뚜렷하다. 이 무렵부터 토양침식은 줄고 오리나무 꽃가루는 눈에 띄게 늘어난다. 연대기에 따르면 잉카 황제가 직접 나서 오리나무 심기를 감독했고 허락받지 않고 나무를 베면 엄하게 벌했다고 한다. 연구자들은 설사 오리나무가 많아진 것이 날씨가 따뜻해지고 공기에 습기가 많아진 이유 때문이라 할지라도 숲을 보호한 조치 또한 늘어난 오리나무 보호에 중요했을 것이라고 주장한다. 잉카 제국에 인구가 많았고 안데스 지역에는 나무가 거의 없었다는 점을 생각해보면 적절한 규제가 없었을 경우 숲이 조금만 회복되어도 즉시 소비되었을 가능성이 컸음을 짐작할 수 있다. 특기할 점은 에스파냐인들이 잉카 제국을 정복한 뒤 오리나무 꽃가루 양이 급속히 줄었고 오늘날에는 오리나무를 깊은 산골짝에서나 볼 수 있다는 사실이다.

나무가 적은 곳에서 수백 년을 살다보니 안데스 사람들은 땔감을 매우 아껴 썼다. 그래서 안데스 사람들은 그냥 불을 때는 것보다 훨씬 땔나무가 적게 드는 자기로 된 장작 화로를 개발했다. 17세기에 베르나베 코보Bernabé Cobo(에스파냐 예수회 선교사이자 작가—옮긴이)가 본 바에 따르면 놀랍게도 에스파냐 사람들이 하루에 태우는 땔감이 원주민이 한 달 동안 쓰는 것보다 더 많았다고 한다. 자기로 된 장작 화로는 시시한 발명품처럼 보일 수 있지만 이 발명은 1000년경 안데스에서 숲이 되살아난 것과 관련 있을지 모른다. 심지어 잉카 민족이 이 지역 문화의 지도 세력으로 떠오른 것과 상관이 있을지도 모른다. 역사 흐름은 작은 혁신에 뒤집혔다.

메마른 고원지대에서 잉카와 아스텍의 발전을 가로막은 가장 중요한 요소는 물이었다. 잉카 사람들은 계곡과 바닷가 사막에 물을 대려 강과 호수와 샘에서 물을 많이 길었다. 잉카 사람들이 숲이 물을 저장한다는 사실을 알았을 것 같지는 않다. 하지만 숲을 지키는 정책으로 잉카 사람들은 자신도 모르게 물 관리에서 덕을 보았다. 아스텍 제국 역시 멕시코 계곡에서 쓸 물을 얻으려고 쓸 수 있는 모든 수원을 동원한 것으로 보인다. 가뭄이 들 때는 큰 강에서 물을 길어왔고 남는 수원은 없었다. 아스텍 제국에서 가장 중요했던 상수원 보호 조치로는 아마도 사람의 똥오줌을 농토에서 거름으로 쓴 것을 들 수 있을 것이다. 에스파냐 사람들이 지역을 정복한 이후 감당할 수 없을 만큼 똥오줌이 쌓이는 성가신 일이 계속되었다. 에스파냐 사람들은 10년 만에 텍스코코 호수를 똥물 구덩이로, 물을 조절하는 도구였던 도랑과 둑길을 오염 조절 도구로 바꾸어놓았다. 그들은 도랑을 도시에서 나온 더러운 쓰레기로 넘쳐나지 않도록 하는 데 썼다. 아스텍 사람들은 사람 배설물을 흙에 돌려보내 그러한 재난을 피했다. 아스텍 방식은 흙을 기름지게 했으며 상하기 쉬운 계곡 분지의 호수들은 물고기, 새, 아니말리토들이 건강하게 살 수 있는 생태계로 만들었다.

아스텍 제국에서 야생동물을 보호했는지에 대해서는 증거가 남아 있지 않지만 잉카는 엄격하게 야생동물을 관리했다. 잉카에서는 특정 계절에만 사냥을 허락했고 사냥터도 4년 주기로 돌아가며 바꾸어야 했다. 특히 비쿠냐vicugña(낙타과 동물 중 몸집이 가장 작고 등에 혹이 없다—옮긴이) 사냥은 엄격히 금지되었다. 잉카인들은 비쿠냐를 사냥하는 대신 이 날쌘 짐승들을 잡아서 다치지 않게 부드러운 털만 벗겨낸 다음 풀어주었다. 에스파냐 사람들이 개를 풀어 비쿠냐를 사냥한 것과 비교

된다. 에스파냐의 모피 사냥꾼들은 비쿠냐를 죽이고 털가죽을 얻는 더 쉬운 방법을 골랐다. 뒤늦게 에스파냐 왕가에서 낭비가 심한 이러한 방식을 금지하려 했지만 소용없었다. 이 방식은 20세기까지도 이어졌고, 총이 개를 대체하면서 무지막지한 결과를 낳았다.

잉카 사람들의 연례 사냥은 수많은 사람이 참여한 의례와도 같았다. 이 사냥 행사에서 귀족은 평민들로 하여금 사냥감들을 겁주어 우리 안으로 밀어 넣게 했다. 에스파냐 사람들이 처음 초대받았던 사냥에서는 우리 가까이 넓은 범위를 만 명이 둘러싸고 사냥감을 때려 우리 안으로 몰아넣은 뒤 1만 1,000마리를 도살했다. 이때 사슴과 과나코 수컷은 죽여 먹거나 육포로 만들었지만 아직 새끼를 낳을 수 있는 암컷과 가장 질 좋은 수컷은 풀어주어 번식하게 했다. 잉카 관리들은 사냥을 꼼꼼하게 기록했는데 그렇게 남긴 기록은 야생동물의 관리 전략을 짜는 데 이용했을 것이다.

원주민의 삶이 자신이 사는 땅에 깊이 뿌리내리고 있었다는 것도 원주민이 환경을 보전하고 지속 가능한 방식으로 사는 데 도움이 되었다. 정착한 원주민 대부분이 이룬 문화 성취는 자신이 사는 특정 환경과 매우 가깝게 연관된 것이었다. 이러한 환경이 없으면 이 문화도 없었을 것이다. 오늘날 문화에서도 장소에 의미를 부여한다. 하지만 대부분 그 참뜻을 제대로 이해하지 못한다. 옛 사람들은 할아버지 대부터 손자 손녀에 이르기까지 대대로 같은 땅에 살고 같은 풍경을 보며 마음의 안정을 느꼈다. 하지만 요즘은 옮겨 살기가 쉬워져 그러한 애착을 느끼지 못한다.

원주민이 보기에 이베리아 사람에게는 이해할 수 없는 점이 많았다.

그중 가장 아리송한 수수께끼는 이베리아 사람들이 어떤 이유로 헤매고 다니느냐는 것이었다. 고마라에 따르면 잉카 농민들은 에스파냐 사람들을 부모도 집도 없고 가족을 이루어 농사를 지을 만큼 한곳에 오래 머무르지도 못하는 바다 거품 같은 사람들이라고 했다 한다. 잉카 사람들에게 에스파냐 사람들은 친척도, 고향도, 목적지도 없는 철저히 비인간적인 사람들로 보였다.

잉카와 아스텍 사람들은 풍경 자체를 성스럽다고 여겼다. 아스텍 사람들은 땅의 굽은 곳과 동굴과 봉우리와 샘에서 비와 땅의 신 틀랄록의 몸과 틀랄록이 일하는 것을 보았다. 그리고 제사를 통해 틀랄록의 몸과 맡은 일을 이름이 있고 눈에 띄는 자연물에 연결했기 때문에 그러한 자연물은 쉽게 버릴 수가 없었다. 잉카 사람들은 동서남북 4방위와 거의 모든 방위에 서로 다른 성스러운 뜻이 깃들어 있다고 여겨 이 모든 방위를 강렬한 빛깔과 상징으로 짝지어 생각했다. 잉카와 아스텍 문화는 눈에 띄는 자연물을 떠받들었고 무덤 속 조상들 또한 섬겼다. 대대로 살아온 땅에 깃든 정신과 혜택을 뒤로 하고 조상이 있는 땅을 떠나 살아간다는 것은 꿈도 꿀 수 없는 일이었다.

아스텍에 수도가 들어설 곳을 점지해준 이는 아스텍의 전쟁 신 우이칠로포츠틀리였다. 아스텍인들은 우이칠로포츠틀리가 예언한 것처럼 독수리 한 마리가 선인장에 앉아 뱀을 먹고 있는 것을 보았다. 그 땅이 아스텍 사람들의 새 고향이 될 것이라는 조짐은 몇 세대를 떠돌아온 아스텍 사람들에게는 어마어마하게 중요한 징조였다. 독수리는 고개를 숙이며 "메히카Mexica(아스텍 제국의 원래 이름. 멕시코는 메히카에서 나온 말이다—옮긴이) 사람들아. 바로 여기다"라고 말했다. 그곳이 다른 사람들 영토 안에 있는 늪지대일지라도 상관없었다. 아스텍 사람들은 자신들이 습지를 메워 만든 그 땅을 성스럽다고 여겼는데 이것은 아스텍의 도시 관리에서 잘 드러난다. 도시는 곧 더럽고 지저분한 곳이라 믿은 에스파냐 사람들에게 테노치티틀란의 깨끗함과 질서 정연함은 눈이 휘둥그레질 만한 것이었다. 가죽 무두질같이 신과 사람들에게 거슬리는 일은 도시 저 멀리로 쫓겨났고, 아스텍 사람들은 날마다 도시와 도시 건물을 쓸고, 닦고, 칠하여 자신의 신앙심을 드러냈다. 유럽 중세 도시에는 많은 것이 엉망진창으로 뒤엉켜 있는 일이 흔했다. 하지만 아스텍 사람들이 도시에 놓은 길, 운하, 집, 넓은 공공장소들은 그렇지 않았다. 아스텍 사람들은 정부에서 치밀하게 세운 계획에 따라 도시를 만들었다. 그리고 그렇게 세운 균형 잡힌 도시는 아름답고 깨끗하고 잘 돌아갔다.

원주민은 음식도 숭배했다. 특히 옥수수가 중요했는데 옥수수는 아스텍과 잉카 사람들에게는 황금과도 같은 것이었다. 아스텍과 잉카 사람들은 옥수수야말로 자신들의 피와 살을 이루는 문명의 기틀임을 제대로 인식하고 이를 성스러운 곡식으로 떠받들었다. 반면 이 시기 유럽 사람들은 음식과 지역이 거룩하다는 생각에서 이미 멀어져 있었다. 밀가루와 포도주는 성체 성사에서 예수의 피와 살로 바뀌었을 때에만 성스러웠다. 그리고 어떤 지역이 성스러우려면 성모 마리아가 그곳을 지나갔거나 성인이 그곳에 묻혀 있어야만 했다. 보통 이베리아 사람들은 땅과 그 위 지형지물을 덧없는 것으로 보고 자신들의 지리적 관심을 이 땅 위에 없는 천국에 쏟아 부었다. 아마 유럽인과 원주민의 자연관에서 가장 큰 차이점은 자연의 앞날을 어떻게 보느냐에 있을 것이다. 원주민은 자연재해를 막고 이 땅 위의 삶터를 영원히 지키고자 신에게 빌고 희생 제물을 바쳤다. 유럽 사람들은 세기말의 대격변이 찾아오기를 빌었다. 그래서 이 세상의 삶을 끝내고 구원받아 하늘로 가고 싶어했다. 유럽 사람들은 자연에 구원받을 가치가 없다고 보고 자연 그 자체가 파괴되기를 바랐다.

그 당시 인구와 기술 수준과 기후로 보아 잉카와 아스텍 문명은 이미 자연이 버틸 수 있는 한계에 와 있었다는 사람도 있다. 어쩌면 정말 그랬을지도 모른다. 도시에 공물로 보낼 식량(옥수수, 콩, 사람 고기) 몇천 톤을 생산하느라 멕시코 계곡은 이미 버틸 수 있는 한계를 넘어서 있었을지도 모른다. 공물을 무더기로 바칠 것을 강요해온 아스텍 권력이 갑자기 무너지기라도 했다면 중앙정부의 수많은 사람이 굶주리게 되었을 것이다. 잉카와 아스텍 제국과 그 도시들은 언제나 다른 지역에서 주는 것보다 받는 것이 많았다. 다른 제국들처럼 아스텍 제국과 잉카 제국도 다른 땅을 정복하여 분수에 넘치는 생활을 했다. 어쩌면 이 두 제국도 결국 지나친 성공 때문에 위험에 처하게 되었을 것이다. 그 한 보기가 공물 요구량이 생산량보다 더 빨리 늘어났다는 사실이다. 더 많은 것—음식, 옷, 궁전, 하인—을 누린 귀족의 인구가 평민 인구보다 더 빨리 늘어났기 때문이다. 가진 것이 많은 지배층 남자들은 수많은 여자와 혼인하여 많은 아이를 얻었다. 이렇게 태어나는 귀족 아이들의 수는 사회 전체의 아동 비율로 봐도 그 비중이 엄청났다. 아내가 1,000명에 이른 목테수마 2세는 그 모든 아내를 만족시킬 수는 없다고 비난받았지만, 아내 중 150명은 항상 임신 상태였다고 한다. 귀족의 자식들은 첫째 부인에게서 나왔든 둘째 부인에게서 나왔든 아버지의 지위와 공물 권리를 물려받았고, 이는 다시 그 자식들이 건강하게 살며 아이를 많이 얻는 데 이바지했다. 마야 지배층 유골이 농민 유골보다 평균 10센티미터가 더 크다는 것도 소비 격차를 증명하는 확실한 증거다.

잉카 사람들은 이런 압력을 에스파냐에 정복당하기 전부터 느꼈다. 잉카에는 참 이상한 관습이 있었는데 잉카 왕은 아버지로부터 왕위 이외에는 아무것도 물려받지 못한다는 것이었다. 잉카 사람들은 죽은 왕을 미라로 만들어 으리으리한 궁전에 모셨고, 죽은 왕들에 대해서는 "죽으면 다 빈손으로 가는 법"이란 속담 따위로 무시했다. 이 왕들은 죽은 뒤에도 땅과 야마 떼와 보물 같은 모든 재산을 그대로 지켰다. 믿거나 말거나 그것들을 소비하기까지 했다. 물론 살아서 먹보 왕이었다 해도 죽어서는 조금만 먹고 마셨다. 하지만 이 미라 왕들이 가져가는 것은 재산만이 아니었다. 미라 왕들에게는 파나카Panaca, 곧 왕위 계승자의 자손을 뺀 나머지 자손들이 함께했다. 자신들의 미라 왕을 떠받드는 것이 파나카들이 하는 일이었다. 파나카는 미라 왕 앞에서 음식을 태워 미라 왕에게 올렸다. 미라 왕들이 마신 음료는 파나카가 황금 주전자에 담아 미라 왕에게 보인 뒤 잔치에 온 다른 사람들이 오줌을 누는 배수로에 부었다. 잉카 제국은 파나카도 호화로운 집에서 잘 먹고 잘 입게 해줘야 했는데 그러한 파나카의 수는 세대가 지날수록 늘어갔을 것이다.

여기에 우아이나 카팍Huayna Capac(우아스카르와 아타우알파 이전에 잉카 제국을 다스린 황제—옮긴이)처럼 유별나게 신심 깊은 잉카 왕은 죽은 선왕들에게 더 많은 땅과 재산을 선물하기까지 했다. 우이이나 카팍이 죽은 뒤 잉카 왕위를 지키려 전쟁을 벌인 우아스카르Huascar(우이아카 카 팍의 아들. 아타우알파와 잉카의 최고 지배권을 놓고 전쟁을 벌여 패배했다 한 다—옮긴이)는 잉카 제국에서 좋은 것은 몽땅 죽은 자들이 갖고 있다고 투덜거렸다. 죽은 왕들이 재산을 정당한 왕위 계승자에게 물려주기를 거부하다 보니 살아 있는 왕들에게는 남는 것이 없었다. 그래서 살아 있는 왕들은 재산과 땅을 얻고자 자신이 물려받은 제국의 국경 너머로 정복에 나서야만 했다. 상황은 날이 갈수록 괴상해져 갔다. 잉카 농민 들은 살아 있는 군주의 가까운 가족들에게 그 군주의 죽은 조상과 그 조상들의 살아 있는 후손까지 먹여 살려야 했다. 그 때문에 갈수록 더 많이 일해주고 더 많은 몫의 식량을 바쳐야 했다.

15세기 말 아메리카의 문화가 지속 가능했는지 그렇지 않았는지 마 지막 결론을 내리기가 어렵다. 긍정적 결론이든 부정적 결론이든 결국 에는 부당한 결론이 될 것이다. 아메리카 문화가 이어온 오랜 실험은 정복으로 끊어졌기 때문이다. 원주민 문화가 나아갔을 지도 모를 그 길은 급격한 문화와 자연 변화로 끊겼다. 여기서 볼 수 있듯 자연과 사 람의 관계는 절대 멈춰 있지 않다. 어느 때는 자연에 더 나은 쪽으로 어 느 때는 더 나쁜 쪽으로 문화는 변화하며 또 바뀐다. 자연 또한 바뀐다. 그리고 그 변화는 때로는 사람들에게 새롭고 오래가는 혜택을 안겨주 고 때로는 매우 힘든 시련을 안겨준다. 가끔은 철저한 파괴를 부르기 도 한다.

이미 앞에서도 이야기했듯 환경의 역사에는 인간이란 종이 살아남 느냐 마느냐 그 이상의 문제가 걸려 있다. 진실로 중요한 것은 인간 문 화와 문명이 살아남아 성공하느냐 마느냐이다. 만약 고대 아메리카 역사에서 구세계의 고대 역사에서보다 더 뚜렷하게 드러나는 점이 있다면 인류가 한 생물 종으로서 때로는 무시무시하기까지 한 자연 재앙을 이겨내고 끈질기게 살아남았지만 고도로 발달한 인류 문화—도시, 기술, 예술, 건축술처럼 문명이란 범위에 들어가는 것들—는 되돌릴 수 없을 만큼 망가지는 일이 계속 있었다는 것이다. 갑작스레 문명이 망하는 일도 자주 일어났다. 아메리카에 있는 많은 폐허 가운데 올멕, 테오티우아칸, 톨텍Toltec, 마야, 치무Chimú, 모체Moche, 나스카Nazca, 와리Wari, 티와나쿠Tiwanaku와 같이 잘 알려진 곳만 보더라도 인간 문화의 덧없음을 증명한다. 이러한 문화의 갈라진 담장과 조각난 돌들이 수북한 먼지와 울창한 초목을 짊어진 채 속삭이는 목소리로 피할 수 없는 질문을 던진다. "왜 이렇게 거대한 몰락이 일어났는지 말해줄 수 있나요?"

돌 하나하나가 같은 질문을 되풀이하지만 우리가 그 돌을 집어 아무리 캐물어도 돌들은 쉽게 답하지 않는다. 지난 몇 해 동안 환경 위기 때문이라는 주장이 점점 더 많은 지지를 받았다. 그 주장은 아메리카 문화가 무너진 까닭을 설명하는 데 여러 선례를 끌어 모았다. 환경이 원인이라는 설명은 그 유익함 때문에 끌리는 주장인 동시에 오늘날 문제에 윤리적 교훈을 줄 수 있기 때문이다. 마야나 테오티우아칸 같은 강력한 나라들이 무너진 것은 자연을 너무 쥐어짜서 그런 것일지도 모른다. 도시가 커지면서 숲도 지나치게 많이 베어내고 토양침식도 심해졌기 때문이다. 마야와 테오티우아칸 문화에서 원주민들이 자신들의 삶터를 꾸민 방식도 그러한 가능성을 고발하는 듯하다.

마야 문명의 엘미라도르El Mirador 유적에 있는 한 널찍한 거실은 바닥이 시멘트로 되어 있고 그 시멘트의 두께는 9센티미터에 이른다. 석회암을 가루로 만들어 그만한 시멘트를 얻는 데 쓸 땔감을 얻으려면 그만큼 숲을 베어내야 한다. 게다가 허영심인지, 지위를 과시하려는 목적인지, 편리함 때문인지, 더 아름답게 보이려 한 것인지는 몰라도 마야 사람들은 바로 그 엘미라도르의 거실 바닥을 뜯어고쳐 21센티미터 두께로 시멘트 층을 새로 더 깔았다.

원주민 문화에서 땔나무, 연료, 물, 흙의 양분을 마구 써댔다는 증거는 차고 넘친다. 때로 그 소비 속도는 자연 자원이 다시 쌓이는 속도보다 더 빨랐다. 그러나 환경을 마구잡이로 다룬 것 때문에 어떤 특정 문화가 망했다거나 적어도 그런 잘못이 멸망 원인 중 하나였다는 것을 확증할 증거는 없다. 정치·군사·사회·경제 문제만으로도 아메리카의 옛 문화의 폐허들을 설명할 수 있을 것이다. 문명의 쇠락 이야기, 즉 사람이 잘못해서 자연이 망가졌고 문화도 망했다는 설명은 참으로 매력적이다. 우리가 잘못했다는 것을 받아들일 수도 있다. 하지만 이런 설명이 정말로 주장하는 점은 우리가 뉘우치고 다르게 행동하기만 한다면 상황을 통제할 수 있다는 것이다. 마치 모든 일이 사람의 뜻과 움직임에 달려 있는 것처럼 말이다.

그러나 현실에서는 때때로 손도 댈 수 없는 엄청난 자연재해로 문화가 멸망하기도 한다. 어떤 문화가 망하는 데 자연이 분명하게 얽혀 있다 해도 그것이 사람이 잘못해서 물욕을 부려서 환경을 잘 몰라서 그런 것이라는 설명은 말도 안 된다. 때로는 문화와 자연의 관계와는 아무 상관없는 자연재해도 일어난다. 질병, 기후 변화, 지진, 태풍에 여러 문화가 허점을 찔렸다. 환경사의 교훈 가운데 몇몇은 인간의 윤리와는 상관없다는 점이 너무나 뻔해서 사람이 어떻게 써먹을 방법이 없다. 지금 우리는 아주 똑똑해져서 태풍이 바닷가에 닿기 오래전부터 그 경로를 알아내고, 조류 독감이나 대지를 초토화하는 운석 따위를 관찰하고 대비할 수 있다. 그렇지만 어떤 문화도 자연이 부리는 재주를 모두 내다볼 수는 없다. 아무리 조심해도 마찬가지다. 조류 독감을 피하는 데 1,000만 달러를 쓰는 것까진 좋다. 하지만 에이즈와 에볼라가 처음 나타났을 때 그랬듯 그 돈도 예측할 수 없는 전염병으로부터 우리를 지켜줄 수는 없을 것이다. 5등급 태풍에서 해수면보다 낮은 곳에 있는 집들을 지키려고 제방을 짓는 것은 돈 낭비다. 자연이 우리가 정한 등급제 따위를 무시하고 6등급 내지 7등급 이상의 태풍을 보내면 그 제방은 아무 짝에도 쓸모없을 것이다. 우리는 일어날 만한 모든 위험을 생각하고 대비해야 한다. 그만큼 지켜야 할 것이 많기 때문이다. 문화가 아무리 잘 막는다 해도 자연에 뒤통수를 맞을 때가 있는 법이다.

라틴아메리카의 모든 폐허 가운데 환경 때문에 망했다는 뚜렷한 증거가 남은 폐허는 쿠이쿠일코뿐이다. 쿠이쿠일코 폐허는 점점 커가는 현재 멕시코시티 안에 자리하여 찾아가기 쉽다. 그럼에도 우리는 쿠이쿠일코에 대해 거의 아는 것이 없다. 쿠이쿠일코에는 누가 살았고 그 사람들은 어디에서 왔으며 어떤 언어로 말했고 언제 도시를 세웠는가? 학자 대부분은 쿠이쿠일코는 오늘날까지 드러난 콜럼버스 이전 멕시코 중부 도시 가운데서 가장 오래된 대도시로 테오티우아칸은 그 뒤에 일어나 쿠이쿠일코와 겨뤘거나 그 뒤를 이었다는 데 의견을 같이한다. 쿠이쿠일코 폐허의 상당 부분은 20세기 도시 건축물들에 덮여 있었다. 그 건축물의 밑을 파내자 고대 중앙아메리카에 관련된 것으로 보이는 수많은 요소인 공놀이 경기장, 하늘의 신들, 피라미드, 잘 만든 데다 때로는 기발해 보이는 예술품 등이 드러났다. 드넓고 잘 구획된 쿠이쿠일코 시내 중심부에 있는 널따란 광장에는 테두리가 보기 드물게 둥근 꼴을 한 높이 20미터의 피라미드가 서 있었다. 그 피라미드 둘레에는 계단밭, 관개용수로, 농업용수를 담아두는 얕은 웅덩이의 흔적이 남아 있다. 쿠이쿠일코가 최전성기일 때 인구는 2만 명쯤 되었을 것이다. 아직 입씨름이 끝나지는 않았지만 쿠이쿠일코는 기원전 700년쯤에 세워져 기원후 300년쯤에 흔적을 감춘 1000년 동안 지속된 도시였다는 데 대부분이 동의한다.

쿠이쿠일코가 멸망하는 데 자연이 가장 중요한 역할을 했다는 것을 어떻게 알 수 있는가? 딱딱한 바위 무덤에서 파낸 쿠이쿠일코의 중앙 피라미드는 오늘날 페드레갈 데 산 앙헬Pedregal de San Angel이라는 깊이 10미터, 넓이 80제곱킬로미터의 화산암 지대에 둘러싸여 있다. 베수비오 화산이 폼페이를 삼켜버리기 3년 전인 기원후 76년 시틀레 화산이 터지며 쿠이쿠일코 문화의 맥을 끊었다. 도시는 녹아 흐른 바위에 숨이 막히고 기름진 농장은 용암에 뒤덮였다. 용암은 도시 남쪽에 있는 시틀레 화산의 주요 분화구와 북쪽에 있는 완벽하게 둥그런 측면 분화구에서 흘러나왔다. 이 측면 분화구의 흔적은 오늘날에도 멕시코 국립대학 교정 안에 많이 남아 있다. 용암 분화 형태를 보면 도망칠 길은 없었던 것처럼 보인다. 이 재난은 몇십 년에 걸쳐 터지는 식으로 일어났을 가능성이 크다. 쿠이쿠일코 주민들이 멕시코 계곡 남쪽 화산 지대의 용암이 닿지 않을 만큼 멀찍이 떨어진 북쪽으로 도망쳐서 테오티우아칸을 세웠거나 이미 들어서 있던 테오티우아칸의 시민이 되었을 것이라고 생각하는 사람도 있다. 오늘날 쿠이쿠일코는 규모가 큰 환경 공원이 되었다. 그곳은 북적거리는 도시 한복판에 있으면서도 으스스할 정도로 조용하다. 덩굴식물과 선인장과 용설란이 굽이굽이 잿빛 용암층에 앞다투어 달라붙어 끈질기게 목숨을 이어간다. 자연이 정복자가 될 때도 있다. 그런 이야기에는 도덕도 쇠락 이야기도 끼어들 자리가 없다. 우리 모두 아메리카에서 가장 환경을 아끼고, 환경과 조화를 잘 이룬 환경의 벗들이 쿠이쿠일코 사람들이었다는 것을 안다. 하지만 결국 자연은 그런 것 따위는 아랑곳하지 않았다.

1492년 아메리카는 사람으로 우글거렸고 풍경 구석구석에 사람의 손때가 묻어 있었다. 아메리카 원주민은 생물학적으로도 성공하여 두 대륙을 다양한 문화로 가득 채웠고 두 개 이상의 문화가 서로 밀고 당기지 않는 풍경을 거의 찾아볼 수 없다시피 했다. 아메리카 문화 또한 여러 훌륭한 농법을 연이어 만들어냈고 그러한 농법들은 대지의 모습을 바꾸어놓았다. 그러한 변화는 오늘날에도 층층이 쌓인 유적에서 확인할 수 있다. 적어도 지금으로서는 자연이 아메리카 원주민의 성공에 끼친 영향을 실패에 끼친 영향보다 더 많이 알고 있다. 원주민의 역사에는 멸망과 쇠락도 점점이 박혀 있다. 우리들, 가장 젊은 세대의 아메리카 사람들은 마땅히 그러한 역사를 보고 조심하는 법을 배워야 할 것이다.

2장

정복자 자연

여전히 목말라 하는 말들을 보며 원주민 여성들은 소스라쳤다. 그리고 에스파냐 사

람들에게 "나리, 이 짐승들이 먹는 것도 마시는 것만큼 많이 먹는다면 이 땅의 먹을

거리를 다 모아도 이것들을 먹여 살릴 수 없을 겁니다"라고 말했다.[11]

앞에서 말했듯 콜럼버스 일행이 아메리카에서 발견한 것은 신세계가 아니었다. 콜럼버스 일행은 어쩌다보니 또 다른 구세계에 다다랐던 것이다. 콜럼버스 일행은 이 두 세계에 난데없이 결혼을 강요했고, 그렇게 맺어진 부부는 몇십 년에 걸친 임신과 힘들고 오랜 노동을 거쳐 새로운 것을 낳았다. 유라시아, 아프리카, 아메리카라는 가장 큰 땅덩어리들에서 몰려온 온갖 사람들이 뭉쳐 인종으로 보나 문화로 보나 옛날 그 어느 것과도 다른 문화를 만든 것이다. 바로 이 도가니에서 문화의 혼혈, 라틴아메리카 문명이 태어났다. 게다가 유라시아 사람들과 아프리카 사람들의 짐꾸러미에는 문화만 들어 있지 않았다. 그들은 아메리카 풍경에 새로운 식물, 동물, 씨앗, 미생물도 들여왔다. 그리하여 아메리카는 일종의 생태 혼합물이 되었다. 거의 모두 배에 몰래 올라탄 이 구세계의 생물 무리는 옛날부터 아메리카 환경의 바탕을 이루고 있던 풍경과 생물 무리 속에 억지로 비집고 들어와 그 환경과 한 몸이 되었다. 이곳에 "신세계"란 이름이 어울리게 된 것은 복잡다단한 결혼생활이 백년해로를 맞이할 때쯤이었다. 마침내 "신세계"는 한 세계가 다른 세계를 파고들어 문화와 자연에 끼친 영향을 나타내기에 알맞은 이름이 된 것이다.

아메리카 정복이 미래에 엄청난 영향을 끼친 사건이자 근대 세계를 뒤흔든 일이라는 것을 부정하는 사람은 아무도 없다. 물론 아메리카 정복의 결과는 무엇이고, 그 참뜻은 무엇이며, 도덕적 의미와 정복을 이루는 데 가장 중요했던 수단은 무엇이었는지 따져보기를 그만둘 수는 없을 것이다. 하지만 누가 이겼는지 따질 필요는 전혀 없다. 유럽인들, 주로 이베리아 사람들이 승자였다는 것은 두말하면 잔소리다. 인간의 덧없는 자만심은 여기서 잠시 접어두자. 역사의 무대에서 자연에 걸맞은 자리를 인정한다면 자연 또한 정복에서 명예와 전리품을 노리고 싸웠을 것이라는 사실 또한 고려해야 할 것이다. 물론 총은 강력한 무기이고, 철기를 쓰는 데 이점이 많으며, 여러 제국을 정복하는 데는 사람이 맺은 파벌과 동맹 또한 중요했다. 분명 코르테스는 약삭빠른 사기꾼이었고 피사로 형제는 끝없는 야심가들이었으며 코르테스와 피사로 형제의 동료 몇몇은 누가 뭐래도 사디스트였다. 그것들을 부정할 필요는 없다. 그러나 문화 혼혈이자 생태 혼합물인 신세계를 만든 창조와 파괴 과정 대부분을 이룬 것은 결국 이러한 비인간성이 아니었다. 그것은 사람이 아닌 것, 즉 자연이었다. 정복 뒤 두 세기 동안 자연은 아메리카 무대의 중심 쪽으로 뚜렷하게 이동했다.

돌림병

아메리카 정복이 불러온 중요한 현실 문제는 바로 사람이 엄청나게 많이 죽었다는 사실이다. 1492년부터 100년이 지나는 사이에 원주민 5,000만이 사라졌다. 한때 힘이 넘쳤던 아메리카 인구가 90퍼센트 넘게 사라진 것이다. 살아남은 사람은 겨우 500만 명뿐이었으니 생각만 해도 끔찍한 인류사의 전례 없는 대참사였다. 아메리카, 즉 지구의 반구 전체는 그 인구를 극히 일부만 남기고 모두 잃었다. 이 비극은 자세히 살필수록 더 끔찍해 보인다. 많게 잡아 인구가 700만 명에 이르는 카리브 지역에서 사망률은 히스파니올라 섬Hispaniola에서 99퍼센트, 그 밖의 더 작은 여러 섬에서는 100퍼센트에 이르렀다. 멕시코 본토에서는 아스텍 고원으로 이어지는 중요 지역의 사망률이 99퍼센트를 웃돌았다. 옛날에는 10만 명이 살았던 셈포알라 시에 1550년 무렵부터 남아 있는 원주민은 25명밖에 안 되었다. 이 모든 사람이 죽어서 사라진 것은 아니다. 도시나 지역이 주민을 너무 많이 잃으면 남은 사람은 다른 곳에서 살아갈 곳을 찾기 마련이다.

멕시코 베라크루스의 에스파냐인 총독이 자기 지역을 이야기한 현실은 아메리카의 다른 많은 지역에도 정확하게 들어맞는 것이었다. 콜럼버스가 오기 전 원주민 인구가 얼마나 많고 건강했는가에 대한 기억은 1580년에 이미 희미해져가는 옛 이야기가 되었다.

이 땅의 가장 나이 든 주민들이 말하는 옛 이야기에 따르면 에스파냐 사람들이 왔을 때 이 도시 둘레 6평방 리그(25킬로미터) 안에는 마을도 많았고 원주민도 많았다 한다. 이제는 원주민 인구가 많이 줄고 여러 마을이 완전히 텅 빈 채 이름 이외에는 아무것도 안 남았다. 그렇지 않은 다른 마을에도 남은 사람이 매우 적어 옛 인구와 견주면 그 엄청난 인구 감소가 안쓰러울 지경이다. 에스파냐 사람들이 이 땅의 주인이 된 뒤 이 지역 원주민 인구는 눈에 띄게 줄었다. 마을은 날마다 줄고, 두 마을 내지 세 마을이 살아남기 위해 한 마을을 이룬다. 이런 식으로 계속 간다면 앞으로 남은 마을들도 철저히 무너져 폐허만 남을 수밖에 없을 것이다.[12]

페드로 시에사 데 레온Pedro Cieza de León(16세기 에스파냐의 역사가—옮긴이) 또한 페루의 비극을 슬퍼하며 이야기하기를, 많은 이들이 북적거리는 곳이었다고 기억하는 안데스 계곡은 자신이 살던 1540년에는 텅텅 비어 있었다고 했다. 1653년 베르나베 코보와 그 동시대 사람들은 이미 옛날에는 원주민이 매우 많았다는 사실을 잊어버린 상태였다. 그래서 코보는 안데스 지역에 비가 내리지 않아 원주민 인구도 적었고, 그 때문에 피사로가 원주민을 쉽게 정복할 수 있었다는 잘못된 주장을 하기까지 했다. 여기저기 흩어져 있던 숲 속 투피 원주민 마을에서는 한 세기만에 주민의 95퍼센트가 사라졌다. 1724년 다른 곳보다 원주민 인구 감소가 한 세기 내지 그보다 더 늦게 일어나기 시작한 데 대해 아마존 유역 파라Pará의 포르투갈인 총독은 원주민이 사라져가는 것을 슬퍼하며 이를 포르투갈 사람들이 원주민을 노예로 삼은 데 대한 하느님이 내린 벌이라 했다. 마치 정의로운 하느님이 유럽인 죄인들을 바로 그 죄인들에게 피해를 당한 사람들을 죽임으로써 벌했다는 것처럼 말이다.

이보다 더 가까이에서 본다면, 그럴 수만 있다면 우리는 자신의 공동체와 가족이 무너지는 것을 무기력하게 바라보아야만 했던 부모와 아이들의 고통스런 표정을 볼 수 있을 것이다. 사망자는 대부분 유럽인들과 만난 뒤 몇십 년 사이에 나왔다. 그리고 그 첫 죽음의 물결에서 살아남은 사람들은 깡그리 다 죽는다는 것이 얼마나 무서운 일인지 느꼈을 것이다. 친구도 가족도 송장밖에 남지 않고, 이 사람 저 사람 너무 빨리 죽어나가니 살아 있는 사람은 틀림없이 얼이 나간 채 삶을 비관하게 되었을 것이다. 원주민이 피투성이 희생제를 지내며 온 정성을 다해 막으려 했던 대재앙인 세계 멸망이 무자비하게 원주민에게 들이닥쳤다.

대재앙을 의심하는 사람은 이제 없다. 하지만 그 재앙이 왜 일어났는지에 대해서는 수 세기에 걸쳐 논쟁거리였다. 원주민은 에스파냐 사람들이 직접 휘두른 칼, 총, 몽둥이에 죽어갔다는 16세기 중반 라스카사스의 주장은 역사 속에서 가장 영향력이 컸던 주장 중 하나다. 라스카사스가 불러일으키고 종교개혁 시기에 유럽의 개신교도들이 신나게 받아들인 이른바 흑색 전설Black Legend(아메리카 대륙에서 에스파냐인들이 원주민을 상대로 가공할 폭력과 대량 학살 등을 직접 목격한 라스카사스가 자기 책에서 기록한 아메리카 주민들의 엄청난 고통과 희생을 주장한 견해—옮긴이)은 이베리아반도 가톨릭교도들의 십자군과 같은 포악함에 비난을 퍼부었다. 역시 16세기 사람인 알론소 데 소리타Alonso de Zorita(에스파냐 출신 작가이자 관리. 1556년부터 멕시코에서 관리로 일했다—옮긴이)는 에스파냐 사람들이 잔인해서 그랬다는 라스카사스의 이론을 더 가다듬어 원주민에게 지나치게 일을 많이 시킨 것, 강제 이주, 지나친 세금, 병역의무 같은 덜 직접적인 원인을 내세웠다. 두 이론 모두 직간접적으로 끔찍한 학살 사건들을 설명할 수 있음은 말할 나위가 없다. 이베리아 사람들 중 상당수가 보여준 무자비한 잔인성과 무지막지한 착취는 식민지 시기 전체에 걸친 현상임이 잘 기록되어 있다. 이는 원주민 인구가 다시 늘어나기 시작한 뒤에도 마찬가지였다. 전쟁, 학대, 특히 남성을 아내로부터 멀리 떨어진 광산으로 보내는 인구 이동은 모두 원주민 인구를 줄이고 출산율을 떨어뜨렸다. 에스파냐 남성들이 원주민 여성을 놓고 원주민 남성과 벌인 경쟁에서 거둔 성공마저도 원주민 인구 재생산을 가로막는 데 한몫했다. 1514년까지 히스파니올라 섬에 있던 에스파냐 남성의 35퍼센트는 원주민 여성과 결혼했고, 그보다 더 많은 수는 좀더 가벼운 관계를 맺었다.

1540년에 성서 〈출애굽기〉의 열 가지 돌림병을 생각했던 토리비오 데 모톨리니아Toribio de Motolinia는 아메리카에서 일어난 홀로코스트의 중요 원인으로 돌림병을 꼽은 몇 안 되는 사람 중 하나였다. 총과 활, 쇠와 돌이 부딪친 것보다 또는 전무후무하게 잔인했던 정복자들보다 병원균 몇조 마리와 사람 몸뚱이 몇백만 개가 부딪친 것이 더 중요한 이유였을 가능성이 크다. 인류 역사에서 정복과 질병은 약방의 감초라지만 이토록 무시무시한 재앙으로 나타난 일은 드물다. 거의 모든 정복에서 흔히 그랬듯 아메리카 정복에서도 칼과 잔학 행위가 맨 앞에 있었다. 무엇보다 아메리카 정복은 구세계의 병원균 때문에 특별해졌다. 이 균들은 정복자의 발길을 바짝 뒤쫓으며 그때까지는 이 균들을 만난 적 없던 수많은 원주민의 목숨을 순식간에 앗아갔다.

　우리는 흔히 이베리아 사람들이 병원균을 들여오고 퍼뜨리는 데 앞장선 대리인들처럼 여긴다. 천연두와 유행성 감기와 홍역과 그 밖의 여러 박테리아와 바이러스들이 어떤 식으로든 유럽 사람들의 보조 무기였던 것처럼, 심지어는 동맹군이었던 것처럼 생각한다. 하지만 병원균이 편을 고르는 것처럼 그리는 것은 잘못되었다. 세균들은 얌전하게 바지 주머니에 타고 바다를 건너지 않았다. 세균들은 인간 세포를 타고 세포를 죽이며 바다를 건넜다. 그러니 병균들 스스로 퍼뜨렸다고 보는 쪽이 더 옳을 것이다. 병균들은 유럽인의 몸에 감염되어 그 세포를 먹고 숙주를 조종하여 세균 스스로 다른 몸으로 옮겼다. 보통 그런 전파는 세균이 숙주로 하여금 기침이나 재채기를 일으켜 일어난다. 또는 숙주의 살갗에 상처를 입혀 피와 체액에서 퍼지기도 한다. 숙주의 몸이 처음으로 새로운 두 대륙으로 건너간 일은 세균들이 의도한 것이 아니었다. 하지만 세균들은 그 일을 이용해 세상이 놀랄 만한 사건을 일으켰다. 바다를 건너고 대륙을 여행하면서 살아남은 숙주들은 무방비 상태의 원주민에게 기침과 체액을 통해 퍼져 나갔다. 그리하여 몇백만 명이 처참한 죽음을 맞았다. 아스텍 사람의 눈으로 바라본 포위당한 테노치티틀란에 대한 짧은 묘사는 사람들이 천연두로 죽어가는 끔찍한 모습을 생생하게 보여준다.

　그것은 테페일우이틀의 달에 일어나 엄청난 파괴를 일으키며 사람들 사이로 퍼져 나갔다. 몇몇 사람들은 얼굴, 머리, 가슴을 비롯해 온몸이 물집으로 뒤덮였다. …… 그 사람들은 걷지도 못해 쉼터나 이부자리에 누워 있기만 했다. 움직이지도 못했다. 떨지도 못했다. 자세도 못 바꿨다. 한쪽으로 돌아누울 수도, 엎드릴 수도, 등을 바닥에 대고 똑바로 눕지도 못했다. 온몸을 떨 때는 비명을 지르는 이가 많았다. 모든 것이 무너졌다. 수많은 이가 물집투성이가 되어 죽었다.[13]

세균 감염은 사람을 가리지 않았다. 어디 출신인지 병에 대한 내성이 있는지 상관없었다. 차별은 오직 죽음에만 있었다. 유럽과 아프리카 사람들도 피해를 당하지 않은 것은 아니다. 천연두는 이베리아 사람만큼이나 원주민도 다른 사람한테 잘 옮겼다. 천연두에 감염된 원주민 중 열에 아홉은 죽었다. 그에 앞서 이미 유럽 도시 인구의 셋에 하나를 죽이기도 했다. 천연두 바이러스에 감염될 확률은 낮지만 걸리면 더 무시무시했던 유럽 농촌 인구의 상당수가 천연두로 사망했다. 아메리카에서 유럽인이 천연두로 죽을 확률은 유럽에서 죽을 확률보다 틀림없이 더 높았을 것이다. 아메리카에는 자기도 모르게 천연두를 선물받고 그 선물을 돌려주려 하는 감염된 원주민이 득실거렸기 때문이다. 여기에 말라리아와 황열병이 아프리카 노예무역선을 타고 아메리카로 공짜 여행 왔을 때 죽은 유럽 사람이 천연두로 죽은 유럽 사람보다 훨씬 많았다. 유럽 사람들에게 이 문제에 조금이라도 결정권이 있었다면 그들은 구세계의 풍토병과 돌림병은 고향에 둔 채 더 즐겁게 덜 비참하게 살았을 것이다. 그리고 아메리카의 축복받은 고립은 그러한 삶을 지켜주었을 것이다. 하지만 유럽 사람들한테는 병균들의 제국 건설을 막을 힘도 앎도 없었다.

그런데도 흔히 이베리아 사람들이 원주민 홀로코스트의 결과로 이득을 보았을 것이라고 생각한다. 적어도 첫 돌림병에서 살아남은 이들은 그랬을 것이라고 믿는다. 하지만 당시 이베리아 사람 중에 그런 생각에 찬성하는 이는 거의 없을 것이다. 19세기 북아메리카에서는 죽은 원주민이 더 좋은 원주민이었을지도 모른다. 16세기 이베리아 사람들한테 좋은 원주민은 얌전히 몸 바치고 우직하게 세금 잘 내는 살아 있는 원주민이었다. 유럽 사람들은 세금 바칠 백성을 찾고 있었던 것이지 종족 말살을 하고자 한 것은 아니다. 다스리려고 정복한 것이지 파괴하려고 정복한 것이 아니다.

원주민 인구가 줄면서 유럽인이 들어와 살 땅이 늘어난 것은 사실이다. 하지만 이베리아 사람들이 바라던 것을 얻었다면 세상 모든 문화가 더 많은 혜택을 받았을 것이고 문화 파괴도 덜 일어났을 것이다. 이베리아 사람들이 바란 것은 에스파냐 왕과 포르투갈 왕이 몇 백만의 백성을 더 얻는 것이었지 무덤천지가 된 땅이 아니었다. 그렇게 많은 원주민이 죽지 않았다면 거래할 상품도 더 많았을 것이고 그 물건을 살 사람도 더 많았을 것이다. 특히 유럽에서 몸에 좋은 음식과 쓸모 있는 재화와 사상의 콜럼버스식 교환이 더 완벽하게 일어났을 것이다. 또한 원주민 노동력이 풍부했다면 사람 잡는 아프리카 노예무역도 필요 없었을 것이다. 원주민의 땅과 날씨에 안성맞춤으로 자리 잡았던 원주민 농법 또한 더 온전하게 살아남았을 것이며 그중 일부는 구세계에도 도입되었을지 모른다. 세균이 아메리카에 대량 학살을 일으키지 않았다면 아메리카 원주민, 아프리카 사람, 유럽 사람, 아시아 사람 할 것 없이 모든 인류가 더 잘 살게 되었을 것이다.

우리는 계속 자화자찬할 수도 있고 코르테스와 피사로와 그 뒤를 이은 이들이 아메리카 정복보다 더 크고 더 중요한 결과를 낳은 전투의 장기 말에 지나지 않았다고 생각할 수도 있다. 대륙들이 서로 떨어져 있었기에 가장 많은 것을 얻은 쪽은 사람이 아니라 자연이었다. 그리고 자연은 모든 전투에서 이겼다. 세균들이 거둔 승리는 에스파냐 사람들이 멕시코와 페루에서 거둔 승리와 비슷했다. 세균이나 사람이나 여러 무리로 나뉘어 있던 것을 이용한 것이다. 사람은 복잡하게는 전쟁, 간단하게는 입맞춤 식으로 자기 문화를 표현하는데 세균은 이러한 표현에서도 이득을 보며 자라고 세력을 넓혀갔다. 어떤 학자는 정복자들이 전쟁터에서 죽인 사람 수만큼이나 주둔지에서 여자를 임신시킨 횟수가 많았다며 이를 정복의 중요한 생물학적 측면 중 하나로 그려냈다. 하지만 이는 과장이다. 성관계와 폭력을 되풀이한 것이야말로 세균들이 바란 것이었다. 전쟁은 서로 만난 적이 없는 사람들이 모여 서로 상처내고 옳지 못한 성관계를 맺으며 상대 면역력을 떨어뜨린다. 세균이 잘 먹고 잘 살기에 안성맞춤인 환경이었다.

박테리아의 눈으로 보자면 아메리카 정복이야말로 아직 역사가들이 거의 다루지 않은 박테리아 역사 속에서 가장 신나는 사건 중 하나였다. 박테리아 하나는 건강한 숙주 몸에서 잔업 없이 하루 여덟 시간만 일해도 10억 마리로 불어난다. 사실 아메리카에 쳐들어온 세균들 대부분이 거둔 성공은 도를 지나친 것이었다. 삽시간에 많아지다 보니 숙주는 세균 무리가 불어나는 것을 버틸 수 없었던 것이다. 사람 세포를 매우 빨리 먹어 치운 세균들은 자신들이 만든 쓰레기에 숨이 막혀 숙주와 함께 죽어나갔다. 운 좋게 다른 몸, 즉 새 영토로 넘어가 또다시 몇 십억을 번식시키며 열병 걸린 영광을 누린 세균들도 있었다. 결국 몇 세대에 걸친 황금시대가 끝나자 질병 사업의 대박을 이어나갈 알맞은 몸뚱이가 거의 남아 있지 않았다. 병균 스스로 엄청난 인구(?) 감소를 맞고 나서야 사람들은 사람을 제압하기 직전까지 갔던 자연을 조금씩 다시 정복하기 시작했다.

그것은 거의 병균의 완승이었다. 라틴아메리카에 남은 인구 규모는 옛날 인구 규모에 견주면 새 발의 피였다. 라틴아메리카 원주민 인구는 원래 5,000만쯤 되었다. 그러던 것이 1750년에 원주민이든 아니든 가리지 않고 세어 봐야 1,200만 명밖에 남아 있지 않았다. 다시 인구가 원래대로 돌아가려면 아직도 한 세기를 더 기다려야 했다. 식민정책이 시작되고 3세기 넘는 시간이 지났어도 유럽에서 이민 온 사람은 많지 않았다. 에스파냐 사람은 겨우 70만 명이 왔는데 대다수는 초기에 은이 호황을 누릴 무렵에 왔다. 포르투갈 사람은 52만 5,000명이 왔으며 이들도 대개 18세기 초에 황금이 많이 나올 때 온 사람들이었다. 아메리카에 온 영국 사람, 프랑스 사람, 네덜란드 사람을 모두 더해도 이베리아에서 온 120만 명에 미치지 못한다. 그러한 이민자들도 질병으로 텅 빈 땅을 가득 채우지는 못했다. 19세기 이전 유럽에는 정말로 그 공간을 메울 인구가 거의 없었다.

가장 많이 이민 온 사람은 아프리카 사람들이다. 아프리카 사람들의 이민 드라마에서도 세균이 주연을 맡았다. 원주민은 무더기로 죽어나가고 유럽인 이민자는 필요한 만큼 들어오지 않다 보니 정복자들은 일손을 구하러 아프리카로 눈을 돌렸다. 정복자들이 아프리카로 눈을 돌린 데는 다른 이유도 있었다. 지대가 낮고 습기가 많은 곳에 들어선 설탕과 담배 농장에서는 말라리아와 황열병이 돌아 사람들이 죽어나갔다. 병은 특히 백인과 원주민을 많이 죽였다. 반면 말라리아와 황열병이 많은 열대지방에서 수 세기에 걸쳐 살아온 아프리카 사람들은 유럽인보다 훨씬 잘 견뎠다. 아마도 유럽인이 원주민보다 유행성 독감에 잘 견딘 바로 그 이유, 곧 유전자에 박힌 내성 때문이었을 것이다. 하지만 그런 내성이 흑인이란 인종의 특징은 아니었다. 황열병이나 말라리아가 없는 곳에서 온 아프리카 흑인에게는 유전적 내성이 없었고 그러한 흑인들은 백인과 거의 같은 비율로 병들어 죽어갔다. 노예들은 보통 열대 질병이 풍토병인 곳에서 잡혀왔고 노예 덕분에 아메리카의 플랜테이션 농장이 유지될 수 있었다. 1649년에 쿠바 아바나에서 처음으로 황열병이 돌았을 때 백인은 536명이 죽었지만 흑인은 26명밖에 안 죽었다. 19세기 과테말라 안티구아 지방에서는 인구 96퍼센트가 흑인이었다. 하지만 그곳에서조차 황열병으로 죽은 사람 중 84퍼센트는 백인이었다. 자메이카에서는 황열병으로 해마다 백인 병사 열에 하나가 죽어갔다. 흑인 병사 가운데서는 만 명에 여덟 명만 죽었다. 흑인 노예는 잘 못 먹어 걸리는 병에 더 많이 걸렸다. 육체적으로 학대당하고 등이 휘어져라 일해야 했음은 말할 것도 없다. 그런데도 흑인이 더 잘 먹은 백인보다 질병을 더 잘 이겨냈다. 노예들은 인간 문화 속에 함께할 권리를 거부당했다. 가족도 지닐 수 없었다. 게다가 사람이 아닌 들짐승 같은 대접을 받았다. 그런데도 더 잘 살아남은 것이다. 1800년까지 라틴아메리카에 끌려온 아프리카 사람은 약 700만 명에 이른다. 백인 이민자 한 사람에 아프리카 사람 다섯 명인 셈이다. 일부 지역에서는 아프리카계 인구가 다른 인구보다 훨씬 많았다. 자연은 신세계 문화의 모습을 완전히 바꾸어버렸다.

이베리아 사람들이 전쟁에 성공한 핵심 원인이 질병에 있었다는 것을 말하려는 것이 아니다. 천연두나 다른 유라시아 질병이 없었다 해도 이베리아 사람들이 칼, 갑옷, 총, 말만으로도 원주민 제국을 뒤엎고 아메리카의 새 지배자가 되었을 가능성은 충분하다. 하지만 질병이 없었다면 아메리카 정복의 결과는 아마 달라졌을 것이다. 어쩌면 이베리아인들은 아프리카나 아시아에서와 더 비슷한 경험을 했을지도 모른다. 그곳에서 유럽인은 해안 무역과 다른 자질구레한 일을 하는 소수 지배층으로 남았다. 그리고 그 지역 문화는 거의 멀쩡하게 비교적 바뀐 것 없이 살아남았다. 아메리카가 유럽 제국의 정치체가 뻗어나간 것 그 이상이 된 이유는 질병 때문이다. 마침내 아메리카는 신세계가 된 것이다.

생물 다양성이 얻은 것

아메리카 정복으로 엄청나게 많은 이가 죽고 혼란이 이어지고 사람들은 출신에 관계없이 해를 입었다. 그 덕분에 자연은 인간의 억압에서 얼마간 벗어날 수 있었다. 환경 변화를 일으키는 원인이 인구뿐인 것은 아니다. 그러나 이때만큼 인구에 좌우되어 자연이 바뀌는 현실을 잘 설명해주는 시기도 드물다. 식민지 시기 거의 내내 아메리카 인구는 에스파냐 사람들과 원주민이 만나기 전 인구의 4분의 1에도 못 미쳤다. 아메리카에서 인구가 가장 적었던 1650년에는 출신에 상관없이 1492년 인구의 10분의 1밖에 안 되는 사람들이 그 땅에 살고 있었다. 그러다 보니 사람 목소리조차 들을 수 없는 곳이 많았다. 원주민이 광물을 캐고, 나무하고, 댐 만들고, 사냥하느라 줄곧 짓눌려왔던 흙과 숲과 물과 야생 생물들이 갑자기 무거운 짐을 덜게 되었다. 사람이 줄어들자 자연은 인간이 바라는 대로가 아닌 자연스런 흐름에 따라 바뀌어갔다. 신세계를 정말 신세계로 만든 핵심 중 하나가 바로 그러한 변화였다.

자연이 어떻게 다시 젊어졌는지 기록으로 남기기 어려운 부분이 많다. 자연이 젊어졌다는 이야기는 어느 정도 가정에 근거한다. 그래도 숲이 되살아났음을 보여주는 흔적은 곳곳에서 찾아볼 수 있다. 1561년 예수회에서 나무가 없는 넓은 벌판에 세운 상파울루 시는 30년도 채

되지 않아 사방이 나무로 둘러싸였다. 관리들은 도시의 방어를 튼튼하게 하려고 주민들에게 요새 울타리를 둘러싸거나 넘어 들어온 나무를 잘라내게 했다. 정기적으로 상파울루 풀밭을 불태우던 원주민이 사라지자 복수를 벼려온 숲이 돌아온 것이다. 리우데자네이루에서도 17세기 초에 똑같은 이야기가 되풀이되었다. 500년 앞서 마야 문명이 무너진 뒤 그랬던 것처럼 중앙아메리카의 탁 트인 벌판도 다시 숲으로 되돌아갔다. 특히 원주민이 죽고 주인이 없어진 채 그대로 햇빛을 받은 기름진 밭들이 자연의 침략에 쉬이 휘둘렸다. 원주민이 범람 농법으로 농사를 짓던 아마존 강가는 철마다 불어나는 홍수에 잘 견디는 나무들의 식민지가 되었다. 오마과Omagua와 그 이웃 사람들은 한 세기만에 말 그대로 뿅 하고 사라졌다. 그리고 그 사람들의 자취는 식물로 빽빽이 뒤덮인 숲에서 최근에야 발견할 수 있었다. 멕시코와 페루의 계단밭은 거의 다 버림받았다. 유카탄 반도와 남아메리카의 거의 모든 돋운 땅으로 만든 밭도 마찬가지였다. 옛날에 땅을 돋워 만들었던 밭은 비가 얼마나 많이 오느냐에 따라 사람이 만든 땅 굽이가 남아 있는 풀밭이나 숲이 되었다. 아메리카 곳곳에서 화전을 일구었던 벌판은 사람이 자취를 감춘 후 수 세기에 걸쳐 차례차례 더 큰 나무가 들어서고 생물 다양성이 커지는 과정을 거쳤다. 1800년 아메리카는 1500년 때보다 더 많은 숲으로 뒤덮여 있었다.

야생 생물도 세균이 사람을 죽이면서 그 득을 본 것으로 보인다. 오마과 사람들이 사라지면서 아마존 강 거북이들은 이제 우리에 갇히지도 않았고 둥지를 습격당해 알을 털리지도 않았다. 재규어들도 자신들을 잡던 사람이 줄어들어 더 잘 살게 되었다. 벌새를 비롯한 다른 새들도 새 깃털로 허영심을 채우려고 사람이 던져대는 화살에 시달리지 않게 되었다. 강에서 알을 낳는 물고기들도 사람들이 물을 대려고 만든 댐이 수리받지 못한 채 무너져가자 그 수는 훨씬 더 늘어났다. 물고기들은 이제 산란지에 걸핏하면 우르르 나타나던 사람 무리를 피해 다니지 않아도 되었다. 물론 유럽인들이 식민지를 만든 곳에서는 자연을 향한 압박이 계속되었으나 유럽의 문화 요구는 압박의 방향을 돌려놓았다. 유럽도 환경에 영향을 끼쳤는데 이는 다음 장에서 살펴볼 것이다. 그 영향은 원주민이 끼친 것과는 달랐고 그 영향이 지리상에 미치는 폭도 아주 좁았다.

자연이 되살아난 것이야말로 처녀지 전설을 낳은 가장 중요한 원인이었다. 정복에서 한 세기 뒤에 온 이민자들이 본 신세계는 옛날보다 더 푸르고 자연 그대로인 곳이었다. 이주민들이 이야기하기를 아메리카는 숲도 넓디넓었고 야생 생물도 많았지만 사람은 거의 없었다. 영국인 식민자들이 북아메리카 플리머스에 제임스타운이나 다른 식민 발판을 세웠을 때 이미 원주민은 줄어들고 자연은 많이 되살아난 상태였다. 아메리카 구석구석에서 전쟁을 벌인 세균들에게는 그곳까지 데려다 줄 유럽인 후원자가 필요 없었다. 때로는 오히려 세균이 앞장서기도 했다. 기록에 다 나오지는 않지만 돌림병은 이베리아에서 온 정복자들보다 훨씬 앞서 남북 아메리카를 휩쓸었다. 천연두는 몇 천 킬로미터를 가로지르고 파나마 지협을 넘고 수많은 다른 기후대를 지나 까마득히 높은 곳을 넘어 잉카 제국에 다다랐다. 에스파냐 사람들이 온 것은 그보다 몇 해 뒤의 일이었다. 그러니 천연두와 다른 전염성 세균이 잉카 제국 말고 다른 곳에 다다르는 것을 막을 방법은 아무것도 없었을 것이다. 16세기가 끝나기에 훨씬 앞서 유럽 사람들이 아메리카의 온 바닷가에 맘대로 나타나 대륙의 한가운데까지 밀고 들어오던 시기는 세균이 퍼지기에 더없이 좋았을 것이다.

에르난도 데 소토Hernando De Soto(1497?~1542, 16세기 에스파냐의 탐험가—옮긴이)와 계속 바뀐 데 소토의 정복 동료들만으로도 서반구 전체에 질병을 퍼뜨릴 수 있었다. 데 소토는 14세에 파나마 정복에 일반 병사로 왔고, 24세에는 니카라과와 온두라스로 쳐들어갔고, 31세에는 페루에서 잉카의 아타우알파를 만난 첫 유럽인이었다. 35세에는 많은 돈을 내고 알마그로Diego de Almagro(1475~1538, 동료인 프란시스코 피사로와 잉카 제국을 정복한 인물—옮긴이)의 칠레 정복에 끼려 했지만 거부당했다. 41세에는 쿠바 총독이 되었고 배를 타고 플로리다로 건너가 오늘날 조지아, 캐롤라이나, 테네시, 앨라배마, 미시시피, 아칸서스, 오클라호마를 정복하고자 했다. 데 소토는 1542년에 미시시피에서 죽었고, 부하들은 원주민에게 자신들도 불사신이 아님을 숨기려고 데 소토의 시신을 강에 빠뜨렸다. 거친 싸움과 온갖 생명의 위협을 겪으며 살았던 데 소토마저도 흔한 열병으로 죽었다. 데 소토를 죽인 바로 그 열병 또는 데 소토 무리와 함께한 다른 질병이 1540년부터 아메리카 동남부 원주민 문화의 인구를 엄청나게 줄인 잇따른 돌림병의 출발점이었을지도 모른다.

자연물이라고 해서 사람이 겪은 재앙 덕에 더 잘 살게 된 것은 아니다. 과일이나 견과류 나무, 야자나무, 짐승 떼와 칠면조, 개, 야마와 같은 원주민이 길들인 집짐승들은 사람의 손길이 닿지 않자 몰락해갔다. 야마는 에스파냐에서 온 정복자들이 마구 잡아대는 바람에 그 숫자가 급격히 줄었다. 마찬가지로 에스파냐 사람들이 정복하고 그 몇 해 뒤부터 흙의 질도 대부분 떨어지기 시작했다. 옛날 원주민이 농사짓던 곳의 호수 바닥에 쌓인 흙덩어리를 살펴보면 그러한 사실을 확인할 수 있다. 어쩌면 산허리 흙과 식물의 상태가 나빠진 데는 유럽 사람들이 소와 쟁기를 쓴 탓도 있었을 것이다. 그러나 무엇보다 계단밭처럼 농업과 환경을 조화롭게 일구었던 원주민 농법이 사람의 보살핌을 받지 못해 무너져 내리고 곳곳에서 흙이 무더기로 쓸려 나갔을 가능성이 크다. '자연'도 사람이 만든 것이었고, 그렇게 사람이 만든 곳은 만든 이가 사라지면서 망가져갔다.

세균은 정복의 최전선에서 수많은 사람을 죽였다. 새로 들어올 외래 생물의 정착을 방해하거나 살 곳을 놓고 다툴 수도 있었을 사람들이었다. 아메리카 정복을 생물학 쪽에서 볼 때 아메리카 원주민의 자리를 뺏은 생물은 유럽 사람들이 아니었다. 원주민의 자리에 대신 들어선 생물은 소, 양, 돼지, 닭을 비롯해 사람이 아닌 수많은 생물과 다시 불어난 야생 생물들이었다. 세균처럼 동물과 식물은 엄청난 속도로 새끼를 쳐 풍경을 바꾸어놓는다. 이는 아무리 힘 좋은 기계라도 따라할 수 없는 힘이다. 사람이 죽은 자리에 들어선 것은 유라시아 사람들이 길들인 동식물과 '잡초'들이었다. 어쩌면 살아남은 사람들도 이 생물들에 밀려났을 것이다. 그래도 세균이 아메리카 사람들을 죽인 것만큼 이 생물들이 아메리카 생물들을 많이 죽인 것은 아니다.

콜럼버스는 이미 1493년 두 번째 항해 때 덩치 큰 유럽 초식동물 대부분을 들여왔다. 그 동물 가운데 많은 수가 그곳 환경에 안성맞춤이었다. 유럽이 정복한 뒤 한 세기 동안 들여온 동물 수는 보잘것없었다.

하지만 환경이 워낙 좋다 보니 동물들의 새끼 치는 속도는 어마어마했다. 아메리카에는 빽빽이 자란 풀을 뜯는 유럽의 초식동물을 잡아먹거나 풀을 놓고 다툴 대형 동물도 거의 없었다. 아메리카의 대형 동물 중 많은 수는 이미 먼 옛날에 멸종되었기 때문이다. 이베리아 사람들과 달리 이베리아 가축들은 이베리아의 가축 질병을 들여오지 않았다. 전체 가축의 수가 적었고 질병이 없다 보니 그렇지 않아도 좋은 가축들의 번식력은 더 좋아졌다. 유럽에서 암소는 3, 4년이 될 때까지는 새끼를 낳지 못했다. 널리고 널린 풀을 먹으며 자란 아메리카의 암소들은 보통 1년만 되면 새끼를 낳았다. 16세기가 끝나갈 무렵 사뮈엘 드 샹플랭Samuel de Champlain(1580?~1635, 17세기 초 프랑스 탐험가로 지금의 캐나다 퀘벡에 식민지를 건설했다—옮긴이)은 끝도 없이 펼쳐진 가축 떼가 멕시코 북부 풀밭을 뒤덮고 있는 것을 보았다.

세균이 그랬던 것처럼 가축들도 자신들을 데려온 사람들보다 신대륙에 더 많은 영향을 끼쳤다. 16세기 전반기에 첫 아메리카 자연사를 쓴 곤살로 페르난데스 데 오비에도Gonzalo Fernández de Oviedo(1478~1557, 에스파냐의 역사학자이자 관료로 아메리카 대륙이 식민지화되던 초기 모습을 보여주는 다양한 저서를 남겼다—옮긴이)는 소와 다른 큰 가축들이 아메리카 환경을 더 낮게 만든 일등공신이라 적었다. 가축들이 끊임없이 움직이고 거친 숨을 쉬면서 공기가 엷어지고 수증기도 흩어졌다는 것이다. 오비에도가 보기에 이미 길들인 대륙이었던 아메리카를 가축들이 더욱더 평정한 것이다. 이 가축들이 몇몇 아메리카 생물을 사라지게 한 원인이었는지 확실하지는 않다. 하지만 가축들이 배설물로 새 씨앗과 잡초를 들여오고 퍼뜨렸으며 이미 있던 식물 무리도 변화시켰다는 점은 확실하다.

　이러한 가축들은 아메리카 수많은 지역의 식물 종류와 분포를 바꾸어놓았다. 멕시코에서는 가축 떼가 여러 풀밭과 농장을 잡목 덤불과 가시밭으로 바꾼 것으로 보인다. 팜파스에서는 가축 떼가 새로운 잡초와 꼴풀을 들여왔다. 그중 가장 돋보이는 것이 카르둔 엉겅퀴다. 카르둔 엉겅퀴는 팜파스의 깊은 토양에 뿌리를 내리고 3미터 높이까지 자란다. 카르둔 엉겅퀴가 해마다 늘어나는 것은 아니지만 늘어난 엉겅퀴 무리는 지평선을 막아 다른 식물들을 뒤덮어버린다. 거의 모든 동물이 카르둔 엉겅퀴를 즐겨 먹는다. 그 잎을 먹기 좋아하는 종도 여럿이다. 카르둔 엉겅퀴가 복슬복슬한 솜털에 씨를 감싸 마치 물결치는 구름떼처럼 날려 보낼 때면 양도 말도 레아rhea(남아메리카에 서식하며 타조와 생김새가 비슷하나 훨씬 작다―옮긴이)도 진수성찬을 만난다. 19세기에 말을 타고 다니던 사람들은 이 가시투성이 엉겅퀴를 아주 싫어했다. 엉겅퀴 너머에 무엇이 있는지 볼 수 없을 뿐더러 지나가기도 매우 어려웠기 때문이다. 카르둔 엉겅퀴는 다른 자연산 식물보다 불길이 더 잘 번져 나갔다. 마을 사람들이 들불이 집까지 번져오는 것을 막으려고 모였을 때 불을 막는 가장 좋은 방법도 엉겅퀴와 관련이 있었다. 바로 양 몇 마리를 죽여 말에 매달아 끌면서 엉겅퀴 떼를 집 반대 방향으로 눕히는 것이었다.

　새로 들어온 집짐승과 풀들도 새로 들어온 세균과 비슷한 길을 걸었다. 새 풀과 집짐승들은 새 지역에 들어와 매우 빠르게 불어났다. 자원을 감당할 수 없을 만큼 급속도로 불어나다 보니 다시 그 숫자가 적정 수준까지 줄었다. 어느 때는 숫자가 갑자기 줄어서 적정 수준보다 더 떨어지기도 했다. 가축을 잡는 사람과 재규어와 늑대와 들개 모두 가축이 갑자기 늘면서 행운을 누렸다. 진드기 같은 아메리카와 유라시아의 해충도 마찬가지였다. 유라시아 출신 가축들이 다시 질병에 걸리게 된 것은 이러한 해충 탓도 있다.

유라시아의 가축이 신대륙의 식물과 흙과 수자원에 어떤 영향을 끼쳤는가는 여전히 입씨름거리다. 소와 양과 돼지를 치는 일은 멕시코 북부와 아마존 지역과 파타고니아에 이르기까지 남북 아메리카에 가장 널리 퍼진 경제활동이었다. 실제로 젖소가 사람을 밀어냈다. 베라크루스 저지대는 사람 소리는 없고 피라미드 유적 아래서 풀을 뜯는 소 떼 우는 소리만 들리는 곳이 되었다. 카리브 섬들과 같이 자연이 취약한 곳에서는 가축들이 풀밭과 수자원을 되돌릴 수 없을 정도로 망쳐놓아 원주민이 농사를 지을 수 없었다. 목축밖에 할 수 없는 곳이 된 것이다.

다른 곳에서도 가축이 눈에 띌 만큼 영향을 주었지만 앞서 살펴본 것만큼은 아니었다. 식물 종류와 분포는 바뀌었으나 가축 떼가 토양을 완전히 망쳐놓지는 않았다. 그 시기에 쌓인 꽃가루를 분석해보아도 잡초가 엄청나게 불어났다거나 식물이 갑자기 줄어든 흔적은 보이지 않는다. 이베리아 사람들이 들여온 목축 기법은 에스파냐에 지속 가능한 것이었고, 그중 일부는 아메리카의 자연환경에도 놀라울 정도로 잘 맞았다. 한 예로 목축업자들이 에스파냐 남부 마리스마스Marismas 늪지대에서 옛날 원주민이 치남파와 비슷한 돋운 땅 농법으로 쓰던 베라크루스와 파누코Panuco 저지대로 들여온 침수 지역 방목법이 있다. 비가 많이 오는 여름철에 저지대 풀밭에 큰물이 나면 목동들은 가축을 산에 있는 풀밭으로 옮겼다. 그러다 겨울이 오고 비가 오지 않으면 다시 가축을 바닷가로 몰았다. 그럴 때면 그곳에는 강물이 물러나고 싱싱한 습지대의 풀이 드러난다. 크리스마스가 되면 목동들은 산에 있는 풀밭에 불을 질러 진드기와 타란툴라tarantula(세계에서 가장 큰 거미류로 독성이 있다—옮긴이)를 없앴다. 그리고 여름이 되면 가축을 산으로 몰았다. 아마존과 파라과이 강가에서도 침수 지역 방목법이 자리를 잡았다. 수많은 곳에서 철마다 가축이 풀 뜯을 곳을 바꾸는 이동 방목을 실시했다. 정복 이전에 야마를 치던 잉카 사람들도 이동 방목으로 풀밭이 황무지가 되는 것을 막았다. 멕시코 대통령이던 산타 아나Antonio López de Santa Ana(멕시코의 정치인이자 군인. 멕시코 대통령직을 열한 차례 수행했다—옮긴이) 같은 목축업자들은 이런 목축법을 19세기에 들어서까지도 줄곧 사용했다.

새 동물과 식물은 아메리카 환경에서 빼앗은 것보다 준 것이 많았다. 사람이 걸리는 질병은 아메리카 문화에 커다란 충격을 주었는데 그 원인은 대서양 양쪽의 사람들이 같은 종이었기 때문이다. 동물과 잡초는 아메리카에서 자기 자신, 즉 같은 종을 만나지 않았다. 세균은 특정한 종에 맞춰 발달해왔고 보통 생물 종 사이의 장벽을 넘어 다른 식물과 동물로 옮겨가지 못했다. 유라시아 식물과 동물이 아메리카 토종 동물과 식물을 밀치고 들어오긴 했지만 인간의 질병이 그랬던 것과 달리 토종을 모두 없애버리지 못한 것은 이러한 이유에서다. 몇 안 되는 생물 종은 멸종했을지도 모른다. 그러한 멸종은 열대보다는 온대기후인 팜파스나 북아메리카에서 일어났을 것이다. 브라질 바닷가 저지대, 아마존, 중앙아메리카의 열대 숲은 유럽 온대의 풀과 동물들의 침입을 잘 견뎌냈다. 생태 손실이 많았던 곳은 카리브 해의 작은 섬들뿐이다. 아메리카에서 인구는 무시무시하게 줄어들고 문화 파괴는 대재앙을 겪었다. 자연은 정반대로 식물과 동물 모두 순이익을 보았다. 유라시아와 만나면서 생물 다양성 또한 줄기는커녕 더 커졌을 것이다.

푸짐해진 밥상

정복에서 어떤 자연물은 이득을 얻었고 다른 자연물은 피해를 당했다. 소, 양, 열대 식물, 그 밖의 다른 야생 생물들은 혜택을 얻은 쪽이고 야마나 브라질나무, 토종 풀과 키노아 같은 생물들은 잃은 쪽이었다. 하지만 이런 생물의 다양성이 늘어난 새로운 자연환경은 무시무시한 돌림병과 정복 과정에서 살아남은 이들에게 무시 못 할 이득을 가져다주었다. 대부분 생물 종의 정복은 그렇게 숨 막히는 사건이 아니었다. 특히 사람에게 유용한 아메리카 토종 생물은 거의 피해를 보지 않았다. 오히려 보태준 것도 있었다. 아메리카 원주민은 몇천 년에 걸쳐 쓸모 있는 생물자원을 찾아 쌓아나갔다. 정복은 그렇게 쌓인 생물자원과 더불어 유럽에 많은 도움을 준 다른 생물자원들을 더해주었던 것이다. 유럽의 밀과 순무는 옥수수와 감자를, 아프리카 고구마는 마니옥을, 아시아의 바나나와 쌀은 땅콩과 파인애플을 만났다. 게다가 유럽 사람들이 새 가축을 들여오면서 아메리카에서는 옛날에 먹을 수 없었던 다른 고기를 맛볼 수 있었다. 몇몇 유라시아 가축은 문제를 일으키기도 했지만 전체로 보면 신세계는 그곳에 사는 사람들에게는 말 그대로 구세계와 신세계 양쪽의 좋은 것은 다 가진 곳이었다.

우리는 옥수수와 감자를 들여와서 유럽이 혜택을 받았다는 콜럼버스의 교환 이야기를 많이 한다. 그렇게 되기까지 교환에는 오랜 시간

120

이 걸렸다. 사실 유럽에 들어온 새 먹을거리보다는 아메리카에 들어온 새 먹을거리가 더 많았다. 이를테면 유럽은 아메리카 동물 가운데 북아메리카에서는 다람쥐, 사향뒤쥐와 칠면조를, 안데스 지역에서는 기니피그를 받아들였다. 하지만 그것뿐이다. 반면 아메리카 원주민은 소, 돼지, 양, 말, 염소, 나귀, 닭, 거위, 고양이, 쥐, 그 밖에도 새로운 개, 오리, 꿀벌을 받아들였다. 아메리카에 오래 머무르지 않은 낙타도 건너왔다. 유럽 노동계급이 탄수화물을 주로 사탕수수 설탕에서 얻게 되면서 몇 세기 전부터 원주민과 아프리카 노예들은 사탕수수 설탕을 먹는 풍습이 있었다. 이베리아 사람들이 감자, 카카오, 파인애플과 담배 같은 아메리카산 작물과 지역마다 다른 품종의 고추, 콩, 옥수수 종류를 원주민보다 아메리카 내 여러 곳에 퍼뜨린 것도 무시할 수 없다. 아메리카 내에서 일어난 생물 교환도 콜럼버스의 교환(유라시아와 아메리카의 생물 교환―옮긴이)만큼 중요했다.

이러한 교환으로 아메리카에서 가장 많이 가장 일찍 혜택을 받은 사람들은 바로 원주민과 이베리아 사람들이었다. 정복 뒤 반세기 동안 열대 아메리카 식민지에서 살아간 사람들의 먹을거리는 아주 오랜 옛날 사람들이 누렸던 것보다 풍성하고 가짓수도 많았을 것이다. 작물과 가축이 많았기 때문만은 아니다. 인구가 엄청나게 줄어드는 바람에 기름진 빈 땅과 목초지가 살아남은 사람들이 먹고 사는 데 필요한 것보다 훨씬 많았던 이유이기도 하다. 한 해에 수확을 여러 번 할 수 있는 축복받은 열대는 어찌 보면 농사꾼의 천국이라고도 할 수 있다. 17세기 중반부터 원주민 수가 꾸준히 다시 늘어난 것은 먹을거리가 많았던 덕분이기도 하다.

식생활 습관, 그러니까 어느 한 문화에서 무슨 음식을 좋아하느냐는 좀처럼 바뀌지 않는다. 오비에도에 따르면 아메리카에서 에스파냐 사람들은 자신들이 아버지에게 물려받은 것과 비슷한 먹을거리를 하나도 찾아낼 수 없었다고 한다. 거의 모든 이베리아 사람들은 옥수수, 감자, 키노아를 먹지 않으려 했다. 그리고 웬만하면 본국에서 직접 보내왔거나 아메리카에서 재배한 좀더 익숙한 먹을거리를 먹었다. 처음부터 원주민 음식이 낯설다 보니 유럽 음식을 들여오게 된 것이지만 그것도 유럽 작물이 뿌리내릴 수 있는 온대나 고지대에서나 할 수 있는 일이었다. 그런 곳에서도 유럽 사람들은 때때로 눈높이를 낮춰야 했다. 아무리 유럽 사람들이 마지못해 그 음식을 먹었더라도 유럽 음식 대신 원주민 음식으로 탄수화물을 섭취할 수 있다는 것은 운 좋은 일이었다. 유럽 사람들도 저지대 열대지방에서는 뾰족한 수가 없었다. 그들도 마니옥과 그 밖의 뿌리 식물, 옥수수, 땅콩, 파인애플을 받아들여야만 했다. 저지대에서 이베리아 사람들이 원주민 이웃들과 거의 같은 음식을 먹게 되기까지 한 세대도 채 걸리지 않았다.

원주민도 유럽 사람들만큼이나 새로운 음식을 잘 받아들이지 않았고 대부분 유럽 음식이라면 모조리 거부했다. 포르투갈 사람과 투피 원주민이 1500년에 처음으로 만났을 때 포르투갈 사람들에게는 유럽 음식 몇 가지가 있었다. 페루 바즈 지 카밍냐Pêro Vaz de Caminha(1450~1500, 포르투갈의 탐험가이자 작가—옮긴이)는 그 만남을 다음과 같이 그렸다.

우리는 그 사람들한테 빵, 물고기 구이, 사탕, 빵 과자, 꿀, 말린 무화과 음식을 주었다. 그 사람들은 아무것도 먹지 않으려 했다. 어쩌다 먹는다 해도 먹자마자 뱉어버렸다. 우리는 포도주 한잔을 건넸다. 하지만 그 사람들은 입에 가져다 대기만 했을 뿐이다. 그 사람들은 아무것도 좋아하지 않았고 아무것도 바라지 않았다.[14]

바즈 지 카밍냐는 브라질에 집짐승이 없다는 것을 눈여겨보았다. 투피 원주민은 양을 보고도 아무 반응을 보이지 않았다. 닭을 보여주자 놀라 건드리지 않으려 했다. 차츰차츰 아메리카 모든 곳의 원주민이 탄수화물 음식, 특히 새로운 단백질 음식이 받아들일 만하다는 것을 알아차렸다. 원주민에게는 소를 얻을 길이 없었다. 소는 다루고 새끼를 치고 수를 불리는 데 문화적 경험이 많이 필요한 짐승이었다. 돼지와 양, 무엇보다 닭을 받아들인 원주민이 많았는데 닭이 알을 낳아서 그 가치를 인정받았기 때문이다. 밀가루, 포도주와 기름을 받아들인 원주민은 많지 않았으나 좋은 물건을 쓴다는 것을 보여주어 유럽 사회 안에 자리를 얻으려는 원주민이나 메스티소Mestizo(라틴아메리카의 원주민과 유럽인 사이에서 난 자손 또는 그렇게 분류된 사람—옮긴이)들은 포도주와 기름을 받아들였다.

포르투갈 사람들은 자기 고향의 농작물 중 많은 수가 브라질의 흙과 기온과 습기에 맞지 않다는 것을 알아차렸다. 그래서 포르투갈 사람들은 자신들이 발견한 열대 아시아와 아프리카의 작물과 나무를 들여왔고 큰 성공을 거두었다. 망고, 코코넛, 얌, 오크라, 감귤류 과일에다 쌀까지 들여왔다. 아시아에서 들여온 것 가운데 가장 눈에 띄는 작물은 오늘날 어디에서나 볼 수 있는 바나나이다. 투피 원주민들은 1550년대에 이미 바나나를 널리 쓰고 있었고 이를 본 장 드 레리는 바나나를 브라질 토종 식물이라 생각했다. 원주민과 유럽 사람들은 바나나를 카리브 일대와 남아메리카 대서양 연안에 널리 퍼뜨렸다. 바나나의 여러 종은 단위당 칼로리 생산량에서 마니옥에 견줄만하며 더 나을 수도 있다. 그런 면에서 그 밖의 다른 작물은 바나나에 못 미친다. 알렉산더 폰 훔볼트Alexander von Humboldt(1769~1859, 독일의 자연 과학자이자 탐험가로 거의 모든 과학 분야에 중요한 기여를 한 인물—옮긴이)가 바나나의 혜택에 감동받은 것도 당연한 일이다. 훔볼트가 가늠한 바에 따르면 바나나는 1에이커당 칼로리는 밀의 130배에 이르고, 마니옥의 44배를 생산한다. 게다가 바나나는 바나나 병이 몇 세기 뒤 아메리카에 건너올 때까지 씨를 뿌려놓고 잊어버려도 되는 작물이었다. 몇 달마다 꾸준히 바나나를 심기만 하면 힘들이지 않고 늘 먹을거리를 얻을 수 있었다. 며칠만 일하면 한 사람의 한 해 끼니가 한꺼번에 해결되는 것이다. 한 프랑스 화가가 브라질의 노예 구역들을 그렸을 때 그림 배경에 주로 바나나가 심어져 있었던 것은 이국적 분위기를 내려고 그린 것만은 아니다. 바나나는 열대 저지대를 먹여 살리는 생명의 나무였다.

정복이 몰고 온 혼란을 고려하면 라틴아메리카 식민지 시대 초기에 굶주린 사람은 놀랄 만큼 적은 편이었다. 기록에는 16세기 아메리카 사람들이 굶주렸다는 이야기가 나오지 않는다. 반면 같은 세기 프랑스는 기근을 열세 번 겪었고 에스파냐는 식량을 충분히 수입하려고 안간힘을 썼다. 그에 견주면 아메리카는 먹을 것도 많고 사실상 자급자족이 가능했다. 아메리카에서는 작물 종류도 다양하고 수확량도 많았다. 게다가 한 해 내내 유럽보다 더 다양한 작물을 먹을 수 있었다. 유럽 사람들은 매서운 겨울과 이른 봄마다 말린 콩, 빵, 순무, 소금에 절인 돼지고기만으로 끼니를 때운 반면 열대 아메리카 사람들은 한 해 내내 과일, 멜론, 싱싱한 야채를 먹을 수 있었다. 베르나베 코보는 아메리카 시골을 여행하며 여러 작물이 다 익은 것부터 아직 안 익은 것까지 온갖 상태로 자라고 있는 것을 보고 매우 즐거워했다. 이런 일은 농부들이 철마다 맞춰 살아야만 하는 유럽에서는 있을 수 없는 일이었다.

증명된 바에 따르면 원주민도 정복 이후 칼로리를 더 섭취할 수 있었다. 원주민, 특히 가난한 원주민은 고기를 그 어느 때보다도 더 많이 먹었다. 푸른 풀밭 위에 자유롭게 흩어져 계속 늘어나는 가축 무리 덕분에 매우 많은 사람이 고기를 먹을 수 있었다. 16세기 내내 밀가루 빵을 먹을 만큼 부자가 아니었던 원주민이 고기는 에스파냐 사람들보다 더 많이 먹을 정도였다. 고기가 원주민 끼니에서 빼놓을 수 없게 되자 교황 피우스Pius 3세는 1562년 가톨릭 금식 기간에 아메리카는 예외로 인정했다. 이 조치는 원래 끝나기로 되어 있던 30년 뒤에도 한참 더 지속되었다.

원주민도 먹을 것이 더 많아졌음을 깨달았다. 에스파냐 왕은 왜 원주민이 죽어가는지 알고 싶었다. 왕은 원주민이 이 문제를 어떻게 생각하는지 물어볼 만큼 깨친 사람이었다. 그리하여 1580년에 190여 개가 넘는 원주민 마을을 대상으로 한 여론조사에서 거의 모든 마을이 먹는 것 때문에 죽는 경우가 가장 많긴 하지만 먹는 것이 모자라서가 아니라 너무 많은 것이 문제라고 답했다. 원주민이 생각하는 문제의 원인은 다음과 같았다. 정복 이전의 삶은 더 가혹하고 더 검소했다. 그때 원주민은 음식과 소금을 덜 먹고 술도 덜 마셨다. 원주민은 에스파냐 정복자와 만나기 전에 덜 먹고 덜 마신 덕분에 그때 사람들이 더 튼튼하고 자손도 잘 남겼다고 생각했다. 다른 까닭도 있었다. 에스파냐 사람들이 오기 전에 원주민은 좀더 깨끗하게 살았다(목욕도 더 자주 하고 옷도 덜 입었다). 원주민 전통 의사들도 피 뽑기를 치료법으로 삼는 에스파냐 의사들보다 나았다. 거기에 기독교가 일부다처제를 금하여 출산율도 떨어졌다는 것이다. 무엇보다 원주민 대부분이 인구가 줄어든 원인으로 먹을 것이 너무 많다는 점을 꼽았다는 사실이다.

수많은 사회가 식생활을 법률로 다스리는 것이 쓸모 있는 일이라 생각했다. 프랑스에도, 중국에도, 아스텍조차도 하층민은 높은 신분을 나타내는 음식은 먹지 못하게 하는 법이 있었다. 유럽과 잉카 시대의 안데스에서 가난한 사람들은 사실상 몇몇 동물을 먹는 것이 금지되어 있었다. 그런 사람들은 보호림에 들어가지 못하게 했기 때문이다. 먹을 것이 넘쳐나다 보니 가난하든 부자든 백인이든 원주민이든 먹는 데에 법적 제약을 받지 않았다. 사냥도 누구나 할 수 있었다. 야생동물을 지키려는 노력이 거의 없었기 때문이다. 16세기 아메리카에서는 먹을 것도 죽음도 이처럼 넉넉했으니 안쓰럽도록 기묘한 일이었다.

낯선 자연에 맞추기

　서로 다른 문화와 자연이 만난 그때는 놀라움과 어리둥절함으로 가득 찬 순간이었다. 원주민이 가장 먼저 만난 구세계의 존재는 사람이 아니라 짐승일 때가 많았다. 에스파냐인 주인에게서 도망쳐 주인 없이 떠돌다 원주민 마을에 불쑥 나타난 돼지, 소, 말 같은 동물들은 원주민 사이에 엄청난 놀라움을 불러일으켰을 것이다. 더구나 원주민은 주변 자연을 속속들이 알고 짐승에게는 강력한 영혼의 힘이 있다고 믿은 사람들이었다. 이들은 새 낱말을 만드는 데 익숙하지 않다 보니 이 동물들을 부를 다른 말을 찾아낼 수가 없었다. 흔히 등에 이상한 사람들을 태우고 처음으로 모습을 드러낸 말을 아스텍 사람들은 마카틀〔사슴〕이라 했고, 마야 사람들은 카스티야 맥(코가 뾰족한 돼지와 흡사한 동물—옮긴이)이라 불렀다. 아스텍 사람들이 양을 일컬어 이치카틀〔솜〕이라 한 것은 귀엽기까지 하다.

　원주민이 새로 만난 동물과 식물의 가짓수는 에스파냐 사람들이 만난 것에 견주면 별것 아니었다. 에스파냐 사람들은 그 많은 새로운 동식물에 기가 질려버렸다. 무엇보다 놀라운 사실은 아메리카 자연의 어마어마함이었다. 숲은 끝 간 데 없이 뻗어 있고 산은 하늘을 찌를 듯하고 강은 밀어닥치듯 흘러갔다. 유럽에는 이에 견줄 만한 것이 아무것도 없었다. 에스파냐 사람들은 낯선 동식물 수천 종에 이름을 짓고, 조사하고, 쓸모 있는지 실험도 해봐야 했다. 몇몇 종은 그나마 유럽의 동식물과 비슷했지만 괴상한 것도 많았다. 구세계에는 900종이 넘는 선인장에 비교할 만한 것이 없었다. 벌새는 마치 마법과도 같았고, 개똥벌레도 마찬가지였다. 라스카사스에 따르면 어떤 신부는 개똥벌레 한 마리를 손에 놓고 작은《성무일과서》를 읽으며 동 트기 전에 새벽 미사를 할 수도 있었다. 꽃은 수천 종에 이르는 난초 이외에는 단 한 종밖에 없었지만 매우 아름다운 시계풀은 보석만큼이나 관심을 끌었다. 아메리카 열대 동물로는 재규어, 코요테, 방울뱀, 크로커다일 악어, 바다소, 앵무새, 원숭이 같은 무리가 아메리카 작가들이 호기심에 찬 유럽인 독자들에게 열정적으로 묘사하는 인기 있는 이야깃거리였다.

아메리카는 이베리아 사람들한테 이국적인 곳이긴 했지만 이베리아 사람들이 꿈꿔온 만큼 그런 괴상한 곳은 아니었다. 탐험가들은 머리는 없고 눈이 가슴에 달린 사람들, 거인, 소인, 아마존 여전사, 켄타우로스, 인어, 용 같은 자신들의 신화 속 존재들을 아메리카에서 확인하고 싶어했다. 이따금 눈이 어떻게 된 것도 아닌데 그것들을 정말 보기도 했다. 안토니오 피가페타António Pigafetta(이탈리아의 항해가로 1519년에서 1522년까지 마젤란의 세계 일주 항해에 참가했다—옮긴이)는 사람처럼 걷는 식물을 보았다고 우겼다. 실물을 보는 것도 신화를 깨는 데 별 효과가 없었다. 이를테면 1498년에 존 오브 홀리우드John of Holywood(1195?~1256, 프랑스 파리 대학에서 천문학을 가르쳤던 인물로 영국, 스코틀랜드, 아일랜드 중 어느 나라 사람인지는 불분명하다—옮긴이)는 아메리카 주민들은 피부가 파랗고 머리가 네모꼴이라고 우겼다.

유럽 사람들이 아메리카의 자연을 보는 방식에는 이도 저도 아닌 면이 있었다. 한편으로는 아메리카가 천국이라 했다가 다른 한편으로는 지옥을 보았다고도 했다. 둘 다 유럽 사람들에게는 익숙한 구분법이다. 열대의 푸른 자연도 없는데다 국가 및 종교 폭력에 점점 더 시달리게 될 땅에서 건너온 유럽 사람들이 아메리카의 자연에서 천국을 보려애쓴 것은 놀라운 일이 아니다. 오비에도는 독자들에게 신세계의 자연에 대해 오비에도 자신이 쓴 책 네 권에 푹 빠져 구세계의 골칫거리와 위험을 뒤로 한 채 떠나라고 부추겼다. 오비에도는 만약 하느님에게도 장인 정신이 있다면 하느님은 아메리카를 만든 데 아주 뿌듯해하셨을 것이 틀림없다고 주장했다. 오비에도가 보기에 아메리카의 자연은 거의 모든 면에서 원주민이고 에스파냐 사람이고 할 것 없이 모든 인간에게 유익했다. 아메리카에서 고양이는 야옹거리지 않고 개는 짖지 않으며, 사자는 아프리카 사자와 달리 사람을 만나면 무서워하며 도망갔다. 겉보기에 괴상한 자연물도 쓸모가 아주 많았다. 오비에도가 주장한 대로라면 악어 배 속의 돌은 에스파냐 사람들의 철제 무기를 깨끗이 하는 데 더없이 좋은 물건이었다.

원주민을 개종하는 데 앞장섰던 프란체스코회 수도사들은 신대륙 발견을 예수가 올 날이 가까웠다는 증거로 받아들였다. 세계가 끝나려면 먼저 세계가 하나로 모여야만 했다. 이 수도사들이 본 대로라면 신세계는 기독교가 새 땅과 새 사람들로 새 출발을 할 수 있는 곳이었고, 그곳에서 수도사들은 천년왕국에 멸망당하지 않고 신세계를 환영할 수 있을 이상적인 공동체를 만드는 데 힘썼다. 프란체스코 수도사들은 에덴이 아직 발견되지 않은 아메리카 어딘가에 있을 것이라 짐작했다. 그런데 세계가 에덴으로 시작했다면, 역시 에덴에서 끝나지 않겠는가? 에덴동산이라는 신화는 끝날 줄을 몰랐다. 1656년에는 이름난 학자 안토니오 데 레온 피넬로António de Leon Pinelo가 쓴《신세계의 천국El Paraiso en el Nuevo Mundo》에서 에덴을 남아메리카 중심에 놓았다. 어느 권위 있는 지도는 성서에 나온 대로 에덴에서 흘러나왔다는 아마존 강, 막달레나 강, 오리노코 강, 라플라타 강을 아메리카에 그려 넣었다고 한다. 동식물만 봐도 에덴이 가까이 있음을 느낄 수 있었다. 에덴이 아니라면 어디서 난초처럼 아름다운 꽃과 마카우나 케찰처럼 눈부신 새가 나올 수 있단 말인가? 어떤 이들은 단물이 듬뿍 들어 있는 시계풀 열매와 눈부시게 아름다운 시계풀 꽃을 보며 시계풀 열매야말로 이브가 하느님 뜻을 어기며 따먹은 선악과라고 생각했다.

아메리카의 자연에 깃든 악마와 같은 면도 천국만큼이나 관심을 많이 받았다. 천년왕국주의자들인 프란체스코 수도회보다 더 현실과 물질에 관심을 둔 예수회는 아메리카 열대 자연을 정확하고 과장 없이 묘사했다. 하지만 적어도 브라질에서는 예수회원들이 아메리카 자연의 천국보다 숨은 공포와 위험을 강조하는 경향이 있었다. 1560년 호세 데 안시에타José de Anchieta(1534~1597, 브라질에 살던 에스파냐 출신 선교사─옮긴이)는 투피 원주민의 땅을 유럽에는 알려지지 않은 악의에 찬 자연이 있는 곳으로 묘사했다. 그곳에서는 번개가 대기를 산산조각 내고, 바람은 큰 나무를 뿌리째 뽑아내고, 빗방울은 땅 위에 와르르 소리를 내며 쏟아졌다. 안시에타는 어느 호칭 기도에서 아메리카의 무시무시한 위험에는 어떤 것이 있는지 늘어놓았다. 독뱀, 독거미에 독이 있는 음식이 얼마나 빨리 사람을 죽일 수 있는지, 고양이과 육식동물의 울부짖는 소리가 얼마나 소름끼치는지, 쉴 새 없이 물어대는 진드기, 털진드기, 모기떼가 얼마나 성가신지 따위였다. 안시에타가 말한 대로라면 사람들이 하느님을 안 믿어서 스스로 이런 저주를 받게 된 것이 틀림없었다. 기독교를 믿는 유럽에는 그런 저주가 없었기 때문이다. 안시에타는 하느님은 이교도를 흉악한 자연으로 벌한다고 말하려 한 것 같다.

어쨌든 한 가지 반응만은 모든 유럽 사람에게서 똑같이 나왔다. 사람은 자연에서 쓸모 있는 것을 알고 싶어하는 법이다. 첫 번째 질문은 뭘 먹을 수 있느냐는 것이었다. 유럽 사람들은 수많은 아메리카 식용 식물과 동물을 채집해서 맛이 어떤지를 실험해보았다. 안시에타는 개미, 굼벵이, 바다소, 개미핥기, 보기에 역겹지 않은 여러 열매를 먹어보았다. 두 번째 질문은 자연을 포장해 담고, 가공하고, 팔고, 배에 실어 이윤을 올릴 수 있느냐는 것이었다. 이베리아 사람들은 원주민 문화가 지닌 보석과 귀중품을 빼앗고 나자 탐욕에 찬 눈을 자연으로 돌렸다. 팔아먹을 수 있는 여러 자연물 가운데에는 브라질나무, 짐승 가죽, 앵무새, 원숭이, 연지벌레 염료 따위가 있었다. 에스파냐 사람들이 아메리카의 광물자원을 닥치는 대로 캐내기 시작한 것은 반세기 동안 꾸준히 생물자원을 약탈한 뒤의 일이었다.

이베리아 사람들이 자연을 대하는 태도는 원주민과는 눈에 띄게 달랐다. 무엇보다 이베리아 사람들은 바닥에서 자신을 떼어놓는 일, 곧 땅 위에 있기를 고집했다는 점이 상징적이다. 이들은 원주민이 바닥에 앉고, 바닥에서 먹고, 바닥에서 잔다는 것을 원주민에게는 문명이 없다는 증거로 삼았다. 원주민은 신발을 안 신고 맨발로 땅을 밟을 때가 많았고 흙으로 만든 솥과 먼지투성이 그릇에 밥을 먹기도 했다. 이베리아 사람들은 이를 인간 존엄성에 어울리지 않는 천한 일로 여겼다. 정복자는 허리를 구부리지도 않았고 책상다리를 하고 앉지도 않았다. 정복자들은 금속 솥과 도자기 그릇을 쓰고 신발을 신고 침대에서 자고 식탁에서 밥을 먹고 의자에 앉기를 고집하며 바닥과는 어느 정도 상징적인 거리를 유지했다. 열대 아메리카에서는 거추장스럽기만 하고 필요 없는 옷마저도 이베리아 사람들에게는 자신과 자연을 구분하는 데 필요했다. 원주민한테는 문화와 자연, 사람과 땅 사이의 경계선이 흐릿했지만 이베리아 사람들한테는 그 구분선이 뚜렷했고, 그 구분선을 넘지 않는 것이 명예로운 일이었다.

이베리아 사람들도 언젠가부터 불안감을 느꼈을지도 모른다. 아메리카의 대지는 아무리 겹겹이 둘러싼 문화의 장벽일지라도 서서히 갉아먹었기 때문이다. 이베리아 사람, 특히 포르투갈 사람들이 열대의 햇빛 아래 그러한 장벽들을 모두 내버린 것을 한 보기로 들 수 있다. 그 사람들은 옷을 벗고 맨발로 숲에 들어가 원주민과 함께 살았다. 이베리아 동포들의 눈으로 보자면 야만인이 된 것이다. 더 중요한 사실은 아무리 신발을 신고 침대에서 잔다 해도 아메리카에서 태어났다는 것만으로도 이미 적잖게 불명예스런 일이었다. 아메리카에서 태어난 크리오요Criollo(라틴아메리카에서 태어난 에스파냐 사람—옮긴이)는 인종으로 보나 문화로 보나 종교로 보나 에스파냐에서 태어난 에스파냐 사람인 페닌술라르Peninsular와 다를 바가 없었다. 하지만 페닌술라르들은 처음부터 크리오요들을 깔보았다. 요컨대 이런 편견은 출신지에 따른 우스꽝스런 자존심 때문이었을 것이다. 태어날 때부터 아메리카의 자연과 맞닿아 있었다는 것도 아메리카에서 태어난 크리오요들을 불만스럽게 했던 사회적 차별의 바탕이었던 듯하다. 저주받거나 질 낮은 자연과 매우 가까운 사람이 열등하다는 것은 환경결정론의 일종이다. 이런 주장에 근거해 한 집단이 다른 집단 위에 올라서려 한 일이 이때만은 아니었을 것이다.

그러나 이베리아 지배층의 소비관은 아스텍과 잉카 사회 지배층과 별 다를 바가 없었다. 어떤 물건을 더 많이 쓰느냐는 문제에서 쓰는 물건은 달라도 물건을 쓰는 목적은 다르지 않았던 셈이다. 이베리아 지배층이나 원주민 지배층이나 자신의 높은 지위를 잘 드러내는 옷 입기를 즐겼다. 두 지배층 모두 사회에서 자기 지위를 높여줄 만한 주택을 짓고자 했다. 또한 틈만 나면 보석, 귀금속, 귀한 음식 같은 사치품을 모으고 써댔다. 자신들의 신을 섬기는 신앙 행사를 하고 종교 건축물을 짓는 데 재물을 쏟아 부었다. 다음 장에서 살펴볼 해외무역의 역할을 제쳐놓고 생각한다면, 정복 전과 정복 후의 소비에서 달라진 가장 중요한 점은 소비 수준을 가리지 않고 전체 인구가 끔찍할 만큼 많이 줄었다는 사실이다.

재산에 대한 생각도 이베리아 사람들과 원주민 정착민 사이에 다른 점보다는 비슷한 점이 많았다. 물론 투피족을 놓고 보면 북아메리카에서 일어났던 것과 아주 비슷하다. 이런 상황에서는 두 문화 사이의 재산에 대한 생각이 너무 달라서 서로 이해하고 양보할 만한 중간 지점이 없었다. 그런 상황에서 이베리아 사람들과 영국인들은 원주민을 들짐승보다 나을 게 없는 존재로 보았다. 더 나쁘게 볼 때는 땅을 일구려 하지 않는 게으름뱅이라고 여기기도 했다. 그래서 로마법에서 어떤 물건에 주인이 없음을 규정하는 조항을 적용했다. 그 법에 따르면 합법

적 재산권은 땅을 쓰고 개량하는 사람 것이었다. 유럽 사람이 보기에 투피족과 매사추세츠 원주민은 정착민임을 드러낼 적당한 증거물을 만들지 않아 토지에 대한 재산권도 확립해놓지 않은 상태였다. 하지만 아스텍과 잉카를 상대로 로마법을 둘러대더라도 재산권을 무효화할 방법은 없었다. 잉카 제국과 아스텍 제국에서 원주민은 분명히 정착해 살고 있었고, 도시, 집, 벽, 도로 같은 오래가는 건축물을 지어 토지를 개량해놓았다. 돋운 땅에 만든 논과 관개시설을 갖춘 계단밭 농장은 유럽 사람들이 유럽에서 시행한 것보다 더 철저하게 토지를 개량한 결과물이었다.

붙박이로 사는 원주민의 재산관은 자잘한 부분이 다르긴 해도 유럽 사람도 완벽하게 이해할 만한 것이었다. 원주민은 보통 땅을 한 사람 한 사람 따로 가지는 것이 아니라 공동체나 친족 모임 단위로 소유했다. 그리고 원주민 각자는 자신이 지정받은 땅에서 일하고 거기서 나온 노동의 대가는 각 가족별로 누렸다. 잉카 사람들 사이에서 대가족 집단은 작물을 심고 거두는 일에서 개별 식구의 일을 거들었다. 이는 잉카 사람들이 그토록 많은 것을 그토록 빨리 이룰 수 있게 한 오래된 공동체 전통의 일부였다. 그렇게 해서 얻은 수확물은 개별 식구들에게 돌아갔다. 이 집단들 사이에서 가축을 소유한다는 것이 정확히 무엇을 뜻했는지는 잘 알려져 있지 않지만 칠면조, 식용 개, 기니어피그, 야마 따위의 움직이는 재산은 아마 개별 식구 단위로만 누리는 재산이었을 것이다. 아스텍 사람들에게도 노예는 개인 재산으로 마음대로 팔거나 살 수 있었다.

정착한 원주민들은 재산 관념이 뚜렷했고 튼튼하고 오래가는 재산이 있었다. 그리고 이는 유럽 사람의 정착지를 만드는 일을 매우 까다롭게 했다. 에스파냐 왕은 새로 자기 백성이 된 원주민의 땅과 마을을 지키려고 엄격한 조치를 시행하여 에스파냐 사람들이 원주민 공동체 안에 사는 것을 금지했다. 게다가 오늘날 거의 모든 사람이 잘못 알고 있는 것과 달리 에스파냐 왕은 정복자들이 원주민 정착민을 노예로 삼을 권리도 부정했다. 에스파냐 왕이 원주민의 재산과 신체를 지키려고 했던 일들이 항상 성공적이었던 것도 아니며 뒤늦은 조치일 때도 많았다. 하지만 멕시코, 중앙아메리카, 안데스 지역에서 정복 후 500년이 지난 뒤에도 여러 원주민 문화와 언어가 남은 데에는 어느 정도 그 조치가 유효했다고 할 수 있다.

원주민에게는 공유지도 있었다. 숲이 보통 원주민의 공유지였고 거의 모든 면에서 유럽의 공유지와 비슷했다. 처음에 원주민은 유럽에서 온 침략자들이 지나치게 세금을 물리지 않는 한 침략자들과 공유지를 기꺼이 함께하려는 것처럼 보였다. 원주민은 공유한 숲을 주로 땔감과 목재를 얻고 사냥하는 곳으로 썼다. 에스파냐 사람들도 같은 일을 했다. 하지만 에스파냐 사람들은 소와 돼지를 방목하여 숲의 식물과 도토리나 땅에 떨어진 나무 열매를 먹였다. 원주민은 바로 이 방목한 가축들이 토종 동물들이 먹을 것을 상하게 한다고 불평했다. 아마도 이 가축들이 토종 동물들과 먹이를 놓고 다투기도 했을 것이다. 원주민 인구가 급격히 줄어들다가 다시 늘어나기 시작했을 무렵에는 원주민 집단 중 많은 수가 에스파냐 사람들한테 개인 소유지를 빼앗긴 상태였다. 개인 소유지를 빼앗긴 이들에게 남은 것이라곤 공유지뿐이었다. 먹고살 만큼 식량을 생산하지 못하게 된 수많은 원주민이 땔감과 목재를 팔고, 또 나무껍질에서 얻은 타닌을 팔아서 먹을 것을 샀다.

　이제는 방목하는 에스파냐 사람들이 떡갈나무 껍질이 벗겨져 도토리가 열리지 않고 원주민들이 나무를 하도 많이 자르고 태우다보니 땅바닥이 그대로 드러나 비만 오면 자갈이 보일 때까지 흙이 쓸려나간다고 불평하기 시작했다. 하지만 하는 일이 종족에 따라 구분된 것은 아니었다. 소와 돼지를 치는 원주민이 있는가 하면 나무를 베는 에스파냐 사람도 있었다. 모든 인종이 쇠고기와 돼지고기를 먹고 땔감을 썼다. 돌아온 인간이 다시금 자연에 자기 규칙을 강제하기 시작했다. 원주민과 에스파냐 사람이 저마다 숲에 자기 방식을 적용하고자 서로 다투었다. 놀랍게도 더 지속 가능성이 있었던 쪽은 에스파냐 식의 가축 방목이었다.

　공유 자원 소유에 대한 또 다른 사례에서는 잉카의 선례가 승리했다. 유럽 사람들은 모든 바다 자원은 공유 자원이라 생각했다. 그 어떤 개인도 물고기, 바다표범, 조개 같은 바닷가 해양 생물을 소유할 수 없었다. 그러한 자원을 쓸 권한은 모든 사람에게 열려 있어 먼저 온 사람이 먼저 쓰는 것이었다. 하지만 잉카 사람들의 생각은 달랐다. 잉카 땅에 있는 바닷가는 바닷가 공동체 단위로 나뉘어 있었다. 공동체는 외부인이 자기 공동체의 바닷가를 쓰지 못하게 했고, 지역 자원을 다른 지역의 간섭 없이 관리했다. 1566년 에스파냐 사람들은 어업 자원을 공유 자원으로 선언하여 공동체에서 옛날부터 유지해온 바다 구분선을 없애버렸다. 이에 혼란과 반발이 일어나고 폭력이 발생할 것 같자 왕실 관리들은 곧 생각을 바꾸었다. 18세기까지도 지역 공동체들은 자기 어업 구역에 들어온 다른 이들을 고소했다. 이 경우에는 원주민 방식이 공유지 자원의 지속 가능성 면에서 가장 좋은 방식이었을 것이다. 지역 주민이 공동으로 공유 자원을 관리하면 과잉 개발이란 비극이 좀처럼 일어나지 않는다. 자원을 지속 가능하게 지키는 데 지역 주민의 기득권이 걸려 있기 때문이다.

호숫물이 쓸모 있다, 없다는 대수롭지 않은 의견 차이다. 하지만 이는 사람이 자연을 바라보는 방식이 문화의 경험에 어떻게 영향을 받는지 잘 보여준다. 넓이가 8,000평방킬로미터에 이르는 멕시코 계곡 호수의 물을 뺀 일은 신세계에서 인간이 일으킨 풍경 변화 가운데 가장 눈에 띄는 것이다. 사실 이베리아 사람들이 고인 물에 품은 생각 때문에 생겨난 일이었다. 아스텍 사람들한테 멕시코 계곡의 호수들은 하늘이 베푼 선물과도 같았다. 아스텍 사람들은 먹을 것을 주로 호수에서 얻었다. 호수에서는 물고기, 조개, 물새, 아니말리토와 스피룰리나를 바로 얻을 수 있었다. 호숫물이 얕고 호숫가가 넓게 벌어진 곳에서는 치남파 농법으로 중요 곡식을 기르는 데 쓸 물과 물 아래 쌓인 기름진 흙을 얻었다. 호수는 또한 매우 훌륭한 교통망이 되어주기도 했다. 아스텍에서는 여러 상품을 실은 카누 20만 척이 호수와 아스텍 수도에 거미줄처럼 뻗은 운하 사이를 누비고 다녔다. 아스텍 문명을 세운 사람들에게 호수는 신들이 내린 축복으로 사람들은 이에 감사해야 마땅했다. 가끔 호수가 재앙을 일으키기도 했지만 아스텍 사람들에게 메시카(멕시코) 계곡은 물이 반쯤 찬 잔과도 같은 것이었다.

에스파냐 사람들은 메시카 계곡을 반쯤 비운 잔으로 보았고, 남은 물도 다 비워버리고 싶어했다. 에스파냐 정복자들과 그 후손들은 호수의 물을 빼는 데 400년 동안 외곬으로 매달렸다. 호수는 그냥 있는 것만으로도 거슬리는데다가 걸핏하면 재앙을 몰고 왔다. 생각 있는 시민들은 신세계 에스파냐 사람들의 수도를 왜 저지대 늪의 섬에 짓는 것이 현명한 일인지 따져 물었다. 그리고 수도를 좀더 높은 지대의 서쪽으로 옮기자고 했다. 하지만 코르테스는 자리 지키기를 고집했다. 그곳은 아스텍 사람들의 문화에 매우 중요한 곳이라 버릴 수가 없었다. 애초에 에스파냐 사람들이 정복자로서 지닌 권리를 정당화하고자 아스텍의 신들이 정한 수도 위에 도시를 지은 것이었다. 하지만 정략에 따라 수도를 고른 대가도 적지 않았다. 도시는 바닥부터 물로 가득 차 있었다. 사람 힘만으로 바닥을 파내도 물이 밴 층이 나왔다. 죽은 이를 묻을 때는 먼저 바닥에서 물을 퍼내고 관에다 돌을 달아 관이 젖은 땅 위로 둥둥 떠오르지 않게 해야 했다. 에스파냐 사람들이 지은 크고 무거운 석조 건물은 짓자마자 가라앉기 시작했다. 아스텍 사람들도 큰 바위로 피라미드를 지었다. 분명히 토대를 넓게 만들어 그 피라미드들이 물 위에 뜨기 쉽게 했을 것이다. 그러나 세계에서 가장 큰 성당 중 하나인 멕시코 성당은 폭이 좁은 토대 위에 지은 것이었다. 그 토대는 그 밑에 있는 침전물을 천천히 밀어내며 바닥으로 가라앉았다. 방문객들은 종탑과 으리으리한 건물들이 많이 기울어진 채로 아슬아슬하게 서 있는 것을 눈치챘다. 20세기에 지하수를 너무 많이 쓴 결과 빚어진 문제지만 문제의 뿌리는 그보다 더 오래된 것이다. 몇몇은 포기하고 덜 무거운 집을 지었지만 어떤 이들은 튼튼한 나무토막을 토대로 하여 집을 지었다.

에스파냐 사람들은 바다에서 아주 멀리 떨어진 곳에 물 빠지는 곳도 없는 소금물 호수를 보고 어리둥절해했다. 몇몇 사람은 이 호수가 노아의 홍수가 남긴 것이라는 설을 받아들이기도 했다. 유럽 사람들은 따뜻하고 탁하고 고여 있는 소금물은 불결하다고 여겼는데 멕시코 계곡 호수가 그런 물이었다. 그래서 유럽 사람들은 열병, 변비, 이질뿐 아니라 탈장까지도 호수 탓이라고 생각했다. 이 가운데 몇 가지는 정확한 진단이었을 것이다. 에스파냐 사람들은 오물을 호수에다 갖다버렸으니 더욱 그러했을 것이다. 이들은 더운 날이면 구린 냄새를 풍기는 호수가 공기까지도 더럽힌다고 생각했다. 하지만 호수를 없애야 할 가장 그럴 듯한 이유는 홍수의 위협이었다. 에스파냐 사람들에게 정복당한 뒤에도 원주민은 호숫물을 조절해 농사에 쓰려 했다. 그러나 물을 잘 다루는 중앙정부가 없다 보니 그 일은 점점 더 어려워졌다. 거기에다가 시신이 버려진 치남파가 늘면서 그 일을 해야 할 필요성도 줄어들었다. 어쩌면 에스파냐 사람들이 도시를 좀더 물에 잠기기 쉽게 했을지도 모른다. 원주민의 농지가 버림받고, 에스파냐 사람들이 가져온 가축이 풀을 뜯고, 해마다 2만 5,000그루 나무가 잘려나가면서 토양 풍화 현상은 더욱 심해졌다. 그러한 풍화로 호수 바닥에 침전물은 더 많이 쌓여갔다. 퇴적층이 한 층 쌓일 때마다 물 높이는 한 층 더 올라갔고 호수가 물을 담을 수 있는 양은 그만큼 줄어들었다.

몇십 년 동안은 에스파냐 사람들에게 운 좋은 시기였다. 호수는 견딜 만한 상태를 유지했고 가끔 물이 조금 차오를 때면 당나귀로 펌프를 돌려 그 물을 도시 수로 밖으로 퍼낼 수 있었다. 그 사이 가끔 있는 홍수를 다루는 데 원주민이 써 온 얼개와 건축물은 수리도 받지 못한 채 방치되었다. 1555년 정복 이후 첫 홍수가 났을 때 도시는 무방비 상태였다. 이때 원주민의 도움을 받아 일부 오래된 수공학 설비들을 수리했다. 그 뒤 반세기 동안 홍수가 일어나지 않자 그 설비들을 다시 내버려두었다. 1604년과 1606년에 작은 홍수가 있은 뒤 1607년에 1555년 홍수만큼이나 큰 홍수가 다시 찾아왔다. 거리는 물로 가득 차고 대부분 흙벽돌로 지은 작은 집들은 바닥부터 녹아내렸다. 부자들은 돌집 위층에서 홍수를 견뎠지만 가난뱅이들은 잠시 살아갈 곳을 옮겨야 했다.

1607년에 큰 홍수를 겪은 뒤에야 도시 관리 문제에 관심을 기울이기 시작했다. 다시 한 번 수도를 옮기자는 이야기가 나왔다. 이미 도시 세력가들에게는 도시 안에 버리기에는 무척 아까운 부동산이 있었다. 또다시 시 당국은 호수에 있다는 전설 속의 배수로를 찾는 이에게 현상금을 주기로 했다. 하지만 헛수고였다. 다시 한 번 원주민의 도움을 받아 옛 시설을 고쳤으나 이제는 뭔가 더 확실하게 고쳐야 한다는 데 모든 사람이 동의하고 있었다. 그리하여 시 당국은 호수의 물을 빼기로 결정했다. 몇몇 시민은 아스텍이 제방을 쌓아 만든 인공 해자 때문에 원래 섬이 아니었던 도시가 섬이 되었다고 생각했다. 때문에 제방만 없애면 되는 일이었다. 비교적 간단한 제방 해체만 거치면 도시는 섬이 아닌 본래의 상태로 돌아오리라는 생각이었다.

이 일을 맡은 공학자 엔리케 마르티네스Enrique Martínez는 제방은 없어서는 안 될 시설이고 물을 없애는 일도 훨씬 더 힘든 일임을 알아차렸다. 마르티네스는 반은 운하, 반은 터널로 된 배수 체계를 만들자고 했다. 그 체계는 숨팡고Sumpango 호수에서 북쪽으로 13킬로미터 길이로 이어지며 호수에 인공 배수로가 되어줄 것이었다. 그러려면 배수로가 산맥의 북쪽 산등성이를 꿰뚫고 지나가야만 했다. 로마 제국의 클

자료 3. 1628년 멕시코시티 동쪽 풍경. 대홍수가 멀리 산 로렌소 제방을 넘어 도시를 5년 동안 물에 가라앉히기 1년 전 모습.

출처 : Juan Gomez de Transmonte, "Forma y Levantado de la Ciudad de Mexico," in *Atlas Cartográfico Histórico*(Mexico City : Instituto Nacional de Estadística, Geográfica, y Informática, 1988), 158~159쪽.

라우디우스Claudius 황제가 푸치누스Fucinus 호수의 물을 빼려고 길이 5.5킬로미터의 터널을 뚫은 뒤로 서양인들이 한 번도 해본 적 없는 엄청난 공사였다. 강제로 끌려나온 원주민들이 땅을 파서 이 운하와 터널을 뚫는 데 열한 달이 걸렸다. 놀라운 성과였다. 터널 부분은 길이 6킬로미터, 너비 2미터, 높이 3미터로 지하 45미터에 건설되었다. 훔볼트는 이 건축물과 18세기 후반 개수 공사의 결과를 꼼꼼히 살펴본 뒤 이 건축물은 인류 역사의 불가사의 중 하나라는 결론을 내렸다.

그러나 엄청나게 큰 건축물을 지었으나 효과는 보잘것없었다. 1609년에 비가 억수같이 쏟아지자 터널 성능이 충분하지 못하다는 것이 드러났다. 운하 벽은 쉽게 무너져 내렸고 터널은 금세 막혀버렸다. 도시가 멕시코 계곡에서 가장 낮은 쪽인 텍스코코 호수 안에 있어 높은 쪽인 숨팡고 호수의 물을 빼는 것만으로는 충분하지 않았다. 마르티네스도 다른 호수에 배수로를 만들어야 배수 체제가 제대로 돌아갈 것이라고 인정했다. 네덜란드 출신 공학자이자 가톨릭 개종자인 아드리안 부트Adrian Boot는 마르티네스의 계획은 완전히 시간 낭비라며 도시 둘레에 더 좋은 제방을 만들고 도시에 있는 유용한 운하를 유지하는 쪽이 더 나을 것이라고 주장했다. 부트는 물을 빼면 도시의 기반이 더 불안정해질 것이라고 현명하게 경고하기도 했다. 하지만 원주민처럼 물을 관리해야 한다고 주장하는 옛 칼뱅교도의 의견에 귀를 기울이는 시민은 거의 없었다.

이번에도 관리들은 우물쭈물하기만 했고 그 뒤 20년 동안 큰 비는 오지 않았다. 1629년 다시 비가 오기 시작했다. 빗물이 땅바닥을 채우며 뭔가 엄청난 일을 일으킬 조짐을 보였다. 9월 21일 허리케인이 열대 폭풍으로 바뀌며 발생한 무지막지한 집중호우는 지방 관리가 추정한 대로라면 40시간을 쉬지 않고 쏟아졌다. 시민들은 거리에 물이 1~2미터 높이로 들어찬데다 그 수위도 계속 높아지고 있음을 깨달았다. 곧 도시 중앙에 잠기지 않은 땅이라고는 대성당 주위밖에 남지 않았다. 이곳은 뒷날 "개떼 섬"이라 불렸는데 피할 곳을 찾아 이곳 도시에 사는 개들이 모여들었기 때문이다. 전례가 없는 마치 영원히 계속될 것처럼 보이는 엄청난 재해였다. 비가 계속 내렸다. 겨우 몇 달이 아니라 다섯 해 내내 오락가락하며 계속 내렸다. 그 사이 도시는 물에 잠겨 거의 사람이 살 수 없을 지경이었다. 어쩌면 아스텍의 시설이 정비가 잘 된 채 남아 있었다 해도 이 같은 대홍수에는 대책이 없었을 것이다. 도미니크 수도사 알론소 프랑코Alonso Franco는 잔잔한 물 위로 여기저기 드러나 보이는 망가진 집들 때문에 도시가 마치 난파선 묘지처럼 보일 지경이라고 썼다.

도시의 집과 교회는 돌로 만들었는데도 땅 위의 건물이라기보다는 배처럼 보인다. 건물들은 물 위에 뜬 것만 같고 침수된 배가 그런 것처럼 쉴 새 없이 물을 퍼내야만 한다. 살림집에서도 교회에서도 밤낮 없이 물을 퍼내고 있다.[15]

9월 말에 이르면 에스파냐계 2만 가구 가운데 400가구만이 도시에 남았다. 도시 전체에 살림집이 8,000개 있었던 것으로 추정되는데 그 가운데 7,000개가 사라졌다. 집의 진흙 토대가 녹아내린 것이다. 수많은 사람이 이웃 도시로 피난 갔고 다른 사람들은 높은 곳에 임시 숙소를 지어 살아야만 했다. 도시를 떠나지 못한 이들은 대성당에 자리를 틀었다. 카누 만드는 일을 빼면 거의 모든 경제활동이 멈췄다. 교회는 맡은 일에 충실히 온 힘을 다했다. 남아 버티고 있던 부잣집은 발코니와 지붕에 제단 꾸미는 것을 허가받았다. 카누를 타고 다니는 신부들이 그곳에서 미사를 올렸다. 부왕은 과달루페 성모의 그림을 카누 200척을 대동하여 대성당으로 옮기도록 지시했다. 행렬에는 부왕과 귀족, 신부, 신도들이 함께하여 성모에게 구원을 빌었다. 몇몇 사람들은 보도를 높이 세우고 카누를 타고 다니며 버티는 동안 물이 빠져나가기를 기다렸다. 그러나 비가 더 오지 않더라도 호숫물이 마를 때까지 기다려야 했다. 그 거대한 배수로는 이번에도 아무 도움이 안 되었기 때문이다.

비극은 갈수록 깊어졌다. 식량은 여전히 많은 부분이 치남파에서 생산되고 있었다. 그런 치남파 대부분이 물에 잠겨버리자 식량이 모자랐다. 그 결과 도시의 후원과 구호 노력에도 많은 이가 굶어 죽었다. 사람들이 먹지 못한 채 도시에 갇혀 있자 이제는 질병이 판을 치기 시작했다. 고난에 찬 다섯 해 동안 도시 건물 3분의 2가 폐허로 변했다. 대주교는 원주민 3만 명(여기에는 아프리카 사람들도 포함되었을 것이다. 멕시코시티에는 아프리카 사람 5,000명이 있었다)이 죽었다고 추정했다. 부왕이 모든 인종 하층민에 대한 무관심 내지는 선입견 때문에 홍수 예방을 소홀히 했다는 비난도 빠트리지 않았다. 그러한 비난을 받자 부왕은 아메리카 태생의 에스파냐 사람이 물에 잘 빠져 죽는 것이 부왕 자신의 잘못은 아니라고 반박했다. 만약 물이 알코올이었다면 술 마시기 좋아하는 평민들이 도시를 구할 수 있었을 것이라고 이죽거렸다.

홍수가 끝난 뒤에도 에스파냐 사람들은 수도를 옮길 마음이 없었다. 첫 정복 이후 그랬던 것처럼 멕시코시티는 재건되었다. 이로써 두 번째 재건이었다. 제방은 보강되었고, 배수 계획에 따른 공사도 계속되었다. 무능하다는 죄로 감옥에 갇혔던 마르티네스도 풀려나와 터널을 탁 트인 운하로 바꾸기 시작했다. 그 작업은 1789년이 되어서야 마무리되었다. 호숫물을 다 빼는 데 성공하기까지는 그러고도 한 세기가 더 걸렸다.

이렇듯 멕시코 계곡 환경을 두고 극명하게 다른 두 대처법을 낳은 것은 물에 대한 서로 다른 생각 때문이었다. 그렇다고 이것이 단순히 유럽인의 생각과 원주민의 생각으로 쉽게 구분할 수 있는 자연에 대한 두 문화의 확고한 견해 차이 때문이라고 단정해서는 안 된다. 아스텍 사람들은 특정 지형 안에서 몇 세기에 걸친 경험과 실험을 거쳐 자기 문화를 키워냈다. 아스텍 사람들이 계곡 자원을 슬기롭게 이용하여 식량 생산을 극대화하고 상품을 더 쉽게 실어 나르는 법을 알게 된 것은 그러한 세월의 결과였다. 에스파냐 사람들도 똑같은 일을 하려 했다. 자연을 어떻게 조직해야 하는가에 대한 생각이 아스텍 사람들과 달랐을 뿐이다. 아스텍 사람들이 지역의 물과 지형에 대한 오랫동안 쌓인 지식이 에스파냐 사람들에게는 없었다. 에스파냐 사람들이 더 힘들고 덜 좋은 체계를 세운 것은 바로 그 무식함 때문이었다. 자연과 어떻게 관계를 맺느냐는 문제는 특정한 역사 경험은 물론 더 다양한 종교 및 문화 전통과도 관련이 있다. 만약 잉카 사람들이 멕시코 계곡을 정복했다면 잉카 사람들은 아스텍 사람들이 그토록 귀하게 여겼던 호숫가를 버리고 가까운 언덕에 자리를 잡아 부지런히 계단밭을 일구었을 것이다. 테노치티틀란을 정복한 이들이 네덜란드 사람이나 베네치아 사람이었다면 오늘날 멕시코시티는 제방과 물에 둘러싸인 섬으로 남아 호숫가는 여러 차선이 자동차 도로들로 연결되었을 것이다.

이베리아 사람들은 자신들의 고향인 유럽보다 몇 배는 더 넓은 지역을 점령했다. 이베리아 문화는 이 지역에 대한 지식이라고는 아무것도 없는 상태였다. 그럼에도 이베리아 사람들은 매우 짧은 시간에 이 지역에 대한 자신들의 지배권을 굳히는 데 성공했다. 식민지 시기가 끝날 때까지 에스파냐 사람들은 캘리포니아에서 파타고니아까지 900개가 넘는 도시를 세웠다. 하지만 신대륙을 가장 많이 뒤바꿔놓은 것은 문화가 아니라 자연이었다. 특히 소와 돼지와 쥐와 잡초는 짧은 시간 안에 아메리카의 자연 구성을 새롭게 바꾸어놓았다. 한편 사람이 멕시코 호수의 물을 빼는 데는 4세기가 걸렸다. 세균이 이 지역 인구의 90퍼센트를 쓸어버리는 데 한 세기가 걸렸지만 인간 종이 정복 이전 인구수에 다시 이르기까지는 4세기가 걸렸다. 아메리카 정복에서 환경에 일어난 가장 중요한 사건은 인구가 엄청나게 줄어든 것이었다. 식민지 시기 동안 인간 정착지 사이에 빈 공간이 많아진 것은 이 때문이다. 원주민이 줄어들어 생긴 빈자리는 새 지배자들로도 가득 차지 않았다. 그리하여 아메리카에는 수 세기만에 처음으로 아무 방해 없이 풀과 나무가 자라나는 드넓은 변경지대가 나타나게 되었다.

3장

식민지 시대 대차대조표

나는 플랜테이션 농장에 갈 때마다 이 나라와 더욱더 사랑에 빠진다. 사탕수수가

쑥쑥 자라고 노예들이 나무를 베어 쓰러트리는 모습이 보기 좋아서다.[16)]

이베리아 사람들은 원주민의 황금을 빼앗았다. 그 뒤 엘도라도를 찾아 헤매느라 기진맥진했으나 쓸데없는 일이었다. 그리하여 짜증나는 현실을 마주해야 할 때가 왔다. 아메리카에는 금 말고 팔 만한 것이 없었다. 원주민이 쓰는 물건은 거의 다 유럽에서는 팔 수 없는 것이었다. 원주민 지배층이 지위를 뽐내려 쓰던 깃털 달린 튜닉, 녹옥으로 만든 작은 조각상, 재규어 털가죽, 고급 무기들조차도 왕이나 친구에게 희귀한 선물은 될 수 있으나 무역 상품은 될 수 없었다. 원주민 물건 가운데 카카오나 코치닐 염료처럼 팔릴 만한 것들도 있었다. 하지만 유럽에서 이러한 새 상품을 찾는 취향과 시장이 생겨나기까지는 시간이 걸렸다. 여기에 유럽 사람들이 아메리카를 발견하고 약간이나마 중요한 광산을 발견하는 데도 50년가량이 걸렸다.

콜럼버스가 서쪽으로 닻을 올린 것은 동양의 보물을 찾기 위해서였다. 그런데 아메리카가 그 길을 막아섰다. 거의 반세기 동안 아메리카는 부를 얻는 길에 놓인 걸림돌이었다. 사실 원주민 정착민과 침략자 유럽 사람들 사이에는 상업 면에서 다른 점보다 같은 점이 더 많았다. 이에 관해서는 아메리카와 유럽 모두 가까운 지역 이외의 소비자들을 대상으로 상품을 생산하지 않았다는 점을 들 수 있다. 유럽과 아메리카 모두 사람이 빽빽하게 모여 사는 곳에서 식량을 생산하는 데 관심이 쏠려 있었고, 보통 지속 가능한 수천 년을 써온 농법을 사용했다. 두 곳 모두 지역 무역을 했다. 이제 세계무역이 갖가지 다른 생태계를 연결하기 시작했다. 그리고 이는 먼저 아메리카에서, 다음은 유럽에서 지역 생산을 엄청나게 바꾸어놓을 터였다.

여러 가지 요인을 함께 보아야 신세계에 일어난 상업혁명을 설명할 수 있다. 먼저 정복 문화 자체를 한 요인으로 들 수 있다. 이베리아 사람들이 목숨 걸고 바다를 넘어 대륙을 정복한 것은 단지 유럽에서 하던 대로 정착해서 먹고 살려고 한 일이 아니었다. 피사로가 돼지치기로 남고 싶어했다면 처음부터 에스트레마두라Extremadura를 떠나지도 않았을 것이다. 정복자들의 가장 큰 꿈은 영주가 되는 것이었다. 법이 인정하는 영주가 아니더라도 영주 노릇만으로도 괜찮았다. 하지만 현실은 또다시 이베리아 사람들의 기대를 저버렸다. 정복자들은 원주민 지배층을 밀어내고 그 자리를 차지하는 데 성공했다. 승자로서 극진한 대접을 받고자 한 일이었다. 그러나 원주민들에게는 새 영주들에게도 옥수수, 장작, 스피룰리나 깃털 같은 옛날부터 바치던 공물밖에는 다른 것이 없었다. 전리품치곤 정말 형편없는 것들이었다.

이런 평범한 공물마저 원주민 수가 갈수록 줄어들면서 그 양도 줄어갔다. 이베리아에서 온 승자들은 유럽 지배층이 쓰는 물건이 아니면 제대로 위엄을 세울 수가 없었다. 원주민들한테서 빼앗은 귀금속을 물 쓰듯 써버리고 나니 정복자들도 더는 쓸 만한 물건을 살 수 없었다. 식민 정복자들이 새로 얻은 지위를 빛내줄 그런 물건을 소비하려면 유럽 사람들이 기꺼이 사줄 만한 뭔가 가치 있는 것을 아메리카에서 찾는 수밖에 없었다. 그 일을 해낼 때까지 에스파냐에서 온 정복자들은 원주민 지배층처럼 옥수수를 먹고 목화 옷을 입으면서 살아야 했다. 성난 교회 사람들의 증언에 따르면 포르투갈에서 온 사람들은 유럽의 옷과 문화를 벗어 던지고 신과 문명을 버리고 투피 여인들과 동거할 정도로 타락했다고 한다.

식민 지배자들은 팔 수 있는 물건을 찾는 데 눈이 벌겠다. 별다른 선택권이 없었던 정복자들은 그러한 탐색 활동을 하지 않을 수 없었다. 그리고 결국 두 세대가 지나고 나서 보답을 받았다. 이베리아 사람들이 찾아낸 것은 유럽의 이름난 음식이나 값비싼 종교 용품이 아니라 아시아의 다채로운 직물과 정교한 가재도구와 맞바꿀 수 있는 담배, 인디고, 카카오, 코치닐 같은 원주민 물건이었다. 에스파냐 아메리카에서 으뜸가는 교역 상품은 멕시코와 페루의 은이었다. 에스파냐 사람들이 멕시코와 페루에서 엄청나게 매장량이 많은 은광을 찾아냈고, 온 세상 장사꾼들이 경화硬貨를 반겼기 때문이다. 포르투갈 아메리카의 으뜸 상품은 포르투갈 사람들이 들여온 특별한 풀, 곧 사탕수수였다. 이 두 상품은 잡초와 세균만큼이나 아메리카의 풍경을 바꾸어놓았다. 규모와 영향력에서 앞선 그 어떤 경제활동보다도 뚜렷이 다른 경제활동을 낳았기 때문이다. 이 책에서도 앞으로 살펴보겠지만 이 두 경제활동은 오랫동안 할 수 있는 것이 아니었다. 하지만 그 둘이 자연과 문화에 남긴 흔적은 깊고 오래갔다. 사실 그 영향력은 전 세계에 걸친 것이었다. 아메리카의 은은 얼마 가지 않아 세계무역이 선호하는 교환 수단이 되었다. 그리고 설탕은 달콤함으로 지배층의 입을 즐겁게 하는 사치스런 조미료에서 산업 노동계급을 먹여 살리는 탄수화물 연료이자 기본 식료품이 되어갔다. 비록 은과 설탕이 남긴 흉터가 아무리 깊다 해도 그 면적은 얼마 되지 않았다. 이제 아메리카 인구는 아주 적었고 식민주의가 교역에 내세운 제약은 가지가지였다. 아메리카 자연의 오래된 상처가 아물 수 있었던 것은 그 덕분이었다.

설탕 소비

　설탕은 아마도 경화만큼이나 유럽에서 반긴 상품이었을 것이다. 단맛을 마다한 문화는 거의 없다시피 한 것도 사실이다. 사람의 혀는 과일이든 꿀이든 탄산음료든 언제나 애타게 당분을 찾는다. 아무리 혀가 변화를 거부해도 마찬가지다. 15세기까지 단맛을 얻을 수 있는 물건은 드물고, 비싸고, 싱거웠다. 즙이 많은 사탕수수 줄기에서 뽑아내는 진한 자당蔗糖을 쓰면서부터 단맛은 주목할 만한 소비품이자 상품이 될 수 있었다. 유럽 사람들은 뉴기니가 원산지인 사탕수수가 아시아를 건너 지중해 지역에 오면서 처음으로 설탕 맛을 보았다. 포르투갈 사람들은 15세기 중반에 사탕수수를 마데이라Madeira나 상투메São Tomé 같은 자신들이 새로 찾아낸 대서양의 섬들에 심었다. 그 섬들에서 사탕수수 생산량이 늘어나자 유럽의 사탕수수 값은 곤두박질쳤다. 브라질을 발견한 해인 1500년의 시장 환경은 설탕을 팔기에 맞지 않았지만 팔 물건을 찾느라 정신이 없었던 식민 정복자들은 곧 투피족의 옛 농토에 사탕수수를 심었다. 1516년의 일이었다.

　설탕 농업은 자원 소비가 매우 큰 농업이다. 재배지를 만드는 데 숲을 태우고 땅의 양분이 바닥나는 것은 다른 작물 재배에서도 흔히 일어나는 일이다. 하지만 설탕 농업은 땔감을 많이 쓰다 보니 농장에서 한참 멀리 떨어진 숲까지도 파괴된다. 사실 브라질이 식민지로서 성공을 거둔 것은 설탕의 유별난 강탈 능력 덕분이었다. 대서양 섬들 가운데 마데이라처럼 사람이 한 번도 살지 않았던 섬으로 기름진 처녀지와 빽빽한 숲이 있었다. 그러나 설탕 농업을 한 세기 넘게 지탱하기에는 대서양 섬들의 자원은 너무나 적었다. 마데이라는 포르투갈어로 "나무"를 뜻한다. 섬 전체를 뒤덮고 있던 숲을 보고 붙인 이름으로 15세기 시인 루이즈 지 카몽이스Luís de Camões(1524~1580, 포르투갈의 시인. 포르투갈에서는 셰익스피어에 버금가는 시인으로 칭송받는다—옮긴이)는 숲이 이 섬의 가장 큰 특징이라고 했다. 이 섬은 원래 화산섬으로 흙은 더할 수 없이 기름지고 맑은 물도 넘쳐흐르는 곳이었다. 게걸스런 설탕 제분소는 섬을 남김없이 벗겨 먹어버렸다. 17세기 초 어떤 관찰자는 740평방킬로미터에 이르는 이 식민지 섬에서 나무를 한 그루도 찾을 수 없었다. 섬의 이름을 낳은 특징을 완전히 없애버린 것이다. 마데이라 사람들은 1550년에 설탕 농업을 버릴 수밖에 없었다. 땔감으로 쓸 나무가 없었던 까닭이다. 이제 마데이라 사람들은 사탕수수 대신 유명한 포도주용 포도를 기르기 시작했다.

이베리아 사람들한테는 유럽의 자연에서 지속 가능한 농사를 6000년 넘게 해온 전통이 있었다. 그런데 그 사람들이 왜 신세계에 와서는 그런 전통을 버리고 땅을 황폐화하고 오래 쓰지도 못할 농업을 하게 되었을까? 재물 욕심은 이베리아 사람에게나 잉카 사람에게나 아스텍 사람에게나 시대를 가리지 않고 있기 마련이다. 앞에서도 봤듯이 이베리아 사람들과 원주민의 소비 관념 차이는 얼마나 쓰고 싶어하느냐가 아니라 무엇을 쓰고 싶어하느냐에 있었다. 한 가지 작물만 재배하는 플랜테이션 농업을 선택한 데에는 여러 가지 원인이 있었다. 또한 신세계에서 찾을 수 있는 새로운 요인도 있었다. 그 가운데 가장 중요한 것은 15세기에 그 영향권을 엄청나게 넓힌 매우 역사 깊은 기술 한 가지였다.

배는 근대 초기 세계를 잇는 연결 고리 노릇을 했고, 신세계 발견도 배가 있어 가능했다. 배가 크고 튼튼해지면서 대륙들 사이도 상업으로 계속 이어질 수 있었다. 소비 관념이 다른 무엇보다 신세계의 자연을 바꾸는 데 중요해진 것은 바로 배 때문이었다. 배가 아메리카에 무역을 들여온 것은 아니다. 투피족들도 자그맣게나마 무역을 했다. 아스텍과 잉카 사람들도 꽤 먼 거리까지 무역을 했고, 먼 바다에까지 무역을 한 기록이 알려졌다. 배는 무역 범위만 늘렸을 뿐인데 모든 것을 바꿔놓았다. 배가 무역을 세계 규모로 만들 때까지 무역은 어디까지나 지역 일이었다. 생산자들은 규모가 제한된 시장만 상대했다. 팔 수 있는 거리가 제한되어 있었기 때문이다. 배는 온 세상을 한 시장으로 만들었다.

아메리카는 그러한 세계화의 출발점에 있었다. 아메리카 발견과 유럽, 아프리카, 인도, 아메리카, 중국 순서로 이 지역들이 상업으로 연결되기까지 불과 몇십 년밖에 걸리지 않았기 때문이다. 이제 아메리카에서 설탕, 담배, 브라질나무, 심지어 손질하지 않은 목재처럼 무겁거나 부피가 큰 상품을 생산하는 이들도 가까운 이웃이 소비할 수 있도록 생산량을 맞출 필요가 없었다. 이제 생산자들은 될 수 있다면 전 세계를 상대로 상품 생산을 할 수 있었고 그 결과 자원은 눈에 띄게 줄어들었다. 여기서 기억해야 할 점은 유럽이 신세계에 들여온 세계 상업 혁명은 원주민에게 새로웠던 만큼 유럽 사람에게도 새로운 것이었다는 사실이다.

정복이 낳은 결과와 콜럼버스의 교환 또한 신세계 경제활동의 특징에 중요한 영향을 끼쳤다. 원주민 수백만 명이 죽으면서 농업이 뻗어나갈 넓은 개척지가 열렸다. 유럽과 정복 이전의 아메리카에서 사람들은 땅을 조심해서 다뤄야만 했다. 농부가 부모한테서 물려받은 땅은 한정되어 있었고 그 땅으로 어떻게든 살아나가야 했기 때문이다. 그때는 개척할 땅이 없었지만 정복 이후 아메리카에는 빈 땅이 엄청나게 많았다. 눈앞에 널린 게 옥토였으니 한곳의 비옥도를 유지하려고 비료를 주고 윤작하는 데 노력과 비용을 들이는 일이 의미 없을 정도였다. 게다가 새 식량과 가축이 들어오고 열대 농업의 생산성까지 높아지자 갑자기 식량이 넉넉해진 농부들은 단일 작물 재배를 위험을 무릅쓰고 해볼 만한 일로 받아들였다. 땅과 식량이 귀한 곳에서 단일 작물 재배는 설사 그것이 식량 작물이라 해도 위험한 시도다. 하나뿐인 작물이 흉작을 겪으면 굶주림에 시달리게 된다. 여러 작물을 기르는 것은 먹을거리를 확보하는 전략이었다. 그러나 식량이 많을 때는 단일 작물 재배도 바보짓이 아닌 잘 계산된 투자로 보일 수 있다. 그 작물이 비록 식량 작물이 아니라도 마찬가지다.

식민지 이주자는 앞날을 내다보고 자연 자원을 쓰지 않았다. 여기에는 사고방식 탓도 있었다. 이 사람들은 식민지를 오랫동안 살아갈 삶터로 삼는 데 관심이 없었다. 페루에서 은광 개발 바람을 타고 생긴 마을에 있든, 바베이도스Barbados의 설탕 생산 영지에 있든 거의 모든 나라 출신의 식민지 이주자들은 식민지를 일자리를 위해 잠시 머무는 곳, 유럽의 문명사회로 되도록 빨리 돌아가기 위해 돈을 후다닥 많이 벌어야 할 곳으로 여겼다. 유럽의 문명사회에서라야 식민자의 재산을 제대로 알아보고 부러워할 사람들 앞에서 부귀를 뽐낼 수 있을 터였다. 그런 꿈을 이룬 사람은 거의 없었다. 하지만 식민지를 빨리 돈을 많이 벌고 떠날 곳으로 보는 사고방식은 사람들의 마음을 끈질기게 사로잡았다. 오비에도는 장사, 광업, 진주 채취를 하느라 농사일 돌보기를 게을리하는 식민지 이주자들을 꾸짖었다. 또한 아메리카가 어머니인 유럽보다 식민지 이주자들을 더 잘 먹여주었는데도 이주자들은 아메리카를 의붓어머니 대하듯 한다고 했다. 식민지 이주자들을 통해 사람은 자기가 삶터로 삼지 않으려 하는 곳에 정성을 들이지 않는다는 가설이 증명되었다. 삶터가 아닌 곳에서 지속 가능성은 신경 쓸 거리가 아니었다.

마데이라가 엉망이 되자 하나의 대륙만큼이나 넓은 숲이 있는 브라질이 가장 중요한 설탕 생산지가 되었다. 1550년 브라질에는 설탕 제조소가 다섯 개밖에 없었다. 세기말이 되자 브라질에서는 500여 개 설탕 제조소에서 모두 합쳐 해마다 1만 톤의 설탕을 생산했다. 게다가 16세기 중반에 전염병으로 원주민이 무더기로 죽어나간 뒤 브라질에는 힘들이지 않고 정복해 쓸 수 있는 땅과 숲이 많았다. 언제나 열대지역에 잘 적응해온 포르투갈 사람들은 브라질에서는 원주민의 농경 방식을 받아들였다. 기계 기술과 노예를 함께 쓴 사탕수수 농장들은 근대 농업의 시작이었을지도 모른다. 그런데 사탕수수 농장들은 사실 원주민의 화전 농법을 따랐다. 조심성 없이 엄청난 규모로 그 일을 했다는 게 달랐을 뿐이다.

브라질 대서양 바닷가의 숲은 여러 독특한 식물과 꽃이 피는 큰 나무, 그 나무의 덧꽃부리, 줄기, 우거진 잎에 보금자리를 트는 특이한 동물들이 사는 생물 종의 보물창고와도 같은 곳이다. 그 보물창고가 이때 처음으로 난폭한 습격을 받았다. 그리고 습격은 그 뒤 다섯 세기 동안 더 널리 더 거칠게 일어났다. 원주민이 한 일을 이제 아프리카 출신의 노예들이 쇠도끼를 들고 되풀이했다. 저지대의 넓은 숲을 베어 넘어뜨리고 그렇게 벤 땅을 말린 다음 그곳에 불을 지른 것이다. 그 뒤 노예들은 재로 덮인 땅에 다년생 사탕수수를 심고 보통 10년에서 15년에 걸쳐 사탕수수를 수확했다. 수확량이 수지가 맞지 않을 정도로 떨어지면 노예 주인들은 노예들을 다른 곳으로 보내 다시 숲을 베고 불을 지르게 했다. 이러한 일은 거듭해서 일어났다.

브라질에서 설탕을 더 많이 생산할 수 없었던 것은 기름진 땅이 모자라서가 아니었다. 땔나무를 얻기 어려워서였다. 설탕 농업은 밀이나 옥수수를 기르는 것처럼 간단한 농업이 아니다. 거둬들인 사탕수수는 적지 않은 가공 과정을 거쳐야 했고 어떤 이들은 사탕수수 사업을 공업의 초기 형태로 그렸다. 먼저 잘라낸 수수를 물이나 소의 힘으로 돌리는 압착기에 넣어 즙을 짜냈다. 그렇게 짜낸 푸른 즙은 압착기에서 뜨겁게 달군 화로가 있는 집으로 흘러들어갔다. 그곳에서는 활활 타오르는 불꽃 위에 올려놓은 구리 솥에서 즙을 졸이고 찌꺼기를 없애 두꺼운 당밀 덩어리만을 남겼다. 당밀 덩어리는 거꾸로 선 원뿔꼴 모양의 틀에 넣어 여러 등급의 설탕 결정으로 굳혔다. 마지막에 뾰족한 끝부분의 짙은 갈색 바닥에는 새하얀 원뿔꼴 설탕 덩어리가 남았다.

수확을 하는 아홉 달 동안 노예들은 하루 24시간씩, 걸핏하면 일주일 내내 일했다. 화로를 둔 집은 그런 모든 작업의 중심이었다. 누군가

화덕에 계속 땔나무를 채워주기만 한다면 그 기간에는 그곳의 불이 꺼지는 일이 없었다. 불은 곧 설탕 제조소를 뜻하는 말이 되었다. 식민지 브라질 북부의 수도인 바이아Bahia에서는 사용하지 않는 제조소를 포르투갈어로 "포구 모르투fogo morto", 말 그대로 꺼진 불이라 했다. 식민지 지도를 그리는 이들은 연기가 피어오르는 그림을 바이아의 설탕 제조소를 표시하는 상징으로 삼았다. 바이아에서 설탕 제조소를 운영한 예수회 수사 앙드레 주앙 앙토니우André João Antonil(1649~1716, 이탈리아 출신으로 페루자에서 공부하고 나중에 브라질에 왔다. 주로 바이아에서 살며 브라질 경제에 대한 글을 많이 남겼다―옮긴이)는 설탕 제조소에 있는 화로들을 가리켜 "숲을 집어삼키는 입이며, 끝없이 타는 불꽃과 연기의 감옥이며, 베수비오와 에트나 화산을 빼닮은 연옥 또는 지옥과도 같다"고 했다.[17]

16세기에는 설탕 제조소마다 하루에 땔나무 짐차 8대분이 들어갔다. 하지만 생산이 늘면서 15~25대분이 들어가게 되었다. 18세기 중반에 바이아에 있는 설탕 제조소 180곳에서 땔나무를 날마다 3,300입방미터씩 태워댔다. 땔감을 많이 쓰기로 악명 높았던 당시 유럽의 철주조소보다도 땔나무를 더 많이 쓴 것이다. 땔나무에 쓰는 돈은 설탕 제조소 운영비의 15~20퍼센트로 노예 노동력을 얻는 데 드는 돈과 맞먹었고, 더 많이 드는 때도 흔했다. 설탕 제조소가 멈추는 원인 중 가장 흔히 알려진 것은 땔나무가 모자란다는 것이었다. 자원이 정말 없어서 그런 것은 아니었다. 앙토니우도 인정했듯 브라질에는 브라질 설탕 제조소의 불을 여러 해 동안 지필 땔나무가 충분했다. 설탕 제조소 업자들은 새 제조소를 기존 제조소의 1.5마일 내에 짓지 못하게 했는데 제조소가 너무 많이 들어서면 땔감이 부족할 수 있다는 이유에서였다. 하지만 업자들은 정말로 자원이 모자랄 것을 걱정한 것이 아니라 경쟁 업자를 줄이려고 한 것이었다. 땔나무가 모자란다는 것은 일과 수송이 어렵다는 것을 의미할 뿐 정말로 나무가 모자란다는 뜻은 아니었다. 사실 브라질에서 썼던 땔나무 대부분은 제조소를 둘러싼 가까운 숲이 아니라 먼 곳에 있는 맹그로브 숲에서 베어온 것이었다. 맹그로브 나무는 속이 꽉 찬 매우 훌륭한 땔감으로 물길을 이용해 쉽게 가져올 수 있었다. 설탕을 생산하는 브라질 강어귀 어디에나 자라는 맹그로브 나무는 끈질긴 생명력과 놀랍도록 빨리 자라나는 속도도 비길 데가 없었다. 뿌리만 멀쩡하게 남겨준다면 더 잘 자랐다. 땔나무를 자르는 나무꾼들이 바닷가의 땔나무를 찾아 점점 더 멀리 위아래로 퍼져 나가면서 땔나무 사업의 비용도 점점 늘어갔다.

브라질 변경의 기름진 땅과 넓디넓은 숲은 낭비를 부추겼다. 대농장 주인들은 땅을 조심스레 경작하지도 그 비옥도를 높이지도 않았다. 주인들은 다 쓴 농토를 아무렇지도 않게 내버린 뒤 옆에 있는 숲을 베어 넘기고 사람이 쓰지 않은 그곳의 밑흙을 이용했다. 땔나무를 아끼거나 제대로 태운 것도 아니다. 제조소의 화로는 기본적으로 거의 모닥불 수준에 불과했으며 수분이 무게의 90퍼센트를 차지하는 베어낸 지 얼마 안 된 파릇파릇한 통나무를 태웠다. 알려진 바에 따르면 노예 하나가 두 팔로 안을 수도 없을 만큼 지름이 큰 통나무를 그대로 땔감으로 썼다고 한다. 인구는 매우 적고 자원은 이에 어울리지 않게 많았다. 그렇다 보니 브라질의 농장 주인들은 땅과 나무를 아끼는 데 실제로 아무런 관심도 보이지 않았다.

마데이라에서 설탕 생산이 줄어든 것은 자연환경의 붕괴로 설명할 수 있지만 브라질이 17세기 중반에 설탕 생산지로서 중요성이 줄어든 것을 그렇게 설명할 수는 없다. 1630년 아메리카 설탕 생산에서 한몫 하고 싶어했던 네덜란드 사람들이 페르남부쿠Pernambuco에 쳐들어와 브라질에서 가장 좋은 설탕 생산지를 점령했다. 그 뒤 거의 25년 동안 네덜란드 사람들이 그 지역을 차지했지만 그들은 결코 그 땅에서 포르투갈 사람들만큼 이익을 많이 올리지 못했다. 그 지역 사람들이 벌인 저항운동 때문이었다.

네덜란드 사람들은 종교의 자유와 세금 우대로 지역민들의 마음을 얻으려 했지만 식민지 애국자들은 그 시도를 물거품으로 만들었고, 마침내 포르투갈 왕가의 지원 없이 스스로 조직을 만들어 칼뱅교도인 네덜란드 사람들을 바다로 내쫓아버렸다. 저항 세력이 흔히 쓴 암호가 "설탕açúcar"이었다는 점에서 의미심장하다. 1654년에 저항 세력은 성공을 거두었지만 브라질의 설탕 경제는 이미 상처가 깊은 상태였다. 사탕수수 밭과 기계만 파괴된 것이 아니었다. 에스파냐와 포르투갈의 무역 선단이 오랜 전쟁으로 사실상 무너져버린 것도 문제였다. 몇십 년 동안 브라질에는 유럽에 설탕을 수출할 방법이 없었다. 그때 유럽에서는 설탕 값이 오르고 설탕 수요가 늘어나고 있었다. 네덜란드 사람들은 페르남부쿠를 점령하기 전까지 브라질 설탕의 많은 양을 유럽으로 실어날랐다. 그러던 네덜란드 사람들에게 배는 물론이고 브라질에서 배운 설탕 생산에 대한 지식까지 있었다. 네덜란드 사람들은 그 지식을 카리브 지역에서 사용했다.

다음 세기에 브라질은 카리브 지역과 경쟁하는 데 어려움을 겪었다.

네덜란드, 영국, 나중에는 프랑스 사람들까지 카리브 지역의 수많은 작은 섬에 설탕 농장을 세웠기 때문이다. 새로운 강국들에는 투자자도 더 많았고 배로 물건을 나르는 일도 더 뛰어났다. 이 나라들의 설탕 생산지는 유럽 시장에 가까웠다. 게다가 세 나라는 자체 설탕 식민지를 갖추게 되자, 자국 시장에 브라질 설탕이 들어오는 것을 완전히 막아버렸다. 그리하여 에스파냐가 지배하지 않는 카리브 섬들에 설탕 생산지가 빠르게 늘어나기 시작했다. 이러한 신천지를 이끈 나라는 영국이었다. 영국은 바베이도스와 자메이카, 에스파냐가 아메리카 본토의 은에 신경 쓰느라 방비를 소홀히 한 여러 작은 섬들을 차지했다. 영국인들이 카리브 지역에 무더기로 몰려들었다. 1642년에 북아메리카에 있는 영국인의 수는 4만 9,000명이 전부였다. 같은 시기 카리브 지역의 영국인 수는 8만 명이었다. 그 가운데 3만 7,000명이 자그마한 섬 바베이도스를 가득 채웠다. 1630년대에는 바베이도스에서 설탕은 담배를, 아프리카 출신 노예들은 대부분 계약 노동자인 백인들을 대체하기 시작했다. 1680년까지 남아 있던 백인은 1만 7,000명이었지만 그 백인들 곁에는 흑인 노예 3만 7,000명이 있었다. 바베이도스는 신세계에서 인구가 가장 밀집한 곳이자 가장 값나가는 부동산이 되었다.

하지만 이는 작은 섬 바베이도스가 견딜 만한 일이 아니었다. 20년 동안 사탕수수 농장주들은 자신들이 온 섬의 숲을 없앴고 쓸 수 있는 땅뙈기는 모조리, 그러니까 섬의 80퍼센트를 농사에 쓴다고 자랑했다. 바베이도스가 성공하자 사람들이 그 방식을 따랐다. 소앤틸리스제도의 수많은 섬에서도 줄줄이 숲이 사라졌다. 1700년이 되면 사탕수수 농장이 있는 세인트키츠네비스, 몬트세랫, 마르티니크, 과달루페 같은 거의 모든 작은 섬은 대머리가 되어 있었다. 섬의 산꼭대기에 조금 남은 숲 말고는 모조리 맨땅이 드러났다. 숲이 우거진 섬일수록 농장주들은 더 눈독을 들였다. 농장주들은 우거진 숲을 기름진 흙이 있다는 증거로 여겼기 때문이다.

마데이라가 그랬던 것처럼 이 작은 섬들에도 설탕 생산이 늘면서 피할 수 없는 일들이 일어났다. 농장주들에게는 흙의 양분이 거의 빠져나갔을 때 개척해서 농장을 늘리거나 옮길 다른 땅이 없었다. 숲이 사라져 비와 열기를 그대로 흡수한 흙에는 양분이 없는 상태였다. 다년생 풀로 다른 작물과 돌려짓기 어려운 사탕수수도 얼마 남지 않은 땅심을 더욱 약하게 했다. 바베이도스 지사는 사탕수수 농장 1에이커에서 나오는 수확량은 30년이 지나면 3분의 1이 줄어든다고 보고했다. 다른 이들은 절반으로 줄어든다고 주장했다. 농장주들이 처음으로 취한 유일한 조치는 휴한지를 만드는 것이었다. 사실 1680년부터 1700년까지 농장주들은 사탕수수 심은 땅을 3분의 2로 줄였다.

나무를 없애버리고 나자 흙이 깎여나가기도 했다. 특히 바베이도스 북부처럼 언덕이 많은 곳은 토양침식이 심한 나머지 농부마저 자기 땅이 제자리에 있을 것이라고 믿지 못할 정도였다. 옛날 바베이도스에서는 나무뿌리가 자갈로 된 섬 바닥에 25~30센티미터의 기름진 흙을 묶어두었다. 이제 나무뿌리가 없어지자 땅이 움직이기 시작했다. 바베이도스 주민인 그리피스 휴즈Griffith Hughes(1707~1758, 영국 성공회 목사 일을 했다—옮긴이)는 땅이 종종 "달아난다"고 말했다. 휴즈는 소작농 한 사람의 다 자란 작물 밭이 어떻게 그 사람의 전 재산을 끌고 미끄러졌는지, 그 뒤 어떻게 절벽을 따라 바다로 뚝 떨어졌는지를 묘사했다. 그

보상으로 바로 이웃인 포스터 씨의 사탕수수 밭이 그 불쌍한 농부의 이제 막 벌거숭이가 된 땅으로 "복스럽게" 미끄러져 내려왔다. 똑바로 선 멀쩡한 사탕수수들도 함께였다. 포스터 씨한테는 새하얀 자갈밭이 남았다. 흙이 빙하처럼 천천히 흘러내리는 일은 더 흔했다. 홀로 선 나무 한 그루가 해를 거듭하며 계속 자리가 바뀌는 것을 보는 일도 드물지 않았다.[18]

누구나 예상할 수 있듯 이 작은 섬들에서 숲이 빠르게 잘려나간 일은 그곳에 살던 식물과 동물들에게는 되돌릴 수 없는 재앙이었다. 이 섬들 가운데는 이미 여러 지난 세기에 빽빽하게 들어선 원주민 마을들 때문에 생물 종이 줄어든 곳이 많았다. 사탕수수 재배는 그보다 훨씬 더 큰 재앙이었다. 특정 섬에만 있고 다른 곳에 없는 식물, 포유동물, 파충류, 새 수십 종과 그 밖에도 헤아릴 수 없이 많은 몇천 종에 이를 고유한 생물 종이 삶터인 숲을 잃고 사람의 눈길조차 받지 못한 채 영원히 사라져버렸다. 바베이도스에서는 몇몇 종이 사라진 것을 사람들이 알아차렸다. 팔미토 야자나무, 유향수, 나무비둘기, 몇 종의 멕시코 잉꼬, 노랑머리 마코 앵무새, 벌새 한 종이 모조리 사라졌다. 어떤 원숭이 종도 사탕수수가 섬을 식민지로 만드는 데서 살아남지 못했다. 오늘날 바베이도스에는 작물이 아닌 식물 529종 가운데 토종은 11종뿐이다.

숲은 이제 없고 땅은 종잇장처럼 떨어져나가자 브라질과 달리 개척할 땅이 없는 카리브 지역의 농장주들은 어쩔 수 없이 일하는 방법을 바꿔 이에 적응해야 했다. 자기 지역에서 땔나무를 얻을 수 없게 된 농장주는 해외에서 땔나무를 찾았다. 처음에는 다른 섬에서, 그 다음에는 수리남에서 땔나무를 얻었다. 심지어는 영국에서 얼마 동안 석탄을 수입하기까지 했다. 그러다 마지막에는 북아메리카에서 땔나무를 얻었다. 하지만 이 방법은 값이 매우 비쌌고 카리브 지역 농장주들의 설탕 경쟁력을 떨어뜨릴 수 있었다. 그래서 농장주들은 화로에 두 가지 중요한 혁신 기술을 도입했다. 영국인들은 자메이카 트레인 화로를 만들었다. 자메이카 트레인 화로에서는 모닥불 여섯 개가 아니라 불길 하나가 구리 솥 여섯 개를 모두 달구었다. 연통과 굴뚝 때문에 가능한 일이었다. 덕분에 땔감을 많이 아낄 수 있었다. 1680년에 바베이도스 사탕수수 농장주들은 나무 비슷한 새로운 사탕수수 종을 들여왔다. 이 종은 다 쓴 수수도 태울 수 있어 땔나무 수입은 점차 줄어들었다.

땅심이 약해지고 흙이 깎여나가는 것은 해결하기 힘들었다. 농장주들은 노예들에게 언덕 아래로 미끄러져 내려간 흙을 원래 있던 밭으로 다시 퍼오는 일을 시켰다. 이를 본 사람들이 개미가 하는 일 같다고 할 만큼 힘든 일이었다. 그러나 가망 없는 싸움이었다. 어떤 이들은 담과 계단식 단을 만들어 흙을 붙잡아두려 했으나 이 방법이 통하는 일은 그리 많지 않았다. 1700년까지 많은 이가 흙이 쓸려나간 헐벗은 땅을 떠났다. 어떤 관찰자들은 바베이도스 땅의 3분의 1이 심하게 침식되어 회복될 수 없을 지경이었다고 주장하기도 했다.

카리브 지역의 농장주들은 단일경작을 지나치게 많이 했다. 농장주들은 윤작을 하지도 않았고 가축을 돌보는 데 일손을 낭비하지도 않았다. 자연이 없으니 약한 땅심을 해결하는 방법은 농사를 짓지 않고 땅을 놀리는 것뿐이었다. 1665년에는 농장주들이 섬에 없는 거름을 무역으로 수입하기 시작했고 어떤 이들은 꽤 많은 돈을 똥을 사는 데 기꺼이 썼다. 이것 역시 수지가 안 맞는 일이었다. 얼마 가지 않아 사탕수수를 재배하지 않는 규모가 작은 몇몇 농장주들이 소를 사들였다. 고기, 가죽, 우유가 아니라 거름을 얻는 것이 주요 목적이었다. 유럽에는 선례가 없었던 이 사업은 다른 세기에 설탕 생산이 그랬던 것처럼 섬이 근근이 살아가는 데 중요한 사업이 되었다.

사탕수수 재배는 길지 않은 시간 안에 자연을 황폐하게 하고 숲을 망가뜨리고 흙을 깎여나가게 했다. 바베이도스처럼 작은 섬이든 브라질처럼 대륙과 같은 큰 땅덩어리든 마찬가지였다. 새로 개척할 땅이 없는 곳의 농부들은 더 지속 가능한 농법으로 돌아가야만 했다. 그러나 때를 놓치면 그렇게도 할 수 없었다. 바베이도스와 다른 몇몇 섬에서 사탕수수 재배는 점점 더 지속 가능한 일이 되었지만 세계 설탕 시장에서 지속 가능성만으로 살아남을 수는 없었다. 수출을 목표로 하는 단일경작은 경쟁에 내몰리게 된다. 그 경쟁에서 작은 섬들은 처음에는 브라질에 맞서고, 18세기 말에는 카리브 지역의 더 큰 섬들에 맞서 오래 버틸 수 없었다. 바베이도스 농장에서 노예 100명이 생산하는 만큼의 설탕을 카리브 지역 프랑스 식민지의 새 농장에서는 30명이 생산할 수 있었다. 땅심과 1에이커마다 나오는 수확량을 유지하려면 일손이 많이 필요했다. 1650년에는 바베이도스에서 노예 한 사람당 설탕 열다섯 묶음을 생산할 수 있었다면 1700년에는 아홉 묶음밖에 생산할 수 없었다. 농장주들은 더 많은 노예로 생산을 늘려 대처했다. 하지만 사람 손때가 묻지 않은 숲과 건강한 흙이 있는 생도미니크, 히스파니올라, 푸에르토리코, 쿠바가 설탕 생산지 대열에 들어오면서 그곳보다 일손이 더 들어가는 작은 섬들은 경쟁력에서 뒤처졌다.

당대 사람들은 자연이 빠르게 망가지는 책임을 노예나 노예제도에 돌리기 좋아했다. 자연 파괴는 더 많은 노예를 수입하여 인간의 노예 노동에 대한 자연의 인색함에 맞서는 상황을 낳았으니 흥미로운 일이다. 안티구아처럼 식민지 주민과 노예가 사탕수수 농업을 유지하지 못한 곳에서 자연은 다시 숲을 되살리기 시작해 인간 문화의 덧없는 흔적을 지워버렸으니 이 또한 놀라운 일이다. 그러나 되살아난 숲은 옛 숲만큼 나무 종류가 다양하지 않았다. 동물이 살지 않아 눈에 띄게 조용한 숲이었다.

사람 잡는 은

　라틴아메리카 열대 저지대의 많은 곳에서 사탕수수를 들여와 재배했다. 하지만 은은 설탕과 달랐다. 은은 주로 몇 안 되는 광산지대의 환경에만 영향을 끼쳤다. 한편 좁은 땅덩이에서 그렇게 많은 재산을 얻은 적도 없었다. 이베리아가 아메리카를 식민지로 다스리던 시기에 세계 은의 85퍼센트가 아메리카에서 나왔다. 주로 페루와 멕시코에서 나온 은이었다. 세계 금의 70퍼센트 역시 아메리카에서 나왔다. 대부분 브라질 내륙 오지에서 나온 금이었다. 아메리카에서 광업을 한 지 1세기가 지난 1660년까지 에스파냐로 들어간 은만 해도 1,600만 킬로그램에 이른다. 옛 유럽에 있던 모든 은의 세 배가 되는 양이었다. 멕시코시티와 볼리비아의 포토시에서 찍어낸 8페소 동전은 런던과 암스테르담은 물론 마닐라, 봄베이의 항구에서까지 교환 수단으로 쓰였다. 그리고 아메리카에서 캐낸 은의 절반 이상이 국제무역에서 중국과의 무역적자를 메우는 데 들어갔다. 이런 은은 보통 광둥 또는 마카오의 항구를 거쳤고, 때때로 멕시코 아카풀코를 통해 태평양을 건너 바로 가기도 했지만 유럽, 아프리카, 아시아의 큰손들을 거쳐 중국에 도착할 때가 더 많았다.

　에스파냐 식민지의 은과 포르투갈 식민지의 금을 공급한 아메리카에도 그 양이 얼마 남지 않았다. 아메리카에서는 이러한 금은을 식민지 행정비용으로 썼고, 도시를 짓고, 으리으리한 교회를 세우고, 식민지의 모든 경제 환경에 대한 수요를 일으키는 데 썼다. 식민지의 주요 도시들은 귀금속을 다루면서 생겨난 도시들이었다. 포토시, 멕시코 사카테카스, 브라질 오루프레투 같은 도시들은 도시 자체가 광산 도시였고 리마, 파나마, 아바나, 베라크루스, 부에노스아이레스, 리우데자네이루 같은 도시들은 광산에 물자를 대거나 금은이 빠져나가는 길목에 있었다. 이베리아 사람들이 만든 식민지 체제도, 국제무역도, 유럽이 겪을 산업화도 모두 아메리카에 있던 풍부한 광물자원을 중심으로 돌아갔다.

포토시Potosí는 아메리카에서 벼락 경기로 생겨난 첫 신흥도시로 사람 우글거리기가 마치 달동네 같았다. 포토시는 생김새가 완벽하게 원뿔형인 세로리코Cerro Rico 광산 아래에 있었는데 세로리코 안에는 그때까지 인간이 찾아낸 은줄 가운데 가장 질 좋은 은줄이 복잡하게 얽혀 있었다. 1545년에 발견된 세로리코 광산들은 해발 4,000미터가 넘는 곳에 자리해 인간 문명이 번영할 만한 터 같지 않았다. 광산촌은 곧 세상에서 가장 높은 곳에 자리한 도시로 바뀌었고, 인구는 상상할 수 없을 만큼 늘어나 1660년에는 16만 명이나 되었다. 세비야보다도, 마드리드보다도, 로마보다도 더 많은 인구였다.

포토시는 지대가 높아 어떤 농사도 지을 수 없는 곳이었다. 포토시 주민들은 살아남는 데도 사치를 부리는 데도 필요한 모든 것을 거의 모두 수입해야 했다. 목재는 안데스 산맥 동쪽 비탈에서 고생고생해서 끌고 왔고, 밀과 말과 포도주는 칠레에서 왔다. 유럽에서도 상품을 들여왔다. 그 가운데는 이제 막 광업으로 새 지배층이 된 사람들의 신분을 과시할 사치품도 있었고, 광산에서 쓰는 도구나 기계도 있었다. 이런 유럽 물건은 법에 따라 파나마와 리마를 거쳐 들어오거나 불법으로 부에노스아이레스를 거쳐 들어왔다. 포토시를 찾은 사람들은 포토시가 에스파냐 도시치고는 개성도 없고 정신없이 꼬인 도시라고 이야기했다. 어떤 이들은 놀랄 만큼 부자라서 공식 행사 때 거리를 은괴로 덮을 수도 있었다. 이러한 부는 지나친 낭비를 부추겼고 낭비로 나온 쓰레기는 도시 변두리에 높이 쌓여갔다. 쓰레기 더미가 하도 높다 보니 포토시에 있는 으리으리한 86개의 교회 건물만큼이나 눈길을 끌 정도였다.

수십 년 동안 포토시에서 나온 은의 순도가 얼마나 높은지 돌이나 자기로 만든 구아이라 그릇에 땔감과 광석을 담고 바람 많은 산등성이를 풀무 삼아 불을 때서 광석을 제련하는 원주민 기술로도 광산업자들이 만족할 만한 결과를 얻을 정도였다. 광석은 아주 높은 열에 녹으면 은이 다른 찌꺼기에서 분리되어 나왔다. 땔감이 모자랐지만 광산업자들은 더 낮은 곳에서 나무를 바득바득 긁어모았다. 가까이에서 자라는 잔디까지도 모아서 땔감으로 썼다. 광업과 광산지대를 빽빽이 둘러싼 도시들은 광산 지역 주변의 숲을 사라지게 했다. 잉카 후기의 흙에서는 그토록 흔하게 나오던 오리나무 꽃가루가 1550년과 1650년 사이에 쌓인 흙에서는 거의 사라지다시피 한다. 나중에는 땔감이 없어 몇몇 광산이 문을 닫기까지 했다. 이런 일은 특히 메마른 멕시코 북부 지역에서 흔했다. 일찍이 1550년에 멕시코의 첫 부왕 안토니오 데 멘도사 Antonio de Mendoza는 후임자들한테 멕시코에서는 은보다 땔나무가 먼저 다 떨어질 것이라 일렀다. 사카테카스와 포토시도 안간힘을 썼다.

먼 숲에서 나무를 베어 노새가 끄는 수레에 실어오면 두 도시는 그 나무를 사들였다.

땔감 부족 문제는 수은으로 풀 수 있었다. 수은은 은만큼이나 귀하고 비싼 금속으로 연금술사들은 수은을 지고의 금속으로 여겼고, 수은의 몇 가지 성질은 마치 마법처럼 보였다. 무엇보다 수은은 상온에서 액체 상태라는 특이한 점 때문에 마치 살아 움직이는 것 같아 보통 수은을 살아 있는 은quick-silver이라고 했다. 수은이 최초의 물질이고 수은에서 다른 모든 원소가 나왔다고 생각하는 이도 있었다. 액체 상태의 수은은 매우 무거워서 얕은 물에 고무공을 띄우는 듯해도 얕은 수은 웅덩이에 대포알을 띄운 것 같았다. 또한 온도와 압력에 규칙적으로 반응해 기압계, 온도계, 시계추 같이 과학을 다루는 새로운 마법사들의 도구로 쓰이기도 했다. 특히 가장 가치 있게 여기는 수은의 특징은 수은이 신비로울 만큼 금은과 잘 뭉친다는 사실이다. 수은은 쉽게 금은에 붙어 합금을 이루는데 이 특징을 이용하면 땔감을 아주 조금 쓰거나 아예 쓰지 않고도 광석에서 귀금속을 분리할 수 있었다. 이러한 새로운 은 제련법을 파티오Patio(에스파냐어로 안뜰을 뜻한다―옮긴이) 방식이라 하는데 바닥이 포장된 넓은 공간에서 작업을 했기 때문에 나온 이름이다. 멕시코에서는 1550년에, 포토시에서는 1572년에 파티오 방식을 받아들였다.

수은과 은의 합금을 제대로 만들려면 먼저 은이 든 광석을 빻아서 가루로 만들어야 한다. 페루에 수은이 들어오고 10년 안에 수력을 이용한 광석을 부수는 기계가 포토시의 주요 물줄기를 따라 120개나 들어선 것은 이 때문이다. 포토시 주민들은 도시 위쪽에 댐으로 커다란

망을 짓고 20개가 넘는 저수지를 만들어 한 해 내내 기계가 광석을 부술 수 있도록 했다. 8미터짜리 물레바퀴로 움직이는 무거운 기계 망치가 바위를 부수며 내는 무시무시한 소리는 산업시대가 오고 있음을 알렸다. 기계가 바위를 부숴 만든 가루가 얼마나 고왔는지 에스파냐 사람들은 그 가루를 밀가루라고 했다. 에스파냐 사람들은 돌 탱크에 물, 소금, 수은, 쇠 약간을 섞은 용해제를 담고 거기에 광석 가루를 섞었다. 합금이 생기기까지 주변 온도에 따라 2주 또는 그 이상의 시간이 걸렸다. 시간이 지나면 탱크 바닥에서 합금을 긁어냈다. 합금은 수은 80퍼센트, 은 20퍼센트 정도였다. 이 합금은 수은 함량이 많다 보니 오늘날 우리가 치아를 해 넣는 데 쓰는 수은 합금과 달리 부드럽고 모양을 바꾸기도 쉬웠다. 오늘날의 치과용 수은 합금에는 수은 52퍼센트, 은 33퍼센트에 다른 금속도 들어 있다. 일꾼들은 긁어낸 합금을 45킬로그램짜리 원뿔 단위로 모았는데 우연히도 당밀을 모아 만든 설탕 덩어리와 닮은 모습이었다. 다음으로 합금 덩어리를 화로에 넣으면 화로에서 수은은 기체가 되어 날아가고 일부는 다시 사용했다. 모든 작업이 끝나면 수은이 빠져나간 자리에 자잘한 구멍으로 뒤덮인 원뿔꼴 순은 덩어리가 남았다.

그때까지 은 생산은 숲을 파괴하는 단순한 작업이었다. 하지만 수은이 들어오면서 은 생산은 옛날보다 훨씬 더 끔찍한 결과를 낳는 산업 공정이 되었다. 수은의 마술은 공짜가 아니었다. 수은은 사람에게 매우 유해한 독으로 오랜 옛날부터 수은을 다루는 사람들을 병들게 한다는 의심을 받았다. 수은은 모자 만드는 사람을 미치게 하고 연금술사의 이를 빠지게 한다. 광부는 광산 작업의 여러 단계에서 수은에 중독되었다. 파티오에서 원주민들은 밀가루처럼 고운 가루가 된 광석과 물 탱크 속의 수은을 발로 밟아 섞으며 피부를 통해 수은을 빨아들였다. 나중에는 동물이 발굽으로 그 일을 하게 되었지만 탱크에 들어가 합금을 꺼내는 일은 여전히 사람 손으로 해야 했다. 수은 증기를 모으는 화로에선 사람이 짙은 농도의 수은 증기를 그대로 마시는 일도 있었다. 가장 큰 위험에 시달린 이들은 아메리카에서 유일하게 수은을 얻었던 페루 우앙카벨리카Huancavelica 수은 광산에서 일하는 사람이었다. 수은 광산에서 강제 노동을 하게 된 사람들은 찌는 듯이 더운 비좁은 수직 갱도에서 광석 가루와 수은이 섞인 독한 공기를 들이마셨다. 수은은 쉽게 기화하기 때문에 들이마신 독한 공기는 폐를 거쳐 핏줄로 들어갔고 온몸의 땀구멍을 통해 몸속 모든 장기에 모조리 도달했다. 우앙카벨리카의 일꾼으로 뽑히는 것은 사형선고였다. 왕실 관리도 이 점을 인정해 1600년에 잠시 광산 문을 닫게 했다. 우앙카벨리카가 잠시 문을 닫을 때까지 수은 광산 일꾼의 셋 중 두 명이 죽었다. 보통 그렇게 죽는 데는 광산에 들어가고 몇 해면 충분했다. 어떤 이들은 우앙카벨리카 광산을 "공립 도살장"이라고 일컬었다. 보고에 따르면 우앙카벨리카로 끌려가지 않게 자기 아이를 불구로 만드는 원주민 여성들도 있었다고 한다.

왜 그토록 심한 말을 쓰고 극단적인 예방 조치를 해야 했는가는 수은 광산에 얽힌 집안사람들은 소름끼칠 만큼 잘 알았다. 수은에 중독된 사람은 천천히 쇠약해져 죽는다. 수은 중독의 여러 증상은 정신적인 면에서 나타났다. 수은 중독에 걸린 사람은 우울해지고, 성격이 바뀌고, 기억을 잃고, 쉽게 성내게 된다. 몸에 나타나는 증상으로는 잇몸에서 피가 나고, 치아가 빠지고, 몹시 피곤하고, 말을 아주 단조롭게 하게 된다. 수은 중독으로 말투의 높낮이를 바꿀 수 없게 되기 때문이다. 가장 흔히 보고된 증상은 몸의 근육이 제대로 움직이지 못하고 몸을 몹시 떠는 것이었다. 어떤 이들은 쉴 새 없이 몸이 흔들리다 보니 잠을 자지 못해 지쳐 죽었다. 이런 사람들은 몸을 전혀 가눌 수가 없어 누군가가 먹여줘야만 했다. 아예 광산에서 떠나는 일 이외에 수은 중독의 유일한 처방은 근대 초기에 질병의 만병통치약처럼 쓰인 피 빼기였다. 이 경우에는 피 빼기가 조금이나마 도움이 되었을지도 모른다. 광부가 발뒤꿈치에서 피를 빼면 발에 고여 있던 수은 일부가 피와 함께 빠져나갔을 수 있다. 광산을 일찍 떠난 일부 광부들은 건강을 되찾았다. 그러나 대부분의 광부 수천 명은 죽을 때까지 일하다 동료 광부들 곁에 묻혔다. 무덤에서 살이 썩은 뒤 남은 광부들의 하얀 뼈는 수은 때문에 썩지 않은 채 반짝이는 은빛 웅덩이 위에 잠들어 자신들을 부린 이들을 고발하는 확고한 법의학적 증거가 되었다. 그 밖에도 광산 구역에 산 모든 사람이 주로 물에 섞인 여러 중금속에 노출되었다. 광산 수직 갱도와 산허리에 쌓인 광물 부스러기에서 배어 나온 납, 아연, 구리, 비소가 모두 지역 시내와 지하수에 스며들었고 결국에는 사람 몸속까지 들어갔다.

　원주민 목숨보다 은이 더 귀했기에 사람 잡는 일은 계속되었다. 사망률은 1642년에 들어 왕령으로 우앙카벨리카에 신선한 공기를 들여보내는 커다란 갱도 하나가 완성된 다음에야 줄어들었다. 하지만 그 뒤로도 수은을 캐는 광부 셋 중 한 명이 중독되거나 깊은 갱도에서 광석을 캐는 위험한 일들로 죽어나갔다. 광업에 직접 관련되지 않은 사람들에게 수은이 얼마만큼 나쁜 영향을 끼쳤는지 말하기란 쉽지 않다. 사람들은 수은을 대충대충 다룬데다 양가죽 자루에 담아 나르다 보니 십중팔구 수은 일부는 그곳 샘과 흙에 스며들었을 것이다. 어디에서나 은과 수은 광업은 마치 전염병과 같아서 풍경을 바꾸는 일보다 사람을 죽이는 일에서 더 중요한 역할을 했다. 그에 견주어 자연은 수직 갱도 몇 개에 숲이 조금 깎여나간 정도는 가볍게 견뎌냈다. 어쨌든 에스파냐령 아메리카에서 은을 캔 일로 몇십 만 명이 수은 중독, 규폐증, 광산 붕괴, 일산화탄소, 폭발, 학대, 과로로 죽은 것이다.

나중에 브라질 내륙 산에서 찾아낸 금과 다이아몬드를 캐는 일은 사람에게 덜 해로웠다. 일꾼들이 다루는 광물 덩어리가 모래로 되어 있고 땅 위에 있었기 때문이다. 하지만 바로 그 때문에 광산 둘레의 환경에는 더 큰 영향을 끼쳤다. 광물을 제련하는 일에는 보통 불을 썼고 그렇다 보니 늘 숲을 베어냈다. 금이 섞인 흙을 나무가 뒤덮고 있으면 광부들은 그 숲에 불을 질러 맨땅이 드러나게 했다. 광부들은 강바닥에 있던 금 섞인 자갈밭을 드러내려고 온 강의 물줄기를 바꾸었고 커다란 수로를 만들어 금을 분리해냈다. 또 운하를 만들고 땅을 계단처럼 깎으며 땅을 난도질했다. 광부들은 광물이 묻혀 있을지도 모를 곳을 얼마나 파헤쳤는지 광산 지역에 흐르는 강은 진흙투성이였고, 옛날에 숲이었던 곳은 흉한 모습이 되었으며, 광물 찌꺼기가 얼마나 여기저기 널려 있는지 정말로 억세고 작은 풀이 아니면 뿌리내릴 수도 없었다.

브라질에서 가장 노예 비중이 높았던 수만 명의 광부만 문제가 아니었다. 새 금광을 찾아온 광부들에 이어 농부와 목축업자들이 뒤따라왔다. 이들 농부와 목축업자 또한 베어내고 불태우는 농법과 목축업으로 그곳 환경에 영향을 끼쳤다. 이 수많은 사람 중 많은 수가 떠돌이 인구로 여기저기 새로운 광산을 찾아 돌아다니며 옛날에 사탕수수 농장 사람들이 했던 것보다 더 널리 더 빨리 환경을 바꾸어놓았다. 19세기 초에 옛날에는 숲이 있었던 광산지대를 찾은 숲 과학자는 그곳이 메마른 땅이었을 것이라고 짐작했다. 앞서 일어난 변화가 너무나 완벽했던 것이다.

수갑을 찬 식민자들

　광업과 단일 작물 경작으로 아메리카 자연의 많은 것이 바뀌었다. 그러나 식민지 시대는 자연이 파괴된 때라기보다는 자연이 회복되고 되살아난 때로 봐야 한다. 정복과 관련하여 인구가 끔찍할 만큼 많이 줄어든 것이 적어도 19세기까지는 자연이 가야 할 길을 결정짓는 중요 요인이었다. 정복으로 아메리카에는 여러 눈에 띄는 기술들, 특히 금속 도구들이 많이 들어왔다. 설탕 생산과 광업도 수력을 들여와 사탕수수 즙을 짜내고 은 광석을 부수면서 크게 진보했다. 그럼에도 여전히 웬만한 일은 손으로 간단한 도구를 써서 해야 했는데, 이제는 그러한 도구를 쓸 일손이 옛날보다 훨씬 적었다. 수많은 원주민이 강제 노동을 하고 엄청나게 많은 아프리카 사람들이 수입되어온 것이 사실이지만 식민지의 노동력이 정복 이전에 있던 노동력에 견주면 보잘것없었다는 점도 사실이다.

　잊지 말아야 할 것이 더 있다. 식민지 시대 문서들은 거의 다 이베리아 사람들이 터 잡은 곳을 다룬 것이다. 이 문서들은 광업, 대농장 경영, 나무 자르기, 목축으로 무슨 일이 일어났는가를 명확히 보여준다. 하지만 이런 광경이 이베리아 사람들의 도시와 농장 너머에서까지 일어나고 있었다고 생각해서는 안 된다. 인구수와 영향력이 엄청나게 줄어들긴 했지만 원주민은 식민지 시대 내내 여전히 넓디넓은 땅을 지키고 다스릴 수 있었다. 파타고니아, 멕시코 북부, 북아메리카 서부, 아마조니아는 그런 크고 작은 원주민 거주지 가운데 일부였다. 이베리아 사람들이 끼친 영향을 지나치게 부풀려서도 안 될 것이다. 역사가 워렌 딘Warren Dean은 브라질 대서양 쪽 바닷가 숲을 파괴한 포르투갈의 탐욕과 어리석음을 아주 매섭게 비판한 사람이었지만, 그런 딘조차도 식민지의 사탕수수 농장이 어쩌면 지속 가능했을 수도 있음을 인정했다. 숲으로 뒤덮인 땅은 넓디넓은데 그곳에서 설탕 생산하는 일을 한 사람 수는 적었기 때문이다. 브라질의 대서양 쪽 숲이 실제로 사라지기 시작한 것은 19세기 들어 커피 재배가 시작되고 노예와 유럽인 이민자들이 더 많이 들어오면서부터였다.

본국은 식민지로 가는 이민을 제한했다. 이 제한은 식민지의 환경 변화를 제한한 가장 중요한 인구학적 요인 중 하나였다. 이베리아의 왕들은 식민지를 사람으로 채우고 싶어했다. 하지만 외적을 막아내고 치안을 유지할 수 있는 곳에 믿을 수 있는 사람들로만 채워야 한다는 조건이 따랐다. 그래서 이베리아의 왕들은 외진 곳, 특히 밀수하기 좋을 만한 바닷가에 사람들이 자리 잡는 것을 막으려 했다. 더 중요한 사실은 믿을 만한 사람만 들인다는 것은 외국인 가톨릭 신부 같은 몇 안 되는 예외만 빼면, 이베리아 사람 이외에는 그 누구도 에스파냐와 포르투갈의 식민지에 들어올 수 없음을 뜻했다.

네덜란드 서인도회사가 브라질을 침공한 것은 네덜란드 시민에게는 브라질로 이민 가서 사탕수수를 재배하는 일이 법으로 완전히 금지되어 있었기 때문이다. 카리브 해의 작은 섬들로 우르르 몰려간 영국 사람들이 약 8만 명에 이르렀는데 이는 북아메리카 영국 영토로 간 사람들보다 훨씬 많은 수였다. 열대지방에 돈을 벌 기회가 더 많았던 까닭이다. 하지만 열대 지역 대부분은 영국 사람들이 들어오는 것이 금지되어 있었기에 영국 사람들은 에스파냐 사람들한테서 섬을 훔쳤다. 어찌어찌해서 이베리아 사람들의 식민지로 들어와 살던 몇몇 외국인도 있었는데 이런 경우는 매우 드물 뿐더러 위험한 일이었다. 지방 관리들은 종종 브라질 북동부의 모든 외국인 거주자를 쫓아냈다. 쫓겨나는 외국인이 미혼이든 기혼이든 아이가 있든 없든 상관하지 않았다. 지방 관리들에게 인간다운 자비를 빌어 봤자 소용없었다. 외국인 혐오와 종파주의에 따른 외국인 이민 제한이 없었다면, 유럽 대륙 곳곳의 다양한 사람들과 그 사람들이 수입해 부리는 노예들로 이베리아 국가들의 식민지 인구는 실제 역사보다 훨씬 늘었을지도 모른다.

식민지 시대 라틴아메리카의 환경 변화를 제한한 요인이 인구뿐이었던 것은 아니다. 경제정책도 매우 중요했다. 유럽 사람들은 아메리카를 국제무역에 끌어들였다. 누가 뭐라 해도 자유무역에 끌어들인 것은 아니었다. 식민지 시대 아메리카에서는 애덤 스미스가 빈틈없는 경제의 길잡이라 부른 보이지 않는 손에 수갑이 채워져 있었다. 무역은 사람이 만든 장벽에 막혀 자연스럽게 흐르지 못했고, 사고파는 선택권은 독점으로 가로막혀 있었다. 외국인들은 이베리아 국가들의 식민지에 정착할 허가를 받지 못하여 그곳에서 무역할 권리나 기회를 잡지 못했다. 본국은 식민지 무역을 통제하기 위해 본국 항구를 통해서만 상품 거래를 하게 했다. 그리고 무역에 세금을 많이 물려 정부를 부자로 만들었고, 외국과는 경쟁을 없애 본국 상인들 역시 더 부자로 만들었다. 이것이 식민지를 가져야 할 중요한 이유였다. 식민지에서 사는 생산자들은 전 세계를 시장으로 두었지만 본국의 중개인을 통해서만 그 시장에 다다를 수 있었다. 곧 중개인들의 힘은 식민지 시장에서 사고파는 일을 독점하는 데 있었다. 경쟁자가 없다 보니 식민지의 설탕, 담배, 카카오, 인디고는 자유무역에서 받을 수 있는 값보다 훨씬 더 싼 값에 팔렸다. 심지어는 금과 은조차도 헐값에 거래했다.

인위적으로 식민지 물건의 가격을 낮추다 보니 가격이 낮은 분야에서 생산을 늘려야 할 동기도 적었다. 게다가 수입 비용도 엄청나서 식민지에서 물건을 사는 데 쓸 돈이 줄었다. 좀더 열린 무역이었다면 이 물건들의 가격 역시 훨씬 쌌을 것이다. 물론 식민지 무역 독점을 완벽하게 시행할 수는 없었다. 밀수는 늘 있었고, 이베리아에서 온 식민지 주민들이나 그 주민들과 밀수를 하는 외국인들은 밀매를 매우 선호했다. 하지만 이베리아 제국들이 사형과 추방까지 내려가며 엄벌로 밀어붙인 무역 제한 정책인 식민지의 교역과 생산을 제한한 일에는 의문의 여지가 없다. 에스파냐 왕가가 1778년 이후 더 많은 아메리카 항구와 에스파냐 항구에서 무역할 수 있게 하자 여러 가지 상품 거래량이 늘어났다.

예를 들어 식민지 시기에는 남부 팜파스의 소 떼를 자원으로 이용하지 않았다. 거의 모든 소가 야생에서 잡혀 도살되지 않고 늙어 죽었다. 일단 소를 잡으면 몇 안 되는 중요 부위는 바로 구워 먹고 남은 몸뚱이는 그냥 썩게 내버려두었다. 가죽 일부는 법에 따라 또는 밀수로 팔려나갔다. 1778년까지 에스파냐가 독점 무역으로 받은 가죽은 한 해에 15만 장에 지나지 않았다. 자유무역으로 더 많은 지역이 에스파냐와 무역을 허용하자 그 다음 해에 에스파냐에 들어온 가죽이 80만 장,

1783년에는 140만 장에 이르렀다. 1778년에서 1796년까지 식민지 무역은 모두 10배로 늘어났다. 1796년 이후에는 에스파냐 식민지가 다른 나라들과 무역하게 되면서 더욱 늘어났다. 식민지 무역은 거의 3세기에 이르는 동안 그 잠재력의 털끝만을 드러낸 셈이다.

　본국은 거의 식민 지배 내내 식민지의 경제활동을 상당 부분 금지했다. 본국의 이익을 지키기 위해서였다. 올리브 밭과 포도나무는 없애버렸다. 에스파냐에서 생산한 기름과 포도주를 아메리카로 수출하는 데 방해가 될 수 있었던 까닭이다. 포르투갈은 식민지에 소금을 엄청 비싸게 팔려고 브라질에서 소금 생산하는 것을 금지했다. 이 정책은 목축, 낙농, 어업의 발전 가능성을 억제했다(달리 말하자면 환경에 미치는 영향을 줄였다). 제조업은 거의 모두 금지되었다. 그 결과 수많은 물건이 계속 유럽의 자연을 바탕으로 생산되어 아메리카에 공급되었다. 이는 아메리카 경제가 성장할 기회는 줄었지만 동시에 식민지 환경이 나빠지는 것은 어느 정도 막아주었다.

　이베리아의 왕들은 식민지의 여러 산업을 금지했을 뿐만 아니라 오직 세금 수입만을 위해 몇몇 식민지 산업 활동을 전매하기도 했다. 그렇게 독점한 상품의 가짓수는 하나하나 열거할 수 없을 정도로 많다. 예컨대 수은, 소금, 다이아몬드, 고래기름, 목재, 비누, 담배 등이 있었다. 페루에서는 음료수를 시원하게 하는 빙하 얼음도 전매품이었다. 왕실이 전매하는 것은 전혀 새로운 일이 아니었다. 유럽 왕들은 보통 자기 말고는 중요 상품을 거래하지 못하게 했다. 바이에른 공작은 맥주 생산을 독점했고, 오스트리아 황제는 구리 광산을 운영했다. 군주들 모두 경쟁자를 없애고 독점한 상품의 가격을 조절하여 자신의 수입을 늘리고자 했다. 왕이 보기에 돈을 버는 가장 쉬운 길은 생산을 더 많이 하는 것이 아니라 그 반대로 하는 것이었다. 생산을 장악하여 제한하고 부당하게 올린 가격으로 번 돈을 국고에 넣는 것이다. 생산 제한은 아스텍이나 잉카에서 행한 소비 제한과는 매우 달랐다. 원주민 지배층은 생산을 줄이지 않았다. 생산된 것을 자기 손아귀에 모으려 했을 뿐이다. 생산은 많으면 많을수록 좋았다. 그러면 언제든 생산품을 선물하여 사회 및 군사동맹의 기틀을 다지고 창고를 더 지어 남는 것을 보관할 수도 있기 때문이다.

이와 달리 이베리아의 왕들은 무척이나 생산을 제한하고 싶어했다. 유럽의 상업에서는 원주민 시장에서와는 다르게 가격이 중요했는데 가격이 공급량에 따라 오르내렸기 때문이다. 포르투갈 왕들이 브라질 다이아몬드를 다룬 사례에서도 이 점을 확인할 수 있다. 포르투갈 왕은 실제로 다이아몬드를 국고에 모으는 것보다 다이아몬드 값을 높게 유지하는 데 더 관심이 있었다. 이는 원주민 지도자들에게는 이해할 수 없는 행동이었을 것이다. 잉카와 아스텍의 지배층에게 가장 중요한 것은 소비와 소비를 위한 생산이었다. 반면 이베리아 지배층은 가장 먼저 이윤을 생각했다. 언뜻 보기에는 말도 안 된다고 생각할 수 있다. 그러나 생산을 늘리고 식민지의 낯선 상품을 되도록 많이 뜯어내는 것은 식민주의의 으뜸 목표가 아니었다. 왕과 왕을 돕는 상인들이 되도록 적게 쓰고 많이 버는 것이야말로 식민주의에서 가장 중요한 목표 중 하나였다. 설탕이나 은처럼 이베리아가 지배하는 식민 체제 밖에도 경쟁자가 있는 상품은 되도록 많이 생산해서 세금도 많이 매기는 것이 돈을 버는 가장 좋은 방법이었다. 하지만 경쟁자가 없거나 거의 없을 때에 인간의 욕심은 자연을 뜯어먹는 쪽보다는 지키는 쪽으로 움직인다. 되도록 적게 만들어서 되도록 비싸게, 되도록 조금 파는 쪽이 더 돈이 되기 때문이다.

브라질의 경우 독점이 생산과 자연에 끼친 영향을 잘 보여주는 세 가지 보기로 브라질나무, 다이아몬드, 고래를 들 수 있다. 브라질에서 처음으로 중요한 독점 상품은 유럽의 직물 생산업자들이 물감 재료로 높이 평가한 브라질나무였다. 브라질나무는 식민지 이름을 브라질로 삼을 만큼 포르투갈의 초기 무역에 매우 중요했다. 식민지의 이름을 두고 또 다른 나무에서 따온 공식 명칭인 성스러운 십자가의 땅Terra de Santa Cruz으로 불려야 한다고 고집을 부린 성직자들에게는 못마땅한 현실이었다. 사업이 매우 중요해지자 식민지 이주자들을 일컫는 말도 그 이름에서 나왔다. 브라질 식민지 이주자들은 다른 언어에서 그랬던 것처럼 브라질레누, 즉 브라질 사람brasileno이라 해야 했을 것이다. 하지만 이 사람들은 자신들을 브라질레이루brasileiro, 즉 브라질나무를 자르고 거래하는 사람이라고 했다. 특정 직업이나 사업하는 사람을 본떠 민족 이름을 만든 사람들은 아마도 브라질 사람들뿐일 것이다. 마치 미국 이름이 맨 처음 중요한 현금 작물 이름을 본뜬 토바코tobacco(담배)가 되고 자국민을 토바코니스트tobacconist, 곧 담배 장수라고 하는 것과 같았다.

브라질나무는 자연이 만든 독점 상품이었다. 브라질나무는 브라질에만 있었고 그것을 대신할 만한 물건도 거의 없었다(대체품이 될 만한 것으로 멀리 떨어진 곳에 있는 말레이시아의 나무 한 종이 있었다. 이 나무에는 브레질리움bresilium이라는 이름이 붙었다). 사실상 경쟁자가 없었던 셈이다. 포르투갈 왕은 처음부터 자신이 허가한 사람들에게만 브라질나무를 벨수 있게 했다. 브라질 사람들이 브라질나무를 다루는 사람이란 직업이름으로 불렸지만 실제로는 한줌밖에 안 되는 브라질 사람들만이 브라질나무에서 수익을 얻었던 것은 이 때문이다. 처음에는 브라질 바닷가로 겁 없이 불법으로 들어오는 외국인들이 경쟁자였다. 프랑스 사람, 영국 사람, 에스파냐 사람 모두 투피족과 브라질나무를 직접 거래했다. 그렇게 잘려 나간 브라질나무는 16세기에는 한 해 평균 8,000톤에 이르렀다. 무역이 시작되고 한 세기 동안 투피족이 유럽에서 만든 철제 도구, 싸구려 잡동사니, 헌옷과 맞바꾸어 베어 넘긴 브라질나무는 200만 그루가 넘었다. 외국인들이 이렇게 불법으로 브라질나무 거래에 끼어들자 포르투갈은 1530년 이후 브라질나무가 있는 구역에 정착지를 만들어 그 지역을 지키게 하는 수밖에 없었다. 포르투갈 왕은 브라질나무 밀매업자에게 사형을 내릴 것을 명령했다. 포르투갈은 이런 엄벌로 밀수를 뿌리 뽑진 못했지만 17세기 들어서부터는 브라질나무 무역을 확실하게 통제할 수 있었다.

1605년 포르투갈 왕은 이미 뿌리내린 브라질나무 거래 독점 계약 체제를 공식화했다. 3년마다 브라질에서 브라질 물감 나무를 베고 거래할 수 있는 독점권을 놓고 상인들이 경매를 벌였다. 경매에서 이긴 단한 사람만이 한 해에 브라질나무 600톤을 수출할 수 있었다. 독점 체제이전에 수출되던 8,000톤에 견주면 보잘것없는 양이었다. 계약자가벤 모든 나무는 왕실 도매점에 보관해야 했고 그때마다 무게 단위로 정해진 만큼 돈을 받았다. 그리하여 왕은 큰돈을 벌었고 계약자도 대부분 많은 이익을 얻었다. 이는 브라질나무를 많이 수입해서가 아니었다. 브라질나무 수입을 적게 하여 유럽 안에서 가격이 높게 유지되었기 때문이다.

독점에는 심각한 낭비로 이어지는 면도 있었다. 설탕 농장 주인처럼 지주들의 부동산 안에 브라질나무가 있기도 했지만 그 지주들은 독점 때문에 브라질나무를 베어 팔 수 없었다. 농장주들이 나무를 지키고 보호해봤자 그 주인들 땅에 독점 계약자들이 멋대로 들어와 왕의 것이라며 나무를 베어갈 것이었다. 농장주들은 왕이 나무를 가져가기 전에 그것을 잘라서 태워버리기도 했다. 이 심술궂은 범죄의 증거는 나무가 재가 되면서 모두 사라져버렸다. 이런 자원 낭비로 밀수가 보고되기도 했지만 브라질나무 독점은 독립 이후 브라질 제국 아래에서 1859년까지 계속되었다. 비록 뜻한 바는 아니었지만 이 자원을 4세기 가까이 지켜낸 조치였다. 브라질나무가 자유롭게 사고팔 수 있는 상품이었다면 농장이든 야생의 숲이든 얼마 지나지 않아 모조리 사라졌을 가능성이 크다. 아마 원주민과 노예 일꾼을 거느린 장사치들이 숲으로 물밀 듯 몰려와 눈에 띄는 나무란 나무는 다 베어 바닥을 드러냈을 것이다. 고지대에서 광부들이 금은을 바닥내고, 북아메리카에서 덫 사냥꾼들이 비버를 다 잡아버린 것처럼 말이다. 유럽 왕들 중 비버에도 브라질나무처럼 포르투갈 왕이 시행한 것과 같은 규제를 했다면 비버 이야기는 훨씬 덜 슬퍼졌을 것이다. 독점 상황에서도 브라질나무가 많이 줄어든 것이 사실이다. 그러나 독점 계약자들이나 밀매 업자들보다는 농장 확대 같은 직접 관련이 없는 일들에 영향받은 이유가 더 크다.

다이아몬드 정책 또한 이러한 정책의 좋은 본보기이다. 다이아몬드는 수 세기에 걸쳐 인도에서 유럽으로 조금씩 흘러들어왔는데 유럽 사람들이 이 돌을 어찌나 탐내고 귀하게 여겼는지 다이아몬드 하나하나에 이름을 붙일 정도였다. 브라질 광부들이 1720년대에 규모가 큰 다이아몬드 광산을 찾아내자 포르투갈 사람 대부분이 기쁨에 들떠 잔치와 축하 행진을 벌였다. 다이아몬드가 포르투갈을 더 위대하게 해줄 것이라는 이유뿐 아니라 다이아몬드 발견이 좋은 징조라고 여겼기 때문이기도 했다. 다이아몬드는 순수함, 힘, 순결함을 상징했다. 게다가 유럽 사람들은 다이아몬드를 천지창조와 연관 지었고 다이아몬드를 찾은 이들은 자신이 에덴동산에 가까이 왔다고 생각했다. 교황과 포르투갈의 동맹국들은 포르투갈이 "우주에 행복한 새 생명을 줄" 마법의 돌을 찾아냈다고 공식 발표하며 다이아몬드 발견이라는 행복한 사건을 축하했다.

포르투갈의 주앙João 5세는 브라질의 다이아몬드가 무엇보다 왕 자신에게 행복한 새 생명을 주도록 온 힘을 기울였다. 다이아몬드는 금과 달랐다. 포르투갈은 금의 가격을 조종할 수 없었는데 다른 금 생산자가 많았기 때문이다. 브라질의 다이아몬드는 하도 많아서 그 양을 조절하면 세계 다이아몬드 시장 가격에 영향을 끼칠 수 있었다. 1729년 다이아몬드 발견이 공식 발표되고 두 해도 지나지 않아 주앙 5세는 지아만치나Diamantina 주위의 다이아몬드 구역에 두꺼운 방어선을 그렸다. 그리고 관리들로 하여금 그 안에 사는 백인 및 흑인 자유민과 여성을 강제로 몰아내게 했다. 특히 밀매를 잘하기로 악명 높은 성직자들도 추방 대상이었다. 그 지역에 수 세대에 걸쳐 살아온 가족이나 개인이라도 예외일 수 없었다. 평판이 좋은 광부와 그 광부가 거느린 아프리카 출신 노예들만이 광산 지역에 남았다. 말을 타고 다이아몬드 지역을 순찰하는 무장 경비대가 이 조치를 강제했다. 그 지역은 행정과 사법 권한이 완전히 분리된 식민지 안의 식민지가 되었다.

왕은 아무도 믿지 않았다. 다이아몬드 발견이 공식화되기 몇 해 전부터 식민자들은 몰래 다이아몬드를 캐내고 있었다. 몰래가 아니라면 왕에게 보통 캐낸 다이몬드의 5분의 1을 세금으로 내야 했기 때문이다. 정부가 규제하고 허가한 다이아몬드 광업이 시작되고 겨우 네 해가 지난 1733년까지 얼마나 많은 브라질산 다이아몬드가 유럽으로 쏟아 들어왔는지 다이아몬드 값이 3분의 2까지 떨어졌다. 받아들일 수 없는 일이었다. 포르투갈이 받아야 할 정당한 보수를 시장의 힘에 빼앗길 수는 없었다. 주앙 5세는 그 뒤 다섯 해 동안 다이아몬드 구역에 어떤 사람도 발을 들이지 못하게 했다. 사실상 다이아몬드 채광과 수출을 못하게 한 것이다. 다이아몬드 가격이 다시 오르자, 주앙 5세는 엄격한 독점이야말로 왕 자신을 위해 가장 좋은 길이라 결론 내리고 그 가격을 지키려 했다. 그때까지 시행해온 체제로는 캐낸 다이아몬드 대부분이 왕에게 전달되는 것인지 확실히 알 길이 없었다. 독립하여 활동하는 광부가 매우 많았고 그 광부들의 밀수 규모도 어마어마하여 막을 수가 없었기 때문이다. 그리하여 브라질나무처럼 다이아몬드도 4년마다 경매를 열어 이긴 한 사람에게만 채굴권을 부여했으며, 그 사람이 쓸 수 있는 노예 수는 최대 600명이었다. 신세계에서 한 가지 일에 동원되는 노예 무리 중 가장 큰 무리였을 것이다.

그 시대에 그림 가운데 파란 제복을 입은 노예 수백 명이 엄청나게 큰 노천 구덩이에서 캐낸 자갈을 바구니에 담아 머리에 이고 나르는 모습을 볼 수 있다. 그 노예들은 세척장에서 주인들의 철저한 감시를 받으며 다이아몬드 원석을 찾으려 그 자갈들을 체로 걸렀다. 작업 감독은 노예들의 손짓 발짓 하나하나까지 감시하여 아무도 머리나 손톱 밑이나 발가락 사이나 입이나 그 밖의 몸에 있는 구멍에 다이아몬드를 숨기지 못하게 했다. 주인들은 도둑질에 폭력으로 다스렸고 정직한 이는 상을 주어 격려했다. 눈에 띄게 큰 다이아몬드를 찾은 노예는 새 옷 한 벌을 받았다. 다이아몬드가 17캐럿을 넘으면 자유의 몸이 될 수도 있었다.

그래도 다이아몬드를 훔치는 노예들이 있었다. 엄지손가락으로 동료의 입 안에 다이아몬드를 튕겨 넣는 것이 가장 흔한 수법 중 하나였다. 어느 광산 방문객은 노예들이 그 기술을 익히고자 콩을 가지고 연습하는 것을 보았다. 이는 브라질에서 가장 잔인하다고 불렸던 노예제도에 대한 눈에 띌 만한 수동적 저항이었다. 노예들이 후려 먹지 않은 다이아몬드는 왕의 금고에 들어갔고 계약자는 캐럿 수에 따라 대금을 받았다. 아메리카의 다이아몬드를 법에 따라 유럽에 공급하는 단 한 사람이 포르투갈 왕이었던 셈이다. 식민지가 다이아몬드를 갖는 것은 그것을 어디에서 얻느냐에 상관없이 그 자체가 불법이었다. 하지만 여전히 그 지역에서는 다이아몬드를 일반 통화나 다름없이 사용했다. 점점 더 단속은 느슨해지고 밀수는 늘고 관리들은 썩어갔다. 결국 왕은 1771년에 다이아몬드 광산 지역에서 사람들을 몰아낸 뒤 광산을 왕 자신의 관리와 노예들로 직접 운영하기 시작했다. 왕립 독점 다이아몬드 사업은 브라질 독립 이후까지 이어졌고 1835년이 되어서야 폐지되었다. 그 뒤 다이아몬드 값은 1730년대에 그랬던 것과 달리 다시 떨어지지는 않았다. 왕립 독점 체제가 다이아몬드 가격을 비싸게 유지하고 독점을 막는 데 어느 정도 성공했음을 짐작케 한다. 독점 체제에서는 옛날 경매 방식 때보다 생산량이 더 많이 줄어들었다. 1737년에 독점 계약 체제가 들어설 때까지 다이아몬드를 캐는 데 동원된 노예 수는 거의 9,000명가량이었고, 해마다 공식 채취량만 30만 캐럿에 이르렀다. 불법으로 캔 다이아몬드는 포함하지 않은 수치다. 그러던 것이 1737년부터 노예 수는 600명 아래로 떨어졌고, 한 해 생산량은 겨우 3,500캐럿에 지나지 않았다.

길게 보면 다이아몬드 캐기가 불러온 환경 파괴는 지나가는 파도와도 같았을 것이다. 개개인들이 빠르게 했든, 독점 계약자들이 천천히 했든 땅을 푹푹 파서 가르고 강줄기를 돌리고 여기저기 쪼개고 쑤시는 것은 사라지지 않는 흔적을 남긴다. 독점이 없었다면 다이아몬드 광산 지역은 이러한 변화를 수십 년도 안 되는 사이에 겪었을 것이다. 호황이 일어났다가 곧 끝나버린 것이다. 생산량이 줄어든 것보다 더 자연에 중요했던 일은 다이아몬드 독점으로 그 지역으로 오는 이민 길이 막혔고 지역 인구가 감소하기까지 했다는 점이다. 옛날 브라질에 불어닥친 황금 열풍 때와 달리 이번에는 올 수도 있었을 이민자와 노예 수천 명이 오지 않았다. 그 사람들이 왔다면 가능했을 생산도 소비도 없었다. 그 사람들의 자손이 생산과 소비를 하는 일도 물론 일어나지 않았다.

포르투갈 왕들이 특정 경제활동을 독점하는 경향은 고래에도 도움이 되었다. 바닷가에서 고래를 잡는 일은 16세기에 바스크 사람들이 브라질에 식민자로 오면서부터 시작되었다. 이들의 활동은 꽤 성공해서 17세기 초 고래기름은 생산량도 많고 값도 쌌다. 바이아에서 왕실 관리들과 연줄이 있던 두 명의 중요 생산자는 고래기름 값을 싸게 놔두는 데 관심이 없었다. 그들은 왕실에 고래에도 왕실 독점 체제를 시행하자고 설득했다. 그리고 이는 1614년에 이루어졌다. 이베리아 사회는 보통 바다 자원을 공유물로 보는데 고래는 크다 보니 왕의 물고기로 인정받아 예외가 되었다. 브라질나무와 다이아몬드에서처럼 이제 왕실은 고래 사냥 독점권도 경매했다. 고래기름은 구하기 어렵고 비싼 것이 되면서 고래 사냥꾼들은 다른 고용주를 찾아야만 했다. 왕은 바닷가를 포경 구역으로 나누어 각 구역을 왕립 포경 관리소에서 맡게 했다.

고래 사냥 계약은 지금까지 본 다른 계약보다 위험성이 컸다. 각 관리소는 망보는 사람을 하나씩 고용하여 고래가 해안에 나타났을 때 경보를 울리게 했다. 어떤 해에는 겨울이면 고래 수백 마리가 극지방의 사냥터에서 바이아의 따뜻하고 얕은 바다로 몰려와 온 바닷가에 새끼를 낳고 먹이고 번식하며 물줄기를 내뿜었다. 또 어떤 해에는 몰려온 고래 수가 얼마 되지 않았는데 이런 해가 여러 해 이어질 때면 계약자는 낭패를 보기도 했다. 역사 자료에 분명한 기록은 나오지 않지만 아마도 가장 많이 잡힌 종은 남방 참고래southern right whale(정식 명칭은 남방긴수염고래. 여기서는 이름의 유래를 설명해야 하므로 참고래란 방언을 사용했다—옮긴이)였을 것이다. 이 고래들의 기름진 몸은 죽으면 떠올랐기 때문에 영어로 이 고래를 일컬어 "right"(올바른) 고래라 했다. 여러 다른 고래 종들은 작살을 꽂아 죽이면 가라앉아서 뒤쫓아봐야 쓸모가 없었다.

운 좋은 해에는 겨울 내내 일거리가 있었다. 대부분 자영농인 고래 사냥꾼들이 경보가 울릴 때마다 마치 자원봉사 소방대원들처럼 달려 나와 노를 저으며 고래를 쫓았다. 이 사냥꾼들은 잡은 고래 마릿수에 따라 보수를 받았다. 구경꾼들도 바닷가와 절벽 가로 나와 흔히 새끼 고래에 작살을 꽂는 것으로 시작되는 고래 사냥을 구경했다. 다쳤지만 죽지 않은 새끼 고래가 작살 줄 끝에서 몸부림치면 어미 고래는 그 곁을 떠나지 않고 새끼를 수면으로 밀어 숨 쉬는 것을 도와주려 했다. 새끼가 태어날 때도 해주었던 일이다. 고래 사냥꾼들은 이러한 어미의 본능을 이용해 쉽게 작살을 꽂을 수 있었다. 사냥꾼들은 필요하면 거듭해서 어미를 찔렀다. 죽음에 이르는 상처조차도 새끼를 돌보는 어미를 물러서게 할 수 없었기 때문이다. 작살에 찔린 어른 고래의 심장은 마지막 피를 뿜어내며 바다를 붉게 물들였다. 그러면 사냥꾼들은 쓸모없는 새끼는 버리고 어미의 시체를 관리소로 가져갔다. 관리소에서는 시체의 가죽을 벗기고 끓여 그 큼지막한 고래를 15통짜리 기름으로 바꾸어버렸다. 이 기름은 비누를 만들거나 윤활유로 쓰거나 등불을 밝히는 데 쓰였다.

17세기에는 계약 기간 하나당 140마리 고래만 잡았다. 18세기에 들어 포획량은 늘어났지만 아주 조금 늘어난 정도였고, 그것도 대부분 고래가 많이 잡히는 브라질 남쪽으로 활동이 확대되었기 때문이다. 고래 잡는 기술도 바뀌지 않았다. 경쟁이 없다 보니 기술을 개량할 필요가 없었다. 유럽인과 미국인들이 먼 바다에서 고래를 잡으며 포경 산업에 많은 변화를 일으킬 때에도 브라질의 독점 고래 사냥꾼들은 무분별하게 암컷과 새끼를 잡으며 2세기에 걸쳐 지속 가능한 체제를 유지해나갔다.

19세기가 끝나갈 무렵 계약자들은 독점사업으로 포획하는 고래 수가 줄어들고 있다는 불길한 소식을 알렸다. 어떤 사람은 암컷 고래를 너무 많이 잡은 탓이라며 브라질 고래 사냥꾼들의 낭비가 심한 사냥 기술을 비난했다. 하지만 현실은 고래 사냥꾼들의 손에서 아득히 멀리 있었다. 뉴잉글랜드 고래 사냥꾼들이 브라질 바닷가에서 멀리 떨어진 바다에서 남방긴수염고래를 잡기 시작했던 것이다. 바닷가에서 고래를 잡는 사람들은 자신들의 노 젓는 작은 배로 감히 먼 곳까지 나가려고 하지 않았다. 미국인들은 고래가 먹이를 잡는 극지방에서 고래를 사냥하며 고래 수를 빠르게 줄이기 시작했다. 그리하여 브라질 바닷가로 새끼를 돌보러 돌아오던 고래의 수도 줄어들었다.

실제로 포경선은 때 묻은 돛 사이로 검은 연기를 내뿜으며 떠다니는 공장이었다. 포경선은 포경 일을 산업화했고 일부 포경선은 단 한 번 항해에 브라질 포경 관리소들이 1년에 얻는 것보다 더 많은 고래기름을 얻어 항구로 돌아왔다. 1823년에는 배 한 척이 고래기름 2,600배럴을 싣고 돌아왔는데 이는 고래 170마리에 해당하는 기름의 양이다. 미국 뉴베드퍼드에서 고래잡이를 나간 배만 수백 척에 이르렀다. 그 배 숫자에 170마리를 곱해보라. 독점사업으로는 이를 따라잡을 수가 없었다. 브라질 사람들도 뒤늦게나마 먼 바다에서 고래를 잡아보려 했다. 그들은 미국 포경선 하나를 붙잡아 그 배의 뱃사람들로 하여금 브라질의 고래 사냥꾼들에게 어떻게 먼 바다에서 고래를 잡는지 가르치게 했다. 하지만 돌아온 것은 없었다. 브라질 사람들은 생각보다 더 뒤처져 있었다. 주요 고래 사냥터는 이미 태평양에서 알래스카로 바뀌고 있었던 것이다. 18세기 후반 미국인 포경선들은 브라질 사람들이 대서양 남부에 남긴 수많은 고래를 잡으며 즐거워했다. 미국 포경선들이 남긴 기록에 따르면 이들이 1804년에서 1817년 사이에 잡은 고래 수는 19만 3,522마리가 넘는다. 독점으로만 고래를 잡은 브라질에서 2세기에 걸쳐 잡을 수 있었던 것보다 더 많은 수일 것이다.

식민지 시기의 거의 모든 독점 체제는 몇 안 되는 사람의 배만 불리며 나머지 사람들을 가난하게 하는데 한몫했다. 그러나 뜻밖에 독점이 자연을 지키는 데 도움이 된 것도 사실이다. 에스파냐의 식민주의가 무너지고 산업자본주의가 일어나지 않았다면, 브라질나무나 고래처럼 계속 생겨나는 자원을 거둬들이는 일은 이기적이고 엄격한 제한 덕분에 영원히 지속 가능했을지도 모른다.

마지막으로 언급할 독점은 앞서 본 것과는 완전히 다른 독점이다. 라틴아메리카는 큰 땅, 때로는 엄청나게 넓은 땅을 몇 안 되는 사람들이 독차지하는 체제, 곧 라티푼디아latifundia로 유명하다. 라틴아메리카 모든 곳에 라티푼디아가 나타난 것은 아니다. 몇몇 지역에는 작은 농장도 흔했기 때문이다. 라티푼디아가 성행한 곳은 식민지 생산의 근본 수단을 독점하는 것이나 마찬가지였다고 할 수 있다. 그리고 라티푼디아는 뜻밖에도 자연 자원을 잘 보존되게 했다. 라티푼디아의 논리는 다른 독점 논리와 마찬가지로 매우 이기적이다. 라티푼디아의 주요 목적은 지주가 더 넓은 땅에서 더 많은 물건을 생산할 힘을 갖추는 게 아니다. 대토지 소유제에는 서로 얽힌 두 목적이 있다. 첫째는 다른 사람들이 자기 농장을 일구지 못하게 하여 그 사람들을 노동력으로 묶어 두는 것이다. 땅은 많고 많았다. 사실 너무 많다고도 할 수 있었다. 정말로 모자라는 것은 그 땅을 일굴 일손이었다. 지주들은 많은 땅, 때로는 농사지을 수 있는 모든 땅을 독점하여 가난뱅이들이 윗사람을 위해 일할 수밖에 없게 되기를 기대했다.

그러나 열대 저지대에서 가난한 자유인들은 땅 없이도 일하지 않고 살아갈 수 있었다. 정치나 군사 쪽으로 지주들을 지원한 대가로 허락받은 땅에 바나나, 마니옥, 옥수수를 심어 먹을 수 있었기 때문이다. 가난한 자유인들은 사냥과 고기잡이로 먹을 것을 보탰다. 그런 곳의 지주들은 노예를 부리거나 다른 강제 수단을 쓸 수밖에 없었다. 이러한 노예제와 강제 노동은 그 지역으로 이민 오는 것을 더욱더 억제하는 효과가 있었다. 라티푼디아 때문에 땅을 얻을 수 없고, 노예제도 때문에 임금노동을 할 수도 없어 라틴아메리카로 오지 않은 이베리아 사람이 많았다. 19세기에 노예제도가 폐지될 때까지 라틴아메리카에 온 이민자 수는 매우 적었다. 노예제도를 없앤 뒤로도 이민자가 많이 온 곳은 브라질이나 아르헨티나처럼 아직 토지독점이 완료되지 않아 차지할 수 있는 땅이 남아 있던 나라들뿐이었다.

넓은 땅을 차지하려던 목적 중 다른 하나는 경쟁자를 줄이는 것이었다. 농장 주인들도 왕과 왕이 아끼는 사람들이 누리는 특권을 누리고 싶어한 것이다. 되도록 넓은 땅을, 한 사람이 제대로 경작할 수 있는 땅보다 더 넓은 땅을 얻어 경쟁자들이 시장에 내놓을 작물을 기르지 못하게 하고, 장작이나 물 같은 제한된 자원을 놓고도 다투지 못하게 하는 것이 이 전략의 핵심이었다. 에스파냐 왕실은 대농장이 생기는 것을 바라지 않았다. 하지만 상황은 대지주들에게 유리하게 돌아갔다. 원주민들이 죽어가며 차지할 수 있는 땅이 늘어난데다 권력자들이 약한 경쟁자를 밀어내버렸기 때문이다. 포르투갈 왕실은 총애하는 신하들에게 브라질 땅에 44평방킬로미터가 넘는 대농장들을 기꺼이 내준 것으로 보인다. 신하들은 그 농장을 도둑질, 토지 구입, 결혼을 통해 키워나갔다. 대지주들에게는 보통 그 모든 땅을 쓸 만한 자본도 일손도 없었다. 거의 모든 땅이 손도 대지 않은 채, 손도 댈 수 없는 채 남았지만 그것이 원래 대지주들이 바라던 바였다. 북아메리카에서는 지나치게 땅이 많은 농부들은 토지세 때문에 생산에 쓰지 못하는 땅은 팔아버릴 수밖에 없었다.

반면 이베리아 사람들은 토지에 세금을 매기지 않았다. 엄청나게 넓은 땅을 텅 비워두는 데 대지주는 땡전 한 푼 들일 필요가 없었다. 그래서 수많은 숲과 흙과 물은 사람의 손길과 개발을 덜 겪을 수 있었다. 경쟁이 더 심했다면, 자원을 더 철저히 썼다면, 이민자가 많이 왔다면 상황은 달라졌을 것이다. 가난한 이들은 손도 대지 않고 땅을 놀리는 개인 토지 소유자들을 욕했다. 하지만 바로 그 놀던 땅이 몇 세기 뒤에 정부에서 토지개혁을 추진하는 가장 강력한 동기가 되었고, 농민들은 부당하게 받지 못했던 그 땅을 마침내 받을 수 있었다. 권력자들은 4세기 또는 그보다 더 긴 세월 동안 가진 것 없는 군중한테서 자연을 떼어놓을 수 있었다. 20세기에 자원을 둘러싼 거의 모든 싸움은 자원을 골고루 나누기 위한 것이었지 부족함 때문이 아니었던 것은 이 덕분이다.

이베리아의 권력자들은 자연 자원 보존에 관심 없는 사람들이 아니었다. 에스파냐와 포르투갈은 중세 후기부터 본국의 숲과 짐승과 물고기를 지키기 위해 수많은 법을 만들었고, 그 법 가운데 일부는 신세계에도 적용되었다. 이베리아에서도 그랬던 것처럼 자원 보존 조치들은 경제를 생각해서 만든 것이었다. 나무가 이런 조치의 주요 관심사였던 것은 이 때문이었다. 나무는 배를 만드는 데도, 광산을 만드는 데도, 설탕을 만드는 데도 매우 중요한 산업에 필요한 자원이었다. 그러다 보니 한 지역에 나무가 모자라게 되면 이런저런 조치가 뒤따랐다. 하지만 식민지의 야생동물이나 흙이나 물이나 물고기는 대부분 이런 관심을 받지 못했다. 경제적으로 그다지 중요하지 않거나 매우 많아서 굳이 지킬 필요가 없다고 여긴 탓이다.

삼림 정책은 시간과 장소와 필요에 따라 바뀌었다. 광산 지역에서는 숲을 지키거나 남겨두었다. 땔감이나 광산에 쓸 받침대로 나무를 써야 했기 때문이다. 브라질, 쿠바, 멕시코의 태평양 해안과 에콰도르의 왕들은 숲을 보호지로 만들거나 특정 나무 종을 독점했다. 전쟁이나 상업용 배로 만들 나무를 얻기 위해서였다. 이 시대의 가장 크고 튼튼한 배들은 브라질 바이아, 쿠바 아바나, 에콰도르 과야킬에서 만들었는데 식민지 권력자들은 이 지역에서 말 그대로 수백 개가 넘는 법을 만들어 구아차펠리, 타피녀웅, 마호가니 같은 열대 나무들을 보호했다. 바이아, 아바나, 과야킬의 배들을 그렇게 탐낸 것은 바로 이 나무들로 만든 목재가 아주 오래 쓸 수 있어서였다. 이 같은 보존 정책들이 실패한 것은 정책의 뜻이 나빠서가 아니었다. 그 법이 법전에만 쓰여 있을 뿐 제대로 실행되지 않았기 때문이다.

이러한 법은 기껏해야 주먹구구식으로 집행되었고, 법을 지키게 할 기관이나 공무원 수도 매우 적었다. 브라질에서는 가장 질 좋은 선박용 목재가 흔히 왕실 조선소에서 도둑맞아 민간 상선을 만드는 데 쓰였다. 훔친 목재는 울타리 말뚝이나 투박한 가구 따위에 낭비하는 일이 훨씬 많았고 심지어는 목재를 땔감으로 쓰기까지 했다. 더 체계적인 삼림법은 1800년 무렵에 에스파냐령 아메리카와 포르투갈령 아메리카에서 실행되었다. 그러나 너무 늦게 만든 법이라 별 효과는 거두지 못했다. 새로 독립한 공화국들이 그 법들을 받아들이지 않았던 탓이다.

자원보호법이 좋은 결과를 가져온 부분도 있었는데 바로 공유지였다. 이베리아에서처럼 숲이나 강 같은 공유지는 원주민과 때로는 노예까지 포함한 모든 사람의 재산으로 간주되었다. 아주 엄격한 전통 규제를 지켜야 하긴 했지만, 공유지에서는 모든 시민이 땔감이나 가축을 먹일 풀이나 물고기나 그 밖에 자신들이 하루하루 살아나가는 데 필요한 것을 얻을 수 있었다. 이런 공유지에서조차 힘 있는 이들은 툭 하면 전통을 무시하고 가난한 이들을 몰아내고 공유지를 독차지하려 했다. 이에 에스파냐와 포르투갈의 왕실은 조금도 흔들리지 않았다. 왕실은 공유지를 모든 사람의 것으로 열어두었다. 에스파냐령 아메리카에서 가진 것을 빼앗긴 원주민들은 공유지가 된 숲에서만 살아가는 경우도 있었다. 원주민들은 그 숲에서 땔감을 모으고, 나무를 베고, 사냥을 해서 먹을거리를 얻었다. 그런 활동이 금지된 곳에서도 관리들은 못 본 척하며 매우 가난한 이들에게 자비를 베풀 때가 많았다. 그러다 보니 자연 파괴가 늘어나긴 했지만 규제 덕에 그 영향도 어느 정도 줄었을 것이다.

브라질에서 먹고 살 권리는 숲과 물을 지키는 데 직접 기여했다. 브라질의 가난뱅이들은 백인이든 흑인이든 원주민이든 할 것 없이 옛날에 투피족이 그랬던 것처럼 먹고 사는 일에서 맹그로브 숲에 많이 의존했다. 맹그로브 숲은 매우 훌륭한 서식처로 조개가 많이 살았는데 그 가운데 굴이 특히 많았다. 굴은 맹그로브 나무의 뿌리에서 잘 자랐다. 숲에 사는 게는 가난한 이나 돈 많은 이나 다 좋아하는 먹을거리였다. 물고기도 100종 넘게 있었으며, 이 중 일부는 숲에 내내 머물렀고 다른 것들은 해마다 맹그로브 숲으로 알을 낳으러 돌아왔다. 맹그로브 숲에는 이런 식량 자원뿐만 아니라 땔감으로 쓸 나무, 가죽 무두질에 쓰는 타닌, 도자기를 만드는 데 쓰는 진흙, 석회를 만드는 데 쓸 거대한 조개껍데기 더미까지 있었다.

대지주나 종교 단체 같은 여러 이익집단이 가난뱅이들을 몰아내고 숲을 자신들의 것으로 만들고자 했다. 왕권은 이번에도 가난한 사람들의 먹고 살 권리 편에 굳건히 섰다. 설탕 생산자들이 더 많은 맹그로브 나무를 땔감으로 쓰고, 가죽을 무두질하는 이들이 맹그로브 타닌을 얻기 위해 나무껍질을 더 많이 벗겨내 맹그로브 숲의 물고기 서식처가 파괴되기 시작하자 왕실 관리들은 또 한 번 가난한 이들 편에 섰다. 시골 마을 둘레의 넓은 구역에서 맹그로브 나무를 자르거나 껍질 벗기는 일을 금지한 것이다. 어장을 지키려고 숲을 보호한 조치로 몇몇 지역에서 눈에 띄는 성과를 거둔 것으로 보인다.

규제와 정책은 큰 효과를 거두지 못했지만 식민 정부가 시행한 자연 보존 정책은 어느 정도 탐욕을 누그러뜨렸다. 정말로 법을 지키는 식민자도 있었기 때문이다. 그리고 전통 사회의 공유지가 비극으로 끝난 일은 매우 드물었다. 오히려 공유지는 얼마 없는 자원을 공정하게 지속 가능하게 나눠 쓰는 데 좋은 제도일 수 있다. 자연 보존 면에서 라틴아메리카의 독립 뒤에 일어난 일은 식민지 시대와 매우 다른 모습이다. 라틴아메리카 새 국가들의 지도자들은 자유주의경제 이론과 국가 진보라는 생각에만 푹 빠져 있었다. 그래서 자연을 보존하려는 시도조차 수십 년 동안 팽개쳐두었다. 숲과 들판과 어장 같은 공유지에서 가난뱅이들이 쫓겨났고 공유지는 사유지가 되었다. 나라를 살찌워야 한다며 한 일이었다. 에스파냐와 포르투갈의 왕들은 많은 실패를 겪었지만 가난한 이들과 자연을 지킬 줄도 아는 사람들이었다. 그 뒤를 이은 독립국가의 생각이 꽉 막힌 지도자들은 이 왕들만 못했다. 어쩌면 왕과 대지주들의 욕심이야말로 식민지의 생산 활동을 억제하는 가장 큰 요인이었을 것이다. 다시 말하자면 아메리카의 자연을 지켜준 힘이었다.

4장

열대 환경결정론

지진과 태풍이 느닷없이 우리를 덮쳐오고 사방이 쑥밭으로 변한다. 우리는 피할 수 없는 자연 재앙이 끊임없이 닥쳐오는 지리 환경에서 살아간다. 이곳 기후는 의지를 꺾고 정신을 좀먹는다. 더위를 먹어 나이보다 더 빨리 늙고 더 빨리 죽는다. 우리 국민성이 이렇게 된 것은 이러한 자연의 압력에 힘이 빠지기 때문이다.[19]

1824년에 라틴아메리카가 거의 완전한 독립을 이루면서 수많은 신생 공화국들이 경제 규제와 독점 체제라는 사슬에서 풀려났다. 신생 공화국들은 한편으로는 겉모습으로나마 정치 안정과 정당성을 갖추려고 애쓰면서 다른 한편으로는 국가 발전과 풍요를 위한 계획을 추진하기 시작했다. 이 나라들은 본국이 무역과 생산과 이민을 가로막지만 않는다면 북반구 산업국가들처럼 경제를 크게 발전시킬 수도 있다고 생각했다. 결국 실패로 끝나긴 했지만 외톨이 파라과이는 자급자족 산업화라는 다른 길을 걸었다. 곧 다른 나라들은 이베리아의 식민 지배가 끝나자 세계시장에서 자유롭게 경쟁할 수 있음을 깨달았다. 사실 그렇게 하지 않을 도리도 없었다. 물론 그렇게 해서 얻은 것도 있었다. 이제는 직물, 도구, 식탁용 식기류, 시계 같은 오랫동안 탐내온 대량생산품들을 이베리아 상인들에게 웃돈을 얹어주지 않고도 적당한 값에 살 수 있었다. 하지만 라틴아메리카에는 아직 산업 생산품을 생산하여 세계시장에서 겨룰 실력이 없었고, 다음 세기가 될 때까지도 그런 실력을 갖출 수 없었다. 라틴아메리카 지역이 풍요를 누릴 가장 쉬운 길은 옛날부터 이미 알고 있던 그 길이었다. 바로 농업, 광업, 임업 생산품을 나라 밖에 내다파는 길이다. 이제 이 물건들은 왕이 아니라 국가의 것이었다. 그리고 모아서 상자에 넣어 수출할 수 있는 특정한 식물, 광물, 동물은 사실상 나라의 시민, 국가 발전을 위해 위험을 무릅쓴 동료 같은 대우를 받게 되었다.

한 세기 전 라틴아메리카에는 바나나 공화국이 있었고, 구리 공화국이 있었고, 소 키우는 공화국에 커피 공화국까지 있었다. 다행히 산업화하던 북반구의 나라들에는 라틴아메리카가 줄 수밖에 없었던 바로 그것들이 필요했다. 북반구의 산업가들은 면화, 주석, 고무, 구리, 가죽 같은 라틴아메리카의 자연 자원을 요구했다. 산업가들의 먹성 좋은 기계를 돌리려면 그러한 자원들이 필요했다. 라틴아메리카의 농업인 설탕, 커피, 쇠고기, 바나나 생산에 의지해 빠르게 늘어나는 산업 노동력을 먹여 살렸다. 이 노동자들은 눈이 휘둥그레질 만큼 빠른 속도로 온대 농업에서 손을 떼고 있었다.

인종주의 신조

　꾸준한 수출을 통해 국가 발전을 이루려면 환경에 널린 여러 가지 걸림돌을 넘어서야 한다. 그런 걸림돌 가운데 형편없는 수송 체계나 식물이 앓을 수 있는 무시무시한 병같이 정말 문제가 되는 것도 있지만 상상에 지나지 않는 것도 있었다. 먼저 아메리카 사람들의 마음을 지독하게 괴롭힌 상상들이 어떤 것이었는지 살펴보도록 하자.

　신생 공화국들이 발전을 향한 노력은 두 가지 저주스런 이론에 부딪쳤다. 둘 다 결정론 성격에 맞받아치기도 어려운 것들이었다. 하나는 인종주의였다. 18세기부터 이성주의에 따라 배우고 자기 종족 중심주의에 이끌린 유럽의 사상가들은 이 세상에는 백인종, 홍인종, 황인종, 흑인종이라는 네 인종이 있고, 그 인종들에게는 문명과 과학과 정치제도를 만드는 데 필요한 정신과 육체와 문화의 힘이 서로 다르다고 굳게 믿기 시작했다. 백인이 만든 이 이론에서 백인 스스로를 가장 우수한 인종으로 자리매김한 것은 보나 마나 한 일이었다. 백인이 식민화하거나 노예로 삼은 다른 인종들은 문명 발전에 어울리지 않거나 덜어울리는 이들이었다. 몇몇 이론가들은 이런 덜떨어지는 인종들보다도 물라토Mulato(흑인과 백인 사이에서 태어난 혼혈인—옮긴이)나 메스티소같이 라틴아메리카 인구 대부분을 이루는 혼혈 후손들이 문화 발전을 이룰 능력 면에서 더 떨어진다고 거침없이 주장했다. 이른바 열등 인종들이 다른 어느 지역에서도 찾아볼 수 없는 규모로 라틴아메리카에서 살을 섞으면서 부모 세대보다 더 열등한 혼혈 인종들을 낳았다는 것이다. 수많은 라틴아메리카 사람들이 인종주의를 받아들인 뒤 백인 국가들을 절대 따라잡을 수 없을 것이란 절망감에 사로잡혔다. 북유럽 사람들이 이민 오는 것을 부지런히 북돋아서 인종을 하얗게 하고 질을 높이는 것 말고는 다른 해결책이 없어 보였다. 이런 생각은 라틴아메리카 상당 부분에서 한시가 급한 국가 정책이 되었다.

한편에서는 과학인 척하고 자기 자랑에 빠진 이론들을 과감히 물리친 라틴아메리카 사람들도 많았다. 이들은 이런 이론에 맞서 자기 나름의 유사 과학 이론을 내놓았다. 그 이론에 따르면 원주민과 흑인과 거기서 나온 혼혈들이야말로 열대에 가장 잘 적응한 인종들이었다. 이들은 인종주의자들에게 원주민들이 문화를 형성하고 발전시킬 능력이 있음을 아주 잘 보여준 고귀한 원주민 고전 문명들을 제시하기 좋아했다. 한 보기로 멕시코 지식인들이 아스텍 사람들을 드높이고 아스텍이 이룬 문명을 그리스와 로마가 이룬 문명에 빗대며 인종주의자들에 맞선 것을 들 수 있다.

또 다른 이론으로는 환경결정론이 있었다. 인종주의에 맞닿아 있는 이 이론은 인종주의보다 반박하기 더 어려웠다. 환경결정론은 인종보다는 환경이 더 인간 문화의 성공과 실패를 결정짓는다고 이야기한다. 어떤 기후는 문명과 진보를 발전시키지만 다른 기후는 야만과 타락을 부추긴다. 환경결정론과 인종 결정론은 사실 한 이론이었다. 그 당시 사람들은 서로 다른 기후가 서로 다른 인종을 만들었다고 믿었기 때문이다. 고트프리트 빌헬름 라이프니츠Gottfried Wilhelm Leibniz(1646~1716,

독일의 철학자로 수학과 과학, 법학 등을 포함한 여러 분야에서 탁월한 업적을 쌓았다―옮긴이) 같은 18세기의 이름난 학자는 모든 인류가 같은 조상으로부터 나왔으며 그 후손에 나타나는 서로 다른 인종의 특징은 환경, 특히 기후에 따라 설명할 수밖에 없다는 이론을 펼쳤다. 그리고 환경은 인종보다 더 중요했다. 한 사람이 살면서 이룬 성공에는 그 사람의 살빛보다 그 사람을 둘러싼 환경이 더 많은 영향을 끼치기 때문이다. 라이프니츠는 온대에서는 사람들이 "더 나아진다"고 우겼다. 라이프니츠 생각에 온대에 사는 사람들은 하얀 살빛이 바뀌지 않고(라이프니츠는 최초의 인류는 살빛이 밝은 빛이었다고 생각했다) 모습도 라이프니츠 입맛에 맞게 잘생기고 보기 좋게 남을 것이었다. 그러나 열대의 태양 아래로 이사한 사람들은 살빛이 까맣게 되고, 몸이 약해지고, 생각하는 힘이 약해지고, 도덕관념조차도 느슨해지기 시작한다는 것이었다. 1748년에 몽테스키외Charles-Louis de Secondat Montesquieu는 아래와 같은 퉁명스런 글을 남겼다.

여러분은 북쪽 기후대에서 나쁜 버릇은 거의 없고 삶의 미덕을 보여주는 솔직하고 숨김없는 사람들을 만나게 됩니다. 하지만 남쪽으로 내려가면서 여러분은 도덕성 자체로부터 멀어지고 있다고 생각하게 될 것입니다. 아주 작은 충동에도 범죄가 늘어납니다. 날씨가 어찌나 더운지 온몸에 힘이 다 빠져나갈 것입니다. 그리고 영혼조차 넙죽 엎드려 궁금한 것도 없고 고귀한 모험심도 없고 관대한 마음도 없게 됩니다. 완전히 소극적인 성격이 됩니다.[20]

18세기 후반에 뷔퐁Georges-Louis Leclerc de Buffon(1707~1788, 18세기 프랑스의 박물학자. 생물진화의 관념을 제기하여 진화론의 선구자로서 활약했다—옮긴이) 백작과 코르넬리우스 드 포Cornelius de Pauw(1739~1799, 네덜란드 출신의 철학자이며 외교가이자 지리학자—옮긴이)는 아메리카의 자연을 정면으로 헐뜯었다. 뷔퐁과 드 포에 따르면 아메리카의 지리는 유럽의 기후가 사람을 계몽하는 것만큼이나 사람을 타락하게 만들었다. 파타고니아에서 극지에 이르기까지 살빛이 어두운 사람들이 아메리카에 사는 것은 아메리카의 온 자연에 사람을 약하게 하는 성질 때문이라는 것이 두 사람의 결론이었다. 뷔퐁은 아메리카 자연에서 큰 동물이 없는 것(틀린 생각이다)은 자연이 약하다는 증거라고 했고, 드 포는 그 주장을 거들어 아메리카 동물들은 괴상망측한 생김새가 되는 경향이 있다며 악어와 도마뱀과 뱀과 곤충들을 증거로 들었다. 드 포는 원주민 남자들은 퇴화했다고 생각했다. 수염이 없고, 대머리가 많다는 것이 그 증거라고 했다. 그러한 증거 가운데 가장 얼토당토않은 주장이 원주민 남자들한테서 젖이 나온다는 것이었다. 드 포는 더 나아가 가장 무시무시한 주장을 내놓았다. 아메리카의 자연은 모든 종의 인간과 짐승을 허약하게 한다는 주장이었다. 유럽의 백인도 예외가 아니었다. 드 포의 말에 따르면 아메리카로 이민 간 사람들은 세대를 거치면서 더 작고 약해지며, 불타는 아메리카의 태양은 뇌의 섬세하고 예민한 생체조직들을 말 그대로 불태워버린다. 드 포가 주장한 대로라면 신세계에서는 유럽의 개조차도 짖을 힘을 잃게 된다.

기욤 토마스 프랑수아 레이날Guillaume Thomas François Raynal(1716~1796, 프랑스의 사상가이자 철학자—옮긴이)은 인종주의 공격으로 난 상처에 소금까지 뿌렸다. 레이날은 식민화를 3세기나 거치면서도 아메리카에서는 유럽의 빛에 견줄 만한 그 어떤 과학, 문학, 철학의 천재가 나타나지 않았다고 주장했다. 아메리카 인종인 크리오요는 백인에다 유럽의 피를 이었지만 뉴턴이나 볼테르에 맞수가 될 만한 어떤 지성인도 키워내지 못했다는 것이다. 모든 아메리카 사람들의 문명화를 향한 꿈은 타락한 자연의 저주를 받았다는 것이 유럽 계몽주의가 이 문제에 대해 내린 결론이었다.

북아메리카 사람들은 유럽인들의 비방에 맞섰지만 별 다른 체계가 있는 것은 아니었다. 이를테면 미국의 3대 대통령 토머스 제퍼슨Thomas Jefferson은 박제한 말코손바닥사슴을 뷔퐁에게 보내 아메리카에도 커다란 야생동물이 있다는 것을 증명하려 했다. 구세계가 신세계를 얕잡아 보는 것에 아주 잘 짜인 논리로 여러 글을 써서 맞선 이들은 멕시코의 성직자들이었다. 1756년에 후안 호세 에기아라 이 에구렌Juan José de Eguiara y Eguren(1696~1763, 멕시코시티에서 태어나 대학교수로 일했다—옮긴이)은 누에바 에스파냐Nueva España(에스파냐 제국의 행정 단위. 미국에 영토를 잃기 전의 멕시코 영토와 중앙아메리카 지역에 해당한다—옮긴이)에서 크리오요의 지식 문화가 얼마나 위대한 경지에 다다랐는지를 보여주려 장대한 《멕시코 도서 목록Bibliotheca Mexicana》을 펴냈다. 에기아라 이 에구렌은 멕시코의 이름난 수학자, 신학자, 역사학자들을 강조했다. 그리고 아메리카에서 태어난 성직자들이 십여 가지 언어를 말하고, 수많은 문법책과 사전을 펴내 일상 속에 펼쳐 보이는 놀라운 재주들을 늘어놓았으며, 여기에 멕시코의 대학과 여러 도서관들의 힘도 이야기했다. 이 모든 것은 열대 자연에 시들지 않은 날카롭고 슬기로운 정신에서 나온 것들이었다.

호세 호아킨 그라나도스 이 갈베스José Joaquín Granados y Gálvez(1743
~1794, 프란시스코 수도회의 수사로 1751년에 누베아 에스파냐로 건너가 그곳
에 머물렀다—옮긴이)는 에스파냐령 아메리카는 신앙심이 깊고 여러 기
적을 일으켰다는 기록이 남아 있으며 수많은 성자들의 고향이라는 점
을 뒤집을 수 없는 증거로 들어 자연은 인간이 도달한 고귀한 도덕성
을 꺾지 못했다고 주장했다. 멕시코에서 쫓겨나 다른 예수회 수사들과
함께 이탈리아에 망명 중이던 프란시스코 하비에르 클라비헤로Francisco
Javier Clavijero(1731~1789, 멕시코 출신의 역사가. 아스텍의 언어인 나와틀을 알
았으며 멕시코 고대사에 대한 책을 남겼다—옮긴이)는 아메리카에는 원주민
의 분류법을 잘못 이해한 뷔퐁이 계산한 수보다 훨씬 다양한 생물이
산다는 것을 보여주려 했다. 클라비헤로와 다른 이들은 아스텍과 잉카
지배층이 발달한 문화를 일구었음을 보여주는 여러 증거들을 높이 샀
다. 1780년에 마야 팔렌케Palenque에서 훌륭한 예술품과 기념비적인
건축물, 문자가 있었다는 증거가 발견되면서 그런 증거들은 훨씬 더
풍부해졌다. 마누엘 데 살라스Manuel de Salas(1754~1841, 칠레의 자유주의
사상가로 칠레 독립 운동에 참여했다—옮긴이)는 유럽에서 길들인 동물 종
들이 식민지에서 300년을 보냈지만 퇴화하기는커녕 아메리카 환경의
유익한 성질 덕분에 오히려 크기와 질과 생산성이 좋아졌다고 주장
했다.

이렇듯 대체로 조리 있는 거센 반론이 있었는데도 서반구의 환경이
최악이라는 생각은 여전히 엄청난 영향력을 떨쳤다. 유럽에서 온 어떤
방문객들은 신세계와 구세계 사이를 가르는 열대의 바다에 들어서면

서부터 몸에서 생기와 힘이 빠져나가는 느낌을 받았다. 아델르 투생 상송Adèle Toussaint-Samson(1820~1912, 브라질 남자와 결혼하여 12년 동안 브라질에 머무르며 지역에 대한 기록을 남긴 프랑스 출신의 여인—옮긴이)은 1850년대 중반에 배를 타고 브라질로 가면서 선원과 승객들이 겪은 무기력증의 원인 중 하나로 적도 바다가 사람 몸에 끼치는 영향을 들었다.

온통 몸을 질질 끌고 다니는 사람뿐이다. 말조차 하기 힘들어한다. …… 자그마한 소란이 일거나 가벼운 신경질 없이 하루도 지나는 날이 없다. …… 성질나는 더위에 미칠 지경이다 보니 나 자신도 대마초에 취한 것 같을 때가 흔했다. 자나 깨나 마음은 붕 떠 있어 꿈은 현실 같고, 현실은 꿈만 같았다.[21]

더 나아가 아델르는 더위에 축 늘어진 사람은 성욕을 참지 못하며 저질스런 말도 지껄이게 된다고 했는데 기후 결정론 쪽에서는 흔한 결론이었다(이미 흔한 생각이었다). 가장 "끔찍하게 생긴" 여자들조차 더위를 먹은 남자들 눈에는 갑자기 매력 덩이로 보일 수 있다. 그러니 남편들은 (자기 남편이 그런 것처럼) 아내 혼자 적도로 여행 가는 일은 안 된다고 아델르는 경고했다. 아델르는 브라질 사람들이 아주 머리가 좋다는 것을 인정한 사람 가운데 하나였다. 하지만 브라질에 도착한 뒤 어떤 유럽 사람도 브라질에서는 잘 살아갈 수 없을 것이란 결론을 내렸다. 아델르는 유럽 사람과 아프리카 사람과 원주민이 브라질에서 뒤섞여 생긴, 아델르 자신이 브라질 인종이라고 일컬은 이 사람들은 몸이 약하고 정신머리가 썩어빠졌으며 하나같이 오만하다고 했다.

유럽 사람들은 자신들이 만든 모든 적도 식민지에서 햇빛과 열기와 습기에 두려움을 느꼈다. 열대 식민지에서 제국주의자들은 더위를 막아주는 피스 헬멧pith helmet과 이른바 콜레라 예방 복대를 하고 다녔다. 병뿐만 아니라 인종까지 퇴화하게 한다는 해로운 햇빛을 막기 위해 특별히 설계된 물건들이었다. 백인 여성들은 양산 없이는 집 밖으로 나가지 않았다. 영국 식민지 행정관들과 브라질의 황제는 자신들이 갈 수 있는 가장 높고 서늘한 산속에 수수한 빛깔의 집과 궁전을 지었다. 게다가 눈에 뻔히 보이는 수많은 증거를 무시하고, 백인종은 열대에서 하도 빨리 퇴화해서 곧 아이도 못 낳고 자식도 못 얻는 몸이 될 것이라고 생각하는 이들도 없지 않았다. 필리핀에 있던 미국 군의관 찰스 우드러프Charles E. Woodruff는 1905년에 《열대의 햇빛이 백인에게 끼치는 영향The Effects of Tropical Light on White Men》이란 책에서 백인이 열대에 정착한다는 것은 멸종으로 가는 것과 같다고 말했다. 또한 우드러프는 아무 증거도 없이 인도에는 유럽인 3세대가 아무도 없다고 주장했다.

이처럼 라틴아메리카 사람들은 자신들을 깎아내리는 이념에 커다란 영향을 받으며 살아왔다. 자신들이 천한 환경에 물들었다고 굳게 믿으며 자신들의 사회가 열대 자연 같은 다루기 힘든 적을 뛰어넘을 수 있을지 의심했다. 북아메리카 사람들은 이러한 골치 아픈 이론들에 맞서 미국에 살빛이 어두운 인디언 인종이 있긴 하지만 미국 기후가 열대라는 것은 오해이며 실제로는 살기 좋은 온대라고 끈질기게 주장했다. 제퍼슨이나 프랭클린 같은 아메리카 땅에서 나고 자란 천재들을 내세워 날씨가 식민지 사람들의 정신을 흐리게 하지 않는다는 것을 밝히고자 했다. 19세기 말에 역사학자 프레더릭 잭슨 터너Frederick Jackson

Turner는 자연을 북아메리카 사람들의 편으로 바꾸어놓았다. 터너에 따르면 북아메리카의 환경은 특히 프론티어, 곧 황야의 환경은 사람의 힘을 북돋우고 남자다우며 뭐든지 할 수 있다고 생각하는 강인한 시민들을 키워내 양키들을 성공으로 이끌었다. 19세기가 끝날 무렵 북아메리카 사람들은 결정론의 편견을 자신들의 생각으로 대부분 뛰어넘은 상태였다.

반대로 터너와 같은 시대에 살던 브라질 사람들은 환경숙명론을 또박또박 읊조리고 있었다. 1890년대 중반 에우클라데스 다 쿠냐Euclides da Cunha(1866~1909, 브라질의 언론인이자 사회학자―옮긴이)는 브라질 군대가 브라질 북동부에 있던 열렬한 천년왕국주의자들의 공동체인 카누두스Canudos를 뿌리 뽑던 그곳에서 종군기자로 활동했다. 카누두스 사람들은 포르투갈, 아프리카, 아메리카 원주민이라는 불평등한 혈통 사이에 피가 섞이고 인종이 섞인 공동체의 교과서 속 표본과도 같은 사람들이었다. 다 쿠냐는 카누두스 사람들이 나머지 브라질 사람들과 인종에서 거의 다를 바가 없다는 사실을 인정했다. 카누두스 사람들을 근대와 자유주의의 이성에 맞서게 한 것은 카누두스 사람들의 인종이 아니라 그들이 사는 자연환경이었다. 다 쿠냐는 카누두스 지역의 자연에 죄를 물었다. 이곳은 참을 수 없이 덥고 가시 식물투성이인데다가 가뭄까지 심하다 보니 종교에 빠진 변두리 "인종"이 태어났다는 것이었다. 굽힐 줄 모르는 카누두스 주민들은 세 차례에 걸쳐 진압을 시도한 브라질 원정군을 모두 물리쳤다. 세 번째 원정군은 완패했다. 포병대까지 끌어들인 정규군의 네 번째 원정에서 마침내 카누두스 공동체를 무너뜨릴 수 있었다. 카누두스 주민들은 항복하기를 거부해 모두 죽임을 당했다. 다 쿠냐는 카누두스 사람들이 야차처럼 도시를 지킨 것은 지옥 같은 풍경 속에서 살아왔기 때문이라고 주장했다.

알루이지우 지 아제베두Aluísio de Azevedo(1857~1913, 브라질의 소설가이자 외교관이자 예술가—옮긴이)처럼 자신이 쓴 거의 모든 책에서 인종주의와 그 이념을 비판해온 사람도 마찬가지였다. 아제베두도 환경결정론의 강력한 영향력을 떨쳐버리지 못했다. 아제베두는 브라질의 자연은 북아메리카의 프론티어 지역과 달리 시민의 자질을 떨어뜨린다는 주장을 고집했다. 아제베두의 가장 이름난 소설인《슬럼The Slum》에서 작가는 현명한 행동으로 자신의 포르투갈인 주인을 존경받는 부자로 만드는 한 아프리카계 여자 노예의 꺾이지 않는 야심을 묘사한다. 이는 인종결정론에 대한 날카로운 도전을 보여준다. 그러나 이 소설의 주요 이야기는 포르투갈에서 이민 온 한 부부가 점점 타락에 빠져든다는 내용이다. 제로니무와 그 부인 피에다드는 브라질에 온 검소하고 서로에게 충직한 부부였다. 꿈도 있고 재산도 있었지만 제로니무는 리우데자네이루의 후덥지근하고 음탕한 기후에서 살다 보니 게으르고 쉽게 성내는 게으른 주정뱅이 범죄자로 전락한다. 피에다드는 제로니무에게 버림받고 몸 파는 여자가 되고, 제로니무는 자신의 물라토 정부의 사랑을 독차지하려고 사람을 죽이고 만다.

나치가 품은 아리안 인종의 우월성에 대한 믿음조차 라틴아메리카 기후에서는 꺾여버린 듯하다. 1930년대에 나치 독일 정부는 독일인 지리학자를 브라질에 보내 그곳에 사는 독일인 이민자들을 조사하게 했다. 그 학자는 독일인 이민자 대부분이 사는 브라질 남부의 온대 지역이 아닌 북쪽에 있는 에스피리투 상투Espírito Santo의 열대로 가게 되었다. 학자는 아리안 인종이 그 어떤 기후에서도 뛰어나다는 것을 증명할 수 있기를 바랐다. 그러나 엄청나게 실망하고 말았다. 그곳에서는 살갗이 밝고 눈동자가 파란 것을 빼면 혼혈 이웃들과 구분이 안 되는 농민들이 지저분한 꼴로 모여 사는 것밖에 볼 수 없었던 것이다. 그러니 독일에서 그 학자의 보고서를 숨겨버린 것도 당연한 일이다.

흔히 열대 자연이 사람과 문화의 운명을 결정한다고들 한다. 그 말대로라면 라틴아메리카는 절망적인 상황이라고 할 수 있다. 인종 이론이든 환경 이론이든 그것을 뒷받침하는 것이라고는 대부분 아메리카의 열대지방에 와본 적도 없는 사람들이 꼼꼼하게 골라 수집한 비뚤어진 증거밖에 없다. 위대한 인류 최초의 문명들 가운데 일부는 덥고, 때로는 후덥지근하며, 피부 빛이 어두운 사람들이 살던 곳에서 일어났음은 명백한 사실이다. 가장 "사람 살기 좋은" 온대기후대 일부, 이를테면 북유럽 같은 곳에는 백인들이 살았는데 이 백인들은 문명화된 열대 사람들과 자주 만났음에도 수천 년 동안 야만인으로 지냈다.

인종과 환경으로 세상을 보는 방식에 맞서 믿을 만한 비판이 있었다. 특히 20세기 초 라틴아메리카 사람들이 그런 비판을 많이 했다. 하지만 교육받은 백인 계급들은 결정론을 버리기 꺼렸다. 결정론이 이른바 환경과 인종 때문에 하층민이 되었다는 사람들 위에서 떵떵거리며 부자로 사는 것을 정당화해주었기 때문이다. 라틴아메리카 권력자 가운데 결정론이 아닌 문화, 정치, 경제 문제로 라틴아메리카가 비교적 느리게 발전한다는 것을 설명할 수 있을지도 모른다고 생각한 이는 드물었다. 사실은 바뀔 수 있는 것을 엄청난 사회적 위험을 무릅쓰며 바꾸려고 힘쓰는 쪽보다는 결정론과 숙명론을 믿는 쪽이 쉬웠다. 1940년대에 들어서도 학계가 결정론을 믿고 민간에서도 결정론이 인기 있었던 것은 이 때문이다. 나치 이념이 결정론 논리에 따라 열등한 인종을 쓸어버리겠다는 끔찍한 결론을 내리고 이를 밀어붙이고 나서야 환경결정론도 믿음을 잃고 대학에서 그런 이론을 밀고 나간 세력도 사라지게 되었다.

마침내 라틴아메리카 지배층은 환경결정론의 사슬을 집어던져 버렸다. 북아메리카 사람들처럼 라틴아메리카 지배층 역시 자신들이 무엇을 할 수 있고 얼마나 문화를 일굴 수 있을지에 대한 환경결정론의 주장을 옹호하지 않았기 때문이다. 그럼에도 인종주의의 흔적은 비공식적으로 여전히 존재하며 라틴아메리카의 특징인 불평등한 소득분배를 옹호하는 데 쓰이고 있다.

열대 질병

　환경결정론은 대충대충 지어낸 잠꼬대 같은 것인데다 지나친 운명
론이기도 했다는 사실이 드러났다. 그렇다고 문화가 열대 아메리카에
서 어떤 커다란 어려움도 겪지 않았다는 것은 아니다. 자연은 인종도
똑똑함도 결정하지 않았다. 한 지역의 문화가 결국 성공할 것이냐 실
패할 것이냐 역시 자연이 결정한 것이 아니다. 물론 자연이 다른 문명
들처럼 라틴아메리카 문명의 겉모습을 만드는 데 깊은 영향을 끼쳤음
은 사실이다. 라틴아메리카 사람들은 기후 덕에 한 해에 여러 번 작물
을 거둘 수 있었다. 설탕, 커피, 바나나 같은 수출 작물을 키울 수 있었
던 것도 기후 때문이다. 하지만 바로 그 기후로 말미암아 문화는 병과
벌레와 기후 재난과 자연재해를 겪었다. 이러한 힘들이 사람을 병들게
하고 식물세포를 공격하고 도시 기반 시설을 부수고 지정학 질서조차
좌우했다. 물론 그것이 결정론으로 이어져야 할 까닭이 없음은 말할
나위조차 없다.

　자연과 문화는 한쪽이 다른 한쪽을 완전히 쥐고 흔들기에는 매우 약
삭빠르고 상대편을 눈에 띌 정도로 바꿔놓지 않을뿐더러 포기하기에
는 너무나 고집스럽다. 여전히 문제가 되는 질문은 열대 자연이 온대
자연보다 문화를 일으켜 세우기가 더 어려운 곳이냐 그렇지 않으냐는
것이다. 온대기후 지역의 농업과 질병과 자연재해를 다룬 최근 연구들

을 보면 온대기후, 물론 온화한 기후라는 말이 어울리지 않아 보이지만 거의 확실한 사실은 열대 아메리카에서 겪는 어려움은 터너가 이야기한 북아메리카 변경의 사람들이 겪은 어려움과는 아주 딴판이었다는 점이다. 그러니 열대를 겪지 않은 유럽인 식민지 개척자들은 열대 아메리카에서는 어느 정도 손해를 볼 수밖에 없었다.

앞서 우리는 16세기에 질병이 인간이라는 종을 정복하는 것을 보았다. 독립이 가까워오던 시기에는 질병이 인간 해방을 돕기도 했다. 아이티가 프랑스 식민지로서 생도미니크Saint-Dominique로 불리던 시절 그곳은 18세기 후반 세계에서 가장 값진 부동산이었다. 바베이도스도 생도미니크에는 미치지 못했다. 세계 설탕과 커피 생산의 상당 부분이 생도미니크의 7,000여 개에 이르는 대농장에서 나왔고, 인디고, 카카오, 목화, 담배도 마찬가지였다. 프랑스가 해외무역으로 벌어들이는 돈의 40퍼센트가 생도미니크 한 곳에서 나왔다. 프랑스의 맞수들은 이 섬의 생산성에 군침을 흘렸다.

프랑스 혁명은 미국의 노예 수에 맞먹는 50만 명이나 되는 노예가 살던 생도미니크 섬에 새로운 이념을 들여오고 새로운 것들을 약속했다. 아무도 이러한 이념과 약속에 담긴 격렬한 힘을 억누를 수 없었다. 자신들의 권리를 가장 먼저 이야기한 무리는 아이티에 살던 물라토 자유인들이었다. 물라토 자유인들은 자신들도 땅이 있으니 식민지 백인 주민들과도 형제애와 평등을 누릴 수 있어야 한다고 주장하기 시작했다. 백인들이 못마땅해하는 반응을 보이자 물라토 자유인들은 1791년에 무기를 들었다. 이러한 인종 전쟁의 소용돌이 속에서 훨씬 더 중요한 결과를 낳게 되는 또 다른 전쟁이 일어났다. 백인이니 물라토니 할 것 없이 노예를 부리는 모든 주인이 남몰래 품고 있던 흑인에 대한 두려움이 끔찍한 현실로 터져 나온 것이다. 식민지 북쪽에서 노예들이 주인에 맞서 백인이란 백인은 모두 죽였다. 매우 잔인한 방식으로 죽이는 일도 흔했다. 노예들은 노예 신분이란 족쇄를 떠올리게 하는 모든 것을 부쉈다. 노예 무리는 주인의 집에 불을 질렀고 노예들을 일터로 보내려고 종을 울리던 교회도 불태웠다. 제당 공장도 불태웠다. 수수밭도 불태우고 커피 밭도 불살랐다. 한 주 만에 설탕 농장 180개와 커피 농장 900개가 잿더미가 되었다. 반란의 불길이 번져나갔고, 곧 온 식민지를 옛 노예들이 다스리게 되었다. 아이티는 사실상 라틴아메리카의 첫 독립국가가 되었다. 하지만 자유를 위한 노예들의 싸움은 이제 막 시작일 뿐이었다.

처음에 혁명이 성공한 까닭은 노예들이 엄청나게 성이 나 있었고, 수가 많았고, 조직을 이루고 있었다는 데 있다. 그러나 아이티의 자유를 지켜준 주인공은 따로 있었다. 바로 질병이었다. 프랑스의 손해를 맨 처음 이용하려던 이들은 영국 사람들이었다. 1793년 영국이 아이티에 쳐들어왔다. 침공군은 영국 제국의 카리브 지역 영토에 아이티도 넣으려 했다. 영국 군대는 먼저 땅을 점령하고 모든 반란군을 죽이고 그 자리를 아프리카에서 새로 들여온 노예로 채울 생각이었다. 영국 군대가 아이티 포르토프랭스Port-au-Prince를 점령했다는 소식이 들려오자 영국인들은 교회에서 오랫동안 종을 울리며 그 소식을 축하했다. 그 뒤 2년 만에 영국군 5만 명이 아이티에서 죽었다. 대부분 황열병 때문이었다. 몇 안 되는 운 좋은 병사만이 살아남아 고향으로 달아났다. 아이티의 자유는 첫 번째 시험을 통과했다.

나폴레옹이 프랑스의 권력을 잡았다. 그 뒤 10년 동안 생도미니크를 되찾는 일은 프랑스 제국의 가장 중요한 목표 중 하나였다. 생도미니크를 되찾는다면 신생 프랑스 제국은 부국이 되어 루이지애나에도 제대로 세력을 뻗칠 수 있을 터였다(프랑스는 영국과 벌인 7년 전쟁의 패배로 루이지애나 식민지를 영국 및 에스파냐에 양도해야 했으나 1800년에 에스파냐에 양도한 부분을 되찾았다. 그러나 되찾은 땅에 대해 통치권을 제대로 발휘하지 못하다 1803년에 나폴레옹이 단독으로 미국에 루이지애나를 팔아버리고 말았다—옮긴이). 1802년 나폴레옹은 1802년 처남이자 뛰어난 장군인 샤를 빅토르 엠마뉘엘 르클레르Charles Victor Emmanuel Leclerc를 사령관으로 임명하고 대규모 원정군을 아이티로 보냈다. 1차 원정군은 배 54척에 훈련을 잘 받은 사기가 충만한 군인 2만 3,000명이 타고 있었다.

프랑스 군대는 번개같이 빠른 공격으로 식민지의 상당 부분을 재빨리 점령했다. 그 뒤 프랑스 군인들 역시 죽어갔다. 황열병에 걸린 병사들은 마치 뇌가 터져 나가는 듯한 통증에 끙끙거렸다. 죽음이 가까워진 병사들은 몸이 노랗게 변했는데 거기서 병의 영어 이름인 황열병yellow fever이라는 병명이 나왔다. 그리고 새까만 피를 토해냈는데 병의 에스파냐 이름인 보미토네그로Vómito Negro, 즉 검은 구토는 이 증세에 따른 것이다. 병사들 사망률은 80퍼센트에 이르렀고 장군들도 일반 병사들과 나란히 죽어나갔다. 르클레르 장군도 마찬가지였다. 프랑스 군대는 죽은 병사들을 밤에만 묻었다. 자신들의 숫자가 줄어들고 있다는 것을 적에게 숨기기 위해서였다. 옛 노예들은 프랑스군이 어떤 손해를 입고 있는지 알았다. 아이티 군대는 전쟁터에서 여러 번 프랑스 군대를 이겼지만 아이티 사람들에게는 프랑스 군대를 공격하기보다는 지켜보며 기다릴 뜻도 있었다. 아이티의 장군 장 자크 데살린Jean-Jacques Dessalines(아이티 독립 운동의 지도자이자 아이티 독립을 공식 선언했다—옮긴이)은 "그자들도 처음엔 잘 나가겠지. 하지만 곧 병들어 파리처럼 죽어 나갈 것이다"[22]라며 병사들에게 차분하게 기다리라고 일렀다. 지원군을 엄청나게 보냈지만 병사들은 계속 침략군을 가지고 놀았다.

결국 나폴레옹은 1803년 후반 아이티에서 손을 뗐다. 프랑스군 5만 5,000명이 죽은 뒤였다. 전체 원정군 가운데 이 재앙에서 살아남은 병사는 4,000명도 채 못 되었다. 나폴레옹은 생도미니크를 포기했고, 어쩔 수 없이 루이지애나도 미국에 팔아버렸다. 1804년 1월 1일, 아이티 사람들은 자신들이 아메리카에서 두 번째로 독립한 국가임을 공식 선포했다.

황열병이 아이티의 노예들을 도운 것처럼 그 다음 세기하고도 반세기 동안 에스파냐가 외국 군대의 침략에 맞서 식민지를 지키는 것 또한 도와주었다. 황열병은 17세기 중반 들어 이미 카리브 지역 일대에서 풍토병이 되어 있었다. 대부분 사탕수수와 유럽 백인들이 카리브 지역에 들어왔기 때문이었다. 아마도 영국 노예선이 황열병 바이러스와 바이러스를 옮기는 모기종Aedes Aegypti을 들여왔을 것이다. 이 모기는 사람 피를 먹고 살지만 믿거나 말거나 사탕수수즙을 아주 조금만 먹어도 살아나갈 수 있다. 처음으로 황열병이 크게 유행한 해는 1647년이었다. 이 해 황열병이 발병한 곳에서는 무려 인구의 30퍼센트가 죽었다. 황열병은 사람을 골라서 죽였다. 이 병은 아무나 걸릴 수 있지만 특히 백인 성인에게 치명적이다. 병에 걸린 사람이 아이라면 인종에 상관없이 잠깐 앓거나 증세도 보이지 않고 나으며 그 뒤 평생 황열병에 면역된다.

앞에서 본 것처럼 아프리카 서부 사람들은 수 세기를 황열병 바이러스와 함께 살다 보니 아버지 어머니로부터 황열병에 면역이 있는 유전자를 물려받은 것으로 보인다. 어렸을 때 황열병에 걸린 경우가 많은 카리브 지역 백인과 그 노예들이 바깥에서 온 사람들보다 황열병 유행을 훨씬 더 잘 견딘 것은 이 때문이다. 가장 위험에 약한 외지인들은 프랑스와 영국이 보낸 원정군이었다. 원정군은 모두 백인 남성인데다 황열병을 한 번도 겪은 적이 없었다. 1655년 영국은 자메이카를 단 한 번 공격하여 점령했다. 그 뒤 여섯 달 사이에 원정군의 47퍼센트가 죽었다. 전투로 죽은 이는 거의 없었고 남은 절반이 골골거렸다. 몇몇 제독은 카리브 지역에서는 자메이카에서처럼 서둘러 영토를 정복해야 하며 그렇지 않으면 황열병이 먼저 정복군을 정복하리라는 것을 알아차렸다. 17세기 동안 에스파냐가 요새를 더 튼튼하게 지으면서 그런 빠른 승리는 더욱 어려워졌다. 에스파냐 왕위계승전쟁(1701~1714) 동안 영국과 프랑스는 19차례에 걸쳐 원정군을 보냈지만 모두 실패했다. 그 가운데 18번이 내성이 약한 외지인 병사의 몸에 재빨리 들러붙은 병균 때문이었다. 18세기에 흔히 발생한 일이었지만 아이티 사람들을 다시 노예로 만들려고 떠났던 프랑스와 영국의 장군들은 그러한 옛일의 교훈을 기억하지 못했던 것 같다. 모든 원정은 재앙으로 끝났다.

열대 질병은 독립 이전과 이후에 유럽에서 오는 적들에 맞서 아메리카 사람들을 도왔다. 하지만 그 뒤로도 열대 질병이 끈질기게 남아 있어서 좋을 것은 전혀 없었다. 열대 문명은 황열병, 말라리아, 주혈흡혈충, 십이지장충과 그 밖의 수많은 바이러스, 박테리아, 기생충 감염으로 기대 수명과 인구 성장률이 낮아져 피해를 보았다. 온대 지방에서는 이 병들이 띄엄띄엄 발병하거나 특정 계절에만 발병하거나 아예 발병하지 않았다. 예를 들어 황열병을 옮기는 모기는 24도 이하에서는 번성하지 못한다. 뉴욕 같은 도시에서도 가끔 전염병 환자가 있는 배가 여름에 오면 병이 유행할 수 있지만 날씨가 추워지면 그 유행도 멈춰버린다. 따뜻하고 습도가 높은 열대에서는 우기에 더 심하다고 하지만 언제라도 전염병이 유행할 수 있다. 그래서 인구 피해가 더 많고 병의 유행을 억누르기도 훨씬 힘들다.

1850년에서 1901년 사이에 리우데자네이루에서는 5만 6,000명이라는 엄청나게 많은 사람이 황열병으로 죽었다. 19세기에는 이런 병들에 대해 할 수 있는 일이 거의 아무것도 없었다. 아직 과학이 병의 원인을 밝혀내지 못한 경우가 대부분이었기 때문이다. 모기가 매개체일 때는 방역조차도 거의 쓸모가 없었다. 모기가 말라리아와 황열병을 옮긴다는 것은 각각 1897년과 1900년에서야 알아냈고 그 뒤 20년이 흘러서야 널리 받아들여졌다.

라틴아메리카에서 기대 수명이 북아메리카에서보다 훨씬 짧았던 것도 이 때문이다. 오늘날 우리는 이미 엄청 줄어든 기대 수명 차이를 가난이나 의료 시설 부족으로 설명한다. 19세기 초 두 지역 모두 똑같이 가난하고 병의 원인과 치료 방법을 똑같이 모르던 때에도 기대 수명 차이는 매우 컸다. 북아메리카 사람들은 보통 40세까지 살았고, 같은 시기 브라질 사람들은 보통 27세까지 살았다. 달리 말하자면 북아메리카 사람들이 브라질 사람들보다 3분의 1정도 더 살았고, 온대에서 살던 여성들은 아이를 낳을 수 있는 시간이 여러 해 더 있었다는 이야기이다. 노예조차도 북아메리카와 남아메리카 사이의 기대 수명 차이는 컸다. 브라질의 노예는 보통 23세까지 살았지만 미국의 노예는 35세까지 살았다. 이를 두고 어떤 이들은 북아메리카 사람들이 브라질 사람들보다 노예를 더 잘 대해줬다는 증거라고 주장한다. 그러나 열대 질병만으로도 기대 수명 차이를 설명할 수 있다. 두 사회 모두 자유인은 노예보다 15퍼센트 정도 더 오래 살았다. 노예들도 기대 수명 차이는 인구에서 확실한 차이를 만들어냈다. 아메리카 전체에서 노예들이 꾸준히 아이를 낳아 인구를 유지할 수 있는 곳은 미국뿐이었다. 거의다 노예들의 평균 수명이 더 길었기에 가능한 일이었다. 아바나에서 리우데자네이루까지 라틴아메리카 열대지방의 노예들은 대부분 아이를 얻는 나이가 되기 전이나 그 기간을 다 지나기 전에 죽었다.

라틴아메리카 열대 질병의 영향력에 대한 마지막 예로 십이지장충을 들 수 있다. 수많은 기생충이 건강을 해칠 수 있는 데 비해 관심은 많이 받지 못했다. 대개 몸에 나타나는 증세가 뚜렷하지 않고 오랜 기간 눈에 잘 띄지 않기 때문이다. 사실 십이지장충은 그러한 기생충 가운데 하나일 뿐이다.

주제 벵투 몬테이루 로바투José Bento Monteiro Lobato(1882~1948, 브라질의 작가. 브라질 문학계의 거물이었다—옮긴이)는 열대 환경결정론이 뜻하는 바를 통째로 받아들인 라틴아메리카 지주계급의 한 사람이었다. 몬테이루 로바투는 한 심술궂은 신문에 브라질의 자기 땅과 그 주변에 사는 농민들을 헐뜯는 글을 썼다. 그는 농업 노동자들을 그 사람들의 원주민 조상들이 그랬던 것처럼 무식함으로 주변 풍경을 파괴하는 열등 인종으로 그렸다. 그 주변 풍경에는 몬테이루 로바투 자신의 재산

도 포함되어 있었다. 동료 지주들이 얼마나 로바투의 작품을 사랑했는
지 몬테이루 로바투는 비난하는 글을 쓰다가 작가의 길로 나섰다.

　몬테이루 로바투는 제카 타투Jeca Tatu, 이름 그대로 해석하면 "덜떨
어진 아르마딜로"라는 인물을 지어냈다. 제카 타투는 브라질의 촌스
러움을 대표하는 인물이었다. 제카 타투는 단순한 놀림감이 아니었다.
브라질의 실패를, 어떻게 가르쳐도 더 나아질 수 없는 사람들의 상징
이었다. 몬테이루 로바투는 이야기 하나하나에서 불쌍한 제카 타투를
놀리고 꾸짖고 저주했다. 제카 타투는 입을 헤 벌리고 바닥에 쪼그리
고 앉아 큰 불길이 쓸모 있는 것들을 태우는 것을 멍하니 바라보았다.
그리고 "저 블껏 으에쁘어"하고 코맹맹이 소리를 하는 것이었다. 몬테
이루 로바투는 제카 타투가 50평방킬로미터나 되는 좋은 땅을 태우고
도 본인은 물론 아내와 개도 제대로 먹이지 못할 만큼 농사를 짓지 못
했다고 느물거렸다. 부모 세대가 했던 대로 제카 타투도 그렇게 한 것
이다. 원주민 부모가 그랬던 것처럼 제카 타투도 진화할 수 없는 사람,
진보를 받아들일 수 없는 사람이었다. 몬테이루 로바투는 글에서 원주
민을 아름답게 그려서 열등한 인종의 운명에서 벗어나게 하려던 낭만
주의 소설가들을 비웃었다. 그리고 이렇게 덧붙였다. "얼마나 아름다
운 이들인가, 낭만에서는. 얼마나 못난이들인가, 현실에서는."[23]

　몬테이루 로바투가 인기리에 농민들을 비난하던 20세기 첫 10년에
한편에서는 여러 국제기구와 비국제기구가 인간의 전염병 퇴치를 위
해 안간힘을 쓰고 있었다. 브라질에서는 오스왈두 크루즈 연구소(리우
데자네이루에 위치한 세계 공중보건 연구기관 중 하나로 생명 과학과 의학을 연구
개발한다—옮긴이)가 샤가스 병Chagas' disease(기생충을 통해 감염되는 열대

질병으로 몸속에 침입한 기생충이 심장의 기능을 마비시켜 치명적 결과를 가져온다—옮긴이)처럼 옛날에는 몰랐던 병을 찾아내고 말라리아 같은 병을 옮기는 것으로 알려진 매개체들을 없애는 일에 힘쓰고 천연두 백신을 나눠주었다. 현미경 조사는 기생충이 브라질의 가난한 농민 거의 모두를 괴롭히고 있음을 밝혀냈고, 연구소는 이에 특별히 관심을 기울였다. 상파울루 커피 농장 일꾼 가운데 사실상 8세 이상은 모두 기생충을 몸에 달고 살았다.

십이지장충도 매우 널리 퍼진 기생충이었다. 십이지장충이 사람을 숙주로 어떻게 기생하여 살아가는지 자세히 설명하면 대다수 사람들은 그 이야기를 듣지도 믿지도 않고 싶어할 것이다. 십이지장충 애벌레는 땅속에 살다 들판에서 일하는 사람의 발바닥이나 발가락 사이를 힘차게 파고들어온다. 벌레가 들어온 자리는 무척이나 가려우며 빨갛게 짓무른 흔적이 남는데 이를 자충성 피부염이라 한다. 벌레는 핏줄이 있는 곳까지 굴을 파 올라와 혈액을 따라 몸 구석구석을 돌고 심장을 지나 첫 번째 목표 지점인 폐 외곽에 닿는다. 그 다음 폐 안쪽으로 파고들어 호흡기를 타고 올라가 목구멍 뒤쪽에 달라붙는다. 감염이 심해지면 호흡기에 벌레가 많다 보니 숙주가 기침을 해서 벌레를 토해내려 한다. 이런 기침에도 살아남은 애벌레들은 도로 삼켜져서 더 작은 내장 기관에 들어간다. 우리는 철새들이 계절을 따라 정확히 이동하는 것에 매우 놀라워하지만 십이지장충의 항해 기술에 견준다면 철새의 이동 따위는 비교도 안 된다. 십이지장충은 갈고리처럼 생긴 이빨로 달라붙어 숙주의 음식이 아닌 내장 벽의 피를 빨아먹는다. 십이지장충 수컷은 정자를 뿌리고 암컷은 수천 개 알을 낳는다. 알들은 똥으로 몸을 빠져나와 다시 흙을 감염시킨다. 다 자란 십이지장충은 길이가 2센티미터가량으로 14년을 산다. 한 숙주가 여러 번 감염되어 십이지장충 몇백 마리를 품고 살 수도 있는데 이렇게 모인 십이지장충들은 피의 철분을 먹어 숙주에게 빈혈을 일으킨다. 브라질에 아시아 원산의 십이지장충 *Ankylostomaduodenale*을 지니고 들어온 일본인 이민자들은 8년 안에 아메리카 십이지장충 *Necator americanus* 233마리를 더 달고 살게 된다. 십이지장충이 일으키는 흔한 증상은 지치고 힘이 빠지는 것인데 결정론자들이 열대기후에는 시커먼 인종들이 타고난 것이라고 주장한 바로 그 증상들이다.

몬테이루 로바투가 열등 인종들에 온갖 욕을 퍼붓긴 했지만 그렇다고 인종주의를 철썩 같이 믿은 것은 아니었다. 로바투는 작가로 성공한 덕분에 여러 훌륭한 친구를 사귈 수 있었는데 그 가운데는 오스왈두 크루즈 연구소 회원도 있었다. 친구에게 연구소에서 찾아낸 전염병의 원인을 들은 로바투는 인종주의를 믿고 욕설했던 잘못을 곧바로 뉘우쳤다. 그때부터 몬테이루 로바투는 브라질의 후진성 원인은 브라질 사람들의 창자 속에 있다고 주장했다. 원인은 인종도, 태양도, 기후도 아니었다. 브라질이 진보하지 못하는 원인은 농민 계급의 힘과 창의력을 피와 함께 쭉쭉 빨아먹는 특정 벌레에서 찾을 수 있었다. 그리고 그 벌레는 이름 없는 벌레가 아니었다.

1918년 로바투가 쓴 인기 있는 고발성 이야기들의 모음집 4판이 나왔을 때 로바투는 서문에서 독자들에게 제카 타투가 열등 인종이라 덜떨어진 것이 아님을 알렸다. 제카 타투가 덜떨어진 이유는 병들었기 때문이다. 브라질 사람 가운데 셋 중 두 명이 피와 창자 속에 소리 없이

다가오는 위험한 적의 자손들을 안고 살았다. 그리고 그것들은 희생자를 제카처럼 추하고 무기력하게 만들었다. 로바투는 여기서 이야기를 멈추지 않았다. 로바투에 따르면 무엇보다 중요한 점은 제카도 나을 수 있다는 사실이었다. 그 뒤 몬테이루 로바투는 문학 재능을 이 기생충을 뿌리 뽑는 데 썼다. 로바투의 글은 이제 농민이 아니라 백신 접종과 기생충 퇴치와 구충제와 위생 교육에 돈을 쓰지 않으려는 정부 관리들을 몰아붙였다. 그리고 제카의 아들을 소재로 쓴 이야기는 로바투의 소설 중 가장 인기 있고 가장 널리 읽힌 이야기가 되었다. 제카의 아들인 제카 타투징유는 자기 몸속에 사는 미생물 군단의 약탈자를 찾아내고 치료를 받아 성공한 농부로서 존경받게 된다. 폐인이 부자가 된 것이다.

이 이야기는 문화 변화에 중요한 몫을 맡았다. 20세기 초에는 모기를 잡아 황열병을 예방하는 것이 가능했다. 십이지장충 또한 예방하고 치료할 수 있었다. 이런 병에 맞서려면 먼저 대중이 이 병이 얼마나 위험한지 배우고 정부 관리에 대한 신뢰가 따라야 한다. 그러나 수천 명이 백신 맞기를 거부하며 폭동이라도 일으킬 기세였다. 수많은 농업 노동자들이 대변 샘플을 의료팀에 주기를 거부했고, 자신이 기생충이란 짐을 지고 있음을 죽을 때까지 깨닫지 못했다. 구충제는 별다른 해가 없는데도 먹지 않으려는 사람이 많았다. 정부는 록펠러 재단 같은 국제기구의 도움을 받아 농촌에 공공 화장실을 세웠다. 공공 화장실을 쓰면 흙이 십이지장충에 오염되는 것을 막을 수 있기 때문이다. 하지만 농촌 노동자들은 화장실에 가지 않고 자기들이 맨발로 일하는 밭에다 똥을 누고 그 똥에서 발로 이어지는 전염병의 흐름은 계속되었다.

자연이 어떻게 문화를 파괴하는지 더 잘 알게 되면서 인간이 자연에 맞서 싸우는 힘도 커졌다. 물론 쉬운 싸움은 거의 없었고, 그 싸움에서 언제나 이기는 것도 아니었다. 게다가 질병을 다 없애버린다고 해서 현실주의자 몬테이루 로바투가 낭만에 빠져 이야기한 것처럼 가난한 농민들이 꼭 성공한 지주가 될 수 있는 것 또한 아니었다. 한 개인이 경제적 성공을 거두는 데 가장 걸림돌이 되는 것은 여전히 환경 요인보다는 인종주의와 사회경제에 퍼져 있는 불의였다.

　　제툴리우 도르넬리스 바르가스Getúlio Dornelles Vargas(1882~1954, 브라질의 정치가, 대통령직을 네 차례 역임했으며 한때 독재를 하기도 했으나 노동자와 농민을 위한 정책으로 평가가 엇갈리는 인물이다―옮긴이) 독재 정권에서 정치이념으로 감옥에 갇혔던 몬테이루 로바투는 풀려난 뒤 소설 한 편을 더 썼다. 그 소설에서 로바투는 제카 타투를 부지런한 농민으로 다시 그렸다. 그리고 새로운 제카 타투는 자신의 자유를 가로막는 사회와 인종주의의 마지막 벽을 무너뜨리고자 토지개혁 운동에 몸을 던진다.

자연재해

　라틴아메리카의 문화 발전을 막은 또 다른 자연의 걸림돌은 지리와 기후로 일어난 무시무시한 사건들을 들 수 있다. 지진과 화산 분출은 멕시코에서 칠레, 카리브 해 섬들에 이르기까지 라틴아메리카 열대의 고질병처럼 적어도 북아메리카보다는 더 자주 일어났다고 할 수 있다. 그 결과 셀 수 없이 많은 사람이 죽고 계산할 수 없이 많은 것들이 무너졌다. 한 세대 대지진이 세 차례나 일어났다. 1985년 멕시코시티 지진으로 2만 명, 1972년 니카라과 마나구아에서 일어난 지진으로 6,000명, 1970년에 페루 리마 지진으로 6만 6,000명이 죽었다. 미국에서 두 세기 동안 자연재해로 죽은 사람을 모두 합친 것보다 많은 숫자다. 1960년 칠레 발파라이소에서 일어난 지진은 리히터 규모 9.6의 역사상 가장 강력한 강진으로 2만 명이 죽었다. 엘살바도르의 산살바도르 시는 1524년부터 열아홉 차례 지진을 경험했다. 그 가운데 12개는 도시의 거의 모든 건물을 납작하게 만들 만큼 강력한 것이었다. 그중 하나는 정말 모든 건물을 무너뜨렸다.

　허리케인 역시 끔찍한 피해를 몰고 왔다. 비교적 가까운 시기인 1998년에 허리케인 미치Mitch로 중앙아메리카에서 1만 8,000명이 죽었다. 물론 사람만 죽은 게 아니다. 문명의 기본 뼈대라 할 수 있는 물질 자산의 피해도 수십 억 달러에 이른다. 때로는 수백 년이 걸려 세운 사회 기반 시설들이 무너진 것이다. 중앙아메리카에 몇 주 동안 머무른 허리케인 미치는 온두라스를 50년 전으로 돌려놓았다는 말이 있다. 말 그대로 온두라스는 그해 작물 수확량의 절반, 집 7만 채, 도로 70퍼센트, 다리 92개가 망가졌다. 온두라스의 상하수도 역시 파손되어 450만 명이 맑은 물을 마시지 못하게 되었다.

아메리카 역사에서 가장 무시무시한 자연재해는 아마 허리케인이었을 것이다. 특히 허리케인은 같은 시기에 때맞춰 일어났다. 18세기 후반에는 해마다 7월 15일이 되면 불길한 대포 소리가 프랑스령 과달루페에 허리케인 철이 왔음을 알렸다. 그리고 10월 15일에는 자비로운 대포 소리가 허리케인 철이 지나갔음을 선포했다. 허리케인 철은 무시무시한 기간이었다. 1780년에 지나간 거대한 허리케인은 허리케인 미치가 지나가면서 카리브 해 마르티니크, 세인트유스타티우스, 바베이도스 전체에서 앗아간 것보다 더 많은 목숨을 앗아갔다. 1780년은 역사 기록에 남아 있는 가장 끔찍한 허리케인의 해였다. 그해 모두 여덟 차례 폭풍이 불었고 땅과 바다에서 2만 7,000여 명이 죽은 것으로 전한다. 7년 전쟁, 미국독립전쟁 같은 당시 모든 전투에서 죽은 숫자보다 많은 숫자다. 영국과 프랑스와 에스파냐 모두 1780년에 바다에 함대를 띄워 놓은 상태였다. 영국 식민지 백성들을 공격하거나 도우려는 목적에서였다. 이어지는 폭풍 하나에 함대 하나씩 피해를 당하면서 수백 명이 목숨을 잃었다.

마야 신화에 나오는 우라칸huracan은 바람과 비와 파도와 조류와 홍수를 다루는 무시무시한 신이었다. 타이노Taino 원주민은 우라칸을 소용돌이 같은 팔을 마구 휘두르며 울부짖는 머리로 생각했는데 오늘날

일기예보 일기도에서 볼 수 있는 기상 기호와 놀랍도록 닮은 모습이다. 타이노 원주민은 우라칸의 분노 폭발로 대륙에서 땅덩어리가 떨어져 나와 그들이 사는 섬이 되었다고 믿었다. 우라칸의 폭풍은 그만큼 센 것이었다. 우라칸은 이 지역에 새로 온 사람들 역시 괴롭히고 겁을 주었다.

콜럼버스는 1494년 두 번째 항해에서 유럽 사람으로는 처음으로 열대 태풍을 경험했을 것이다. 라스카사스는 허리케인이야말로 세상에서 가장 센 태풍이라며 원주민들이 그랬던 것처럼 신의 힘을 빗대어 허리케인을 설명하려 했다. 에스파냐 사람들이 산토도밍고에 세운 첫 정착지는 1508년에 불어닥친 허리케인으로 박살나서 자리를 옮겨 새로 지어야만 했다. 에스파냐 호송선대護送船隊 체제를 비롯한 모든 항해는 허리케인 철을 피해 일정을 잡았다. 이따금씩 일이 잘 안 풀리기도 했는데 1622년 9월에는 플로리다 해협 근처에서 함대 56척이 모두 바다에 가라앉았다. 이 지역 바다 속에는 폭풍우에 가라앉은 보물섬이 널렸고 그 난파선들에는 식민지 시대에 만든 은화들이 담겨 있다. 허리케인만 없었다면 에스파냐의 무역은 아마 구준했을 것이며 틀림없이 덜 위험했을 것이다.

허리케인은 무역 기반 시설과 도시를 순식간에 망가뜨리는 어마어마한 파괴력이 있었다. 엄청난 폭풍우에 남아나는 건물이 하나도 없었다. 튼튼하게 돌로 지은 교회조차 무너져 내렸다. 1780년 바베이도스에서 일어난 사건이 바로 그런 경우였다. 살아남은 한 사람은 공공건물들이 폭삭 주저앉은 이유가 태풍에 지진까지 발생했기 때문이라고 이야기했다. 상당수가 물가에 있던 창고와 다른 무역용 건물들이 폭풍우에 휩쓸려 무너졌고 배들은 매어둔 곳에서 떨어져 나갔다. 바람과 파도를 잘 막도록 지은 아바나 항구에서도 1844년의 허리케인으로 200척이 파손되었다. 2년 뒤 불어온 허리케인에 300척이 더 부서졌다. 사람들은 부서진 배들을 800미터 정도 뭍으로 옮겼다. 집 잃은 이들이 그런 배에서 임시로 머무는 일이 드물지 않았다.

늦여름과 가을의 허리케인 철은 대부분의 작물 수확기와 겹쳤다. 특히 농업이 끔찍한 피해를 당한 것은 이 때문이다. 깊고 단단히 뿌리를 내리는 카사바cassava(남아메리카가 원산지로 덩이뿌리는 빵이나 알코올음료 등 여러 가지 요리에 쓰인다—옮긴이)까지도 거센 바람에 뽑혀 나갔다고 한다. 커피나무나 사탕수수나 담배처럼 카사바보다 약한 식물은 거의 버틸 길이 없었다. 열대 폭풍우가 소금을 내륙으로 흩뿌려 잎을 새까맣게 하고 흙의 소금기를 높이면 이 피해에서 복구되기까지 여러 해가 걸린다. 디에고 페르난데스 에레라Diego Fernández Herrera는 1846년 10월에 폭풍우가 한 차례 지나간 뒤 자기 농장을 보고 기절할 뻔했다.

난 산호세의 내 커피 농장에 서 있었다. 이제 숲도 그 많던 야자나무도 보이지 않았다. 바나나도 없어졌다. 커피나무도 몽땅 사라져버렸다. 다 익은 열매가 진흙과 잡초에 뒤얽혀 뒹굴고 있다. 말할 수 없는 충격에 온 힘이 다 빠졌다. 말을 멈춘 나는 안장에서 떨어지지 않도록 몸에 힘을 주어야 했다.[24]

넓디넓은 땅에 나무도, 덤불도, 작물 하나도 서 있는 것이 없었다. 지주가 바람으로 마음에 상처를 입었다면 가난뱅이와 노예는 몸이 괴로웠다. 폭풍우의 몽둥이질에 살아남은 이들도 재난이 지나간 뒤 햇빛이 쨍쨍하고 조용한 하늘 아래서 걸핏하면 죽어갔다. 먹을 것이 없어서였다. 노예들의 식량 가운데 3분의 1이 바나나와 플랜테인(바나나 비슷한 식물)이었다. 그런데 이 두 식물은 모든 작물 가운데 가장 허약한 식물로 허리케인보다 더 작은 폭풍우에도 날아가 버렸다. 노예한테 중요한 먹을거리인 닭들도 바다로 날려갔다. 먹을 것도 없고 바깥에서 구호 식량이 올 가망도 거의 없는 가운데 노예들은 굶주림에 시달렸다. 노예 주인들은 사람으로서 마땅히 해야 할 일이고 자기 이익 때문에 노예들에게 먹을 것을 보냈지만 허리케인 철에는 뱃편이 뚝 끊기다 보니 웬만해서는 구호 식량도 도착하지 않았다. 한 보고서에 따르면 1780년에 불어닥친 허리케인으로 자메이카 노예 1만 5,000에서 2만 명이 죽었다고 한다. 자메이카 전체 노예 인구의 10퍼센트에 가까운 숫자다. 한 영국인 노예 주인은 "주변에서 아귀 꼴을 한 이들이 먹을 것을 달라, 도와달라고 애걸하는데도 도와주지 못하고 바라보기만 하는 비참함"[25]에 대해 썼다. 1785년에 서인도제도를 덮친 다른 허리케인에 또 다른 노예 1만 5,000명이 굶어 죽었다.

이런 대재난으로 사회와 경제의 역사가 바뀌었다 해도 놀랄 일이 아니다. 카리브의 섬들은 크기가 작다 보니 그곳에서 할 수 있는 수출 농경에는 선택지가 얼마 없다. 더구나 날씨에 따른 큰 사건들이 그런 선택지를 더욱 줄여놓았다. 1842년, 1844년, 1846년에 아바나와 그 주변 지역으로 큰 허리케인 세 개가 지나갔다. 그리고 쿠바 서부는 부서지고 또 부서졌다. 모든 생산량이 곤두박질쳤다. 면화 수출량은 1840년에는 907미터톤이었던 것이 1850년에는 4톤으로 떨어졌고 양봉은 완전히 무너져서 1860년대까지도 회복되지 않았다. 식량 생산은 국내에서 먹을 것도 모자라 먹을 것을 수입해야 했다.

무엇보다 심각한 피해 작물은 커피였다. 바람으로 커피나무만 쓰러진 것이 아니라 품질이 뛰어난 쿠바 커피 밭에 그늘을 드리우던 야자나무와 케이폭 나무들마저 쓰러졌기 때문이다. 1842년 허리케인이 덮치기 직전 쿠바 경제에서 커피가 차지하는 비중은 설탕의 네 배였다. 견디기 힘든 1846년을 보낸 뒤 쿠바의 커피 농장주들은 잇따라 세 차례나 불어닥친 허리케인으로부터 뼈아픈 가르침을 받아들이기로 했다. 첫 열매를 맺기까지 몇 해가 걸리는 커피나무를 다시 심는 데 자본을 투자하는 대신 사탕수수를 키우는 데에만 힘을 모은 것이다. 사탕수수밭도 강력한 허리케인으로 쑥밭이 되었지만 사탕수수는 심고 나면 한 해만에 수확할 수 있었다. 그때 이미 사탕수수는 쿠바에서 중요한 작물이 되어 가고 있었고, 1846년 이후에 사탕수수는 곧 쿠바 경제를 뜻했다. 1840년과 1858년 커피 수출은 90퍼센트 줄어들었고 설탕 생산이 커피가 남긴 빈 공간을 채우고 들어왔다.

그러나 환경과 문화 측면에서 볼 때 매우 안타까운 변화였다. 여기에는 여러 가지 이유가 있다. 커피는 사탕수수보다 환경에 부담을 덜 주었다. 농장주들은 이미 있는 숲이나 새로 심은 야자나무 숲에 커피를 심었다. 이런 농장들은 토양침식을 줄였을 뿐만 아니라 다른 사람들이 보기에도 멋진 풍경을 이루었다. 관찰자들은 커피 밭의 다채로운 풍경이 사탕수수 농장이라는 단조로운 풍경으로 바뀐 것에 한숨을 쉬었다. 커피나무 대신 사탕수수를 심은 것은 노예들에게도 안 좋은 일이었다. 커피나무 농장은 사탕수수 농장보다 규모도 더 작고 일도 더

233

쉬웠다. 주인과 노예 사이 역시 덜 거칠었다고 한다. 커피 농장 노예들은 사탕수수 농장 노예들보다 자유시간도 더 많고, 먹기도 더 잘 먹고, 사는 집도 더 좋았다. 쿠바 커피 농장에서는 노예 출생률과 사망률이 같았다.

사탕수수 농장에서는 상황이 달랐다. 해마다 사탕수수 농장의 노예 사망률은 18퍼센트로 대재앙 수준이었다. 커피 농장의 사망률은 그에 견주면 조금 무시무시한 5퍼센트에 지나지 않았다. 1840년 이후 커피 농장에서 사탕수수 농장으로 이동한 노예 수는 5만 명에 이르렀다. 그 뒤 노예들이 불만을 드러내는 사건이 늘어난 데에는 노동 환경 변화가 한몫했을 것이다. 보통 국제시장에서는 커피 값이 설탕 값보다 높았다. 그러나 허리케인의 심각한 피해로 쿠바는 커피 재배에서 물러설 수밖에 없었다. 반면 브라질은 허리케인으로 피해를 보지 않았다. 허리케인이 다른 방향으로 지나갔기 때문이다. 결국 많은 자원과 노예 일손을 쏟아 부어 사탕수수에서 더 수지맞는 커피 재배 쪽으로 방향을 틀 수 있었던 나라는 브라질이었다.

허리케인이 끼친 영향은 사회, 경제, 인구에만 국한된 것이 아니다. 어쩌면 허리케인은 다른 어떤 자연재해보다 라틴아메리카 사람들의 마음에 더 깊은 흔적을 남겼을 것이다. 허리케인만큼 무시무시한 자연재해도 없었다. 카리브 지역에 사는 거의 모든 사람에게서 그들이 겪은 허리케인 이야기를 들을 수 있다. 그리고 그 이야기는 주변에 영향을 쉽게 받는 어린 시절의 기억에 바탕을 둔 것일 때가 많다. 그 나이에는 허리케인의 공포를 세상이 끝난다는 말로밖에 설명할 수 없다. 허리케인이 아닌 다른 어떤 자연재해도 사람 마음에 허리케인만큼 깊은 자국을 남기지 못하는 것 같다. 카리브 지역의 역사와 이 지역 사람들의 삶은 허리케인이 지나가기 전과 지나간 후로 나뉠 정도다. 지진으로도 허리케인만큼이나 많은 사람이 죽을 수 있지만 지진은 자주 일어나지 않으며 아무런 예고 없이 일어나 바로 끝나버린다. 사람들이 상황을 알아차릴 때 보통 땅 흔들림도 멈추게 된다. 사람들은 화산에도 당연히 두려움을 느꼈다. 하지만 화산이 터지는 곳은 잘 알려져 있고, 그 자리가 예상을 빗나가 바뀌는 일도 없다. 화산 폭발은 수백 년에 한번 일어나는 일이기도 했다. 그러나 허리케인은 땅과 바람과 물이라는 원소들을 휘두르며 때만 되면 꼬박꼬박 찾아왔다. 그 조짐도 사람들이 공포에 질리기에 딱 알맞을 만큼만 앞서 찾아왔다. 허리케인이 금방 지나갈 때조차 희생자들은 무시무시하게 휘몰아치는 바람 소리 속에서 몇 시간을 떨어야만 했다.

　허리케인 경보도 추적도 없던 시절, 웬만한 집은 전기도 없고 2등급짜리 허리케인의 바람에도 못 버티던 때에 수백만 명이 허리케인으로부터 살아남으면서 무슨 일을 겪었을지 상상해보자. 하늘에 검은 구름이 모여들고, 무역풍 방향이 바뀌고, 바다 냄새가 진하게 풍겨오면 폭풍우가 다가온다는 징조였다. 그럴 때 해당 지역 사람들이 가장 서둘러 신경 쓴 일은 더 높은 곳에 올라가거나 비바람 피할 곳을 찾는 것이었다. 금방 그렇게 할 수 없을 때도 많았다. 폭풍우가 한밤에 찾아들기라도 하면 촛불로도 랜턴으로도 밝힐 수 없는 칠흑 같은 어둠 때문에 어떤 식으로든 제대로 대처하는 것이 불가능했다. 집안에 남아 있는 것이 위험하다는 사실은 잘 알려져 있었다. 물에 잠긴 곳 바깥에서 죽은 사람 대부분은 벽이나 지붕 들보가 무너져 깔려 죽은 사람들이었기 때문이다. 교회나 큰 공공건물로 몸을 피할 수도 있고 가능하다면 동굴에 들어갈 수도 있었다. 수많은 사람들은 특히 시골사람들은 엉성하게 지은 집에서 폭풍우를 이겨내거나 거센 바람과 휘날리는 온갖 잡동사니에 맨몸을 내놓는 수밖에 없었다. 4등급 또는 5등급 허리케인은 바람 빠르기가 시속 200킬로미터가 넘는다. 바람이 중력보다 더 세서 기댈 곳이 없으면 사람도 흔히 날려갈 정도다. 이판사판일 때는 가족이나 이웃 또는 모르는 사람들과 팔짱을 꽉 낀 채 때로는 몇 시간 동안 서로 몸을 땅에 붙이고 버티기도 했다. 그러면 바람은 비와 함께 휘몰아치며 나뭇가지와 기와를 눈도 못 뜨고 있는 사람들 얼굴에 날려 보냈다. 폭풍우가 지나간 뒤에는 멀찍이 서 있는 나무에 사람이 죽은 채 걸려 있거나 가축이 지붕을 뚫고 옹송그려 있던 가족 위로 떨어지기도 했다.

사람과 재물에 피해를 주고 지나가지 않는 자연현상은 자연재해라 할 수 없다. 몇몇 문화에서는 피할 수 없는 자연재해에 적응하는 법을 익혔다. 이를테면 잉카 사람들은 늘 가뭄에 대비하며 살았고 이들이 지은 건축물들은 지진을 잘 견뎠다. 타이노 원주민이 얼마나 허리케인에 잘 버티는 문화를 일구었는지 우리는 알지 못한다. 하지만 적어도 무역 때문에 바닷가에서 산 유럽 사람들과 달리 타이노 원주민은 신중했던 것으로 보인다. 유럽 사람들은 아무 생각 없이 홍수 때 물에 잠기는 곳에 살았지만 타이노 원주민은 그보다 더 높은 곳에 살았다. 마야 지배층은 튼튼한 바위로 건축물을 지어 거센 바람을 견딜 수 있었지만 마야 지역 원주민 대부분은 가볍고 싼 집을 지었다. 아마도 폭풍우에 집이 날아갔을 때 바위나 동굴에 숨었다가 손쉽고 값싸게 다시 지을 생각으로 그랬을 것이다. 유럽 사람들은 삶을 덧없이 여겼고 카리브 사람들 상당수는 찢어지게 가난했다. 그러다 보니 사람 잡는 폭풍우에 제대로 대응하기가 어려웠다. 돈 많은 농장주들은 도시에 여러 층의 석조 건축물을 지어 집으로 삼았다. 정말로 강력한 허리케인이 아니면 모두 견딜 수 있는 튼튼한 집들이었다. 그런 집에서도 기와지붕이 무너져 사람이 깔리는 일은 흔했다. 가난뱅이들은 흙과 가지로 집을 짓다가 나중에는 판금으로 집을 지었다. 허리케인을 막는 데 아무 도움도 안 되는 재료들이었다. 더구나 집이 침수가 잘 되는 저지대에 있을 때도 많았다. 식민지 시절에라도 건축법을 제대로 적용하고 건축지를 잘 정해줬다면 허리케인에 따른 인명 피해는 줄었을 것이다. 오늘날까지도 카리브 지역은 건축법의 규제는커녕 기초 건축 기술의 혜택조차 받지 못한 집이 60퍼센트나 된다.

좀더 직접적인 정치인들의 선택 때문에 재난이 일어날 수도 있다. 라틴아메리카 역사에서 가장 큰 자연재해는 마르티니크 섬에서 번성하던 도시로 수많은 이들이 "서인도의 파리"라 부르던 생피에르st. Pierre 시가 1902년에 완전히 사라져버린 일이다. 그해 몽펠레 화산 연기가 도시에 불길한 그림자를 드리웠다. 걸핏하면 우르릉 소리가 나고 한 번은 화산이 크게 터져 진흙이 흘러내렸다. 그런데도 지역 관리들과 정계에서 성공을 바라는 이들은 화산은 안전하다는 공식 성명만 내놓았다. 식민지 총독은 도시는 안전하다면서 피난처를 찾는 농촌 사람들을 초대하기까지 했다. 정부 보고서에는 어떤 과학적 근거도 없었다. 정치인들은 5월 11일 선거를 앞두고 모든 사람을 생피에르 시에 불러들이고 싶었던 것이다. 총독은 주요 탈출로에 검문소를 하나 두어

달아날 수도 있었을 사람까지 막았다.

선거는 열리지 못했다. 5월 8일 어마어마한 화산 폭발로 쏟아져 나온 용암 줄기가 도시를 덮쳤다. 모든 건물이 무너졌고 2만 8,000명이 눈 깜짝할 사이에 목숨을 잃었다. 기적적으로 두 사람만이 살아남았다. 그중 한 명은 도시의 말썽꾼으로 한 주 동안 도시 지하의 독방에 갇히는 벌을 받은 사람이었다. 땅속 깊은 곳에 단단한 바위를 깎아 만든 독방이었다. 이글거리는 화산의 열기는 독방의 작은 쇠창살 너머까지 들어왔고 말썽꾼은 몸에 큰 화상을 입었다. 불행 중 다행이라 할 이 일은 뒷날 행운으로 바뀌었다. 말썽꾼은 "생피에르의 유일한 생존자"로 바넘과 베일리 서커스단과 계약을 맺는 데 성공하여 여러 해 동안 공연을 다닐 수 있었다.

자연현상에 지나지 않을 일도 그에 대한 준비와 대응을 엉성하게 하면 자연재난이 되어 피할 수 있었던 피해까지 겪게 된다. 준비를 어떻게 하든 카리브 지역이나 멕시코에서 살아가는 일은 브라질에서 살아가는 것보다 더 위험한 일일 것이다. 브라질에서는 허리케인도 화산 폭발도 큰 지진 역시 한 번도 일어나지 않았거나 일어나더라도 아주 드물게 일어났다.

라틴아메리카 문화가 눈에 띄게 비관주의에 빠져 있는 이유로 자연재해를 탓한 이도 있다. 그러나 보통 재해로 죽는 사람보다 살아남는 사람이 더 많다. 재해는 여러 사람이 함께하는 기억, 때로는 몇 번이나 재해에서 살아남은 사람들을 이어주는 끈이 된다. 자연재해보다 더 엄청난 사건을 생각하기란 쉽지 않은 일이기 때문이다. 자연재해로 일어나는 것은 파괴만이 아니다. 사람들이 모일 때 마치 천사처럼 다른 사람을 도운 이들의 이야기가 전해진다. 모든 사람이 같은 일을 겪었고 같은 도전을 마주한다는 느낌이 공동체에 스며든다. 죽음과 파괴가 지나가는 길에 살면서도, 삶터를 떠나지 않으려는 장소에 대한 애착이, 적어도 재산에 대한 인간의 애착이 여전히 문화 속에 살아 있음을 알게 된다.

1961년에 허리케인 해티Hattie가 온두라스 벨리즈 시티를 산산조각 냈을 때 벨리즈 사람들은 수도를 더 높은 내륙으로 옮기기로 했다. 전무후무한 일이었다. 보통은 1963년에 허리케인 플로라Flora가 쿠바를 덮친 뒤의 피델 카스트로Fidel Castro처럼 행동한다. 카스트로는 "혁명은 자연보다 더 세다"고 선언했다. 그리고 "허리케인은 자기 할 일을 했다. 이젠 우리 일을 할 차례다"라며 쿠바 사람들을 격려했다. 쿠바 사람들이 기후와 관계없이 경제와 정치에서 반세기 동안 겪어온 힘든 일들을 어떻게 함께 견뎌왔는가를 보여준 말이었다. 쿠바 사람으로 산다는 것은 살아남는다는 것이다. 위험을 알아보고 받아들이며 고집스럽게 어려움을 참아내는 것이다. 멕시코시티, 리마, 마나구아에 사는 사람들도 마찬가지다. 세 도시 모두 대도시에 닥친 지진 가운데 가장 강력했던 지진에 피해를 당한 도시들이다. 멕시코시티, 리마, 마나구아의 사람들은 도시를 다시 세웠다. 그리 오래되지 않은 재난의 흔적들도 거의 다 사라졌다.

식물 병

　자연재해처럼 질병 역시 라틴아메리카의 문화 발전을 방해하는 걸림돌로 보인다. 20세기가 될 때까지 열대 질병에 맞서 사람이 할 수 있는 일은 매우 적었다. 그래서 나라를 일으켜 세워야 할 많은 사람들이 열대 질병에 죽거나 건강을 잃었다. 거기에 맞서 할 수 있는 일이라곤 일손을 수입하는 것뿐이었다. 라틴아메리카는 19세기 중반까지는 노예제도로, 그 뒤부터는 해외 및 지역 내의 이민으로 일손을 끌어들였다. 거기에다가 사람 건강을 직접 해치지는 않지만 "수출로 나라 세우기" 모델을 주장하는 사람들을 골치 아프게 하는 종류의 병도 있었다. 열대 바이러스와 박테리아와 기생충이 사람과 동물을 해치듯 그 병들은 식물을 해쳤다. 라틴아메리카 나라들이 선택한 수출품 대부분이 식물이었다. 그런데 이 병들은 한 나라의 시민만큼이나 소중한 그 식물들을 공격했다. 이는 수출로 잘 살아 보려던 사람들의 희망을 꺾는 일이었다. 원산지가 해외인 식물도 공격받고 라틴아메리카인 식물도 공격받았다. 곰팡이에 얽힌 두 이야기를 보면 이 병들이 얼마나 심각한 위협이었는지 잘 알 수 있다.

　남아메리카 잎마름병을 유발하는 곰팡이는 아마존에 사는 고무나무의 잎을 말려 죽였다. 자동차 시대에 아마존이 고무 공급지로서 수지맞는 지위에서 밀려난 것은 이 곰팡이 때문이었다. 파나마 병Panama disease과 시가토카Sigatoka라는 두 곰팡이는 바다 건너 들어와 바나나 나무를 못 쓰게 만들었다. 이에 대응하여 일어난 잔인무도한 제국주의는 중앙아메리카 땅의 넓디넓은 곳을 휩쓸고 그 지역 나라들의 정치 주권을 훔쳤다. 모두 미국인들의 아침 식탁에 바나나를 올려놓기 위해서였다.

고무는 열대에 사는 큰 나무와 관목 몇 종류에서 나오는 수액 또는 유액으로 만들 수 있는 천연 생산품이다. 그런데 이 고무에는 대단히 흥미로운 성질이 몇 가지 있다. 원주민들은 이 유액으로 여러 가지 물건을 만들었다. 그 보기로 중앙아메리카에서 의례용 놀이에 쓰던 공이나 물에 젖지 않는 천과 그릇을 들 수 있다. 유액은 천연 제품에서는 매우 찾아보기 힘든 성질인 물이 스며들지 않고 신축성이 있는데다 어떤 꼴을 한 틀에 넣어도 굳힐 수 있었다. 상상력이 조금만 있는 사람이라면 고무 유액을 써서 돈이 될 만한 상품을 수백 가지 궁리해낼 수 있을 것이다. 하지만 1830년대까지는 몇 가지 용도로만 고무 유액을 썼다. 방수가 되는 천이나 지우개(영어로 지우개를 뜻하는 러버rubber는 바로 이 물질의 영어 이름이 되었다)를 만드는 것 이외에는 고무 유액을 쓰는 일이 거의 없었다. 천연 유액은 차갑게 식으면 부서지기 쉽고 달아오르면 젤리처럼 바뀐다. 쓸모없어지거나 지저분해졌다. 그래서 이 천연 원료에 과학의 도움이 필요했다.

1839년 불운한 발명가 찰스 굿이어Charles Goodyear가 우연히 부엌에서 황을 더해 고무를 단단하게 하는 방법을 알아냈다. 황과 함께 천연 유액을 달구어 만든 고무는 결도 한결같고 잘 부스러지지도 않았다. 방수성이나 신축성은 그대로였다. 때맞춰 인류 문화의 성공에 엄청난 공을 세운 발견이었다. 굿이어는 꿈에 부풀어 고무로 보석에, 은행권에, 돛에, 악기까지 만들게 되리라 생각했다. 그러나 사람들이 고무로 맨 처음 만든 것은 장화, 비옷, 고무줄, 농구공, 골프공, 콘돔 따위의 흔히 쓰는 물건이었다. 이 가운데 고무 콘돔은 피임 도구로는 처음으로 싸고 믿을 만한 물건이었다.

세계의 고무 수요가 폭발적인 상승세를 보인 것은 타이어 때문이었다. 타이어는 1890년대에는 자전거에 1900년 이후에는 자동차에 쓰였다. 타이어나 튜브에 구멍이 나면 고무로 갈아 끼워야 했다. 그뿐만이 아니다. 자동차 개스킷, 호스, 안전띠를 만드는 데도 고무를 썼다. 천연고무는 내연기관의 시대에 매우 중요한 재료로 떠올랐고 1930년대에 인조고무가 나올 때까지 이를 대신할 만한 재료는 없었다. 전기 산업에서도 고무를 절연재로 썼다.

황으로 고무를 경화하는 법을 찾아낸 일은 아마존 강 둘레에 엄청난 영향을 끼쳤다. 라틴아메리카의 가장 따분한 지역이 강가를 따라 신흥 도시들이 줄지어 늘어선 곳으로 바뀌었다. 아마존 강 남쪽 지류 지역에는 가장 좋은 수액이 나오는 파라고무나무*Hevea Brasiliensis*가 흔했기 때문이다. 1850년부터 1900년까지 고무 수출량이 10년마다 두 배씩 늘어나자 고무 유액을 모으는 지역도 아마존 강 어귀에서 서쪽의 페루와 볼리비아로 빠르게 뻗어갔다. 아마존 유역의 중심지인 마나우스Manaus 시에는 얼마 전까지만 해도 아무것도 없던 곳에 고무 귀족들이 사는 으리으리한 저택들이 들어섰다. 고무 귀족들이 세운 멋진 오페라 극장에서는 유명 외국인 배우들을 고용했고, 거리에는 웬만한 유럽 도시들보다 더 빨리 전등과 시내 전차가 들어섰다.

도시의 으리으리함은 당시 고무 산업의 열악한 수준을 감추는 거품과도 같았다. 유액 채취자 중 일부는 원주민을 노예로 만들었고 거의 모든 원주민이 착취당했다. 채취자는 숲을 떠돌아다니며 그 다채로운 생태계 속에 아무렇게나 흩어져 있는 야생 고무나무들을 찾아 유액을 짜냈다. 하루에 나무 한 그루에서 나오는 고무 유액은 몇 온스 정도였다. 생산량을 늘리려면 또 다른 야생 고무나무를 찾아야만 했다. 세계에서 고무 수요는 자꾸 치솟는데 아마존 유역의 고무 생산량은 그에 따라가질 못했다. 그러다 보니 값은 계속 치솟았고 경쟁자는 늘어났다. 그로부터 얼마 지나지 않은 1875년 영국인 탐험가 헨리 위컴Henry Wickham이 아마존 하류에서 한 카누에 실려 있던 고무나무 씨를 빼내 영국 정부에 팔았다. 위컴이 주장한 것만큼 위험과는 별 상관없는 업적이었다. 어쨌거나 위컴은 기사 작위에다 연금까지 받았다.

이제 위컴 경이 된 위컴의 씨앗은 먼저 영국 온실에서 싹을 틔웠고, 영국인들은 이를 영국령 말레이시아 식민지의 잘 정돈된 농장에 옮겨 심었다. 고무나무는 그곳에서 사반세기 동안 보살핌을 받은 뒤 고무를 생산하기 시작했다. 1913년에 이르자 영국인이 운영하는 고무 농장의 생산량은 남아메리카 전체와 맞먹을 정도였다. 사실 그 무렵 동남아시아에 있는 브라질 고무나무가 브라질에 있는 고무나무보다 더 많았다. 프랑스와 네덜란드 사람들도 아시아에 고무 농장을 만들기 시작했기 때문이다. 6년 뒤에는 아시아 농장들에서 나오는 고무가 아마존에서 나오는 고무보다 일곱 배 많았다. 공급이 너무 치솟다 보니 고무 값은 뚝 떨어졌다. 아마존에서는 생산비가 고무 가격보다 더 비쌌다. 거품이 사라지자 일꾼들은 집으로 돌아가고 아마존은 다시 잠에 빠져들었다.

아마존과 아시아 고무의 경제성의 차이는 효율이었다. 대륙만큼이나 큰 숲을 여러 일꾼이 흩어져서 고무나무를 만나면 유액을 짜는 식으로는 고무나무만 심어놓은 농장에서 일하는 아시아 노동자들에게 상대가 될 수 없었다. 아시아 고무 농장에서는 고무나무 수천 그루를 줄지어 심어놓아 손쉽게 유액을 짤 수 있었다. 그렇다면 아마존 사람들은 왜 그런 잘 짜인 고무 농장을 만들어 경쟁력을 되찾지 않았을까? 사실 그렇게 해보려고 했다. 19세기에 여러 차례 아마존 강 유역에 고무 농장을 만들려는 시도가 있었다. 하지만 모조리 실패했다. 자본이 모자라거나 기술력이 떨어진 이유도 있었지만 돈과 기술이 넘쳐났을 때도 농장 하나조차 성공하지 못하기는 마찬가지였다. 다른 사람도 아닌 헨리 포드Henry Ford도 1940년대에 아마존에 고무 농장을 만들려고 수백 만 달러를 쏟아 부었다. 파이어스톤, 굿이어, 미셸린 타이어 회사도 마찬가지였다. 모두 아시아와 아프리카 고무 농장에서 닳고 닳은 사람들이었다. 그러나 모조리 처참하게 실패했다.

아마존과 아시아 고무에 차이를 낳은 환경 요인은 보통 아마존 잎마름병으로 알려진 아마존 토종 곰팡이*Microcyclus ulei*였다. 이 곰팡이는 공기 중으로 날아가 파라고무나무의 잎을 공격했다. 공격당한 나무는 죽거나 유액을 생산하지 못하게 된다. 광합성 작용을 방해받아 영양 공급이 잘 안 되기 때문이다. 고무나무는 열대우림의 수많은 다른 생물들 사이로 뿔뿔이 흩어지는 것 말고는 이 곰팡이를 막을 길이 없었다. 그러다 보니 야생에서는 곰팡이 역시 아무리 애를 써도 지금 기생하고 있는 고무나무 말고 다른 나무를 감염시키기가 어려웠다. 고무나무들이 따로따로 자라고 나무들을 자주 찾아가는 유액 채취자들도 나무마다 따로따로 유액을 채취해야 했던 것도 이 때문이었다. 하지만 고무나무들을 농장에 모아 자연의 질서를 뛰어넘으려 하자 곰팡이들에게는 운동회가 열렸다. 곰팡이들이 바람을 타고 나무와 나무 사이에서 뜀뛰기를 하는 것이다. 황열병처럼 잎마름병도 희생자가 될 만한 생물이 옹기종기 모여 사는 곳에서 번영을 누렸다. 아시아 고무 농장들이 이점을 누린 것은 고무나무 씨앗만 오고 곰팡이는 따라오지 못한 덕분이었다. 씨앗과 배아는 보통 부모가 앓는 질병에 걸리지 않은 상태다. 이국에서 들여온 생물들은 함께 진화한 질병들로부터 멀리 떨어진 외국 땅에서 더 번성했다. 이 때문에 아메리카는 여러 차례 이득을 보았다. 그 예로 아메리카에 건너온 커피와 사탕수수를 들 수 있다. 잎마름병은 오늘날까지도 아시아 고무 농장에 다다르지 못했다. 식물학과 유전공학이 눈부시게 발달했지만 고무나무 원산지에서 천연고무나무 농장을 만들려는 브라질 사람들의 노력은 여전히 잎마름병 때문에 물거품이 되고 있다. 아직까지 아메리카에서 천연고무를 제대로 생산하지 못하고 있는 것은 바로 자연 때문이다.

1890년대에 자전거 광풍을 일으키고 아마존에서 고무 호황이 일어난 데에는 새것이라면 무턱대고 써 보려는 미국인들이 있었기 때문이다. 미국인들은 바퀴가 두 개인 괴상한 장난감에 기꺼이 몸을 싣고 페달을 밟았다. 같은 시기 미국인들은 괴상하고 수상쩍게 생긴 노란 과일을 먹어 보는 데도 거리낌이 없었다. 이 거리낌 없음이 바나나 호황을 일으켰다. 길에 떨어진 바나나 껍질을 밟고 넘어지는 것은 이미 20세기 초에 미국 익살꾼들의 단골 소재였다. 바나나가 미국인들이 사과보다 더 많이 먹는 과일이 되려는 참이었다. 아이들과 일꾼들은 아침과 점심 도시락으로 바나나를 즐겨 먹었다. 바나나는 몸에 좋고, 먹기 편하고, 값도 쌌다. 가난의 밑바닥에 있는 사람들조차도 멍들었거나 너무 익은 바나나 정도는 먹을 수 있었다. 바나나 수입상들은 광고를 통해 바나나는 아이들 영양식으로 안성맞춤이며 상류사회의 점잖은 숙녀들도 바나나를 먹어도 된다고 홍보했다. 바나나 말고는 아메리카에서 철을 가리지 않고 신선하게 먹을 수 있는 과일이 없다는 사실도 바나나의 매력을 부풀렸다.

식물이 한 해 내내 자란다는 열대지방의 장점을 이제는 수입할 수 있게 되었다. 바나나를 재배하는 이들과 수출하는 이들도 이제 작물을 끊임없이 팔고 끊임없이 돈을 벌 수 있었다. 1920년대 후반에 이르면 미국인 한 사람이 한 해에 먹는 바나나가 50개가 넘었다. 툭 하면 악당 소리를 듣는 연합청과물회사United Fruits Company처럼 부지런한 수입상들은 무수히 많은 함대를 돌렸는데 미국 해군보다 그 숫자가 더 많았다. 이 함대를 통해 미국 식료품 잡화상들에 해마다 바나나 1.4조 톤이 들어왔다.

수많은 라틴아메리카 사람들도 오랫동안 바나나와 플랜테인에서 탄수화물과 비타민 대부분을 얻어왔다. 바나나를 작은 농장과 텃밭에서 이미 4세기 동안 잘 키워온 것이다. 처음에 연합청과물회사는 작은 밭을 일구는 자메이카 농부들과 계약을 맺고 바나나를 얻었다. 그리고 그 농부들과 20세기 첫 20년 동안 만족할 만한 관계를 유지했다. 그 옛날 카리브 지역 사람들이 아마존의 야생 고무나무들에서 유액을 채취한 것처럼 바나나를 이곳저곳에 여러 식량 작물과 키웠다. 그 당시 농

자료 4. 코스타리카에서 연합청과물회사의 바나나 노동자들이 1등급 바나나를 내보이고 있다. 파나마 병에 영향을 받기 전인 1912년 모습이다.
출처 : Edwin R. Fraser, "Where our Bananas Come From," *The National Geographic Magazine 23*(July 1912), 722쪽.

부들은 바나나의 종류를 가리지 않고 다 키웠다. 그러나 미국인들이 바나나를 사가면서 재배 방식이 바뀌었다. 미국인들과 공급자들은 바나나 중에서도 그로 미셸Gros Michel 한 종만을 선호했다. 그로 미셸 바나나는 큼직하고, 달콤하고, 들고 다니기 편하고, 수확한 후 천천히 익었기 때문이다. 얼마 지나지 않아 농부들은 유전자가 같은 바나나 수천 그루를 무리지어 심었다. 먹고사는 것보다 이윤을 내는 것이 목적이었다. 곰팡이를 옮기기에 안성맞춤인 상태가 된 것이다. 파나마 병, 곧 시들음 병균*Fusarium oxysporum*이 바나나 뿌리를 공격해 바나나를 시들게 했다. 20세기 초 처음으로 바나나가 시들어 죽는 것을 발견했을 때는 왜 바나나가 시드는지 아무도 알아내지 못했다. 그러나 연합청과물회사는 아무 증거도 없이 자메이카 농부들의 농사짓는 방식에 책임을 물었다. 회사는 자메이카 농부들의 방식이 조잡하고 비위생적이라고 선포했다. 연합청과물회사와 다른 미국 및 유럽의 수입자들이 땅을 사고 그 땅에서 직접 바나나를 키우기 시작한 것은 그 무렵부터다. 이 회사들은 자신들이 산 땅에서 조심스럽게 위생적으로 마치 공장 같은 환경에서 바나나를 키우려 했다. 이것은 단일 작물 재배에 집중하여 더 큰 농장에 더 빽빽하게 바나나를 키운다는 것을 뜻했으니 상황이 좋아지기는커녕 오히려 나빠졌다.

마침내 1915년에 곰팡이의 정체를 밝혀냈다. 1920년대 파나마 병을 무찌를 방법을 찾아 막대한 돈을 들였으나 아무 소용이 없었다. 연합청과물회사는 배수장을 지어 넓디넓은 바나나 밭 흙의 습도를 조절하기 위해 엄청난 돈을 들였다. 비교적 물기 없는 상태로 흙을 유지하고 물을 조금씩 주면 감염 주기를 느리게 할 수 있었던 것으로 보인다. 그러다 곰팡이가 피면 수많은 일꾼을 들여보내 산소를 사랑하는 곰팡이를 숨 막혀 죽게 했다. 기껏해야 바나나 나무가 병들고 시들다가 죽어버리는 시간을 조금 늦추는 게 고작이었다.

연합청과물회사는 곰팡이와 싸우느니 피하는 것이 최선이라는 결론을 내렸다. 그 뒤 40년 동안 파나마 병을 피해 도망 다녔다. 농장 하나에 곰팡이가 슬면 회사는 그곳 일을 접고 모든 자본과 일꾼을 먼 곳으로 옮겨버렸다. 이런 일은 농장 하나를 만들면 5년 안에 늦어도 10년 안에는 일어났다. 처음에 회사는 농장을 카리브 지역 섬들에서 온두라스와 코스타리카의 동쪽 바닷가로 옮겼다. 1927년에는 파나마의 태평양 해안에서 바나나를 재배했다. 마지막으로 회사가 옮겨간 곳은 파나마 병이 없는 과테말라의 숲이었다. 회사는 일단 나무를 베어내서 공터를 만들고 재빨리 바나나 나무를 심은 다음 곰팡이가 한 발이라도 내딛기 전에 되도록 많은 바나나를 수확하고자 아등바등했다. 하지만 곰팡이는 회사가 도망가는 곳마다 바짝 뒤를 쫓아왔다.

이 이야기는 브라질 커피 이야기와 닮은꼴이지만 뚜렷한 차이가 있다. 커피 농사꾼들도 툭하면 옮겨 다니는 사람들이었다. 하지만 커피 농사를 짓는 이들은 앞선 사탕수수 경작자들처럼 양분이 떨어진 흙을 벗어난 것이지 병을 피해 달아난 것이 아니었다. 브라질 커피 농사꾼들은 끊임없이 밭을 치우고 다른 곳으로 농장을 옮겨 다니며 텅 빈 변경hollow frontier 지역을 만들어냈다. 텅 빈 변경은 수출산업으로 돈을 벌려고 라틴아메리카 사람들이 벌인 경쟁으로 나타난 다소 특이한 현상이다. 문명은 처음부터 새로운 변경으로 나아가며 숲을 베어내어 다양한 생물이 살던 풍경을 한 작물만 있는 체제로 바꾸어왔다. 그렇게 인류는 보금자리를 마련하고 삶을 꾸려왔다. 곧 건강한 문명은 규모가 커지면서 야생 풍경을 흡수하여 사람이 사는 풍경으로 바꾸어놓는다.

수출 농업으로 생겨난 텅 빈 변경은 그와는 매우 달랐다. 이 문명은 야생을 문명으로 바꾸기보다는 삼키고 뱉어버렸다. 겨우 수십 년 만에 변경은 자연에서 황무지로 바뀌었다. 이 문명은 전격전이다. 이 문명을 사는 사람들은 더는 한곳을 삶터로 삼아 뿌리내리지 않는다. 오로지 이윤만을 향해 흔들림 없는 사랑을 바칠 뿐이다. 그 결과 커져만 가는 암 덩어리와 같다. 곧 둘레에 있는 모든 것을 약탈하고 죽은 땅만을 남기는 암 덩어리다. 이 죽은 땅의 특징은 나무가 없고 토양침식이 거세게 일어나며 사람이 살지 않는 유령 마을만 남는다는 것이다. 현재에도 미래에도 중요한 것은 변경뿐이다. 변경 안으로는 모든 것이 사라져 텅 빈 땅만 있기 때문이다. 닐루 페사냐Nilo Peçanha(1867~1924, 브라질의 변호사이자 정치인으로 1903년부터 1906년까지 리우데자네이루 주지사였다―옮긴이)는 브라질의 커피 수출 호황이 시작된 파라이바Paraíba 강을 따라 커피 문명이 남긴 황무지를 이렇게 묘사했다.

> 오늘날 파라이바 유역의 땅은 헐벗고 텅 비어 있다. 도시는 쇠락했고 부동산 가치도 떨어졌다. 농장은 뼈대만 남고 남은 집들은 뼈 무더기처럼 보인다. 이 꼴을 보자니 가슴이 미어져 온다. 그 시절 파라이바 유역에서 바다처럼 넓게 빛나던 농토를 본 사람이라면 누구나 그렇게 느끼리라.[26]

바나나 농장주들의 암은 종류가 다른 암이었다. 이 암은 가까운 변경은 휙 건너뛰어서 먼 곳에 있는 처녀지로 전이되었다. 바나나는 고의로 남겨둔 자연의 방벽들 사이로 몰락과 파괴의 흔적이 여기저기 깔린 미로와도 같은 변경을 낳았다. 바나나는 풍경을 매우 빨리 바꾸고 매우 빨리 떠났다. 그래서 바나나 농장이 지나간 자리에는 유령 마을의 흔적조차 남지 않았다. 숲이 베여 나간 곳에 시든 바나나 그루터기가 널려 있고 그 틈에서 가난한 농부들이 어떻게든 입에 풀칠하려고 안간힘을 쓰는 모습만 남았을 뿐이다. 이른바 디저트용 작물이라는 바나나, 커피, 설탕을 재배하는 일은 변경을 향한 감탄할 만한 전진 같은 것이 아니었다. 그것은 갖가지 상황 악화에 따른 안타까운 후퇴였다.

1940년대에는 파나마 병에 대한 비교적 간단한 해결책이 있었다. 바나나의 새 품종인 캐번디시Cavendish(오늘날 가장 많이 수입되는 바나나다)는 곰팡이에 아주 잘 견뎠다. 연합청과물회사도 재배 품종을 캐번디시로 바꿨다면 재배하는 데 돈도 덜 들고 재배도 지속 가능할 수 있었을 것이다. 이미 다른 회사들은 캐번디시를 시험하고 있었지만 연합청과물회사는 1962년까지도 캐번디시 품종을 받아들이지 않으려 했다. 그로 미셸 바나나에 푹 빠진 미국 시민들이 그로 미셸보다 조금 더 작고 멍이 잘 드는 캐번디시를 거부할지 모른다는 우려에서였다.

연합청과물회사가 위기의 늪에서 허우적거린다고 해서 자연이 봐주는 일은 없었다. 오히려 어김없이 새 골칫거리를 던져줬다. 1920년에 시가토카라는 병을 일으키는 곰팡이 식물병원균 *Mycosphaerella musicola*이 태평양 섬 농장에 나타났다. 1934년에는 태평양을 건너 중앙아메리카 바나나 공장에 도착했다. 시가토카는 황당할 만큼 빠른 정복자였다. 1937년 말 코스타리카에서 트리니다드에 이르는 거의 모든 바나나 농장이 시가토카에 감염되었다. 시가토카는 바나나 잎을 공격해 시커멓게 만들었다. 그 다음에는 땅을 파고드는 바나나뿌리썩이선충 *Radopholus similes*이 나타나 뿌리를 망가뜨리고 나무를 쓰러트렸다. 시가토카와 바나나뿌리썩이선충을 다스리는 데 파나마 병 때와는 달리 아주 독하게 자주 뿌리기만 한다면 약을 뿌리는 일이 효과가 있었다.

그러나 문화와 자연이 싸움을 벌일 때는 역설적인 일들이 벌어진다. 여기서도 그런 일이 발생했다. 자연에 맞선 전쟁에서 문화는 걸핏하면 자연을 이기려고 문화 구성원을 희생시킨다. 자기 뜻으로 희생양이 되는 사람도 있고 강요로 희생되는 사람도 있다.

회사는 시가토카를 퇴치하고자 했다. 그것이 안 된다면 다가오지 못하게라도 하고자 했다. 회사가 바나나 농장 노동자들한테 정교한 펌프

장비로 바나나 잎 아래 위에 밝은 청록색 황산구리 용액을 뿌리게 한 것은 이 때문이었다. 회사는 그 일을 하는 이들을 화학자라 부르며 자연에 맞선 과학 전쟁의 최전선에 선 이들로 치켜세웠다. 하지만 노동자들은 자기 자신들을 비꼬아 앵무새라 일컬었다. 황산구리 용액은 그것을 뿌리는 일꾼들의 살갗을 물들이고 나아가 세포에 스며들었다. 용액을 뿌리는 일꾼들은 피부만 파란 것이 아니라 땀도 파랗고, 침도 파랗고, 폐까지 파랬다. 많은 노동자가 폐결핵이라는 진단을 받았다. 잘못된 진단이었지만 증상이 폐에 치명타를 입힌다는 점에서 어차피 마찬가지였다. 회사의 일꾼 넷에 한 명은 용액 뿌리는 사람인 때도 있었다. 몇몇 사람들은 자기 건강을 해쳐야만 치료할 수 있는 바나나 나무를 보며 주객이 전도되었다는 생각을 했다. 황산구리는 바나나의 천적을 다스리는 데 쓰인 여러 독극물 가운데 하나일 뿐이었다.

1960년대부터 바나나 농장 일꾼들은 살충제DBCP를 뿌리기 시작했다. 다우케미컬과 스탠더드오일이 함께 만들어낸 독극물이었다. 이 독극물은 선충과 다른 귀찮은 흙 속 생물들의 번식력을 완전히 없애버렸다. 예상대로 이 살충제 때문에 바나나 농장 노동자들도 생식력을 잃었다. 이윤을 얻으려면 자연을 이겨야 했다. 이를 위해 이 문화는 기꺼이 자기 구성원을 위험한 길에 빠트렸다. 그뿐만이 아니었다. 문화는 역사 속에서 문화의 생존을 위해 가장 강력한 무기이던 인간의 번식력을 위협하는 일까지 서슴없이 저질렀다. 문화가 신이라도 된 양 행동하는 것은 바보짓이다. 그것은 문화의 뿌리도 기껏해야 생명체임을 잊는 일이기 때문이다. 문화가 겉으로 무슨 일을 해내든 문화를 이루는 개인은 언제나 자연과 피와 살과 염색체를 함께하는 생명체일 뿐이다. 자연의 적을 이기고자 만든 무기가 우리 자신을 해칠지도 모르는 일이다.

그 상황에서 자연을 팔아 나라를 일으키려는 것은 19세기 라틴아메리카 국가들에는 좋은 작전이 아니었다. 하지만 자연은 걸핏하면 이에 반항하며 가끔 고집까지 부린다. 문화가 구상한 미래 역사는 자연을 어떻게 보느냐, 자연이 실제로 어떤가에 따라 나아가는 길이 바뀐다. 역사는 문화의 자서전인데 그 자서전은 배경도 하나 없는 백지에 쓰는 것이 아니다. 대체로 열대기후인 아메리카의 배경은 문화에 독특한 어려움과 기회를 안겨주었다. 이러한 어려움과 기회를 우리 이야기에 아직 완전히 끌어안지 못했다.

브라질은 고무를 잃었다. 고무 독점권만 잃은 것이 아니라 소생산자로서 경쟁할 능력까지 잃었다. 브라질 사람들은 여기저기에 그 책임을 돌렸다. 결정론에 빠진 이들은 브라질 인종을 미개하다고 비난하고, 아마존의 기후는 사람을 허약하게 한다고 저주했다. 민족주의자들은 브라질 자연의 부를 훔쳐간 영국 제국주의를 고발했다. 민족주의자들에 따르면 이는 남의 아이를 유괴하는 일이나 마찬가지였다. 결국 미생물들은 사람의 손길을 따돌렸고 고무를 브라질의 중요 수출 품목에서 지워버렸다. 브라질이 입은 피해는 심각했다. 브라질은 여전히 단일 작물인 커피에 수입을 기대고 있었는데 세계시장에서 커피 값은 나날이 곤두박질쳤기 때문이다. 브라질도 고무 농장만 세울 수 있었다면 복이 넝쿨째 굴러들어왔을 것이다. 1920년대에 브라질이 커피를 포함한 자국의 모든 상품을 미국에 수출해 버는 돈보다 저 멀리 있는 말레이시아가 고무와 주석을 미국에 팔아 버는 돈이 훨씬 많았다. 또한 브라질이 산업화를 시작했을 때, 특히 1950년대 이후 자동화 공장이 들어섰을 때 브라질에 고무 농장이 있었다면 해외에서 고무를 들여오는 수십억 달러를 아낄 수 있었을 것이다. 고무나무가 자랄 만한 기후대에 있는 모든 아메리카 나라들에도 브라질과 비슷한 경험을 조금이나마 했을 것이다. 아마존 유역은 최근 30년 동안 농장과 목장을 만들려고 숲을 밀어내며 엄청난 파괴를 통해 경제성장을 해왔다. 하지만 고무 농장만 있었다면 아마존 유역은 앞서 말한 파괴적 방식이 아니라 지속 가능한 수출 농업으로 1세기에 걸친 경제성장을 누리고 있을지도 모른다.

아마존에서 문화는 자연에 패배했다. 중앙아메리카에서는 문화가 세운 바나나 계획이 자연이 막아놓은 거대한 걸림돌에 부딪쳤다. 이 경우에 문화도 나름 잘 싸웠다. 바나나를 키우는 이들은 노력해서 수익을 올릴 수 있었다. 병 없는 환경에서 바나나를 키우는 경쟁자가 없었기 때문이다. 하지만 파나마 병으로 연합청과물회사와 같은 바나나 회사들은 다국적 기업답지 않은 일을 하게 되었다. 먼 미래까지 내다보고 계획을 세운 것이다. 그리하여 바나나를 키우는 미국인들이 엄청난 규모로 열대 농장을 사고 빌리고 빼앗기 시작했다. 농장주들은 서둘러 농장을 쓰고 버려야만 했다. 더구나 새 농장은 옛 농장들에서 아주 멀리 떨어진 안전한 곳에 지어야만 했다. 그러려면 아주 넓은 땅을 소유하여 그 안에서 체계적으로 곰팡이로부터 도망 다닐 수 있게 하는 것이 최선이었다. 연합청과물회사 한 회사가 바나나를 심으려고 소유한 땅이 1만 2,000입방킬로미터에 이르렀다. 거의 코네티컷 주만 한 넓이다. 그러한 소유지가 여섯 나라에 흩어져 있었다. 연합청과물회사는 되도록 넓은 구역에 위험을 분산시켰고 넓은 구역의 정치와 경제에 간섭하려 들었다.

1940년대 말 과테말라 사람들은 대부분 땅이 없었다. 그런데 연합청과물회사는 과테말라 국토 안에 엄청난 넓이의 토지를 쓰지도 않고 놀려두었다. 연합청과물회사가 경작하는 땅은 과테말라에서 회사가 가진 전체 땅의 5퍼센트에 지나지 않았다. 과테말라 사람들은 회사의 행태에 항의하기 시작했다. 1952년 하코보 아르벤스 구스만Jacobo Arbenz Guzmán 대통령은 연합청과물회사에 쓰지 않는 땅을 과테말라에 돌려줄 것을 요구했다. 그러면 정부는 회사가 최근 소득 신고에서 신고한 부동산 가치에 따라 보상금을 지급할 계획이었다. 과테말라 민족주의자들은 농민들에게 땅을 주고 과테말라를 풍요롭게 하고자 그 조치를 정당화했다. 안 쓰는 땅에서는 수출품도 안 나오고 먹을 것도 나오지 않았다. 과테말라는 먹을거리도 상당 부분 수입하고 있었다. 이에 연합청과물회사는 항의하고, 저항하고, 공산주의라고 외쳐댔다. 1953년 아르벤스 대통령은 결국 토지개혁을 밀어붙였다. 연합청과물회사가 안 쓰던 땅 1,700평방킬로미터가 과테말라 국민에게 돌아왔다. 물론 연합청과물회사는 과테말라 정부에서 영향력을 꽤 잃은 상태였다. 그러나 미국 행정부에는 회사의 친구들이 권력자로 남아 있었다. 1954년 미국 중앙정보국CIA이 조직하고 미국 공군이 지원하는 반란군이 과테말라 시를 폭격하고 아르벤스를 끌어내렸다. 그리고 그 자리에 한 독재자를 앉혔다. 독재자는 연합청과물회사에 이전의 모든 땅과 특권을 돌려주었다.

천연두 없이도 결국 이베리아 사람들은 아메리카를 정복할 수 있었을지도 모른다. 중앙아메리카에 경제 제국주의가 들이닥친 것 또한 열대 곰팡이가 없었더라도 일어났을지 모른다. 하지만 자연이 이야기에 끼어들지 않았다면 두 사건 모두 아주 다른 모습이었을 것이다. 자연이 손을 대지 않았다면 바나나 수입자들은 바나나 장사를 처음 시작했을 때와 마찬가지로 자신들과 계약한 독립 농민들로부터 바나나를 사들이는 것으로 만족했을지도 모른다. 1920년대까지 연합청과물회사는 철도와 해운 회사들을 경영했지만 땅은 별로 없었다. 파나마 병이 시작되면서 연합청과물회사는 죽어도 다 경작하지 못할 만큼 넓은 땅을 얻는 데 혈안이 되었다. 땅이 넓으면 넓을수록 곰팡이를 피해 달아날 곳도 많았기 때문이다. 회사는 자신들의 미래를 지키기 위해서 상황에 따라 무슨 일이라도 다했다. 정부를 뒤집고 독재자를 밀어주기도 했다. 경제 제국주의는 파나마 병이 없었더라도 일어날 수 있었다. 하지만 파나마 병을 생각하면 왜 과테말라 같은 바나나 공화국들이 다른 나라들보다 제국주의의 열매로 더 큰 피해를 보았는지 설명하기가 더 쉬워진다.

5장

인간의 의지

루비어웅이 바닷가 쪽을 바라보았다. …… 보타파구의 집 창가에 서서 엄지손가락을 옷의 허리끈 아래에 밀어 넣고 있는 루비어웅을 보면 누구나 이 사람이 잔잔한 물결을 보고 놀라워하고 있다고 생각할 것이다. 하지만 내가 알려주겠나니 루비어웅은 전혀 다른 것을 생각하는 중이다. 그는 과거와 현재를 견줘보고 있다. 1년 전에 루비어웅은 무슨 일을 했던가? 교사였다. 지금은? 자본가다. 그는 자기 자신을 살펴본다. 슬리퍼는 튀니스 제품이다. 새 친구 크리스티아누 팔랴가 선물한 것이다. 루비어웅은 자기 집을, 안뜰을, 바닷가를, 언덕을, 하늘을 바라보았다. 슬리퍼에서 하늘까지 그 모든 것에서 재산이 모이는 느낌을 받았다.[27]

가장 위대한 브라질의 소설가 중 한 사람인 조아킹 마리아 마샤두 지 아시스Joaquin Maria Machado de Assis는 매우 사랑하는 도시 리우데자네이루 주변을 외국인 지인들에게 보여주는 데 지쳐 있었다. 사실 마샤두 지 아시스는 야외에 나가기가 싫었다. 그보다는 방문객들, 특히 외국인 방문객들이 작가 자신의 고향 도시를 거대하고 아름다운 정글 사이에 있는 자그마한 인간 마을이 아닌 남아메리카의 파리로, 세련되고 진보한 문화 공간으로 봐주기를 원했다. 하지만 마샤두 지 아시스의 손님은 이 사람 저 사람 모두 자연에, 바닷가에, 절벽에, 숲에 흠딱 빠져 사람이 만든 작품은 지나쳐버렸다. 한번은 유럽에서 온 한 손님이 마샤두 지 아시스에게 뭔가 오래되고 아름다운 것을 보여 달라고 했다. 마샤두 지 아시스는 기대에 들떠 손님을 카스텔루 언덕 위에 있는 오래된 교회와 옛 성당 건물들을 보여주었다. 손님은 아크로폴리스는 아니지만 분명히 사람 눈길을 끌 만한 건물들이라 인정했다. 그러나 곧이어 마샤두 지 아시스는 실망하고 말았다. 대충 교회를 흩어본 뒤 곧장 언덕 등성이 쪽으로 가더니 바닷가를 보고는 "이곳 자연은 정말 아름답군요!" 하고 소리친 것이다.

마샤두 지 아시스에게 그런 말은 모독이었다. "난 늘 그런 행동을 인간과 그 업적을 짓밟는 행동으로 여겼다." 그렇다고 마샤두 지 아시스가 도시가 지닌 자연의 아름다움을 낮춰 본 것은 아니었다. 자연의 아름다움은 자신이 쓴 소설에서 빼놓을 수 없는 부분이기도 했다. 하지만 훌륭한 소설가이자 극작가인 마샤두 지 아시스에게 문화를 무시하며 자연을 우러러 보는 일은 배경을 등장인물 앞에다 놓는 것이나 마찬가지였다. 세기가 바뀌던 시기에 리우데자네이루를 찾은 이들이 자연의 아름다움에 놀랐다고 해서 그것을 탓할 수는 없다. 오늘날까지도 리우데자네이루의 으뜸가는 매력은 자연스레 굽은 꼴의 바닷가와 놀랍도록 아름다운 산과 하늘이다. 마샤두 지 아시스와 같은 시대를 사는 다른 이들의 바람은 사람들이 만든 건물, 기념물, 도로, 다리 같은 것들이 다른 사람의 눈길을 끄는 것이었다. 리우데자네이루 사람들은 그 바람을 이루고자 눈에 띄고자 온힘을 다했다. 그 시대 말로 하자면 "영국 사람 보라고" 건축물을 만들었다. 마샤두 지 아시스는 물 위를 가로지르는 훌륭한 다리를 놓으면 바닷가가 더 아름다워 보이리라 믿었다. 뉴욕의 이스트 강보다는 브루클린 다리가 눈에 잘 들어오듯, 금문교도 금문 해협의 자연스런 아름다움보다 더 찬란히 빛나지 않던가. 마찬가지로 리우데자네이루의 산과 하늘보다는 우뚝 선 하얀 예수 상이 관심을 더 많이 끌게 되리라. 문화는 인간의 관심과 존경을 얻고자 자연이 작아 보일 만큼 덩치를 키워야만 했다. 리우데자네이루도 다를 바 없었다.

라틴아메리카 사람들이 외국인들 앞에서 느낀 수치심이 이러한 꿈을 더욱 부풀렸다는 데에는 의심의 여지가 없다. 그리고 그 꿈은 곧 그 누구도 꿈꾸지 못했을 규모로 실현될 것이었다. 인간과 자연의 관계는 20세기 들어 크게 바뀌었고 라틴아메리카 사람들도 기꺼이 그 혁명에 함께했다. 문화의 오랜 꿈이 자연결정론에 승리를 거두려 하고 있었다. 앞 장에서 이야기한 편견과 질병과 자연재해의 힘이 거짓이 아니라는 점은 상관없는 일이었다. 20세기가 올 때까지 문화는 바람에 휘고 산에 막히고 물에 시달리고 굶주림에 쫓기고 병에 걸렸다. 그 뒤 문화는 힘을 키우기 시작했다. 물론 그 힘은 갑자기 커지지 않았고 자연도 그것을 보고만 있지는 않았다. 그럼에도 힘의 균형은 분명히 인간 진영으로 기울었다. 덕분에 20세기에는 지금까지 살펴본 것들과는 좀 다른 이야기가 펼쳐진다.

무엇보다 바뀐 점은 바로 힘의 성질이었다. 18세기가 될 때까지 사람들은 태양력에서만 힘을 끌어 썼다. 햇빛의 힘으로 식물이 자랐고, 사람은 그 식물 일부를 태워 몸을 덥히고, 음식을 요리하고, 철을 만들고, 일부는 직접 먹어서 스스로 또는 가축의 힘줄을 움직이게 했다. 태양이 농업에 공짜로 베푼 선물을 거둬들이려면 근육을 움직여 일해야 했다. 그때까지 문화는 거의 모든 일을 사람과 동물 근육의 힘으로 해왔다. 근육이 음식을 연료로 하여 역사를 만들었다. 전쟁에, 예술에, 무역에, 섹스에, 생산에, 파괴에 근육으로 하지 않은 일이 없었다. 사람의 두뇌조차도 칼로리를 동력으로 한 생체기관이지만 두뇌로 세운 꿈과 계획 또한 몸을 움직이고 땀 흘려 일해야만 이룰 수 있었다. 이베리아 사람들이 배를 끌고 바다로 나갈 때 이용한 바람을 만든 힘도, 쇄광기와 설탕 증류기를 돌리는 데 작용한 떨어지는 물을 위로 끌어올린 힘도 태양에서 나왔다. 하지만 역사의 으뜸가는 동력은 여전히 근육이었다.

문화의 타고난 의지에 불을 붙인 것은 화석연료의 발견이었다. 물론 석탄과 석유 또한 태양이 만든 것이지만 옛 식물들의 화석인 것이다. 오늘날 우리가 사는 새로운 체제는 이제 하루하루 비치는 햇빛 말고도 다른 에너지를 사용한다. 태양이 땅속에 만들어놓은 은행계좌를 파헤쳐 쓰는 것이다. 이 계좌에는 이자도 붙지 않는다. 재생 불가능한 자원이기 때문이다. 새롭게 찾아낸 선사시대의 연료들이 문화의 힘을 키웠고 힘이 커진 문화는 역사의 흐름을 더 빠르게 했다. 역사가 문화적 시간으로 들어서면서 문화의 시계가 지구의 생태 시계보다 빨라지기 시작한 것이다. 간단한 도구를 쓰던 사람들은 버튼을 누르는 사람으로 바뀌었다. 이제 사람들은 옛날에는 꿈도 꿀 수 없었던 약간의 힘을 써서 이 모든 것을 동원할 수 있었다.

17세기에 멕시코시티가 끔찍한 홍수에 시달릴 때 희생자들은 기독교의 성인들에게 자신들을 구해달라고 애원했다. "우리 불쌍한 멕시코 사람들이 무릎을 꿇고 간청합니다. 수호성인이시여, 성스러운 믿음으로 산을 움직이고 호수를 마르게 하소서."[28] 오직 20세기의 화석연료 기술만이 이런 기도에 응답해줄 수 있었다. 그때가 되어서야 비로소 사람은 강줄기를 돌리고, 바다를 마르게 하고, 대륙을 가르고, 산을 움직이는 힘을 얻을 수 있었다. 그보다 더 커다란 변화는 문화가 흙을 비옥하게 하는 힘을 얻은 일이다. 이제 그 일이 라틴아메리카의 자원에서부터 시작되었음을 살펴볼 것이다. 우리는 굶주림이라는 경험을 거의 잊어버렸다. 라틴아메리카의 누군가가 여전히 굶주린다 해도 식량을 충분히 생산하지 못해서가 아니다. 오늘날 자연 때문에 굶주림을 겪는 일은 드물다. 잘못은 인간의 문화, 곧 정치, 경제, 인도주의의 한계에 있다. 20세기의 새벽은 마샤두 지 아시스와 그가 쓴 소설의 주인공 루비어웅이 옛날과 지금을 비교하기에 딱 맞는 시기였던 셈이다.

라틴아메리카는 19세기 내내 증기기관, 철도, 증기선 따위의 여러 가지 신기술을 들여왔다. 이 기술들은 식물화석을 연료로 하여 수천 명분의 일을 할 수 있었다. 어떤 사람은 그 시대를 찬양하며 사람과 짐을 실은 증기선 한 척이 대서양을 건너 아메리카에 오는 일이 이집트

기자의 피라미드를 짓는 데 바위를 옮기고 올리는 일에 맞먹는다고 했다. 새롭게 나타난 움직이는 불가사의는 라틴아메리카가 수출 경제 중심으로 발전하는 데 필수품이었다. 이 기술들로 라틴아메리카 사람들은 시간과 공간을 정복했다. 세계화의 촉수를 항구 너머로 뻗는 데 걸림돌이었던 거리와 지형 장애를 뛰어넘은 것이다. 항구와 항구 사이를 직항하고 바람에 상관없이 강의 거센 물결을 거슬러 올라가는 증기선이 없었다면 중앙아메리카의 바나나도, 아마존의 고무도, 아르헨티나의 냉동 쇠고기도 다른 대륙의 시장에 다다를 수 없었을 것이다. 또한 넓은 평원을 가로지르고 높은 산맥을 뚫고 지나가는 철도가 없었다면, 커피나 구리나 밀이나 바나나와 같은 상품은 항구에도 닿지 못했을 것이다. 파는 사람과 사는 사람을 잇는 강력한 수송 도구 없이 라틴아메리카가 세계경제에 차지할 자리는 거의 없었다.

마샤두 지 아시스와 동시대 사람들은 문화의 힘을 키우면 좋은 일만 일어나리라 믿었다. 그 혜택은 너무나도 명백했다. 하지만 인류의 힘이 커지는 데 따른 대가를 눈치채기 시작한 이들도 일부 있었다. 자연이 입은 피해는 눈에 띄게 컸지만 그 때문에 가슴 아파하는 사람은 거의 없었다. 자연을 바꾸면 뜻밖의 일들이, 때로는 바라지도 않은 일들이 문화에 일어날 수 있다는 사실을 오늘날 우리는 어느 정도 짐작하고 산다. 그러나 당시 사람들에게는 정말 날벼락 같은 일이었다. 때로는 문화가 쏟은 힘과 노력이 헛수고가 되기도 했다. 자연은 생각한 대로 바뀌었지만 살림살이를 더 좋게 한다는 최종 목표는 못 이루었기 때문이다. 기술과 힘 또한 자연만큼이나 변덕스럽고 예측할 수 없는 모습을 보이기도 했다. 어쨌든 사회에서 권력을 가장 많이 누리는 이들이 자연을 바꾸는 일에서도 가장 많은 이익을 얻었다. 그리고 이들은 신형 레버와 버튼을 건드릴 수도 없는 사람들이 어떤 대가를 치르든 자연을 서둘러 개조하는 일을 계속해야 한다고 주장했다.

산을 옮기다

  쓰레기를 수송하는 길로 바뀐 도시의 강을 빼고 보면 세계에서 멕시코시티의 대수로만큼 커다란 야외 하수구는 없다. 몇몇 멕시코 사람들이 정확히 짚어낸 표현처럼 대수로가 시작되는 곳은 하원 건물 바로 뒤다. 대수로는 그곳에서부터 멕시코시티 심장부의 북동쪽을 거쳐 거주 구역, 공업 구역, 여가 구역을 돌며 더러운 물을 받아들인다. 최근 엄청난 도시 성장으로 대수로로 흘러드는 더러운 물줄기는 커져만 간다. 길고 넓은 대수로는 악취를 풍긴다. 그런데도 도심에서 이 어마어마하게 큰 쓰레기 강을 찾기란 쉽지 않다. 대수로 표시가 없는 지도도 많다. 관광 지도가 특히 그렇다. 게다가 높은 벽이 대수로 상류의 상당 부분을 가리고 있다. 나와 내 아들은 오래된 지하철 지도를 보고서야 대수로를 찾을 수 있었다. 오늘날 혁명가 플로레스 마곤Flores Magón의 이름으로 불리는 지하철역(정확히는 오아하카 주 출신의 혁명가 플로레스 마곤 형제 가운데 리카르도 플로레스 마곤의 이름을 딴 역이다—옮긴이)이 옛날에는 대수로라는 거창한 이름을 달고 있었던 것이다. 하지만 지금은 사실상 대수로에 대한 언급이, 대수로로 가는 길이, 대수로를 볼 만한 장소가 없어진 상태다. 우리는 온갖 고생을 다한 뒤에야 가까이서 대수로를 볼 수 있었다. 대수로에서는 퀴퀴한 악취가 진동하고 하수구 같은 잿빛을 띤다. 똥오줌, 물에 녹은 비누, 공업 하수, 흐물흐물 녹은 화장실 휴지가 섞여 흐르기 때문이다. 대수로 가에 줄지어 뻗은 썩어가는 파이프들에서는 거품 섞인 액체가 콸콸 흘러나와 대수로로 쏟아진다. 시민들은 대수로를 둘러싼 벽에 낙서로 장식하고 대수로 구역에 매트리스, 플라스틱, 종이 따위를 무더기로 버린다. 그리고 기적처럼 식물들이 무성하다. 아주까리가 특히 많다. 대수로는 도시의 동맥이지만 사랑도 명예도 누리지 못한다. 대수로 곁에서 살아가고 놀고 일하는 이들은 그저 달리 방법이 없을 뿐이다(자료 5를 보라).

이 얼마나 놀라운 반전인가! 1900년에 완성되었을 때만 해도 대수로는 시민들에게 사랑받는 영광스런 건축물이었다. 멕시코 사람들이 400년 동안 꿈꿔온 일이 자랑스럽게 결실을 맺은 것이 바로 대수로였다. 대수로가 생겼을 때만 해도 사람들은 대수로를 멕시코시티의 구세주로 치켜세웠다. 대수로는 마샤두 지 아시스가 부러워했을 만한 기념물이자 건축 역사의 불가사의 중 하나였다. 사람이 만든 거대한 강은 땅 위로는 직선 구간 47킬로미터를, 땅 아래로는 산맥 아래를 뚫은 터널 10킬로미터를 흘러갔다. 계곡에 갇힌 물을 흘려보내기 위해 사람이 산을 옮긴 것이다. 대수로 건설 후원자 중 가장 중요한 인물인 멕시코의 종신 독재자 포르피리오 디아스Porfirio Díaz(1830~1915, 멕시코의 군인이자 정치가. 독재자로서 오랫동안 멕시코를 다스렸으나 멕시코 혁명으로 자리에서 물러났다—옮긴이)는 화려한 기념식을 열어 대수로 완성을 축하했다. 기념식에 어울리는 빅토리아 시대의 반정장을 입은 초청 손님들이 대수로의 터널 입구에 모였다. 대수로의 물은 엄청나게 큰 피라미드를 뒤집은 꼴의 입구를 통해 땅 위에서 땅속으로 들어갔다. 이는 정치인과 기술자들을 위해 땅 위에 뭔가를 세우는 대신 땅을 파서 만든 거꾸

자료 5. 저자가 찍은 멕시코시티 대수로(2005).

로 된 기념물과도 같았다. 이 기념물은 멕시코 계곡의 오래된 호수에
서 흘러오는 물줄기를 텅 빈 내부에서 벌컥벌컥 들이마셨다.

오늘날 시민들은 이 기념물을 찾지 않는다. 이제 대수로는 끝없이
물이 내려가는 초대형 변기일 뿐이다. 디아스에게 대수로는 자신이 이
끄는 야심 찬 정부의 자랑스러운 업적이었다. 거의 모든 사람과 디아
스를 비판하는 이들과 어지간해서는 감동받지 않는 외국인들조차 대
수로가 디아스 정부의 업적이라는 데에 동의했다.

1629년에서 1634년 사이 대재앙에 견줄 만한 홍수는 그 뒤로 일어
나지 않았다. 그러나 멕시코 계곡의 골치 아픈 호수들에서 물을 다 빼
버리겠다는 꿈은 결코 사라지지 않았다. 거리에 물이 차올라 교통이
끊기고 건물이 부서지고 사람이 죽을 때마다 도시 관리들은 새 계획을

내놓거나 옛 계획을 보완하려 애썼다. 하지만 소용없었다. 정복 이후 어마어마한 돈을 수 세기에 걸쳐 쏟아 부었고, 수만 명이 곡괭이와 삽을 들고 돌과 흙을 바구니에 담아 옮겼지만 홍수는 계속되었다. 보잘 것없는 사람의 힘으로는 어림없는 일이었다.

19세기 중반 계곡의 호숫물을 빼내야 할 또 다른 절박한 이유가 생겼다. 18세기가 끝날 때까지 방문객들은 멕시코시티를 맑은 공기에 기후도 적당하고 건곡이 높이 자리한 도시, 세계에서 가장 건강에 좋은 인간 거주지 중 하나로 묘사했다. 그러나 현실은 멕시코시티도 공업화 이전의 다른 모든 도시만큼이나 더러웠다. 쓰레기, 가축, 가축의 시체, 사람 똥, 짐승 똥 따위는 도시에 살면서 늘 만나는 것이었다. 시골에서 사는 것과 별 다를 바가 없었다. 계몽주의 이전에는 아무도 도시의 더러움을 눈치채지 못했거나 굳이 말할 필요가 없다고 여겼다. 청결과 인류의 진보, 사람과 자연은 분리되어야 한다는 관념이 커지면서 중산층은 얼마 전까지만 해도 그냥 보아 넘겼던 더러움에 질겁하기 시작했다.

옛날 사람들은 어쩔 도리가 없어 보였던 도시의 질병 또한 그냥 참고 지나갔다. 계몽주의는 문명을 통해 질병에 맞서 반격할 것을 요구했다. 뒤이어 시작된 더러움과 질병에 맞선 싸움은 결국 하나가 되었다. 19세기 서양 도시들에서 그랬던 것처럼 멕시코시티의 엘리트들도 도시의 더러움을 비판했다. 19세기 말 멕시코의 중산층인 정의의 사도들은 자신들의 위대한 사명에 너무나 몰입한 나머지 집에서 비둘기, 돼지, 닭, 심지어 개를 키우는 것조차 불법으로 규제했다. 도시에서 자연과 자연스런 더러움을 치워버려야 했다. 처음에 도시 관리들은 바지를 안 입고 공공장소에 나오는 이들에게 벌금을 물렸다. 그러다 나중에는 아예 하층민들을 대놓고 씻기기 시작했다. 하층민들은 한 해에 한 번, 세례 요한 축일에만 목욕하는 것으로 악명이 높았다. 1917년에는 도시 거주민 9만 명이 정부 돈으로 목욕하고 이발했다.

거리를 청소하던 다른 나라 도시의 시민들의 상황과는 달리 멕시코시티의 도시 위생 운동가들 앞에는 도저히 넘기 힘든 장애물이 놓여 있었다. 세계 도시 대부분은 큰 강가에 있거나 항구도시로 도시의 쓰레기를 흘려보낼 바닥이 없다시피 한 싱크대가 있는 셈이었다. 오물에 쓰레기에 구정물을 물에다 던져 넣으면 물길과 파도가 그것들을 희석하고 저 멀리 실어 날랐다. 문화와 생태에는 안 좋은 방법이었지만 어쨌든 효과는 있었다. 반면 멕시코시티는 사방이 막힌 분지의 바닥에 있었다. 멕시코시티 시민들도 쓰레기를 가까운 물에다, 그러니까 텍스코코 호수에 던져버렸다. 하지만 이 쓰레기는 물에 녹아 사라지기는커녕 모이고 뭉치는데다 우기에는 넘쳐흘러 시민들을 괴롭혔다. 멕시코시티는 싱크대 바닥에 있었던 것이다. 구멍이 숭숭 난 제방은 도시를 제대로 지켜주지 못했다.

19세기 동안 멕시코시티는 여전히 물의 도시였다. 아스텍 시대 이후 호수는 쪼그라들고 운하 수도 줄었다. 도시는 북동쪽으로 여전히 넓은 호수에 맞닿아 있었고, 도시 안에 나룻배를 타고 갈 수 있는 곳도 아직 많았다. 큰 운하에는 작은 증기선들이 다녔다. 세기 중반까지만 해도 멕시코시티의 가장 아름다운 재산은 운하라고 여기는 이들도 많았다. 에스파냐 외교관의 아내로 스코틀랜드 출신인 페니 칼데론 데 라 바르카Fanny Calderon de la Barca는 1840년에 라 비가La Viga 운하에 대해 이렇게 썼다.

> 다른 어떤 나라에서도 라 비가보다 아름다운 산책길을 찾기란 어려울
> 것이다. …… 고운 그림자를 드리운 나무에 운하 위로는 카누들이 한가롭
> 게 미끄러지듯 흘러가고…… 그 모든 것이 구름 한 점 없는 파란 하늘 아래
> 있다. 공기도 맑고 깨끗하다. 여러분은 멕시코시티야말로 세상에서 가장
> 번영하는 가장 즐겁고 평화로운 곳이라 믿게 될 것이다.[29]

사람들은 호수와 운하를 질병과 감염의 온상으로 생각하기 시작했
다. 여름에 날이 더울 때면 호수와 운하에서는 역겨운 냄새가 풍겼다.
전통 지식에 따르면 나쁜 냄새와 질병은 함께 오는 것이었다. 멕시코
시티가 지저분하다는 사실에는 변명의 여지가 없었다. 멕시코시티 인
구는 1858년 20만 명에서 1900년까지 34만 5,000명으로 늘었다. 대부
분 도시로 이사 온 사람들 때문이었다. 이에 쓰레기도 더 많아졌고 질
병에 따른 사망률도 함께 늘었다. 1867년에서 포르피리오 디아스가 대
통령이 된 1877년까지 8만 3,000명이 병으로 죽었다. 멕시코시티 전
체 활동 인구 셋 중 한 명꼴이었다. 1879년 멕시코시티 시민의 기대 수
명은 27세였는데 같은 시기 파리 시민의 기대 수명은 47세였다. 1900
년 영아 사망률은 재앙에 가까웠다. 멕시코시티에서 태어난 아기 열
명 중 네 명이 한 해를 못 넘겼다.

자연스레 환경결정론이 고개를 들었고 멕시코 학자들은 더러운 물
이 더러운 기운을 만든다고 주장했다. 땅속 더러운 물도 마찬가지였
다. 그 더러운 기운은 질병을 낳을 뿐만 아니라 시민들 대부분을 약하

게 하여 멕시코 사람의 몸과 마음의 힘을 제한했다. 멕시코는 자연을 극복해야만 문명화될 수 있었다. 무엇보다 창피한 일은 세계인들 앞에 똥구덩이 속에 사는 꼴을 보이고 자연 앞에 무기력한 나라꼴을 보이는 것이었다. 이 모든 것이 멕시코 계곡의 지저분한 호수들은 어떤 대가를 치르더라도 완전히 말려버려야만 한다는 의견에 힘을 실었다.

그 일을 마무리 짓기까지 40년이 넘는 시간이 걸렸다. 마침내 그러한 대업을 이루기에 적당한 때가 온 것만은 분명했다. 곡괭이와 삽으로 그런 일을 할 수 없다는 것도 사실이었다. 호수 분지는 지하수면도 높고 진흙도 많이 쌓여 있었다. 운하를 파는 이들은 식민지 시대의 도시 주민들이 무덤을 팔 때 겪었던 것과 똑같은 문제에 부딪쳤다. 어디든 파기만 하면 곧 물이 차올라 구멍을 삽 길이보다 더 깊게 파 들어갈 수가 없었다. 1890년까지 운하를 판다는 것은 그와 같은 일이었다.

디아스 대통령은 운하를 파는 가장 빠른 길을 찾아냈다. 1869년에 끝난 수에즈 운하 공사에서 산을 움직이는 힘을 보여준 외국인들을 고용하면 될 일이었다. 영국의 위트먼 피어슨Weetman D. Pearson 같은 자본주의의 모험가들은 거대한 기계들을 사업에 들여왔다. 그중 굴착기가 있었다. 그리고 굴착기보다 어마어마하게 큰 준설선도 있었는데 그때까지 나온 이동 가능한 기계들 가운데 가장 큰 축에 들었다. 이러한 기계들은 영국에서 생산되어 멕시코에 부품 단위로 배에 실려 도착했다. 부품은 현장에서 조립했다. 가장 큰 준설선에는 카르멘이라는 이름이 붙었다. 디아스의 성질 드세고 아름다운 아내의 이름을 딴 것이었다. 여자 이름을 딴 물건 가운데 이 준설선만큼 흉측한 물건도 없었을 것이다. 카르멘은 아름다운 배가 아니었다. 지저분한 목재로 만든 선체에 기중기 팔이 여럿 달린데다 연기를 토해내는 굴뚝을 대충 얹은 삐걱거리는 바지선이었다. 길이 40미터짜리 배의 맨 뒤에는 양동이 40개를 엮은 사슬이 돌아갔다. 준설선의 증기 엔진이 이 사슬을 돌렸다. 양동이들은 호수 바닥을 파고들어가 침전물을 30미터 위로 들어 올린 뒤 그것을 준설선 맨 위에 있는 커다란 호퍼에 부었다. 그리고 호퍼에 물을 부어 침전물과 섞은 뒤, 그것을 배 옆쪽의 볼품없는 용수로로 빼내 카 트레인이나 바지선에 담았다. 카르멘에 이어 루시, 콘치타, 에니, 콰우테목 같은 다른 바지선들이 계곡 안의 골치 아픈 호수들을 말려버리는 경쟁에 동참했다. 바지선들이 지나간 곳의 풍경에는 양동이 물레바퀴가 돌고 간 자리로 흐트러짐 없이 쭉 뻗은 새로운 물길이 생겼다. 공사가 말처럼 그리 쉬운 일은 아니었다. 산사태를 비롯한 공사 차질을 10년 동안 겪은 뒤에야 운하가 완성되어 연결할 수 있었다. 이제 호숫물은 운하를 따라 빠르게 계곡을 빠져나갔다. 그리하여 오래된 호수들이 몇 달 만에 줄어들거나 사라져버렸다.

1910년은 멕시코가 독립한 지 1세기가 되는 해였다. 완성한 뒤 10년 동안 몇 차례 단장과 보수 작업을 거친 대수로는 독립 100주년 기념행사의 중심에 있었다. 여러 나라의 사절들이 멕시코, 디아스 대통령, 멕시코시티가 이룬 근대적 발전에 경의를 나타냈다. 사절 대부분은 당연히 깊은 인상을 받았다. 하지만 운하와 기념식처럼 중요 장소가 아닌 곳에서는 전혀 다른 모습이 보였다. 거리에는 물이 흥건했고 사람들은 거리에 물이 찼다는 소식이 해외 언론에 알려지지 않도록 분주히 모래주머니를 쌓아 물을 막고 있었다. 멕시코 사람들은 자신들이 계곡물을 상대로 이겼다고 주장했지만 운하가 완성된 지 10년이 지나고도 그들

자료 6. 꾸준히 수리를 받는 대수로. 1911년 숨팡고 터널과 연결되기 바로 전 모습이다.
출처 : John Birkinbine, "Our Neighbor, Mexico," *The National Geographic Magazine* 22(May 1911), 482쪽.

은 두 가지 사실에 골치 아파했다.

멕시코 사람들이 텍스코코 호숫물을 제대로 빼버린 것은 사실이었다. 멕시코 계곡은 멕시코시티부터 동쪽까지 말라붙은 상태였지만 언제나 그런 것은 아니었다. 1910년처럼 비가 많이 오는 철에는 옛날처럼 호수에 물이 다시 차올랐다. 그리고 물은 도시로도 밀려들었다. 이유는 간단했다. 운하는 보통 날씨에는 강우량을 감당할 만큼만 깊었고 그 정도만 감당할 능력이 있었다. 달라진 것은 단 하나였다. 거리를 채운 물이 옛날보다 맑아진 점이다. 그 물 대부분은 빗물로 고여 있던 시궁창 물이 아니었기 때문이다. 도시에 물이 들어차는 일은 1975년 더 깊고 더 큰 터널 망을 만든 다음에야 일어나지 않았다. 1900년 이후 홍수 때 넘치는 물이 맑아지긴 했지만 또 다른 골칫거리는 바꾸지 못한 듯하다. 멕시코시티는 멕시코 사람들이 계산한 대로라면 여전히 세상에서 가장 사망률이 높은 도시였다. 카이로와 마드라스의 사망률도 멕시코시티보다 낮았다. 호숫물을 빼내고 도시 하수구 대부분을 배수 시스템에 연결했지만 멕시코시티의 사망률은 1912년이나 1895년이나 다를 바 없었다. 수백만 페소를 쏟아 붓고 수많은 사람이 셀 수 없는 날을 일했는데도 당초 이 거대한 배수 시설이 필요했던 근본 문제들은 풀리지 않았다. 호수는 이제 사라졌지만 홍수와 질병은 호수와 같이 떠나기를 거부했다. 이 기막힌 진실이 널리 알려지기까지 그리 오랜 시간이 걸리지 않았다. 디아스가 다시 당선되는 것을 바라지 않는 이들이 이 사실을 폭로했기 때문이다.

혁명가들의 활동에 정당성을 실어준 문제점은 그것만이 아니었다. 배수 계획은 몇 안 되는 부자가 더 많은 최상급 농토를 차지할 수 있게 해주었다. 이번에는 옛날 강바닥이었던 땅이 부자들 차지가 되었다. 이에 호숫가 공동체는 가난과 분노를 곱씹었다. 호숫물이 빠지면서 수많은 생명체가 목숨을 잃었고 그중 많은 수는 식량으로도 중요한 종이었다. 물고기와 다른 먹을 수 있는 생물들이 말라버린 강바닥에서 숨막혀 죽고 또 햇빛에 말라 죽었다. 이제 물새도 멕시코 계곡을 찾을 이유가 없었다.

멕시코 환경보존주의의 지도자 미겔 앙헬 데 케베도Miguel Ángel de

Quevedo는 호수를 없애기보다 나무를 많이 심어서 홍수를 조절하는 쪽이 더 낫다고 생각했다. 그 이유 중 하나는 호수의 물고기와 자그마한 생물들과 물새를 잡아먹으며 사는 가난한 사람들이 많았던 까닭이다. 가난한 이들의 재산이던 강변의 생명체들은 이제 말라 사라져버렸다. 얼마나 느닷없이 호수가 사라졌는지 어떤 이들은 잠자리에 들 때까지만 해도 호수가 있었는데 아침에 깨어보니 없어졌다고 했다. 그 지역 농업도 피해가 컸다. 에스파냐 사람들이 지역을 정복한 뒤에도 살아남았던 호숫가의 치남파는 말라버렸다. 옛날 강바닥 자리에는 관개농업을 했다. 찰코Chalco나 아요틀라Ayotla 같은 멕시코 혁명을 지지한 호숫가 공동체가 내세운 가장 중요한 명분은 정부가 호수를 말려 자신들의 살아갈 길을 빼앗고 공동체를 파괴했다는 것이었다. 1910년대 내내 계속된 멕시코 혁명은 독립 이후 땅을 잃은 수많은 농민이 주역이 되어 일으킨 피비린내 나는 사건이었다.

아름다운 풍경을 잃은 데 대해 신경 쓴 사람은 아무도 없어 보인다. 몇 천 평방미터의 물이 사라지고 그 자리에는 아무것도 살지 않는 말라버린 강바닥만이 남았다. 호수는 멕시코 계곡의 얼굴이었다. 넓은 호수 표면이 웅장한 화산 봉우리들을 수천 년 동안 비춰왔다. 대수로 완성이 얼마 남지 않았을 때 호세 마리아 벨라스코José María Velasco(멕시코의 뛰어난 풍경화가—옮긴이)가 낭만주의 화풍으로 그린 멕시코 계곡 그림을 보면 멕시코시티는 계곡 속 드넓은 호숫물로 둘러싸여 무척 작아 보인다. 이제 멕시코 계곡을 빛내던 아름다움은 사라지고 없다. 인간은 새로운 힘을 얻어 대지 표면을 무시무시한 규모로 바꾸어놓았다. 멕시코 계곡의 호수와 그 호수들과 얽혀 있던 자연과 문화는 물과 음식을 얻는 소중한 장소에서 하수구로 변했다. 그리고 이제는 완전히 사라져 희미한 기억으로 남아 있을 뿐이다.

호수 배수 공사에서 가장 심각함에도 가장 눈에 덜 띄는 대가는 지반 침하였다. 배수 계획을 밀어붙인 사람들은 계곡물을 없애면 그 지역의 악명 높은 무른 흙이 굳어져 도시의 지반도 단단하게 될 것이라 믿었다. 결과는 정반대였다. 20세기에 멕시코시티는 거의 7.5미터나 가라앉았다. 계곡물은 사라져 가는데, 사람 수는 점점 늘어나 동네 샘이나 강이나 수로만으로는 마실 물이 모자랐다. 그래서 사람들은 마실 물을 찾아 지하에 남은 호숫물을 끌어올리기 시작했다. 멕시코시티의 우물 수는 1900년대에 이미 1,000개가 넘었고, 그 수는 빠르게 늘어났다. 도시 사람들이 구역 내 우물물을 양동이로 길어 올리면서 옛날에는 물로 꽉 차 있던 호수 바닥 흙의 부피가 줄었고, 도시와 그 모든 건물 및 설비들도 걱정스러울 만큼 빠른 속도로 가라앉기 시작했다. 1920년대부터 기계 펌프를 설치해 더 깊은 우물에서 물을 끌어올리면서부터 그러한 현상은 더욱 심해졌다. 시민들은 원래 땅 표면에 있어야 할 강철 우물 덮개 윗부분이 땅 위까지 밀려 올라와 있음을 보았다. 시민들은 땅이 움직일 리 없으니 우물 덮개가 솟은 것이라 여겼다. 하지만 왜 그런지는 설명할 수가 없었다.

사실 가라앉고 있는 쪽은 도시라는 것을 사람들은 1925년이 되어서야 알아차렸다. 그리고 그 사실을 이해하는 데는 그보다 더 오랜 시간이 걸렸다. 땅 표면에서 5미터가 넘게 더 높이 솟은 우물 덮개 꼭대기는 도시와 함께 가라앉지 않았다. 맨 아래 부분이 호수 바닥의 단단한 바위에 박혀 있었기 때문이다. 건물들은 지반과 함께 기우뚱하게 가라앉았다. 여러 종탑과 대형 아파트들은 심하게 기울고 그중 많은 수가 안전 부적격 판정을 받았다. 일부는 받침대로 받쳐야 하는 상황이었다. 1985년 지진이 발생한 뒤로도 그중 몇 곳은 놀랍게도 쓰러지지 않고 남았다. 처음에는 초당 90입방미터씩 물을 빼내던 대수로도 가라앉아 깊이가 얕아졌다. 현재 운하가 빼낼 수 있는 물은 초당 7입방미터 분량뿐이다. 오밀조밀하게 들어선 펌프 시설들만 아니라면 운하는 언덕 위쪽으로 흐르지 못할 것이며 멕시코시티는 도시 자체의 구정물에 파묻혀버릴 것이다. 거의 눈에 띄지 않을 정도로 조금씩 가라앉고 있다는 느낌, 멕시코시티가 조금씩 주저앉고 있다는 깨달음이 시민들의 마음 한 구석을 갉아먹고 있다. 아이들은 재미로 우물 덮개에 키를 표시해놓고 자신들의 키가 크는 것과 계곡이 가라앉은 것 가운데 어느 쪽이 더 빠른가를 확인하기도 했다. 그 아이들은 다시 찾아올 때마다 옛날에 표시해놓은 곳이 자기 머리보다 확실히 높은 곳에 있는 것을 보았다. 풍경이 멕시코시티의 아이들이 자라는 속도보다 더 빠르게 가라앉고 있다는 것은 불길한 징조와도 같았다. 그 뒤 몇십 년 동안 자연은 깨끗한 물과 산소를 공급하는 것조차 점점 커지는 멕시코시티의 수요에 보조를 맞출 수 없었다.

구아노를 만나다

부유한 땅 페루는 에스파냐가 아메리카 대륙에서 독립군에 맞서 마지막까지 유지한 저항 거점이었다. 시몬 볼리바르Simón Bolívar(1783~1830, 베네수엘라 태생으로 라틴아메리카 크리오요 독립운동의 지도자. 에스파냐 왕당파 세력을 격파하여 남아메리카에 여러 공화국이 성립하는 데 중요한 역할을 했다─옮긴이)가 1826년에 리마 항구를 에스파냐 세력으로부터 빼앗을 때까지 페루에는 완전한 독립이 찾아오지 않았다. 그 뒤로도 에스파냐는 쿠바나 푸에르토리코 같은 섬 식민지를 유지했고 라틴아메리카의 신생 공화국에 대해 여러 해 동안 인정하기를 거부했다. 하지만 겉으로만 그랬을 뿐 에스파냐도 아메리카 제국을 되찾는 일을 포기한 상태였고 라틴아메리카 독립에 별다른 위협도 가하지 않았다. 그런데 에스파냐가 1856년 갑자기 페루를 공격하더니 페루가 가장 소중히 여기던 영토를 점령했다. 가장 소중한 영토란 은이 묻힌 산맥도 아닌 새똥(농담이 아니다)으로 뒤덮인 바닷가 섬들이었다. 그리하여 막을 올린 1차 구아노 전쟁(2차도 있었다)에서 페루가 이겼다. 나라들이 피터지게 싸운 원인이 은도 아니고 구아노, 곧 새똥더미였다. 아직은 아는 사람도 별로 없었던 구아노는 자연이 흙의 비옥도에 걸어놓은 난공불락의 장애물을 걷는 데 핵심 역할을 할 것이었다.

페루 사람들은 "구아노는 성자도 아니면서 엄청난 기적을 일으킨

278

다"고 말하길 좋아했다. 페루 바닷가 농부들은 잉카 시대부터 구아노로 밭의 땅심을 지켜왔다. 몇몇 외부인들은 꽤 많은 구아노가 쓰이는 데 주목하여 기록으로 남기기도 했다. 그러나 구아노는 여전히 그 지역에서만 쓰이는 농법이었다. 그곳을 여행한 과학자 알렉산더 폰 훔볼트도 구아노 표본을 1805년 무렵 유럽에 가져왔다. 이 냄새 고약한 똥덩이는 제대로 관심을 받지 못했다. 구아노가 거름으로 좋다는 과학 보고서가 나오긴 했지만 농부들이 직접 구아노를 자기 밭에 써보기 전까지는 별다른 관심을 보이지 않았다. 하지만 써본 결과 눈이 휘둥그레질 만한 것이었다.

아일랜드 캐리 주의 로버트 벨이 이 냄새 고약한 마법 가루를 감자, 밀, 귀리, 순무 밭에 뿌려 보니 수확량이 30퍼센트에서 300퍼센트나 늘었다. 사과나무와 산딸기나무에 구아노를 뿌리니 한 해에 두 차례나 꽃을 피웠다. 어떤 과학 논문도 이런 소식을 농부들 입에서 입으로 퍼지는 것보다 더 빨리 더 설득력 있게 전할 수는 없었다. 곧 구아노를 살 돈이 있는 농부들은 모두 구아노를 사려고 했고, 1840년 초에 이르면 구아노는 영국, 아일랜드, 독일, 동유럽에까지 퍼져 나가게 된다. 구아노는 여러 해 동안 집약농법으로 땅심을 바닥낸 동부와 남부의 미국 농민들의 손에도 들어갔다. 동부와 남부의 농민들은 서부의 농부들과 경쟁하기가 쉽지 않았다. 서부 농민들은 탐험가의 발길이 닿지 않은 대초원 처녀지에 이제 막 쟁기질을 할 때였다. 뉴잉글랜드 농부들은 구아노로 순무와 루타바가(스웨덴순무)의 생산이 네 배로 늘자 기뻐 어쩔 줄 몰랐다. 미국 체서피크 만 농장주들은 구아노의 효과가 농장 가축 거름의 25배나 된다고 기뻐했다. 1844년에서 1851년 사이 미국 농장주들이 수입한 구아노 양은 6만 6,000톤에 이르렀다. 할 수만 있다면 그 네 배는 수입했을 것이다. 구아노 대부분은 유럽에서 사갔다. 영국은 1850년 한 해에만 20만 톤을 수입했다. 땅심을 늘리는 일이 절박했던 자그마한 바베이도스 섬의 농장주들도 한 해 거의 7,000톤의 구아노를 수입했고, 중국 또한 기적을 일으키는 페루의 똥을 수입하기 시작했다. 구아노 호황은 1840년쯤에 시작되어 1870년대까지 활기를 띠었다.

사람들은 땅심을 높여줄 무언가를 흙 바깥에서 찾고 있었고 실제로 많은 것을 찾아냈다. 농부들은 이미 쓰고 있던 가축 거름, 재, 죽은 물고기 말고도 백악, 석고, 깃털, 목화 씨앗, 석탄 역청, 톱밥, 해초, 숯 따위를 비료로 뿌려 보았고 이들 모두 어느 정도 효과가 있었다. 마른 핏덩이와 빻은 뼛가루도 인기 있는 비료였다(둘 다 도시 도살장에서 나오는 것이었다). 캐나다 사람들과 미국 사람들은 대초원을 불태우고 샅샅이 뒤져가며 자신들이 얼마 전에 다 죽여 없앤 바이슨의 뼈를 찾아 비료용 뼛가루를 얻으려 했다. 하지만 구아노만큼 엄청난 기적을 일으킨 비료는 없었다. 덕분에 아주 유리한 입장이 된 페루는 되도록 많은 이득을 누리고자 새똥 캐기와 수출을 독점했다. 이베리아 왕들이 수은과 다이아몬드 생산을 독점했던 것과 같은 이치였다. 페루는 경매에서 가장 돈을 많이 내는 이에게 구아노를 수출할 권리를 팔았다. 이 사업 비용은 구아노 판매 영수증으로 보증을 선 막대한 해외 차관으로 충당했다.

19세기 중반에 구아노가 얼마나 중요했는지 오늘날 이해하기란 쉽지 않다. 당시 농업은 어느 나라에나 가장 중요한 경제활동이었다. 그 나라 경제의 성공과 인구 증가와 이민 유입은 그 나라 자연환경에 따라 달라지는 흙의 비옥도와 떼려야 뗄 수 없는 관계였다. 믿을 만한 구아노 수입처를 얻는 일은 오늘날 석유를 얻기 위한 집착과 갈등과 같은 현상이었다. 당시 사람들은 페루의 구아노 독점을 지금의 석유수출국기구OPEC의 석유 독점을 보는 것과 같은 눈으로 바라보았다. 페루의 구아노 독점을 단순한 욕심에서 비롯된 세계경제를 해치는 카르텔로 본 것이다. 미국은 필수 자원인 구아노를 얻지 못할 것에 대비해 정부 최고위층에서 이 문제를 토론했다. 1856년 미국 국회는 구아노 법을 발표했는데 이 법에 따르면 모든 미국 선원들은 구아노로 덮여 있고 아직 어느 나라 영토도 아니며 주민도 살지 않는 모든 섬이나 암초를 미국 영토로 선포할 권리가 있었다. 발견자는 자신이 찾은 곳의 구아노를 개발할 권리를 독점했으며 구아노를 미국으로만 실어 나른다면 미국 해군의 보호 또한 약속받을 수 있었다. 미국 선원들은 주로 카리브 해와 중부 태평양에서 60개 넘는 구아노 섬을 찾아내 구아노 법에 따라 소유권을 주장했고 그 가운데 9개 섬이 미국 영토로 남았다.

페루는 운이 좋았고, 미국과 유럽은 분을 삼켜야 했으니 페루의 구아노 섬만큼 질 좋고 양 많은 산지는 없었던 것이다. 다른 섬들에서 찾아낸 구아노는 매우 질이 낮아 헐값에 팔렸다. 이번에도 자연이 역사의 흐름을 결정했다. 지구 각지에 어느 곳에는 선물을 많이 주고 어느 곳에는 적게 준 것이다. 페루의 구아노가 더 높이 쌓이고 더 힘도 좋았던 것은 훔볼트 해류가 페루 해안으로 들어오고 양분이 많은 물과 메마른 공기를 함께 실어왔기 때문이다. 페루 앞바다의 찬 물은 해양 생물, 특히 페루 멸치와 여러 종류의 정어리가 모이는 아주 넓고 좋은 어장을 형성했다. 물고기 떼는 페루 섬과 바닷가 절벽에 둥지를 틀고 새끼 먹이를 찾는 굶주린 바닷새 수백만을 불러들였다. 이처럼 구아노는 빽빽하게 둥지를 튼 바닷새 마을에서 나온 부산물이었다. 메마른 공기 덕분에 구아노 질이 떨어지지 않았다는 점도 매우 중요하다. 이 섬들에는 수 세기 동안 비가 내린 기록이 거의 없다시피 했다. 구아노도, 구아노 속 요산도, 요산 속 질소도 빗물에 쓸려나가 흩어지지 않았던 것도 그 때문이었다. 그리하여 농업 역사상 농축이 가장 잘된 천연비료가 생겨났다. 다른 섬의 구아노는 빗물과 습기에 심하게 침출되다 보니 그 질도 떨어졌다.

상품성 있는 구아노는 구아나이가마우지*Phalacrocorax bougainvilli*, 페루얼가니새*Sula variegata*, 페루펠리컨*Pelecanus thagus*, 이 세 종의 똥에서 생겨났다. 그 가운데 가장 중요한 새가 구아나이가마우지였다. 잉카 사람들은 이 새를 구아노 새라는 뜻의 구아나이guanay라고 불렀다. 구아노는 케추아어로 동물 거름을 뜻하는 아우노hauno에서 나왔다. 가마우지들은 지난해 쌓인 구아노를 둥그런 모양의 울타리처럼 빽곡하게 둥지를 틀어 알이 바다로 굴러 떨어지지 않게 했다(자료 7을 보라). 19세기에 가마우지 둥지 수는 수억에 이르렀고, 이곳을 찾는 이들은 땅과 하늘에 빽빽하게 들어찬 가마우지를 보고 매우 놀라워했다. 개체 수가 더 늘어나지 못한 것은 먹이가 모자라서가 아니라 둥지를 지을 터가 모자랐던 것으로 보인다. 빽빽하게 새들이 모인 환경에서 수 세기에 걸쳐 쌓인 똥 무더기의 높이는 45미터에 이르렀다. 한 해에 쌓이는 구아노의 양도 놀랄 만큼 많았다. 페루는 1906년에 친차Chincha 섬을 폐쇄했는데 구아노가 다 떨어졌기 때문이다. 구아나이 수는 눈에 띄게

자료 7. 구아나이가마우지가 둥지를 보살피고 있다. 둥지 하나하나가 약 5.5킬로그램의 구아노로 되어 있다.
출처 : Robert Cushman Murphy, *Bird Islands of Peru : The Record of A Sojourn on the West Coast*(New York :
G. P. Putnam's Sons, 1925), 58쪽. 유타 주 프로보에 있는 브리검영 대학의 해럴드 B. 리 도서관 제공.

줄었는데도 4년 만에 다시 거둬들일 수 있는 구아노만 2만 2,000톤이
쌓였다.

　페루 말고는 다른 선택지가 거의 없었다. 그래서 배 수천 척이 남아
메리카 남쪽의 위험한 케이프 해협을 지나 마치 새 떼처럼 그 작은 섬
들로 몰려든 것이다. 그리고 새똥을 몇 톤씩이나 실어가려고 줄을 지
어 기다렸다(자료 8을 보라). 고지 출신 원주민과 수입되어 온 중국인 일
꾼들이 곡괭이와 삽으로 똥 무더기를 파내서 바퀴 달린 수레나 자루에
담아 선적장까지 가져갔다. 이 가운데 중국인은 캘리포니아에서 금을

자료 8. 1863년 페루 친차 군도 중부와 북부 사이에 정박한 배들이 구아노 싣기를 기다리고 있다.
출처 : *The Illustrated London News*, February 21. 1863, 200쪽.

캘 것이란 말을 듣고 건너온 사람들이었다. 이들 가운데 상당수는 노예 신세가 되어 일하는 섬에 붙잡혀 있었다. 때로는 이들이 도망치지 못하도록 사슬로 묶기도 했다. 사실 도망치는 것은 불가능한 일이었고 할 수 있는 것은 자살뿐이었다. 배에 구아노를 싣는 사이 그곳을 찾은 선원들은 돛대 높이 올라가 숨 막히는 암모니아 냄새를 풍기는 화물에서 멀찌감치 몸을 피했다. 배 화물창에 쌓인 구아노를 고르는 일을 하는 사람들은 섬유와 타르로 만든 임시 마스크를 쓰고 일했다. 이들도 한 번에 20분 이상 버틸 수가 없어서 돌아가며 일했는데도 코피를 흘리거나 잠시 눈이 안 보이는 병에 걸리는 일이 흔했다. 죽은 구아노 노동자는 질이 떨어지고 오래된 구아노 더미가 있는 돌산에 묻혔다. 뒷날 최상급 구아노 더미가 바닥나서 이 질 낮은 더미도 파야 했을 때 이

5장 인간의 의지

곳에 묻힌 여러 시체도 함께 파냈다. 여기에서 나온 시체 대부분은 말라붙은 똥 더미 속에 말끔하게 보존되어 있었다.

호황기에 페루는 바짝 마른 똥 1,270만 입방톤을 수출했다. 호황이 한창일 때 페루 국고에 들어온 돈은 한 해 3,000만 달러에 이르렀다. 페루 정부는 도시 환경을 개선하고 배와 대포를 사는 등 나라를 일으켜 세우는 일에 이 돈을 썼다. 1856년에 에스파냐의 침략을 완전히 물리친 것도 이 대포와 배 덕분이었다. 1870년대까지 아무도 구아노 자원이 다 떨어질지도 모른다는 걱정을 드러내지 않았다. 구아노는 잉카와 그 전 사람들이 보여주었듯 재생 가능한 자원이었다. 하지만 인간의 침입 앞에서도 온 힘을 다해 떠나지 않으려는 어미 새들조차 세계적 규모로 구아노를 빠르게 캐가는 데는 어쩔 도리가 없었다. 더구나 구아노 노동자들은 수많은 새 집단을 무심코 둥지 채로 몽땅 밀어내버렸다. 구아노가 조금씩이라도 다시 쌓일 길을 막는 행동이었다. 마침내 구아노가 다 떨어졌다는 소문이 사실로 알려지자 호황은 시작될 때만큼이나 빠르게 식었다.

페루 사람들은 절망하지 않았다. 그들에게는 구아노 다음으로 좋은 것이 구아노보다 훨씬 더 많이 있었던 까닭이다. 페루 사람들은 이제 구아노 노동력과 삽과 곡괭이를 볼리비아와 국경을 마주한 남쪽 질산염 광산으로 보냈다. 사람들은 19세기 초부터 화약을 만드는 데 질산나트륨을 조금씩 써왔다. 이제 질산나트륨의 가장 큰 시장은 전 세계의 농장이었다. 질산나트륨은 구아노만큼 질 좋은 비료는 아니었지만 양이 많고 더 고르게 퍼져 있는데다 훨씬 쌌다. 구아노에서 질산나트륨으로 넘어가기까지 10년이 넘는 시간이 걸렸다. 농부들은 천성이 보수적이라 무기질에 냄새도 거의 없는 질산염을 쉽사리 믿지 못했다. 농부들은 구아노의 힘을 얼마나 심한 악취가 나는가로 가늠해왔던 것이다. 이제는 다른 길이 없었다. 농부들은 질소 비료를 쏟아 붓는 데 완전히 중독되어 있었다. 그 질소가 어디서 나왔든 값이 얼마든 냄새가 어떻든 상관없었다.

이렇게 땅심을 돋우는 방법이 다시 바뀌면서 자연의 축복을 받은 나라는 그 무렵 국경이 정해져 있던 페루와 볼리비아였다. 그러나 초기에 질산염을 채굴한 사람들은 칠레 사람들이었다. 이들은 볼리비아 영토 안에서 좋은 조건으로 채굴권을 빌려 일하고 있었다. 질산염 광업 전면에 뛰어든 페루 사람들은 두 나라가 카르텔을 맺어 질산염 생산을 독점하는 것이 국익을 보장하는 가장 좋은 길이라고 볼리비아 사람들을 설득했다. 이러한 선택지를 놓고 고민하던 볼리비아는 1879년에 칠레 질산염 회사들에 세금을 더 많이 매기기로 결정했다. 옛날에 칠레와 맺은 협정을 위반하는 조치였다. 그러자 칠레는 곧장 볼리비아로 쳐들어가 안토파가스타Antofagasta 주를 빼앗아버렸고, 볼리비아는 질산염 광산뿐만 아니라 바다로 나가는 유일한 길까지 잃게 되었다. 페루는 볼리비아와 맺은 동맹 조약 때문에 마지못해 칠레에 전쟁을 선포하자 칠레 해군은 페루의 가장 좋은 구아노 섬들을 빼앗는 것으로 대응했다. 페루에 해외 자본과 차관이 들어오는 길을 막은 것이다. 그 뒤 칠레군은 페루의 질산염 광산까지도 점령해버렸다. 전쟁은 다섯 해 동안 싸우다 말다를 거듭해 태평양 전쟁이란 명예로운 이름에 전혀 안 어울렸다. 오히려 2차 구아노 전쟁이라는 이름에 걸맞았다. 이 전쟁의 부정할 수 없는 승자인 칠레는 길이가 거의 1,000킬로미터에 이르는 기다란 새 영토를 얻어 그렇지 않아도 이미 길쭉한 국토가 더 길어졌다. 새로 얻은 땅 대부분이 질산염 광산지대였다.

인류 역사에는 1만 년 전의 정착 농경 확립, 17세기의 윤작법, 20세기의 작물 육종학 및 유전자 조작 작물 같은 농업 혁명이 있었다. 새똥과 함께 시작된 근대의 비료 혁명은 그중에서도 매우 중요한 자리를 차지한다. 구아노 전에도 비료를 썼으나 그 비료들은 효과도 적고 일손도 많이 가는 것이었다. 이 방식으로 19세기까지 세계 농업은 수백만 명의 배를 채울 수 있었다. 하지만 농민들이 수십 억 명을 먹여 살리게 된 것은 오로지 구아노와 그 뒤를 이은 질산염과 다른 화학 비료 덕분이었다. 꾸역꾸역 늘어나는 인구만큼 음식이라는 연료도 늘어나야 하지만 19세기까지 땅심은 음식 생산을 제한하는 요소였다. 농업은 윤작으로 많은 발전을 이루어 농업 생산량이 두 배로 늘어난 일도 많았다. 구아노는 그 자체 힘만으로 수확량을 두 배 더 올렸다. 더 중요한 사실은 구아노를 쓰는 농부는 원하는 작물을 원하는 곳에 윤작도 안하고 휴한지도 없이 심을 수 있다는 점이었다. 농부들은 구아노로 해마다 풍작을 누릴 수 있었다. 구아노 덕에 옛날에는 거의 수확이 없었던 곳에도 작물을 기를 수 있었다.

그러나 문화는 구아노를 높이 평가하기를 꺼린다. 파종기, 조면기繰綿機를 발명한 사람들, 쇠 쟁기와 트랙터를 설계한 사람들, 작물이나 재배법을 개발한 이들처럼 사람이 부리는 재주와 기술 발전을 칭송하는 편을 더 좋아한다. 농업사를 잘 아는 사람이라면 이러한 기계와 재배법을 개발한 제스로 툴Jethro Tull, 앨리 휘트니Eli Whitney, 존 디어John Deere, 루서 버뱅크Luther Burbank 같은 이름을 줄줄 읊을 수 있을 것이다. 역사책은 발명가와 발명품으로 가득하다. 하지만 이 사람들의 천재성도 미천한 똥싸개 구아나이보다 인류 농업에 더 많이 공헌하지는 못했다. 이른바 녹색혁명, 즉 식물 육종학과 유전공학이 이룬 큰 발전도 새똥과 그 뒤를 이어 발명한 비료만큼 큰 혁명을 일으키지 못했다. 품종 개량한 작물들은 비료를 듬뿍 주지 않으면 살 수가 없었다. 처음부터 화학비료의 효과를 제대로 보려고 개량한 종이기 때문이다. 조작된 작물은 더 뛰어난 인공 비료를 뿌릴 때만 더 뛰어난 작물이 되는 것이다.

더 많은 사람이 더 많은 먹을거리를 먹게 되었다. 이것이 구아노가 남긴 가장 큰 혜택이었다. 기술이 아니라 구아노가 맬서스식 비관주의(영국 경제학자 맬서스가 1798년 발간한 《인구론》에서 인구의 폭발적인 증가세에 비해 식량은 더디게 늘어나는 불균형 때문에 인류는 필연적으로 기근과 빈곤을 겪게 될 것이라고 주장한 바를 일컫는다—옮긴이)를 물리친 일등 공신이었다. 그러나 문화가 땅심을 정복한 첫 대가가 굶주림이었을지도 모르니 기막힌 일이다. 농부들이 감자밭에 구아노를 뿌리면서 유럽에 감자 마름병이 퍼져 나갔다. 1842년부터 시작된 이 병으로 아일랜드 사람 수백만 명이 죽거나 고향을 떠나야 했다. 북유럽의 다른 지방도 피해가 컸다. 감자 마름병이 구아노에 묻어온 것으로 보이지는 않지만 구아노를 실어온 배에 묻어 왔을 확률은 높다. 구아노 무역 시작과 동시에 구아노를 가장 많이 수입한 곳에서 감자 마름병이 퍼지기 시작했고, 감자가 걸리는 모든 병의 원산지인 페루와 국제무역이 빈번해진 것이 원인이었을 것이다. 이 일은 인구에도 많은 영향을 끼쳤다. 북유럽과 아일랜드에서 굶주림에 시달린 사람들이 마지못해 신세계로 대거 이주하면서 아메리카 풍경이 다시 사람으로 꽉 들어차게 된 것이다.

이러한 세계화는 대체로 인류에게 순이익이었다. 앞날에 대한 불길한 대가도 있었으나 눈치챈 사람은 적었다. 그 대가란 바로 농업의 지속 가능성이 확실히 끝나버렸다는 사실이다. 땅심을 높이는 데 구아노만큼 강력한 비료가 나오기 전까지 농부들은 땅심을 지키는 법을 배워야만 했다. 그렇지 않으면 자식이나 그 다음 세대가 굶주리게 될 것이기 때문이다. 식민자나 이민자로 새 영토에서 그때까지 처녀지에 쌓인 땅심을 다 써버린 뒤 손 타지 않은 흙을 찾아 이동해갈 수는 있지만 개척지는 개척을 거치면서 결국은 사라져버리기 마련이다. 개척 농민들도 개척민이 아닌 다른 농민들처럼 농업 부산물을 모아 농경지에 뿌리는 식으로 땅심을 재활용할 수밖에 없었다. 가축은 작물을 수확하고 남은 그루터기에서 배를 채우고 그것을 가축 거름으로 바꾸었다. 도시에서는 사람과 짐승의 배설물을 모아 농부에게 팔았고, 농부는 그것을 경작지에 뿌렸다. 사일리지, 잎, 바닷말, 재, 물고기도 각지에서 모았다. 그러나 이 비료들의 효력에는 한계가 있었다. 땅은 고생 없는 수확은 안겨주지 않았다. 구아노는 그러한 땅심이라는 벽을 깨트린 것이다.

농부들이 땅심을 먼 곳에서 수입하기 시작하면서 도시의 거름과 쓰레기 시장은 쇠퇴해갔고 위생 전문가들은 오물을 처리할 새로운 방법을 찾아냈다. 지금처럼 변기의 손잡이 한 번 내리는 것으로 사람의 똥오줌을 물살에 떠내려 보내고 동물의 똥오줌도 무기질 쓰레기와 함께 처리하는 이런 변화는 천천히 일어났다. 그 이유 중 하나는 구아노나 질산염 같은 물질을 쓰는 데 따르는 제약 및 비용 때문이었다. 오늘날까지도 어떤 문화는 현대식 비료를 쓸 여유가 없어 옛날 방식을 지키고 있다.

신농업이 거둔 성과는 질산염 고갈로 사라질 위험에 처했다. 이번에는 영웅이자 악당이라 일컬을 만한 인물이 인공으로 질소를 생산하는 법을 발견했다. 독일 화학자 프리츠 하버Fritz Haber가 1908년에 석탄에서 빼낸 수소에 공기 중의 질소를 반응시켜 질소를 추출하는 방법을 개발한 것이다. 화석연료를 이용해 액체 암모니아를 얻을 수 있게 된 것이다. 뒷날 하버-보슈법Haber-Bosch process이란 이름으로 알려진 이 방식은 고온에 굉장히 높은 기압이 필요했기 때문에 에너지가 엄청나게 많이 들었다. 그럼에도 1920년대에 이 방식보다 더 나은 농업용 질소 생산법은 없었다. 이 방식을 만든 공으로 하버는 1918년에 노벨 화학상을 받았다. 그러나 연구비 대부분을 독일 군수 분야에서 받은 데다 비료가 아니라 화약을 만드는 연구였고, 하버 자신도 제1차 세계대전 동안 독일의 악명 높은 화학전 부서를 열과 성을 다해 이끌었다. 하버는 독일군에서 장교 직위를 받은 첫 과학자였다. 문명에 대량 살상 수단을 도입해 상을 받은 것이다. 하버의 아내이자 화학자였던 클라라는 남편의 화학무기 개발에 거세게 반대하다 하버가 1915년 4월, 이프르 전투(연합국 측의 전략적 요충지였던 벨기에의 이프르 항구를 방어하기 위해 영국군과 독일군이 벌인 전투—옮긴이)에서 세계 최초의 독가스 공격을 지휘하고 돌아온 뒤 며칠 만에 권총 자살을 했다.

한편 염소 가스, 포스겐 가스, 겨자 가스(모두 하버가 만든 것이다)로 죽은 사람이 합성 질소로 산 사람보다 더 많다. 물론 하버가 근대 농업을 살린 것을 고마워해야 할 것이다. 비록 비료는 제초제와 살충제도 대

량 사용하지만 근대 농업의 길을 연 것은 페루의 구아노다. 이제 우리
는 모든 문명의 바탕이 되는 대지 자체를 독살할지도 모를 지경에 이
르렀다. 오늘날 하버-보슈법으로 해마다 비료 5억 톤이 생산되며 세
계 에너지 생산량의 1퍼센트가 쓰인다. 이 비료를 세계 농경지에 뿌리
는 데 드는 에너지를 빼고 계산해도 이 정도다. 추정에 따르면 합성 질
소가 없다면 60억 인류의 40퍼센트가 굶어 죽을 것이고, 죽는 이들 대
부분은 합성 질소 의존도가 가장 높은 선진국 주민일 것이라 한다.

강을 뒤집다

문화의 자연 정복은 여기서 멈추지 않았다. 멕시코시티 대수로나 수에즈 운하 같은 공사로 인류에게 산도 움직이는 힘이 있음을 확실히 입증하는 동시에 미생물들 또한 정복하기 시작했다. 루이 파스퇴르Louis Pasteur는 1880년대에 사람이 겪는 병과 특정 병원균 사이에 관련이 있음을 증명했다. 하지만 황열병이나 말라리아 같은 열대 질병에 어떻게 전염되는지 세기가 바뀔 때까지 토론만 계속될 뿐 결론이 안 났다. 모기가 병을 옮긴다는 이론은 1845년에 미국과 프랑스에서 처음 나왔다. 그리고 1881년 아바나의 카를로스 후안 핀라이Carlos Juan Finlay가 놀라운 업적을 이뤘다. 병을 옮긴다고 의심받던 모기 800종 가운데 황열병을 옮기는 단 한 종을 알아낸 것이다. 1900년 역시 아바나에서 (쿠바에 주둔한 미군에게 황열병이 발생했을 때 조사 단장으로 현지에서 감염 경로를 연구하던) 월터 리드Walter Reed가 연구 결과를 내놓고 나서야 의학계는 모기가 병을 옮긴다는 사실을 확신하게 되었다. 그 뒤 라틴아메리카에서 일어난 모기 박멸 운동은 인구 변화에 엄청난 영향을 가져왔다. 두 병이 완전히 사라지진 않았지만 시민들이 대규모 모기 박멸 운동을 한 모든 곳에서 사망률이 줄어든 것이다.

라틴아메리카는 북반구와 밀접하게 연관되어 시대 발전에 공헌도 하고 이득을 보기도 했다. 증기 굴착기, 철도, 구아노, 질산염, 모기장,

292

예방접종 덕분에 그 어느 때보다 더 빠르게 삶의 질이 좋아졌다. 고향에서건 해외에서건 인류는 결정을 내린 곳마다 많은 이익을 챙길 수 있었다. 물론 지식과 기술을 한 문화에서 다른 문화로 빨리 전파한 이유도 있지만, 라틴아메리카 사람들 상당수가 흠잡을 데 없이 기술을 익히고 있던 데다 농업을 키우고, 질병을 이기고, 문명을 일으켜 세우겠다는 의욕이 충만했기 때문이기도 했다.

하지만 라틴아메리카에는 근대의 필수 요소 하나가 없었다. 문화의 힘을 키우는 데 뿌리가 되는 화석연료였다. 북쪽 나라들은 석탄으로 강철을 만들고 증기기관차와 증기선과 공장을 움직이면서 공업에 힘을 불어넣었다. 20세기 초에는 비료 합성에 석탄을 썼다. 라틴아메리카 나라들은 거의 다 석탄이 묻힌 곳을 찾아내지 못한 상태였다. 몇 나라에서 석탄을 찾긴 했지만 양도 적고 질도 나쁘고 캐내기도 힘든 자리에 있었다. 사실 석탄 수요가 거의 없었다. 라틴아메리카 지역 대부분에서는 집에서나 공장에서도 땔나무를 써서 불을 지폈다.

훨씬 더 신경 쓰이는 문제는 라틴아메리카에는 석유 있는 나라가 몇 안 된다는 것이었다. 물론 멕시코와 베네수엘라는 예외다. 외국인들은 멕시코의 유전 지대를 1900년부터 건드리기 시작했는데 그 무렵에는 자기 자신들이 찾아낸 유전에 기가 질릴 때도 있었다. 잭 런던Jack London(미국의 소설가이자 사회평론가―옮긴이)은 멕시코 혁명(독재자 포르피리오 디아스의 재선에 반대하며 공정한 선거를 요구한 정치가 프란시스코 마데로의 주도로 1910년에 시작된 혁명. 디아스 몰락 이후에는 다양한 참여 세력 사이의 내전으로 이어졌다―옮긴이)이 한창이던 때 탐피코Tampico를 찾았다. 그리고 그곳에서 알래스카 금광에서 만났던 사람을 다시 만났다. 이제 그 사람은 석유를 찾고 있었고 잭 런던에게 멕시코 석유 호황에 견주면 알래스카의 골드러시는 교회 헌금함만큼이나 초라한 것임을 알려주었다.

처음에 시험 삼아 뚫어본 유전 몇 곳에서 일어난 일은 마치 최후의 심판일이 온 것처럼 보였다. 1908년 7월 4일, 탐피코 남쪽에서 시추공을 뚫던 미국인들이 미국 독립기념일을 기념해 애국 만찬이라며 점심을 먹고 있을 때 시추공을 빠져나오는 천연가스의 쉭쉭 소리가 매우 또렷하게 들려왔다. 그러자 미국인들은 요리를 하던 불과 보일러 불을 끄러 부리나케 달려 나갔다. 지하 천연가스의 압력으로 기름이 솟구치는 유정, 곧 분유정을 찾아낸 것이다. 누군가는 "유레카!"라고 외친 사람도 있었을 것이다. 하지만 기쁨의 외침은 곧 비명으로 바뀌었다. 분유정이 부서지기 시작했다. 이들은 대개 텍사스 출신으로 분유정에 익숙했지만 이 분유정은 기름을 지나치게 많이 쏟아냈다. 거대한 유정탑을 이루고 있던 목재들이 산산조각 나더니 노동자들 쪽으로 떨어졌다. 석유 시추 노동자들은 기름의 기세가 꺾이길 바랐다. 그래야 밸브를 잠글 수 있을 터였다. 그 순간 땅이 말 그대로 쩍 갈라지며 유정탑의 남아 있던 부분마저 삼켜버렸다. 분유정 덮개가 땅에서 뽑혀 튕겨나가 버렸으니 기름 줄기를 막아내기란 이제 불가능했다. 그 뒤 가까운 다른 곳에서 두 번째 기름 줄기가 솟구쳐 올랐다. 그때까지 누구도 듣도 보도 못한 일이었다. 기름이 뿜어져 나오는 압력에 땅 자체가 산산이 부서져 나갔다. 두 분유정이 하늘로 기름을 쏘아 올렸고, 기름 줄기 가운데 하나는 폭 12~20미터에 높이 300미터가 넘었다. 분유정 둘레에는 지름 350미터짜리 크레이터가 패였다. 그 지

294

역 원주민들은 지옥 자체가 솟구쳐 올랐다고 믿었고, 아무리 설득해도 기름 줄기를 막으려 하지 않았다. 솟구쳐나온 기름은 끈적끈적한 강을 이루어 베라크루스의 타미아우아 석호로 흘러들어가 나무, 풀, 물고기, 새, 악어를 비롯한 모든 것을 끈적끈적하고 휘발성이 강한 원유로 뒤덮었다.

재난이 시작되고 일주일째 되던 날 분유정들과 석유의 강에 불이 붙었다. 아마 번개가 내리쳤을 것이다. 나중에 도스 보카스Dos Bocas, 곧 "두 입 우물"이란 이름이 붙은 이곳은 화산으로 변해버렸다. 그곳에서 27킬로미터 떨어진 어느 마을에 살던 주민들은 불기둥 빛으로 밤에도 신문을 읽을 수 있었다고 증언했다. 이 불길은 두 달 내내 이어지며 가까운 숲과 그 지역 우아스테카Huasteca 원주민의 밥줄이던 어장을 말 그대로 박살내버렸다. 불이 꺼진 뒤로도 기름은 계속 쏟아져나와 여러 해 동안 수백만 배럴을 생산해낼 수도 있었을 유정 하나가 완전히 못 쓰게 되었다. 도스 보카스 분유정이 불러온 것만큼 또 다른 큰 재앙은 없었지만 주변 풍경에 기름을 퍼뜨리고 불이 붙은 다른 분유정도 많았다. 하지만 통제 불가능한 분유정은 투자자들에게는 멕시코에 투자 가치가 있다는 좋은 증거였다.

멕시코 정부와 베네수엘라 정부는 유정 임대료와 로열티로 많은 돈을 벌었다. 그 뒤 수십 년 동안 두 나라 중 어느 쪽도 유정에서 나오는 에너지로 직접적인 이익은 얻지 못했다. 초기 외국인들이 석유 생산을 쥐락펴락했기 때문만은 아니다. 석유 소비 자체가 거의 외국인들로 한정되었기 때문이다. 석유는 자동차 시대의 소비재였고, 라틴아메리카가 그 시대로 접어들려면 아직도 반세기를 더 기다려야 했다. 석탄은 거의 없고 석유는 거의 다 해외 수출용이니 라틴아메리카는 다른 에너지원을 찾아야만 했다. 라틴아메리카는 땔나무를 계속 썼고, 석탄과 석유도 일부 사용했다. 마지막에 고른 것은 수력발전으로 여러 면에서 매우 슬기로운 결정이었다. 최신 에너지원인 전기에는 석탄을 쓰는 증기기관과 기름을 쓰는 내연기관과는 상대도 될 수 없는 장점이 있었다. 전기는 거리와 집을 밝히고, 시내 전차를 움직이고, 펌프질로 하수를 눈에 보이지 않는 곳으로 밀어 보냈다. 즉, 도시의 겉모습을 근대적으로 바꾸었다. 수력발전은 처음에 어마어마한 돈이 들지만 일단 댐을 세우고 나면 쓰레기도 오염도 없이 전기를 생산할 수 있다. 적어도 석탄 광산이나 유전에 견주면 환경오염이 덜하다. 물이 떨어져서 에너지원이 되니 다 써서 떨어질 일도 없어 보인다. 무엇보다 중요한 사실은 전기는 다른 어떤 에너지보다 싸고 쉽게 분배할 수 있다는 점이다. 빠르게 커가는 전력망 안의 모든 시민에게 실처럼 생긴 구리선으로 눈 깜짝할 사이에 전기를 전달할 수 있으며 추가로 드는 에너지도 없다. 이렇게 분배하기 쉬운 전기 덕분에 에너지 자체가 민주화될 것이라며 환호하는 이들도 있었다.

라틴아메리카에서는 지형 때문에 운하로 쓸 수 없는 강이 아주 많았다. 강 곳곳이 물살도 빠르고 낙차가 심했기 때문이다. 화석연료와 달리 전기는 수입하지 않아도 되었다. 물살이 빠르지 않고, 낙차가 심하지 않더라도 열대지방 강들은 그 수량만으로도 거대한 터빈을 돌리기에 충분했다. 그런 강들에 커다란 저수지나 아주 큰 발원지가 없어도 상관없었다. 오늘날 라틴아메리카에 사는 사람은 세계 인구의 8퍼센트에 지나지 않는다. 하지만 지표수의 30퍼센트는 라틴아메리카에 있으며 세계 수력발전량의 21퍼센트를 라틴아메리카에서 생산한다. 1900년이 되면 이미 몇몇 작은 민영 수력발전소가 라틴아메리카 도시들 가까이에 건설되었다. 대부분 외국인이 운영하는 전기나 수도 관리 회사나 전차 회사들이 세운 것이었다. 석유와 달리 수력발전의 혜택은 독점으로 값이 비싸긴 해도 지역 주민들이 누릴 수 있었다. 섬유 산업이나 자동차 산업, 화학 산업 같은 신생 산업들도 새로운 동력원의 장점을 이용했다. 전기를 쓰는 공장은 전기선이 지나가는 어떤 곳에라도 지을 수 있었다. 이제 공장을 수력이나 탄광 가까운 곳에만 지어야 할 이유가 없었다.

언젠가는 20세기를 댐 시대라고 부르게 될지도 모른다. 댐은 문화가 만드는 가장 큰 건축물이며 땅 위를 물로 덮기 때문에 다른 어떤 기술보다 더 폭넓게 지표면을 바꿔놓는다. 문명은 그 시작부터 댐을 지어왔다. 그렇더라도 문화가 거의 모든 강을, 아무리 거센 강이라도 막을 수 있게 된 것은 20세기 초부터다. 오늘날에도 여러 댐은 돌무더기를 조심스레 쌓아놓은 것에 지나지 않는다. 철근으로 강화한 콘크리트는 댐 건설에서 가장 중요한 혁신을 일으켰다. 사람들은 옛날에도 석조건물, 회반죽벽과 바닥, 방수 수로와 물을 저장하는 시설을 조립하는 데 써왔다. 하지만 로마 사람들 이후로 콘크리트로 구조를 만든 이는 아무도 없었다.

문화는 1900년 무렵부터 강화 콘크리트로 전례 없이 튼튼하고 큰 건물을 짓게 했다. 콘크리트는 성질이 천편일률이지만 꽤나 정교한 물건을 만드는 데도 쓸 수 있다. 보통 그 시기에 자연 정복의 정점으로 파나마 운하를 문화에 산도 움직이는 힘이 있음을 보여주는 증거로 생각한다. 사실 파나마 운하는 산을 움직이는 힘보다는 강을 막고 강 흐름을 바꾸는 신기술 덕분에 성공한 것이었다. 대륙을 갈라놓은 쿨레브러컷 Culebra Cut 인공 골짜기는 전설로 남을 만한 업적이었다. 하지만 파나마 지협 정복은 산을 없애서가 아니라 물을 조종해서 이룬 일이다. 파나마 운하는 저수지, 물로 만든 다리라 할 수 있다. 그리고 저수지 양쪽 끝에 있는 거대한 두 댐이 그 다리의 받침대를 이룬다. 두 댐의 목적은 이 물 다리를 받치는 것이지만 아주 큰 배를 올렸다 내렸다 할 수 있는 갑문도 달려 있다. 또한 파나마 운하의 댐에서 생기는 전력으로는 이 복잡한 갑문을 조종하는 모터 수백 개를 돌릴 수 있다. 이 모든 신기술 이 파나마 운하에 모였다가 다른 수공학 시설 수천 개로 퍼져 나간 것 이다.

대안이 거의 없던 라틴아메리카도 댐 짓기 광풍에 몸을 던졌다. 인 민주의자나 군사정권이나 하나 같이 댐 건설을 위해 전에 없이 많은 공금과 빚을 쓸 준비가 되어 있었다. 놀라운 일이 아니다. 댐 옹호자들 이 약속한 것이 엄청나게 많았기 때문이다. 댐은 전기를 생산한다는 것이 댐을 건설하는 가장 중요한 명분이었다. 또한 발전 말고도 댐은 바짝 마른 농토에 물을 대고, 위험한 홍수를 조절하고, 옛날에는 배가 다닐 수 없었던 강에 배가 오르내릴 수 있게 하고, 점점 커가는 목마른 도시들에 물을 공급하고, 오락 공간도 만들어줄 것이었다. 근대화를 바라는 나라들에 대형 댐은 만병통치약이었다.

그러나 라틴아메리카의 댐들은 처음부터 발전만을 목표로 하여 다 용도 댐이라는 약속을 저버렸다. 댐의 가장 중요한 생산품은 전기였 고, 전기의 가장 중요한 소비자는 국가 발전을 돕는 공업이었다. 라틴아메리카에서는 1900년과 1940년 사이에 발전만을 목표로 한 수많은 대형 댐을 세웠다. 그 가운데 멕시코시티 북쪽의 네카사Necaxa 댐과 상파울루 남쪽의 빌링스Billings 댐이 있다. 빌링스 댐은 아서 빌링스Asa Billings란 미국인 건축기사의 이름을 딴 것이다. 그런데 빌링스는 대담하게도 강을 멈추는 것으로도 모자라 거꾸로 흐르게 했다. 빌링스는 상파울루가 라틴아메리카에서 가장 큰 공업지대가 되는 데 큰 공을 세웠다. 브라질의 남쪽 해안은 개발할 가치가 크지만 개발하기는 어려운 독특한 특징이 있었다. 브라질 바닷가 땅은 해발고도가 700미터에 이르고 경사가 가파른데다 연평균 4,500밀리미터에 이르는 비가 쏟아지는 곳이다. 이 조건을 이용하면 전기를 엄청나게 많이 생산할 수 있지만 문제는 이렇게 온 비가 거의 다 대서양이 아니라 더 낮은 내륙 쪽으로 흘러간다는 것이다. 빌링스는 피네이루스 강을 막아 저수지를 만들고 저수지에 물이 차면 그 물이 바닷가 산맥에서 쿠바터웅Cubatão 시로 떨어지게 만들었다. 그곳은 빌링스가 브라질에서 가장 큰 수력발전소를 지은 곳이었다. 산에서 떨어진 물이 터빈을 돌렸고 거기서 나온 전기는 고압선을 타고 도시로 들어갔다. 전기는 커피를 가공하고, 자동차를 만들고, 석유화학 제품을 생산하고, 질소를 합성하고, 거대도시를 키웠다. 그리하여 산맥 아래에 있는 쿠바터웅은 브라질에서 가장 공업이 발달한 도시이자 목숨을 위협할 정도로 오염된 도시가 되었다.

라틴아메리카에서 댐 건설이 시작된 것은 1940년대부터다. 이 흐름은 1970년대와 1980년대에 정점에 이르렀다. 댐 건설로 문명이 상당한 이익을 얻었음은 두말할 여지가 없다. 선거로 뽑힌 관리들도 그런 이익을 널리 선전했다. 20세기 말까지 라틴아메리카에서는 높이 15미터 이상의 대형 댐을 900개 넘게 지었고, 이 가운데 500개가 브라질에서 지은 것이다. 라틴아메리카만큼 수력 에너지에 의존을 많이 하는 지역도 없다. 멕시코 전력의 30퍼센트가 댐에서 나오고, 칠레는 전력 60퍼센트를 수력으로 얻는다. 콜롬비아는 75퍼센트, 브라질은 95퍼센트다. 반면 미국은 전기를 대부분 석탄으로 생산하여 댐으로 얻는 전력은 13퍼센트뿐이다.

댐은 확실한 이익을 가져다주었다. 어떤 나라에서는 1970년부터 지금까지 한 사람이 쓰는 전기량이 네 배 늘었다. 덕분에 몇 백만 명이 더 건강하고 편하게 살게 되었다. 댐 덕분에 라틴아메리카는 석유를 많이 수입할 필요가 없었다. 그러나 1세기도 지나지 않아 라틴아메리카는 대형 댐에 따르는 대가를 깨닫기 시작했다. 이른바 라틴아메리카의 하얀 석유는 깨끗하고 재생 가능한 자원이라고들 한다. 라틴아메리카 정부들은 댐 건설 계획에 앞서 댐 건설에 따르는 이익이 손해보다 더 큰지 정확하게 계산해보려 하지 않았다. 계산을 하더라도 건설 후 수십 년을 내다보았다.

댐 건설은 저수지 아래 땅을 물로 덮어서 지역 환경을 망가뜨린다. 댐 건설의 악영향 중 가장 심각한 것이지만 손익계산에서 이 문제를 고려하는 일은 거의 없다. 이 과정에서 물에 빠져 죽는 것은 자연만이 아니다. 그곳의 문화도 죽어버린다. 라틴아메리카의 저수지 상당수는 엄청나게 크며 그 아래에는 옛날 농업, 어업, 임업, 교역로, 심지어는 도시 서비스에까지 중요한 역할을 했던 광대한 토지가 잠겨 있다. 미국에서 가장 큰 저수지인 미드 호수는 640평방킬로미터에 이르는 엄청나게 넓은 면적이다. 브라질 상 프란시스쿠 강의 소브라딘호 저수지는 면적이 4,200평방킬로미터이며 아마존 강의 투쿠루이 저수지와 발비나 저수지는 면적이 각각 2800, 2400평방킬로미터에 이른다. 아마존 강의 저수지들은 그 자체만으로도 강 유역의 숲과 생물 서식지를 심각하게 파괴했다. 모두 물에 잠겨버렸기 때문이다. 브라질이 지금까지 계획한 75개 수력발전소를 다 짓는다면, 미국 몬태나 주 만한 면적이 물에 잠길 것이다.

라틴아메리카 댐 가운데 실제 전기 수요 때문에 만든 댐은 거의 없다. 대부분 수요를 만들고자 지은 것이다. 라틴아메리카 사람들은 댐을 국가 발전의 동력원으로 보았고 전기가 많으면 나라도 더 많이 발전하리라 기대하며 댐을 지나치게 많이 지었다. 생산한 전기를 모두 사줄 소비자들을 찾는 데 여러 해가 걸린 댐도 많았다. 그리 크지 않은 나라의 전체 영토에서 얼마나 넓은 땅을 가라앉혀야 하는가를 계산하지 않은 채 토목공사를 벌여 영구적인 저수지를 만든 것이다. 포클랜드 섬들처럼 조그마하고 쓸모없는 땅을 얻으려고 피를 보는 나라들이 때때로 에너지를 위해 광대하고 값진 영토를 아무렇지도 않게 희생할 수 있다니 놀라운 일이다.

여러 개인의 삶과 문화도 통째로 희생당했다. 1930년대부터 지금까지 멕시코와 브라질에서 50만 명이 넘는 사람들이 댐 건설로 살던 곳에서 떠났다. 브라질의 소브라딘호Sobradinho 댐과 이타이푸Itaipu 댐은 각각 7만 명과 5만 명, 멕시코의 쿨리아칸Culiacan 댐과 시마판Zimapan 댐은 각각 2만 5,000명의 집을 가라앉혀 버렸다. 저수지 건설로 마을들이 예고 없이 물에 잠기는 일도 있었다. 1965년 아이티의 댐 하나가 수문을 닫자마자 댐 상류에 살던 사람들은 갑자기 강가의 물이 차오르며 작물을 삼키고 마을 쪽으로 빠르게 밀려드는 일을 경험했다. 수많은 사람이 집을 버리고 높은 곳으로 피신할 때까지 아이와 염소를 챙길 시간밖에 없었다고 증언한다. 그날 오후 이 사람들이 알던 모든 것이 눈앞에서 사라져버렸고 다시는 볼 수 없었다.

최근까지도 희생자들은 자기가 입을 손해에 대한 아무런 예고도 듣지 못했다(토목기술자들이 저수지가 얼마나 커질지 잘못 계산하는 일이 매우 흔했다). 집과 일과 농장과 어장을 잃은 데 따른 손해 보상도 거부당하는 일이 많았다. 희생자들은 생활 방식과 생계 수단을 국가 이익을 위해 희생당했다. 돈으로 보상받거나 저수지 바깥에 새 삶터를 받는 일도 있었지만 그런 이주자들은 새로운 환경에서 사는 법을 익혀야 했고 댐으로 생겨난 환경 변화로도 값비싼 대가를 치러야 했다. 우리 현대인은 아주 쉽게 이주할 수 있고 특정 장소에 대한 애착이 그리 크지 않다. 그래서 누군가의 집을 가라앉혀 버리는 데 따르는 더 심각한 결과를 제대로 이해하지 못한다. 댐 건설에 대한 비판은 대개 낭비, 부패, 부실 경영, 무능력, 댐 건설의 이익이 부당하게 분배되는 데 관련한 것이다. 그중에서도 가장 중요한 비판이 이익 분배의 부당함이다. 댐으로 발전한 전기를 지역민이 아니라 먼 곳에 있는 도시 노동자들, 때로는 외국계 회사들이 쓰는 것이다. 그러나 우리는 이보다 더 큰 비극을 잊고 있다. 바로 문화는 자연과 한 몸이라는 사실이다. 우리가 자연을 비틀고, 바꾸고, 물에 가라앉히고, 망가뜨릴 때마다 그 자연에 사는 문화에도 같은 짓을 한다는 사실을 깨닫지 못하고 있다.

멕시코에서 산후안 테텔싱고San Juan Tetelcingo 댐 건설을 막 시작하던 때였다. 댐 건설로 물에 잠길 지역의 나우아Nahua 원주민들이 진정

서를 제출했다. 멕시코가 전기를 더 많이 쓰려고 벌이는 일들 때문에 자신들이 무엇을 잃게 될 것인가를 적은 목록이었다. 나우아 원주민들은 1990년 당시 멕시코 대통령인 카를로스 살리나스 데 고르타리Carlos Salinas de Gortari에게 자신들이 잃게 될 것을 늘어놓았다. 댐이 생기면 이 원주민들에게는 집도, 농장도, 교회 건물도, 묘지도, 유적도, 성스런 동굴과 샘도, 관개수로도, 자신들의 먹을거리와 수입을 제공한 자연 자원도 사라질 것이었다. "잃게 될 것이 너무 많아서 이 목록에 다 적을 수가 없습니다. 다 적으려면 목록 쓰기를 결코 끝마칠 수 없을 테니까요." 댐 건설은 곧 자신들의 문화를 말살시키는 것이라고 원주민들은 말하고 싶었으나 적당한 말을 찾아내지 못했다. 원주민들은 댐이 자신들의 문화를 죽이고 자신들의 역사를 물에 가라앉히게 될 것을 본능으로 알았다.

에스파냐 사람들이 멕시코를 정복한 이래 원주민은 자기들 소유로 남은 계곡 땅을 바탕으로 자기 문화를 살리고 그 계곡에 문화를 맞춰 왔다. 원주민에게 그 땅은 조상인 아스텍 사람들이 그랬던 것처럼 상징적 의미가 컸다. 이들에게 그 땅을 떠난다는 것은 민족으로서 자기 문화를 완전히 잃는다는 것을 뜻했다. 원주민 문화의 생존은 그 무엇보다 원주민이 땅을 지키는 데 있었다. 멕시코 역사는 이 점을 거듭 보여주었다. 원주민은 자연이 없으면 원주민 문화도 거의 피할 수 없는 해체를 맞는다. 댐을 둘러싼 싸움은 사실상 문화투쟁과 다를 바 없었다. 서로 다른 두 삶의 방식이 자연과 자연을 쓰는 법을 놓고 싸운 것이다. 라틴아메리카의 도시 문화는 확장 지향적이며 제국주의적이라고 할 수 있다. 나우아 원주민이 물에 잠기지 않은 고향땅에 생존을 의존하는 것만큼이나 도시는 수력발전 댐에 의존한다. 다행히도 수많은 사람이 놀랄 만한 일이 벌어졌다. 멕시코 민주주의가 이번에는 제 구실을 하여 소수자를 보호했다. 1992년에 댐 건설이 취소된 것이다.

착한 마음 따위를 믿지 않는 사람은 테텔싱고 댐 건설의 취소가 당시 멕시코에 닥친 심각한 금융 위기 때문이라고 주장할 것이다. 그 앞의 역사 100년은 나우아 원주민에게 안 좋은 결과가 나올 것임을 짐작케 했다. 그때 이미 수많은 문화가 물에 잠겨 죽고 다른 모습으로 살아가고 있었다. 1984년에 아마존 강 동쪽, 토칸틴스 강에 완공된 투쿠루이Tucuruí는 대형 댐이 일으키는 문화와 환경 재앙의 표본이다. 그 댐으로 가장 많은 것을 얻은 이들은 외국계 알루미늄 회사 알코아Alcoa였다. 알코아는 투쿠루이 댐 발전량의 3분의 2를 소비했지만 고용 인원은 아주 적었다.

투쿠루이 댐이 만든 저수지로 17개 마을에 살던 원주민과 비원주민 3만 5,000명이 떠나야 했다. 이들 모두 수전水田, 고기잡이, 거북 잡이, 강을 이용한 운송으로 살던 사람들이었다. 이 모든 활동이 박살나거나 방해받았다. 고기잡이로 살던 이들은 댐이 완공되자마자 물고기 수십 종이 사라지고 어획량은 60퍼센트로 주는 일을 겪었다. 투쿠루이 댐 계획에는 물고기가 오가는 길을 만드는 계획이 없었기 때문에 알을 낳으러 오는 물고기들이 상류로 올라가지 못했다. 댐 하류에 살던 이들은 강둑을 넘나들던 맑고 파란 물줄기가 줄어든 것을 보았다. 옛날에는 해마다 일정 시기에 강변 농토에 기름진 새 흙을 쌓아올리던 바로 그 강이 작아진 것이다. 하류에서 농사를 짓던 농부는 댐으로 생긴 변화에 갈피를 잡지 못했다. 농부는 해마다 강물의 흐름으로 언제 작물을 심어야 하는지 알 수 있었으나 지금은 여름인지 겨울인지도 가릴 수 없다고 했다. 자연 그대로의 강이 사라지자 지역 주민들도 어떻게 살아야 할지를 알 수 없었다. 댐이 수문을 닫기 전에 그 상류의 나무를 모두 베려던 시도는 실패했고 댐 상류의 숲은 모조리 물에 잠겼다. 그 결과로 생긴 저수지는 산소 농도는 매우 낮고 산성은 높은 물로 가득 찼고 그 물은 몇몇 물고기 종을 죽였을 뿐만 아니라 댐의 기계 일부를 망가뜨리기까지 했다. 물 아래로는 뼈대만 앙상한 거대한 숲이 남았다. 게다가 이 댐에는 원래 건설 계획과 달리 갑문이 없었던 탓에 이 지역 안팎으로 강을 거쳐 물건을 실어 나르기도 더 어려워졌다.

가장 심각한 문제 중 하나는 저수지 주변에서 병에 걸리는 사람이 늘었다는 점이다. 저수지가 모기 번식지 역할을 했기 때문이다. 특히 말라리아에 걸리는 아이들이 늘었다. 새로 생긴 저수지에는 필라리아 병filariasis을 옮길 수 있는 만소니아모기가 우글거렸다. 모기가 어찌나 많은지 새로 이주한 사람들이 만든 마을 몇 곳을 비워야 할 정도였다. 농부들은 한낮에도 모기에 시달려 일을 하기 힘들다고 투덜거렸다. 한낮이면 모기가 활동하지 않아야 할 때였다. 한 연구자는 매일 이른 아침마다 한 사람이 한 시간에 모기에 500번 물린다는 연구 결과를 발표했다. 지역 주민들은 집 안에 머무르며 나쁜 연기를 피워 모기를 쫓아야만 했다.

물론 변화, 심지어는 파괴로도 옛날에는 없었던 새로운 기회가 생길 수도 있다. 낚싯줄로 끌어올릴 때 거세게 저항하는 것으로 유명한 투쿠나레tucunaré, *Cichla temensis*는 몇 가지 다른 종과 함께 저수지에서 번성한다. 이 물고기를 피콕 배스란 이름으로 아는 낚시꾼들은 유명한 투쿠나레의 저항을 느껴보고자 기꺼이 요금을 지불한다. 덕분에 지역 주민들은 저수지 가장자리로 여전히 솟아나온 죽은 나무들 사이에서 낚시를 허용해 적지 않은 돈을 벌어들인다. 투쿠나레는 지역 주민들의 먹을거리이기도 하다. 물에 잠긴 나무들은 단단한 목재인데다 그 수가 대략 150만 그루에 이르는데 대담한 사람들은 잠수 도구와 특수 수중 전기톱을 갖추고 숲 바닥으로 뛰어들어 그 나무들을 베어 판다. 일단 나무를 베고 나면 잘린 나무를 떠오르게 하는 작업은 5분 정도 걸린다. 그 나무들은 제재소에서 가공해 미국 식당의 바닥재로 쓰이게 된다.

　문화는 자연을 바꾸고 자연은 문화를 바꾼다. 사람이란 생물이 이 땅에 등장하며 늘 작용해온 변증법이다. 때문에 커다란 댐과 함께 사는 것이 사람들에게 더 좋은지 나쁜지 딱 잘라 말할 길이 없다. 바로 그것이 문제다. 수십억 달러를 썼다면 누가 봐도 그 일로 얻는 것이 잃는 것보다 더 많아야 하는데 안 그럴 때가 많다는 것이다. 여러 개발도상국이 어마어마하게 큰 수력발전소를 짓느라 빚더미에 앉아 있다. 그토록 많은 희생을 치르며 재정을 엉망으로 만들고 지은 댐이라면 그 고생에 대한 보답을 더 많이 돌려줘야 할 것이다. 그런데 현실은 다르다. 그 댐 대부분이 처음에는 웬만한 도시는 다 쓰지도 못할 만큼 전기를 생산하지만, 더 많은 전기로 더 많은 동력을 얻는다는 댐의 장점만 내세우느라 도시민들에게 깨끗한 물을 공급하는 것이 댐의 가장 기본이 되는 기능임은 간과할 때가 많다. 덕분에 발전 회사들은 발전소 터빈에 쓰레기를 흘려보낸다.

　일부 댐이 측정 가능한 이익을 가져왔다 하더라도 댐의 수명 문제는 다른 어떤 문제보다도 큰 걱정을 불러일으킨다. 유달리 지진이 많은

306

지역에서는 댐 자체가 완전히 무너질 수도 있다. 그렇지 않더라도 문제는 남는다. 인류 역사상 가장 비싸고 큰 건축물인 댐은 얼마나 오랫동안 우리가 바라는 일을 해줄 것인가? 댐 옹호자들은 순진하게도 이거대 건축물이 피라미드만큼이나 영원할 것이라 생각한다. 하지만 시간은 댐하고 친하지 않다. 퇴적 작용은 심각하게 댐을 위협한다. 게다가 여러 라틴아메리카 강처럼 토사가 많은 강이나 인간 활동으로 풍화작용이 심해진 지역에서는 그 위협이 더욱 커진다. 정부는 댐을 만드는 데 수십억 달러를 펑펑 쓰면서도 저수지 상류의 분수령과 숲과 땅을 지키는 데 한 푼도 안 쓰거나 아주 조금 쓴다. 처음에는 대서양변의 숲 한가운데 있던 빌링스 저수지가 지금은 비대해진 상파울루 시가지에 둘러싸이고 물에는 토사가 쌓여 지저분할 뿐만 아니라 깊이마저 얕아지고 있다. 1956년에 농민들을 쫓아낸 아이티의 댐은 1986년에 문을 닫았다. 침적물이 너무 많이 쌓여 저수지를 쓸 수 없었기 때문이다. 발전과 홍수 조절 20년을 하려고 그렇게 많은 돈과 일손을 댐 건설에 쏟았단 말인가? 높이 196미터, 길이 7.7킬로미터, 전기 1만 2,600메가와트를 생산하는 세계 최대 규모의 이타이푸 댐은 건설 비용으로 180억 달러가 들었다. 브라질 환경 운동의 지도자이며 브라질의 국가 발전 계획에 날선 비판을 해온 주제 루첸베르거José Lutzenberger는 이타이푸의 저수지가 30년 안에 토사로 가득 찰 것이라고 내다봤다. 대부분 루첸베르거가 지나치게 미래를 비관한다는 데 동의한다. 실제로 그런 일이 벌어질지 그때 가봐야 알 수 있겠지만 파라나 강 유역의 인구 증가와 농업 개발, 숲 파괴가 점점 늘어나는 상황임을 염두에 두어야 할 것이다.

기후도 걱정거리다. 댐은 비가 올 때만 에너지를 생산한다. 그런데 기후가 바뀔 것을 예상하고 계산한 댐은 없다. 바구니 하나에 모든 에너지 달걀을 담을 때 따르는 위험도를 계산하지 않았다. 2001년 브라질의 큰 가뭄은 어떤 일이 일어날 수 있는지 그 위험도를 살짝 드러냈다. 저수지 물이 심각하게 줄어들자 연방 정부는 5월부터 전기 사용량의 20퍼센트를 줄일 것을 지시했다. 수많은 브라질 사람들이 절전 방침에 잘 따라주었다. 불을 끄고 전기를 덜 쓰는 소형 형광등을 사고 가정용 기기와 에어컨 플러그를 뽑고 엘리베이터를 타는 대신 계단을 오르내렸다. 그 결과 가정용 전기 소비가 22퍼센트 줄었다. 찬사를 받을 만한 수치였다. 물론 각종 불편이 따르고 찬물로 샤워하는 일에 성난 사람도 많았다. 시위자들이 촛불을 들고 거리로 나왔다. 여기서 촛불은 잘못된 정부 정책이 시위자들을 석기시대로 보내버렸다는 뜻이었다. 정부는 야간 공공 행사를 모두 취소했다. 축구 경기도 예외가 아니었다. 실제로 불만을 품은 사람들이 시위에 나선 사람들보다 더 많았을 것이다. 범죄자들이 거리를 차지할 것을 우려한 많은 사람이 집 안에 머물렀다. 가로등 셋에 하나는 꺼진 상태였기 때문이다. 대통령 지지율도 최저 수준으로 떨어졌다. 경제학자들은 아르헨티나의 경제 위기가 브라질까지 불똥 튈 것이라고 경고했다. 위기에 늘 차분히 맞서는 사람들은 바짝 마른 날씨에 허리띠를 바짝 죄며 버텨냈다. 하지만 그해 브라질의 경제성장률은 50퍼센트나 떨어졌다. 대중에 떠밀린 브라질 관리들은 재빨리 발전소를 50개 이상 짓겠다는 약속을 했다. 대부분 브라질에서 수입하는 천연가스로 운영할 발전소들이었다. 예측할 수 없는 기후에 의존하는 것보다 해외 공급자에 의존하고자 한 것

5장 인간의 의지

이다. 정부에서는 핵발전소를 짓자는 이야기까지 오고갔다.

에너지의 영원한 문제는 에너지가 사람 머리에 들어오는 순간 에너지 자체가 수단이 아닌 목적이 되어버린다는 것이다. 리우데자네이루를 문화 공간으로 인정받기 바란 마샤두 지 아시스조차 만을 가로지르는 다리에 실용성만큼이나 인간의 자연 정복이란 상징성도 있다고 믿었다. 브라질 군사정권에서도 바뀐 것은 없었다. 이집트 파라오나 시행할 법한 정책으로 유명했던 군사정권은 1974년 마침내 리우데자네이루 만을 가로지르는 다리를 놓았다. 다리에는 다리를 건설하게 한 군인 대통령의 이름이 공식 명칭이 되었으며 완공 후 군사 정부는 이 다리가 세계에서 가장 긴 다리라고 자랑했다. 그러나 그런 다리는 만들 필요가 없었다. 만에는 3킬로미터도 안 되는 길이로 이을 수 있는 곳이 두 군데나 있었는데도 길이 13킬로미터 다리를 만들었다. 다리를 어디에 놓아야 하는 실용성 문제보다 자부심, 남을 이기고 우쭐대고 싶은 마음, 상징성이 더 중요했던 것이다.

문화는 20세기 들어 힘이 매우 세졌고 덕분에 인간은 자연 앞에서 훨씬 쉽게 성공을 누릴 수 있었다. 오늘날 인류는 그 어느 때보다 인구가 많고, 부유하고, 건강하고, 안전하다. 그러나 사람들은 에너지에 중독되었고 에너지는 여전히 문화의 만병통치약으로 기능한다. 석유와 댐과 원자력발전소와 에탄올을 더 많이 쓰고 더 많이 지으면 에너지 문제를 풀 수 있다고 지레 짐작한다. 그래서 에너지 생산량을 늘리기 위해 나랏돈 수십억 달러를 쏟아 붓는다. 그에 견주어 에너지 수요를 줄이면서 오늘날 삶의 질을 더 끌어올리거나 유지할 수 있게 하는 기술에 쓰는 돈은 없는 것이나 마찬가지다. 우리는 에너지에 굶주린 과학기술로 만들어낸 도구 사용을 끊임없이 늘려가며 오늘날 우리 삶의 방식을 유지하고 있다. 내연기관, 합성 질소비료, 콘크리트 댐, 포장 고속도로, 농약 사용 가운데 하나라도 내던져보라. 그러면 오늘날 당연하게 여기는 것 상당수가 무너져 내릴 것이다. 우리는 도구 가짓수를 늘리거나 유지하기 위해 끝없는 탐욕을 부리기보다는 더 슬기롭게 살기 위해 힘써야 할 것이다.

6장

숨 막히는 삶터, 도시환경

동틀 녘부터 땅거미가 질 때까지 광장으로 이어진 10개의 큰길로 수많은 사람이 오고가는 모습이 보일 것입니다. 바닥 돌 하나만 볼 수 있어도 그 위에서 방위군, 성냥팔이, 은행가, 가난뱅이, 군인까지 다 볼 수 있습니다. 학생 무리에, 하인에, 장군에, 장관에, 지체 높은 사람들에, 투우사에, 숙녀들까지 지나다닙니다. 어디에서나 실크해트를 쓰고, 입가에 웃음 띤 모습입니다. 부산스러운 모습이 아닙니다. 신난 사람들이 보이는 씩씩함이요, 사육제에 온 것 같은 즐거움이요, 가만히 있지 못하는 한가함이요, 들뜬 즐거움입니다. 당신도 그 즐거움에 사로잡힌 나머지 광장을 돌고 또 돌며 벗어나지 못합니다.[30]

사람은 온갖 환경에서 살면서 지구의 모든 곳, 모든 기후대에 발자취를 남긴다. 인간이 남긴 발자취 가운데 어떤 것은 덧없이 자연의 힘 앞에 쉽사리 지워지고 어떤 것은 자연을 훼손하여 지울 수 없는 흔적을 남긴다. 인간은 이 땅을 짓밟았으며 곳곳에 파괴의 흔적을 남겼다. 숲에는 언젠가 사라질, 아니 어쩌면 영원히 남을 구멍을 뚫었다. 산에도 구멍을 뚫었다. 그리고 이제는 대기에까지 구멍을 뚫어놓았다. 문명도 마음에 드는 곳은 후벼 파지 않는다. 그 대신 건물을 짓는다. 삼림을 파괴하고, 광물을 채굴하고, 남은 찌꺼기와 오존층 파괴가 역사 속에서 문화가 파괴해온 것들을 보여준다면 도시는 문화가 만들어낸 것을 보여준다. 그 많은 파괴 속에서도 인간은 무엇인가를 만들 능력이 있음을 도시가 증명한다. 인간이 지금까지 한 일은 대부분 덧없는 일이었지만 그 가운데도 길이 남을 뭔가를 지으려는 노력이 있었음을 도시를 보며 알 수 있다. 도시는 문화가 풍경 위에 꾸준히 벌이는 몇 안 되는 일거리 가운데 하나다. 건축가들은 자신들이 죽은 뒤에도 남아 있기를 뒷날 자손들이 물려받기를 바라며 기념물과 집과 거리를 만든다. 그리하여 도시는 환경의 한 부분이 된다. 이를 사람이 지은 환경이라 하기도 한다.

문명이 살아남는 데 성공하느냐 실패하느냐는 도시가 얼마나 지속 가능성이 있느냐에 달려 있다. 라틴아메리카에서는 더욱더 그러하다. 물론 구멍을 내는 것과 길이 남을 건축 일은 떼려야 뗄 수 없는 관계다. 도시는 다세포 생물이다. 주변 땅에서 식량, 물, 전기, 건축자재를 도로와 철도와 전선과 파이프로 된 촉수로 잡아채 굶주린 배를 채운다. 인간은 다른 생물들과 다르다. 하지만 웬만한 일에선 동물들과 별 다를 바 없이 행동한다. 서로 겨루고, 먹고, 번식하려는 욕망에 좌우된다. 가마우지나 산호초처럼 인간이란 종도 얼키설키 얽히고 속이 빽빽한 거주지를 지어 그곳을 터전삼아 자신과 새끼들을 먹여 살릴 자원을 모으러 나간다. 그러나 사람은 생물을 초월한 존재라 할 수 있다. 자원을 거의 끝없이 소비할 수 있기 때문이다. 수를 늘려 자원을 더 많이 소비하는 일은 어떤 생물이라도 할 수 있지만 머릿수만큼 소비량을 늘리는 생물은 우리 인간뿐이다. 게다가 오늘날 우리는 인간의 성공을 판단할 때 무엇을 이루었는가보다는 앞서 이룬 것에 얼마나 많은 성과를 냈는가로 평가한다. 오늘날 인류 대부분이 사는 곳, 즉 도시와 도시의 자원 수요가 특히 20세기에 인간이 아닌 거의 모든 생물의 삶터를 희생시키며 커온 것은 이 때문이다. 보통 도시와 도시의 자원 소비량의 증대를 암에 비유하기도 하지만 도시를 근대 인류에게 알맞은 삶터, 인간 둥지, 인간 벌집, 영원히 살아남을 문화를 이루고자 지속 가능한 문화의 씨앗을 뿌리는 곳으로 보는 쪽이 도시를 암으로 보는 쪽보다 더 건설적이다.

　라틴아메리카 환경에 관심이 있는 외국인은 환경에 원죄를 짓는다는 이유로 도시를 저주하거나 위기에 처한 생물 종이나 국립공원에 관심을 쏟느라 도시를 돌아보지 않는다. 그러나 도시, 특히 라틴아메리카의 도시를 무가치하게 여기거나 무시하는 것은 잘못된 일이다. 라틴아메리카는 도시 인구 비율이 가장 높은 지역 중 하나다. 라틴아메리카 인구의 75퍼센트가 도시에 산다. 미국과 유럽만큼이나 도시 인구 비중이 높은 것이다. 남아메리카는 오스트레일리아 다음으로 도시 인구 비중이 높은 지역이다. 남아메리카 사람 열에 여덟 명이 도시 사람이다. 이를 도시 인구 비중이 40퍼센트가 안 되는 아시아나 아프리카와 비교해보라. 라틴아메리카 나라마다 도시 인구 비중도 놀랍도록 높은 수준이다. 브라질은 83퍼센트, 칠레는 87퍼센트, 베네수엘라는 88퍼센트, 아르헨티나는 90퍼센트가 도시에 산다. 반면 이베리아 문화의 원류인 에스파냐와 포르투갈의 도시 인구 비중은 64퍼센트와 48퍼센트에 지나지 않는다. 라틴아메리카에는 인구 100만 이상의 대도시가 60개가 넘는다. 라틴아메리카 도시, 특히 대도시는 살기가 어려운 곳으로 악명 높다. 그런데도 라틴아메리카 사람들은 도시를 삶터로 삼는 쪽을 훨씬 좋아한다.

도시 전통

다행히도 라틴아메리카 사람들은 도시를 사랑하며 도시의 세력이 더욱더 커지기를 바란다. 미국 제퍼슨 대통령이 농장과 들과 이웃 사이에 거리가 있는 것을 좋아한 것처럼 옛날부터 북아메리카 사람들은 사람이 우글거리는 근대 도시를 노골적으로 싫어했고 두려워하기까지 했다. 이와 달리 라틴아메리카 사람들은 도시와 연립주택과 광장을 아주 좋아했다. 행복한 문명인이 된다는 것은 자기 주소를 거리 이름으로 표시한다는 것을 뜻했다. 이 점에서는 잉카, 아스텍, 이베로 아메리카Ibero America(아메리카 안에서도 에스파냐와 포르투갈 문화권 중심의 지역—옮긴이) 사람들 모두 한마음 한뜻이었다. 북아메리카의 식민자들은 계획적인 구획 정리 없이 농장과 도시가 자연스레 뿌리내리게 했다. 이베리아 사람들은 원주민 도시가 들어서지 않은 곳에는 먼저 도시 구획을 정했다. 그렇게 식민지 시대에만 1,000개가 넘는 도시 구획을 정했다. 1600년에 이미 에스파냐령 아메리카 식민지 인구의 49퍼센트가 도시에 살았다. 공업이 발달한 영국조차도 19세기 중반까지 도달하지 못한 수치였다. 북아메리카에서는 영국인들이 식민지를 만들기 시작하고 1세기 지난 뒤에도 식민지 인구 5퍼센트만이 스스로 도시 사람이라 할 수 있었다. 농촌에 땅이 있는 에스파냐 사람들조차도 주로 농장이 아니라 도시 연립주택을 거주지로 삼았다. 농촌 지주들이 농장을 비우는 일이 잦았던 것도 농장에 관심이 없다기보다는 더 오래 도시에 머물고 싶은 바람이 컸기 때문이다.

라틴아메리카 사람들은 경제 및 사회생활에 필요한 일을 하고자 도시를 짓는다. 이베리아인 도시 계획자들은 로마인들이 만들었지만 유럽에서는 거의 실행하지 못한 도시의 이상형을 따라 도시를 설계한다. 신세계는 이들에게 완벽한 기회의 땅이었다. 이곳에서는 아무것도 없는 땅 위에 이치에 맞게 그린 선을 따라 새 도시를 지을 수 있었다. 그리하여 태어난 이베로 아메리카 도시들은 플라사Plaza(영어의 place처럼 라틴어의 platea에서 온 말로 '넓은 거리'를 뜻한다), 즉 광장이 중심이 되었다. 도시에 없어서는 안 될 수호성인을 기리는 행진도, 이단자들을 목매달아 죽이는 일도 광장에서 이루어졌다. 광장은 시민들이 만나 어울리는 곳이자 의례적으로 거니는 곳이기도 했다. 광장에서 시장이나 투우 경기나 축제가 열릴 때도 흔했다. 광장은 사면을 둘러싼 종교, 행정, 거주용 건물들 때문에 더욱 두드러져 보였고 도시의 성스러운 일, 세속적인 일, 일상의 일이 펼쳐지는 무대이기도 했다(자료 9를 보라). 도시는 광장을 중심으로 동서남북 방위 기점을 따라 질서 있게 뻗어나갔다. 그렇지 못한 경우는 지형에 막힐 때뿐이었다.

도시 사람들은 마음속으로 도시를 두 곳으로 나누었다. 하나는 집이다. 집은 완전한 사유지이며 남자의 재산과 여자의 정절을 지킨다고 회랑으로 둘러싸버리기도 했다. 다른 하나는 거리다. 거리는 지저분하고 때로는 위험한 곳이지만 모든 사람의 것이다. 거리를 이해하는 가장 좋은 방법은 거리를 물건 나르는 곳이라기보다는 공공 플라사, 즉 광장이 뻗어나온 공간으로 보는 것이다. 콜럼버스가 오기 전 도시에는

자료 9. 거리는 공유지다. 1850년경 리우데자네이루의 산타아나 성당 앞 성령 축제.
출처 : Thomas Ewbank, *Life in Brazil*(New York : Harper & Brothers, 1856), 341쪽. 유타 주 프로보에 있는 브리검영 대학의 해럴드 B. 리 도서관 제공.

바퀴 달린 운송 수단이 없었다. 에스파냐 식민지의 도시에서도 18세기 또는 그 뒤에까지도 바퀴 달린 탈것이 중요하지 않았다. 짐은 거의 원주민과 노예들이 등에 지고 옮겼다.

　우리는 보통 히스패닉 도시계획을 바둑판 모양으로 묘사한다. 이는 거리를 운송로로 여기는 편견 때문인 것으로 보인다. 도시계획을 정할 때 왕은 광장과 거리를 세우는 데 한 가지 원칙이 있어야 한다고 주장했다. 하지만 도시 사람들은 도시를 격자무늬로 얽힌 거리보다는 건설 구역이 질서정연하게 모인 곳으로 보았을 가능성이 크다. 식민 도시에서 질서정연한 것은 거리가 아니라 건설 구역인 경우가 매우 많았다.

반면 거리는 막히거나 휘거나 폭이 늘거나 했는데 그 이유는 알 수 없었다. 서양의 지도는 19세기까지도 격자무늬로 얽힌 거리들이 아니라 건설 구역들이 모인 것으로 그렸다. 거리는 구획들 안을 건물로 채우고 남은 빈 땅일 뿐이었다. 광장과 거리는 아무것도 짓지 않은 빈 공간으로 도시의 공유지였고 쓰임새도 갖가지였다. 거리를 구역으로 구분하지도 않았다. 거리에는 포장도로가 없었고 광장도 다른 곳보다 높게 짓지 않았다. 모든 거리와 광장이 서로 이어져 있었고, 광장은 로마 사람들 말 그대로 더 넓은 "거리"일 뿐이었다. 오늘날 광장은 흔히 나무와 꽃을 심어놓은 보행자들의 공간이며 길이 막힌 차량들의 악의가 광장을 둘러싸고 있다. 식민지 시대에는 수레와 마차와 보행자들 대부분이 광장과 거리 어느 방향에서나 오고가고 어디에서나 멈출 수 있었다. 차선도, 포장 보도도, 주차 용지도 따로 없었다. 거리와 광장에 길을 찾는 데 쓸 이름을 붙이지도 않았다. 거리 하나에 건설 구역 몇 곳(때로는 단지 하나하나에)을 지날 때마다 다른 이름이 붙었다. 사람들은 거리를 도시의 여러 곳이 끊어짐 없이 이어지는 선이 아니라 서로 다른 공간들이 이어진 곳으로 보았음을 짐작케 한다. 거리는 사람 사는 곳이었다. 자동차가 나타나기 전까지는 아무도 거리를 물건과 사람을 다른 곳으로 나르는 운송로만으로 생각하지 않았다.

왕이 요구한 것은 도시계획만이 아니다. 왕은 도시를 사람이 살기 좋은 곳으로 만드는 데 도움이 될 다른 여러 사항도 지킬 것을 요구했다. 무엇보다 중요한 점은 주변에 목재, 목초지, 농토, 연료, 깨끗한 물이 넉넉한 곳에만 도시를 지어야 한다는 것이었다. 도시의 성공은 자연 자원이 넉넉하게 있느냐 없느냐에 달려 있다. 자연 자원이 모자란 곳에 도시를 짓는 것은 유한한 인력 자원을 낭비하는 일이다. 언덕 위에 도시를 지어서도 안 되었다. 언덕 위에 도시를 지으면 시민들이 바람 같은 사나운 자연력에 시달리고 여러 물건과 물을 공급하기도 더 어려웠던 까닭이다. 도시를 고도가 낮은 곳의 늪지대로 넓혀서 시민들이 열병과 전염병에 시달리게 해서도 안 되었다. 왕은 무두질하는 곳, 생선 가게, 도살장 같은 혐오 시설들은 모두 도시 바깥쪽의 바람이 불고 물이 흐르는 곳에 자리 잡게 했다.

왕은 기후도 따졌다. 그래서 거리는 너무 거센 바람이 불지 않는 방향에 놓였다. 추운 곳에서는 따스한 햇살이 사람들을 비출 수 있을 만큼 거리를 넓게 지었지만, 더운 곳에서는 그늘이 생기도록 좁게 만들었다. 집과 건물은 같은 양식으로만 짓게 했는데 도시가 아름다운 통일성을 띠게 하기 위해서였다. 물론 이런 규제를 모두 지킨 것은 아니며 라틴아메리카 도시들은 지역에 따라 그 모습이 매우 달랐다. 그럼에도 좋은 도시란 어떤 것인가에 대한 정부의 생각은 역사상 가장 도시 건설이 활발했던 라틴아메리카의 도시계획에 인상 깊은 흔적을 남겼다.

라틴아메리카 도시에는 인구가 많았다. 적어도 북아메리카 도시들보다는 더 많았다. 19세기 말까지도 라틴아메리카 도시들은 사람이 감당할 수 없을 정도까지는 커지지 않았다. 라틴아메리카에서 가장 큰 도시인 멕시코시티조차도 가볍게 걸어서 가로지를 수 있는 크기였다. 인구가 늘고 도시화가 심해지면서 도시라는 인간 삶터도 폭발하듯 커졌다. 공업이 발달한 북쪽에서는 인구 성장이 도시화보다 앞서 일어났다. 라틴아메리카에서는 1940년대부터 눈에 띄게 인구가 늘기 시작하지만 라틴아메리카 일부 도시에 인구 집중이 일어난 것은 그보다 훨씬 이전이었음을 보여주는 증거가 많다.

18세기 말 멕시코시티의 저명한 이들은 도시가 커지는 데 불평을 늘어놓고 있었다. 농민이 도시에 들어와 도시 식으로 사는 것에 담을 쌓고 통제하자는 사람도 있었다. 19세기 말이 되자 멕시코시티가 커진 것이 한눈에 들어왔다. 멕시코시티 인구는 1858년에 20만 명에서 1900년에는 34만 5,000명이었고, 1910년에는 47만 1,000명에 이르렀다. 10년 사이에 인구가 28퍼센트나 늘어난 것이다. 1858년에 8평방 킬로미터의 도시 면적은 1910년에 40평방킬로미터가 되었다. 이런 엄청난 성장도 앞으로 일어날 변화에 견주면 태풍 전에 부는 산들바람일 뿐이었다.

인류 역사를 통틀어 인구는 아주 느리게 늘었다. 어떤 학자는 만약 인구가 기원전 1만 년 전에 정착 농업을 시작한 이래 해마다 1퍼센트씩 늘었다면, 현재 인류의 공간은 우리가 아는 우주 크기보다 더 클 것이며 상대성 법칙만 아니라면 빛보다 빠르게 팽창할 것이라고 이야기했다. 자식이 자식을 낳고 그 자식이 또 자식을 낳는 것이 반복되는 힘이란 이런 것이다. 근대까지 인류는 아주 낮은 비율로도 꾸준히 인구를 불릴 수 없었다. 죽음은 아기와 아이를 가장 즐겨 찾았기 때문이다. 최근까지도 사망자 중 가장 많은 수가 어린아이였다. 웬만한 사람은 자식을 낳을 기회도 없이 죽는 것이다. 전근대 유아 사망률은 보통 35 퍼센트가 넘었다. 꾸준한 인구 성장은 유럽에서는 18세기 후반부터, 라틴아메리카에서는 20세기 중반부터 시작되었다. 이러한 인구 혁명 이전의 인류 인구는 이후에 견줘보면 늘 적은 편이었다.

근대에 인구가 늘어난 것은 사망률이 낮아졌기 때문이다. 산업혁명 이전 유럽에서는 해마다 전체 인구 의 4퍼센트씩 새 생명이 태어났다. 또 해마다 평균 3.5퍼센트씩 사망했다. 지난 두 세기 동안 사망률은 한 해 1퍼센트 아래로 떨어졌다. 전체 사망자 수가 줄어든 것뿐 아니라 점점 아이가 아닌 나이 든 사람이 죽는 비율이 높아졌다. 초기에 사망률이 낮아진 것은 다 함께 더 많이 더 다양한 음식을 먹게 된 덕분이었다. 콜럼버스의 교환이 뒤늦게 인류를 도운 것이다. 산업화를 일찍 시작한 나라들에서 사망률을 낮추는 데 의학 발전이 세운 공은 거의 없었다. 유럽의 출산율은 거의 한 세기 동안 높은 비율을 유지하다가 사망률만 떨어지기 시작하니 인구가 전례 없이 빠르게 늘어난 것이다.

라틴아메리카의 인구 혁명은 유럽에서보다 훨씬 늦게 시작되었다. 라틴아메리카의 인구 혁명 쪽이 훨씬 더 빠르고 폭도 컸다. 무엇보다 라틴아메리카에서는 출산율이 유럽보다 더 높았다. 한 해 인구 성장률이 5퍼센트로 인류 역사상 최고치에 가까운 수치였다. 왜 출산율이 더 높았는지 그 이유는 밝혀지지 않았다. 라틴아메리카에서는 20세기까지 사망률도 높았다. 열대 질병, 특히 말라리아, 황열병, 그 밖의 위장 관련 전염병 때문이었다. 여기에서 의학은 아주 중요한 역할을 했다. 1920년대 이후 더 많은 사람이 예방접종을 받게 되었고, 1939년에 디디티와 페니실린의 발견으로 라틴아메리카의 사망률은 뚝 떨어졌다. 유럽과 북아메리카가 200년에 걸쳐 이룬 사망률 감소를 라틴아메리카는 20년 만에 이뤄낸 것이다. 1960년까지 사망률은 전체 인구당 한 해 1퍼센트로 떨어졌고, 1980년에는 0.6퍼센트가 되었다. 출생률은 1970년대 중반까지도 줄곧 4퍼센트 이상의 높은 수치를 유지했다. 그 결과 라틴아메리카 인구는 해마다 3.5퍼센트 이상 늘었다. 외국인 이민으로 인구가 늘지 않았는데도 그 정도였다. 미국은 베이비붐 시대인 1940년과 1970년 사이에도 인구가 해마다 평균 1.5퍼센트씩 늘었고, 라틴아메리카에서는 해마다 3~4퍼센트씩 늘었다.

국민 인구 성장률이 신기록을 세웠다면 도시 성장률은 그 기록을 깼다. 멕시코시티 인구는 1940년에 겨우 150만 명으로 1940년까지 100퍼센트, 1950년까지 다시 두 배로 늘었다. 1970년대와 1980년대에는 10년마다 인구가 50퍼센트씩 늘었다. 유럽의 도시화와는 뚜렷하게 다른 모습이다. 인구가 폭발적으로 늘던 1850년과 1900년 사이 런던 인구는 270만 명에서 660만 명으로 늘었다. 2.5배쯤 늘어난 것이다. 그런데 멕시코 인구는 한 세기 뒤에 똑같은 50년 사이, 즉 1940년과 1990년 사이에 150만 명에서 1,500만 명으로 늘어났다. 10배로 늘어난 것이다. 거대도시들을 크기에 따라 멕시코시티, 상파울루, 부에노스아이레스, 리우데자네이루, 리마, 보고타, 산티아고, 벨루오리존치, 과달라하라, 포르투알레그리, 카라카스, 몬테레이, 헤시피, 사우바도르, 과야킬, 메데인, 포르탈레자, 쿠리치바, 산토도밍고 순이다. 이 도시들 모두 저마다 처음에는 작았다가 각기 다른 시기에 역사의 눈으로 보자면 눈 깜짝할 사이에 인구 300만이 넘는 거대도시로 성장했다.

왜 라틴아메리카 농민들 중 기록에 남을 만큼 많은 수가 도시로 이사했는가? 우리는 보통 농촌 인구 증가, 불안정한 토지 소유권, 농업 기계화 같은 압력 요인을 강조한다. 물론 이러한 것이 주요 원인이었을 것이다. 토양침식에 농촌의 흙이 점점 힘을 잃어가는 점도 여러 농민을 도시로 내몰았을지 모른다. 하지만 도시 자체에도 사람을 끌어당기는 힘이 있었다. 앞에서 말했듯 라틴아메리카 사람들은 오랫동안 도시를 사랑해왔다. 사실 도시로 온 사람들 중 상당수는 농촌이나 목장이 아니라 시골 마을에서 온 사람들이기도 했다. 이들은 이미 거리와 광장에 익숙한 이들이었다. 반면 북아메리카의 농민들은 소도시든 대도시든 거의 본 일이 없는 사람들로 남쪽 농민들보다 도시로 이사하는 일을 더 두려워했다. 더구나 농촌에서는 기회와 일자리가 줄어드는 데 비해 도시에서는 늘어나고 있었다. 도시에서 임금을 더 많이 주는 것도 많은 사람이 수도나 주도로 떠났기 때문이다. 도시의 공식 실업률은 높았지만 노점상이나 가정부 일처럼 농촌에 없는 비공식적인 일자리는 많았다. 도시에서 끔찍한 가난을 겪는 이도 많았지만 농촌에서 도시로 온 대다수는 좀더 질 높은 삶을 누릴 수 있었다. 이들은 교육에 의료보험에 깨끗한 물에 하수시설에 전기 혜택을 받았다. 1960년대 멕시코시티 도시 가구의 수입은 전국 평균보다 185퍼센트 더 높았다. 농촌 사람들은 도시로 떠난 친척들이 더 많은 것을 얻었다는 말을 들을 때마다 도시로 이주하는 것으로 도시 지지를 선언했다. 도시로 온 사람들은 농촌에 남은 사람들을 야심도 없는 겁쟁이라고 깎아내렸다. 자기가 태어난 농민 문화를 욕하면서 도시 사람이라는 새로 얻은 정체성에 대한 자부심을 드러낸 것이다. 도시로 이사한다는 사실은 더 많은 자유를 누린다는 것을 뜻하기도 했다. 곧 지주들의 경제력과 정치력에 복종하며 살아온 땅 없는 가난뱅이가 자기 뜻에 따라 살 기회를 잡는 것이다. 도시에서 이들은 스스로 지은 집에 살거나 고용주를 선택하거나 자기 자신의 일을 할 수 있었다.

원인이야 어찌 되었든 도시가 그토록 빨리 커지자 심각한 문제가 여기저기에서 나타났다. 도시 관리들이 아주 착한 사람이었다 해도, 식민지 시기 왕이 내놓은 훌륭한 도시계획을 물려받았다 해도, 예산이 넉넉했다 해도, 도시가 터져 나갈 듯 커지는 데는 아무리 좋은 정책이라도 소용없었을 것이다. 런던이나 뉴욕 같은 제1세계(제3세계와 대비하여 이른바 '선진국 first-world'을 즉 제1세계라 하기도 한다—옮긴이) 도시들조차 비좁아터진 공동주택과 실업, 거리의 고아나 거리에 쌓인 쓰레기 같은 문제를 피할 수 없었다. 그나마 이런 도시들은 커지는 속도가 느린 편이었다. 하지만 제3세계 도시들은 제1세계 도시보다 두 배는 빨리 커졌으니 앞날이 캄캄했다. 낡은 공동주택에 사람이 서 있을 틈밖에 안 남으면 도시 변두리, 언덕 위, 저지대 늪에 불법 건축물이 들어서기 시작했다. 식민지 시대에는 왕령으로 도시 확장이 금지되었던 곳들이다. 뒷날 더 커질 것을 생각하여 조정의 관리들이 옛날에 미리 계획을 세우고 구획을 그어놓은 도시들이 제멋대로 아무 계획 없이 커나갔다.

리우데자네이루에 이사 온 사람들은 1930년대부터 가파른 산 바로 옆에 판자촌을 세우거나 늪지대에 수상가옥을 짓기 시작했다. 리마에서는 하룻밤 사이에 동네 하나가 들어서기도 했다. 시우닷 데 디오스 Ciudad de Dios가 좋은 보기다. 시우닷 데 디오스는 서로 말을 맞춘 불법 점유자 수천 명이 1954년 크리스마스 전날 밤에 리마 남쪽 사막으로 몰려가 세운 동네다. 측량사들이 도시 이주자들에 앞서 작업을 해놓은 곳에서조차 도시가 매우 빠르게 여러 방향으로 커지다 보니 그에 맞는 도시의 공공 서비스를 갖추기까지 몇 년씩 뒤처지는 일이 많았다. 그 어떤 도시라 해도 도시계획 작성자가 아무리 재주가 뛰어나다 해도 감당할 수 없을 만큼 도시 성장의 위력은 대단했다. 세워야 할 기반 시설은 매우 많았고 비용도 엄청났다. 이것이 얼마나 어려운 일인지 다시 한 번 살펴보자. 오늘날 멕시코시티 인구는 오스트레일리아 인구, 칠레 인구, 헝가리 인구, 볼리비아 인구보다도 많다. 캐나다와 미국의 주 중에도 캘리포니아를 빼면 멕시코시티보다 인구가 더 많은 주는 없다.

라틴아메리카의 모든 도시 환경의 위기에 대해 공정한 평가를 내릴 만한 공간이 없다. 멕시코시티처럼 물을 끌어올 곳이 모자란 데다 그 물조차 점점 더러워져 고통을 겪는 도시들이 많다. 깨끗한 물을 끌어와 가난한 이들도 인간이 누려야 할 기본권을 누리게 하려면 댐에 펌프에 수도관에 막대한 보조금이 필요하다. 그나마 하수는 도시 보건에 바로 해가 되기 때문에 웬만한 도시에는 다 하수관이 있다. 공장 폐수는 겉도랑에 그대로 방류되며 극히 일부만이 강과 만과 어장에 방류되기 전에 처리한다. 도시의 쓰레기 처리는 더 엉망이다. 길이 좁거나 가팔라서 쓰레기차가 들어갈 수 없는 슬럼가에는 결국 거리와 공터에 쌓인 쓰레기를 태워야만 한다. 그곳 주민들의 머리 위는 매캐한 연기가 뒤덮인다.

도시 주택 중에는 사람이 살 만한 건물이 아닌 것도 많다. 그런 건물은 다른 사람이 갖다버린 물건들을 주워서 대충 비바람만 피할 수 있는 곳이다. 이렇게 스스로 만든 집들이 판지와 쭈글쭈글한 널빤지에서 돌담과 기와지붕으로 바뀌는 속도에 놀라움을 금치 못한다. 이를 보면 주민들이 도시에 와서 돈을 꽤 벌었고 자기 손으로 일할 의욕도 충분함을 알 수 있다. 그렇지만 이런 집도 여전히 수준 이하의 건축물로 자연재해 대비는 전혀 없고 집터도 위험한 곳에 있는 경우가 많다. 최근의 지진, 허리케인, 심지어 뇌우에도 열악한 수준임을 확인할 수 있었다.

6장 숨 막히는 삶터, 도시환경

자동차 광풍

　물, 하수, 쓰레기, 주택이 골치 아픈 문제이기는 하나 이미 수 세기 동안 시달려온 일이다. 오늘날 라틴아메리카에서 가장 위급한 환경문제는 최근에 생겨난 것이다. 멕시코시티의 하늘이 매우 맑다는 소리를 듣던 때로부터 오늘날까지 40년도 채 지나지 않았다. 오늘날 산티아고와 상파울루와 멕시코시티의 초등학교 선생님들은 처음으로 하늘을 맑은 청색이 아니라 지저분한 황갈색으로 그리는 아이들을 보았다. 라틴아메리카 도시민들은 갖가지 등급의 쓰레기를 다루는 데 오랜 경험이 있지만 오염된 산소에 숨이 막힐지도 모른다는 위험은 오늘날의 인간들만 겪는 것이다. 자동차는 도시의 최신 전염병이다. 도시민들은 자동차로 생긴 대기오염에 고통을 겪는다. 불행히도 해악은 그것만이 아니다. 자동차는 사람들이 즐겨 쓰는 교통수단이 되면서 라틴아메리카의 숭고한 도시 전통을 슬그머니 밀어냈다.

　라틴아메리카에서 자동차의 역사는 20세기 초까지 거슬러 올라간다. 그보다 한 세기 전에 이미 도시 사람들은 거리에 바퀴 달린 탈것이 늘어나는 데 불만을 쏟아냈다. 이는 사람과 물건을 나르는 데 수백 년 동안 원주민과 아프리카인 노예의 등에 기대온 라틴아메리카에는 낯선 흐름이었다. 멕시코시티에서는 시민들이 여행길에 개인 마차를 자랑삼아 공공 거리를 내달리는 데 투덜거렸다. 마차 때문에 도시가 시끄러워지고 걸어 다니는 사람도 위험에 시달렸다. 브라질의 황제 페드루Pedro 1세(재위 1822~1831)는 리우데자네이루를 오고가는 시끄러운 소달구지 무리들을 매우 싫어했다. 하지만 달구지 모는 사람들은 차축에 기름칠을 하지 않았다. 차축 삐꺽거리는 소리에 소들이 일할 힘을 얻는다고 믿었기 때문이다. 페드루는 기름칠 안 한 차축에 벌금을 매기는 법안을 만들었고, 어쩌다 위반한 사람과 마주치면 마차에서 내려 몸소 벌금을 걷기도 했다.

라틴아메리카에서 자동차는 처음에 다른 곳에서처럼 부자들의 장난감이었다. 라틴아메리카에서는 1910년까지 여러 나라에 자동차 동호회가 생겼다. 이 모임 덕에 부자들은 주말마다 자기 자동차를 몰고 나와 대열을 지어 시골여행을 즐길 수 있었다. 그때마다 부자들의 자동차는 바퀴 자국으로 움푹 팬 좁은 고속도로를 달렸다. 그리고 부잣집 아들들은 막 쟁기질한 밭에 즉석으로 만든 경주로를 따라 달리며 자동차 마력 수치를 겨루었다. 자동차 동호회는 자연스럽게 정부의 예산이 포장도로를 닦는 데 쓰이도록 영향력을 행사하는 압력단체가 되었다. 이런 압력 행사에 참여한 단체에는 특히 외국계 자동차, 타이어, 도로 건설 장비 회사들이 많았다. 포드Ford나 제너럴모터스GM 같은 자동차 회사는 라틴아메리카 공무원들을 미국으로 데려와 자동차 시대의 희망을 보여준다며 모든 시찰 비용을 부담했다. 시찰에 나선 공무원 대부분은 당연히 깊은 인상을 받았다. 철도 건설과 투자는 제1차 세계대전이 일어나기 전부터 줄어들기 시작하면서 도로를 미래의 교통수단이자 새로운 지역에 농토를 개척하고 대중의 불만이 큰 철도 독점을 꺾을 가장 저렴한 방법으로 보는 이들이 점점 늘어났다.

1920년대 브라질은 이미 도로에 대한 집착에 빠져 있었다. 도로는 이제 근대의 또 다른 상징이었다. 정부는 해마다 도로에 쓰는 돈을 늘려갔다. 오늘날 자동차 운송 부문에 들어가는 막대한 보조금은 이렇게 생겨났다. 미국의 정책을 따라한 것이다. 1915년에 포드 자동차 회사는 상파울루에 브라질의 첫 자동차 조립 공장을 열었고, 1925년에는 포르투알레그리와 헤시피에 공장을 열었다. 1928년에 브라질의 포드사 영업 사원은 700명에 이르렀다. 포드사는 자동차와 트랙터 판매량을 늘리고자 해마다 최신 차종으로 자동차를 광고했다. 자동차 광고를 위한 자동차 행렬은 오후마다 새로운 마을에 멈춰서 자동차 행진을 벌이고 밤에는 판촉용 영화를 상영했다. 극장이나 마을 광장에서 상영한 이 영화들은 입장료를 받지 않았다. 어떤 마을 사람들에게는 헨리 포드와 포드사의 공장을 주제로 한 영화들이 태어나서 처음 보는 영화였다.

제너럴모터스사는 이에 맞서 시보레 자동차로 서커스를 벌였다. 서커스 중에 올즈모빌 모델의 스포츠카 한 대를 자선 모금으로 내놓고 이를 널리 선전하기도 했다. 자동차를 사랑했고 자동차의 영원한 수호자였던 몬테이루 로바투는 헨리 포드의 자서전인 《내 삶과 일My Life and Works》을 번역했다. 그리고 이 책을 나라의 국익을 생각하는 사람들이 읽어야 할 가장 중요한 문학 작품으로 여겼다. 1930년 브라질은 고속도로망을 넓혀갔고, 자동차 수는 10만 대에 이르렀다. 열차보다 트럭으로 물건 운반을 선호하는 라틴아메리카 사람도 꾸준히 늘고 있었다.

자동차는 여전히 신분의 상징이자 아주 돈 많은 사람의 장난감이었다. 자동차 시장도 매우 작았다. 콩알만큼 작은 도시 중산층에서도 자동차를 살 수 있는 사람은 드물었고, 20세기 마지막 25년이 올 때까지도 라틴아메리카 거리에는 차가 적은 편이었다. 사실 자동차의 가장 큰 장점은 도시에서가 아니라 넓은 농촌에서 누리는 것이었다. 초기에 자동차 동호회를 만든 이들도 대부분 농촌 지주였다. 20세기에 도시민들이 통행에 자동차가 필요했던 기간은 얼마 되지 않았다.

라틴아메리카 도시들은 19세기 중반에 시작된 초기 대중 운송의 맥을 이어갔다. 도시들은 덮개를 씌우고 말이 끄는 버스를 도입했고, 승객을 실은 객차가 철로를 따라 달렸다. 도시들은 건초를 연료로 하고 말똥을 배출하는 말이 첫 대중교통수단이 된 이후에야 사람이 편하게 걸어갈 수 있는 거리를 넘어 더 커질 수 있었다. 부자들은 옛날에 자신들이 중요하게 생각했던 도시 중심부 지역들을 떠나 넓은 새 길을 따라 교외 별장을 짓기 시작했다. 전기로 움직이고 역시 철로 위를 달리는 시내 전차는 1890년대에 말이 끄는 대중교통을 대신하기 시작했으며 도시가 더욱 커지는 데도 기여했다. 시내 전차는 시민들에게 매우 인기가 많았다. 근대적이고, 편하고, 빠르고, 말똥도 안 만들고 지치지도 않았기 때문이다. 도시가 전기를 끌어들인 것은 조명이 필요해서라기보다는 시내 전차를 움직이기 위해서였으며 시내 전차는 라틴아메리카 도시의 교통을 반세기 넘게 움직였다. 시내 전차의 딸랑거리는 종소리와 딸깍거리는 선로는 도시 거리와 광장의 자연스런 일부가 되어갔다.

제1세계의 인구 및 도시화 추세를 따라간 라틴아메리카는 좋든 나쁘든 교통 관련 유행도 제1세계를 바짝 쫓았다. 미국에서는 1930년대에 자가용과 공중 버스가 시내 전차를 대체하여 도시 거리를 자동차가 독점한 공간으로 바꾸어버렸다. 소음장치도 배기가스 제어장치도 없던 초기 자동차들은 귀가 아프도록 큰 소리를 내며 장 보러 걸어 다니는 사람들 얼굴에 역겨운 배기가스를 뿜어댔다. 걸어 다니는 사람들은 법 때문이 아니라도 무서워서 비좁은 인도로 몸을 피했다. 1920년대 미국은 자동차를 지닌 사람이 세 배로 늘었다. 그 뒤 몇십 년 동안 자가용이 더 많이 다닐 수 있게 설계한 도시의 고속도로들을 따라 도시의 거주 지역들도 더 빠르게 분리되거나 아예 사라져버렸다.

라틴아메리카는 선진국에 비해 자동차 세상이 되는 데 뒤처진 편이었다. 무엇보다 평균 수입이 낮은 이유가 컸다. 1970년대에 시내 전차는 버스에, 그 다음으로는 자가용에 밀려 철거되기 시작했다. 전 세계에 이런 변화가 일어난 원인으로 지금까지 여러 가지 요인이 제시되었다. 자동차 회사들이 더러운 거래를 했다는 고발도 그중 하나다. 자동차 회사들이 대중교통 시설을 샀고 그 목적은 그 시설들을 없애버리는 데 있었다는 것이다. 이유야 어찌 되었든 도시는 모든 사람의 공간인 거리를 도로로, 뻥 뚫린 고속도로로 바꾸어버렸다. 세계의 거리는 도로로 바뀌었다. 아주 좁고 가파른 골목길만 빼면, 자동차가 지나가지 않는 거리가 단 하나라도 있는 경우는 매우 드물었다. 거리를 도로로 바꾸는 데 돈이 꽤 많이 들었다. 그리고 점점 더 많은 공공사업이 자동차와 버스에만 보조금을 주고 다른 교통수단은 무시해버렸다. 시내 전차를 움직이려면 흔히 포장도 개량도 안 된 거리에 선로를 만들고 전기 설비를 갖추고 이를 유지 보수해야 했다. 자동차 도로를 깔고, 도로 노선을 표시하고, 신호 전달 체계를 갖추고, 주차장을 만드는 데 나랏

돈이 들어갔으며 자동차 소유주들은 공짜로 기반 설비를 이용하며 도로를 마음껏 누빌 수 있었다. 시내 전차는 공간을 놓고 벌이는 이 경쟁에서 자동차와 공정하게 겨룰 수가 없었다. 자동차가 어떻게 도시의 공유지를 침략하여 점령할 수 있었는지 이해하려면 도로 보조금을 생각하면 된다. 또한 사람들은 이미 자동차를 지위와 자유의 상징으로 여기고 그것을 얻으려 했다는 사실이다. 그 결과 도시는 인간 삶터로서 완전히 다른 곳이 되었다. 자동차를 가지고 있어서 혜택을 입은 사람들도 있었다. 라틴아메리카에서 혜택은 모두 부자 차지인데도 비용은 가난뱅이와 부자를 가리지 않고 모두가 내야 했다.

눈에 띄는 가장 시급한 문제는 공기 오염이다. 멕시코시티, 카라카스, 산티아고 같은 도시에서는 대기오염에 숨이 막힌다고 해도 지나친 말이 아니다. 인간의 몸에는 무엇보다 산소가 필요하다. 먹을거리, 물, 비바람을 피할 곳보다 더 중요한 것이 산소다. 그런데 몇몇 도시에서는 상황이 안 좋은 날에는 숨 쉬기조차 힘들다. 특히 어린이와 노인이 입는 피해가 크다. 여러 해 동안 라틴아메리카 사람들은 더러워진 공기를 마셔야 하는 책임을 공업과 욕심 많은 자본가들에게 돌렸다. 오늘날 도시 공기 오염의 60~80퍼센트는 자동차와 트럭 때문에 생긴다. 도시 산업이 내리막길을 걷거나, 다른 곳으로 옮겨가거나, 천연가스를 쓰게 되면서 더 쉽게 이 사실을 깨닫게 되었다. 시민들은 목이 따갑고 눈이 아프다고 불평하고 약국들은 수술용 마스크를 팔아 꾸준히 돈을 벌어들인다. 라틴아메리카 대도시를 하루만 걸어도 콧속 점막이 새까매진다. 뜨겁고 습한 날에는 목깃에 까만 테두리가 생길 수도 있다. 살갗에 내려앉은 오염 물질이 목의 땀을 타고 흘러내려 쌓인 것이다.

보통 라틴아메리카 도시에서 일으키는 오염 물질은 미국 도시보다 많지 않다. 훨씬 적은 경우도 흔하다. 미국은 인구 1,000명당 자동차 보유량이 780대다. 구형 차종이 많고 최근에 와서야 납을 넣은 연료가 금지되고 촉매 변환 장치를 의무로 달아야 하지만 라틴아메리카 나라 대부분에서는 1,000명당 자동차는 150대도 안 된다. 그러나 라틴아메리카에는 겨울에 역전층 현상(대기의 기온은 평균적으로 고도가 높아질수록 낮아지는데 역전층은 고도가 올라감에 따라 기온이 높아진 상태가 일정한 층을 이룬 것으로 대기가 불안정한 상태를 말한다—옮긴이)에 시달리고 산맥의 협곡 지역에 자리 잡은 도시가 많다. 그런 도시에서는 한 해에 나오는 더러운 공기가 기온 역전 현상에 꾹 눌리고 높은 산맥에 가로막혀 일반풍에 날려가질 않는다. 따라서 환기도 안 된다. 멕시코시티, 산티아고, 카라카스 시민 한 사람이 만드는 오염 물질은 미국 도시 대부분보다 훨씬 적은데도 이곳 시민들이 로스앤젤레스나 솔트레이크 시 시민들처럼 더러운 공기 속에 살아야 하는 것은 이 때문이다.

　　이런 곳에서는 공기가 보인다. 마치 손으로 만질 수 있을 것 같다. 산티아고 시민들 중 일부는 야고보 성인의 이름을 본떠 이 도시를 산티아스코Santiasco(산티는 '성스러운', 아스코는 '메스꺼움'을 뜻한다—옮긴이)라 한다. 영어로는 스모그티아고Smogtiago가 된다. 멕시코시티에서 특히 공기가 나빴던 어떤 날에는 하늘을 날다 숨 막힌 새들이 중앙 광장으로 떨어졌다. 탄광 속 카나리아(광부들이 유독 가스를 점검하기 위해 카나리아를 갱도에 들여보낸 데서 유래된 말로 위험의 징후를 알려준다—옮긴이)와 같은 역할을 한 것이다. 추정에 따르면 멕시코시티에서는 해마다 4,000여 명이 대기오염 때문에 호흡기 질환으로 죽는다. 죽는 사람 대부분은 노인이다. 해마다 교통사고로 죽는 사람이 이보다는 적다. 20세기 환경 보호 노력에 가장 중요한 공을 세운 멕시코 화학자 마리오 몰리나Mário Molina는 흔히 쓰는 냉각제인 프레온가스CFC가 지구를 지키는 오존층을 파괴한다는 사실을 밝혀내 노벨상을 받았다. 몰리나는 멕시코시티에서 대기오염이 10퍼센트만 줄어도 해마다 죽는 사람이 1,000명 이상 줄 것이라며 멕시코시티 시민들에게 경각심을 일깨웠다. 심각한 대기오염으로 병원에 입원하는 어린이 수도 많이 늘었다. 여전히 아이들의 사망 원인 대부분은 직접적인 자동차 사고다. 하지만 도시에 사는 어른에게 가장 위험한 것은 대기오염일지도 모른다. 연구자들은 이미 대기오염 때문에 심장병과 폐암이 많이 늘었음을 밝혀냈다.

대기오염을 쉽게 해결하는 길은 없다. 한 멕시코 공무원은 도시의 물 문제에 견주면 대기오염은 별것 아니라고 했다. 자동차 운행을 하루만 금지해도 문제는 해결되기 때문이란다. 하지만 도시의 내연기관 작동이 멈추면 물 공급이 중단될 때만큼이나 도시 전체가 마비될 것이다. 모든 도시는 대중교통 체계를 기반으로 움직인다. 먹고 살려면 일터와 시장에 가야 하고 농장과 공장에서도 시장과 집으로 물건을 보내야만 한다. 이런 일 대부분이 고무타이어를 굴려서 해야 하는 일이다. 지난 세기에 자동차 소유주들의 뜻을 따랐기 때문에 오늘날 도시라는 인간 삶터가 이 모양이 된 것이다.

더러운 공기를 깨끗하게 하려는 별의별 제안이 다 나왔다. 특히 멕시코시티 공무원들은 상상력이 뛰어났다. 어떤 이는 대수로로 더러운 물을 빼낸 것처럼 도시를 둘러싼 산맥에 커다란 구멍을 뚫어서 역전층 현상으로 멕시코 계곡 안에 갇힌 더러운 공기를 그 구멍으로 빼내자고 제안했다. 계곡의 협곡 출구에 어마어마하게 큰 선풍기를 놓아 도시 공기를 환기시키자는 제안도 있었다. 쓸모없는 제안이긴 마찬가지였다. 산티아고에서는 엄청나게 큰 공기정화기를 설치했다. 더러운 공기를 물로 된 필터로 여과하는 대형 물파이프 기계였는데 문제 해결에 눈곱만큼도 도움이 되지 않았다.

가장 유명한 정책은 멕시코시티가 1989년에 실시한 "오늘 이 차는 운전 안 합니다Hoy no Circula"가 있다. 자동차 휴일제를 도입해 대기오염을 줄이려 한 것이다. 그래서 멕시코시티는 차 한 대당 한 주의 특정 요일마다 운전을 금지했다. 예컨대 자동차 번호판이 0이나 1로 끝나면 월요일에, 2나 3이면 화요일에 운행하지 못하는 식이다. 멕시코시티는 위반자에게 상당히 많은 벌금을 물리며 엄격하게 정책을 실행했고 법률 준수율도 매우 높았다. 그런데도 결과는 정반대로 나왔다. 차는 늘고 대기오염도 더 심해진 것이다. 자동차가 한 대라도 있는 가정이나 사업체는 하루라도 차 없이 지내려고 하지 않았다. 결국 차를 한 대 더 사서 문제를 해결했다. 두 번째 차는 더 오래되고 공기도 더 더럽히는 차종이었다. 정책을 시행한 지 여섯 달 동안 멕시코시티의 가솔린 소비량은 줄기는커녕 크게 늘었다. 정책을 시행하기 전 중고차 업계는 해마다 멕시코의 더 작은 도시들에 자동차 7만 5,000대를 팔았다. 정책을 시행한 뒤부터 중고차 흐름이 뒤집혔다. 이제는 멕시코시티가 해마다 8만 5,000대를 사왔다. 원래 두 번째 차는 자동차를 몰 수 없는 휴일제에 쓰려고 산 것이었다. 하지만 일단 사고 나니 자동차 두 대 모두 한 주에 4일씩 달리는 일도 흔해졌다. 결국 정책 시행 전보다 교통 정체와 대기오염은 훨씬 더 심해졌다.

이동은 매우 중요하다. 비용 또한 매우 중요한 문제이다. 전통 거리와 자동차도로의 다른 점을 또 하나 짚어보자. 거리에는 나랏돈이 아주 적게 들었다. 거리는 도시구획을 만든 뒤 남은 곳에 우연히 생긴 것이다. 포장된 경우도 드물었다. 미국 도시들도 20세기 초까지 이와 다르지 않았다. 거기에다 유지비도 매우 적게 들었다. 반대로 도로는 땅을 고르고 포장하고 주차 공간을 마련해야 한다. 지난 세기 마지막 25년 동안 라틴아메리카의 도시들이 커지면서 엄청나게 큰 새 도로망을 만들기 위해 거리를 도로로 바꾸는 데 엄청난 돈을 쏟아 부었다. 오늘날 멕시코시티 도로는 시내 고속도로를 제외한다 하더라도 전체 길이가 1만 4,000킬로미터에 이르고 그 대부분은 지난 30년 동안에 지은 것이다. 1만 4,000킬로미터에 도로 1킬로미터를 만드는 데 드는 100만 달러를 곱해보라. 1킬로미터의 한 해 유지비 2만 2,000달러를 곱해서 더해보라. 부정부패로 나가는 돈은 따지지 말자. 나라에서 부담하는 자가용 보조금이 얼마인지 계산하려면 겨우 시작에 불과하다. 공공 지하철, 기차, 버스에다 심지어 민영 항공사에 지급하는 보조금에 불만을 품는다. 그러나 자동차가 늘 받는 보조금에 견주면 이건 껌 값이다. 게다가 라틴아메리카에서 자동차 보조금으로 혜택을 보는 사람은 극히 일부에 지나지 않는다. 차가 있는 사람이 전체 인구의 20퍼센트도 안 되기 때문이다.

자동차 평균 시속을 겨우 몇 킬로미터 늘리려고 새 고속도로를 짓고 옛 도로를 넓히느라 수십억 달러를 썼다. 이런 공사는 이른바 새 도로로 혜택을 받을 것이라던 바로 그 거주지들을 파괴했다. 고속도로에 돈을 쓴 결과, 시민들은 크기도 투자 금액도 기준 미달인 더럽고 때로 위험하기까지 한 대중교통밖에 쓸 수 없게 되었다. 도시 변두리에 살 수밖에 없는 가난한 도시 사람들은 대부분 일터에 가는 데만 버는 돈의 4분의 1에서 3분의 1을 쓰며 살아간다. 리우데자네이루 주민 가운데는 버는 돈을 몽땅 통근 비용으로 쓰는 이들도 있다. 법에 따르면 고용주는 고용인에게 버스 할인권을 지급하여 이 비용을 부담해주어야 한다. 그러나 돈을 아끼려는 고용주는 일터 가까운 곳에 사는 사람을 고용하려고 한다. 차가 있는 사람이면 더 좋다. 결국 가난뱅이들은 오가지도 못하고 일자리도 찾지 못하게 된다. 통근 비용을 못 내니 일자리를 찾지 않는 사람도 있다. 자동차와 도로에 어리석게 쓴 돈을 대중교통에 쓸 수는 없다. 하수 처리, 정수 처리 및 급수, 교육, 법 집행, 건강보험처럼 예산이 너무 적게 책정된 수많은 도시 문제에 그 돈을 쓸 수도 없다. 뭔가 불합리한 이유 때문에 문명으로부터 바라는 다른 모든 것들 머리 꼭대기에 자동차가 올라와 있다.

차는 도시 풍경에서 놀랄 만큼 넓은 공간을 차지한다. 라틴아메리카의 도시들, 특히 브라질리아처럼 젊은 도시들은 전체 면적에서 자동차만 쓰는 공간 비율이 선진국 수준에 이른다. 미국에는 도로, 고속도로, 교차로, 주차장, 정비소, 사유 차로, 자동차를 탄 채 이용할 수 있는 식당, 은행, 극장, 주유소를 비롯해 그 밖에 자동차에 필요한 것들을 충당하기 위해 전체 면적의 3분의 1을 쓰는 도시가 많다. 최악의 사례는 아마도 로스앤젤레스 도심일 것이다. 이곳 면적 3분의 2가 자동차를 위한 것이다. 20평방제곱미터나 되는 공간을 단지 작은 자동차 한 대를 위해 내놓는 데 거리낌이 없다. 그 많은 돈을 들인 공간에 다른 쓰임새는 하나도 없이 1년의 반 이상을 전혀 쓰지 않고 텅 빈 채로 남겨둬야 하는 데도 말이다. 1년 중 가장 붐비는 추수감사절 다음 날인 금요일조차 쇼핑몰과 주차장 수천 개가 텅 빈 채로 남는다. 라틴아메리카 사람들 역시 삶터라는 공간의 엄청나게 넓은 부분을 포장함으로써 자신들이 얼마나 많은 문화 및 경제적 기회를 잃는지 아직까지 제대로 알아차리지 못하고 있다.

자동차 문화가 헤프게 쓰는 곳은 공간만이 아니다. 시간과 에너지도 낭비한다. 멕시코시티 주민의 10퍼센트가 일터에 오가는 데만 다섯 시간이 넘게 걸린다. 그 사람들 대부분은 가난뱅이다. 아직까지 방콕이나 자카르타만큼 차가 막히지는 않는다. 그곳 통근자들은 뜻하지 않게 통근에 걸리는 시간이 길어져도 불편을 겪지 않기 위해 휴대용 변기를 들고 다닌다. 멕시코시티도 이대로 자동차 수가 늘어나면 방콕이나 자카르타처럼 되는 것은 시간문제다.

멕시코시티와 상파울루에 사는 갑부들은 정체도 심하고 안전도 불안한 자동차를 아예 포기하고 헬리콥터로 옮겨가기 시작했다. 오늘날 가장 빠르게 사업 규모가 커가는 교통수단이 헬리콥터다. 상파울루에는 헬리콥터가 300대가 넘는다. 뉴욕과 도쿄에도 이 정도의 헬리콥터는 없다. 상파울루 헬리콥터의 70퍼센트는 고층 아파트와 사무용 건물 꼭대기에 자리하며 출발에서 도착까지 서비스를 제공한다. 거리보다 헬리콥터를 세워둘 공간을 찾기도 쉽다. 에너지 비용이 점점 증가하는 이 시대에 자동차는 막다른 골목에 와 있다. 헬리콥터를 빼면 도시에서 사람과 물건을 옮기는 데 자동차만큼 에너지가 많이 드는 운송수단도 없다. 삯짐과 사람 하나 들어 옮기는 데 평균 2톤 이상 나가는 기계 덩어리를 움직여야 하는 것이다. 그런데도 효과적인 대중교통수단을 만들지 못한 탓에 자동차와 소형 버스 서비스가 라틴아메리카 도시 대부분의 가장 중요한 교통수단이 된 것이다.

도시인 중 많은 수는 자동차를 생계 사업에 이용한다. 길거리 장사꾼들이 작은 차에 팔 물건을 싣고 장소를 바꿔가며 열리는 공설 시장을 찾아다닌다. 멕시코시티에는 법에 따라 등록한 인구당 택시 기사가 마드리드, 파리, 뉴욕보다 더 많다. 거기다 불법 택시 운전사 1만 8,000명이 더 있다. 온갖 종류의 택시 기사들이 거의 온종일 손님 하나 없이 가스비와 식사비를 감당해줄 누군가를 찾아 헤맨다. 리마에서 택시를 잡아보라. 기사는 돈부터 먼저 달라고 할 것이다. 그래야 기름을 충분히 채워 당신을 목적지까지 데려다 줄 수 있기 때문이다. 멕시코시티에서는 50만 명이 택시 요금으로 먹고 산다. 그 결과 도시는 돈을 받고 사람을 옮기고는 싶은데 실제로 그렇지 못한 차들로 미어터진다. 도시는 아무 계획 없이 커져만 간다. 여러 도시가 자동차 보조금 때문에 벌어지는 이 현상을 경험하고 있다. 여기에 도시가 커지면서 시간 낭비와 에너지 낭비도 기하급수로 늘어날 것이다.

자동차 천지가 된 도시가 입는 가장 큰 피해는 경제나 효율성과는 아무 상관이 없다. 자동차로 뒤덮인 도시의 가장 큰 폐해는 바로 공동체와 삶의 질이다. 라틴아메리카 사람들이 도시에서 가장 좋아하는 것은 건축이나 음식이나 즐길 거리가 아니다. 옛 거리조차도 그 자체로 사랑받지 못한다. 라틴아메리카 사람들은 공동체에 굶주려 있다. 사람을 사랑하는 것이다. 사람이 모여 뒤엉키고, 물건을 사고팔고, 어우러지는 삶이 있는 거리는 이제 거의 남아 있지 않다. 거리는 사라졌다. 모조리 도로가 되어버렸다. 오늘날 도시는 클러치를 놓아버린 운전자들이 모는 질주하는 자동차들이 비좁은 고속도로를 시끄러운 소리와 고약한 냄새와 느닷없는 위험으로 가득 채우는 곳이다. 이런 도시에는 마음 붙일 만한 것이 없다. 선진국에서 그랬던 것처럼 여러 라틴아메리카 도시의 도심들도 이미 사람이 살거나 일하고 싶지 않은 곳이 되어가고 있다. 자동차는 사람들을 도시에서 몰아내는 동시에 이들을 잎이 무성한 교외로 데려가고 있다.

쿠리치바의 선물

1950년에 브라질 파라나 주의 주도인 쿠리치바는 인구 18만이 사는 조용한 지방 도시였다. 쿠리치바에 포장된 길은 얼마 되지 않았으나 시내 전차 몇 개 노선이 도시 공무원과 교수들을 주정부 청사와 주립 대학으로 실어날랐다. 쿠리치바의 경제활동 대부분은 이 두 기관이 중심이었다. 도시 밖의 파라나 주 자체는 빠르게 발전하고 있었다. 상파울루 주에서 흙의 양분을 바닥낸 커피 농장들은 1930년대에 남쪽의 파라나 주로 밀고 내려왔다. 그리하여 20세기 중반에는 파라나 주에서 브라질 커피의 60퍼센트를 생산하게 되었다. 브라질에서 마테 차와 소나무 재목을 가장 많이 생산하는 곳도 파라나 주였다. 그 뒤 몇십 년 사이 커피 농장에 심한 서리가 몇 차례 들고 소나무 숲이 사라지면서 파라나 주 농촌 지역의 우세는 뒤집혔다. 농장주들은 커피 대신 일손이 적게 드는 대두 콩을 재배하기 시작했고 농민들도 다른 지역에서처럼 도시로 몰려들었다. 1960년과 1980년 사이 파라나 주의 도시화 비율은 37퍼센트에서 75퍼센트로 급증했다. 도시로 이민한 사람 대부분은 쿠리치바에 모였다. 그 기간에 브라질에서 가장 빨리 성장한 대도시가 쿠리치바였다. 10년마다 인구가 두 배로 늘었다. 오늘날 쿠리치바 인구는 320만 명이 넘는다.

사람과 함께 차도 늘었다. 쿠리치바 도심은 1960년대 후반에 이미 자동차와 버스로 미어터진다는 말을 들었다. 차량에서 나오는 소음과 배기가스가 가게와 사무실과 주택을 습격했다. 쿠리치바는 돌아다니기조차 불편한 도시가 되었다. 옛날에는 자전거도 많이 탔지만 차량과 교통사고 위험은 자전거 타는 사람들을 거리에서 몰아냈다. 처음에는 쿠리치바도 다른 도시들을 쫓아 교통문제를 풀려고 했다. 그러려면 역사가 있는 건물들을 부수고 거리를 넓혀 더 많은 차량이 다닐 수 있는 다차선 도시 고속도로를 만들어야 했을 것이다. 그러나 쿠리치바는 갑자기 방향을 틀었다. 역사의 대세인 차량 증가에 정면으로 맞선 것이다.

자이메 레르너Jaime Lerner와 레르너의 건축학 동료들은 "선출된" 공무원을 다시 임명하는 군사정부의 괴짜 짓 덕분에 시장과 그 동료로서 시장 사무실에서 일하게 되었다. 이들은 쿠리치바의 미래 성장을 설계하는 대회에서 아주 과격한 제안으로 우승한 팀이었다. 연필과 스케치북을 다루던 이들이 우연히 무릎 위에 떨어진 지휘봉을 발견한 셈이었다. 레르너는 33세에 시장이 되었다. 그는 쿠리치바에서 자랐고 폴란드 출신인 아버지의 양복점에서 일하며 농민에서 정치인까지 다양한 계층의 사람들을 가까이에서 만나볼 수 있었다. 공학 및 건축 학위를 받았으며 잠시 유럽을 여행한 경력 이외에 레르너에게는 대도시를 경영할 만한 어떤 경험도 없었다. 시장이 된 뒤 30년 동안 레르너는 쿠리치바를 운전하기보다는 걷고 싶은 곳으로 만드는 데 모든 에너지를 쏟아 부었다.

레르너가 시장이 되고 나서 처음 한 일은 혁명과도 같았다. 레르너의 과감함과 정치에 대한 순진함을 보여준 사건이었다. 1971년 쿠리치바의 중심가인 킨지 지 노벵브루Quinze de Novembro(11월 15일을 뜻한다—옮긴이)의 너비를 넓히고 넓은 고가도로를 짓기 위해 슬레이트 판을 깔아놓은 상태였다. 이에 대해 교통 공학 전문가들은 도시 교통 정체를 해결할 수단으로 여겼다. 반면 레르너와 동료들은 도시의 문화와 경제 중심지를 망가뜨리는 일로 보았다.

어느 금요일 밤, 레르너가 공고 없이 내린 행정 명령으로 시 근무자와 자원봉사자들이 중심가의 포장한 길을 마구 뜯어내기 시작했다. 뒷날 과격한 신념에 찬 이 행동이 인류와 자동차 관계의 전환점으로 생각하게 될지도 모를 일이었다. 이들은 쿠리치바에서 가장 자동차가 많이 다니는 거리의 짧은 구간 하나를 3일 만에 나무와 가로등과 벤치와 꽃으로 수놓은 보행자 전용 구역으로 바꾸어놓았다. 자동차의 정당한 영토를 기습 공격당하자 쿠리치바 자동차 동호회 사람들은 분통을 터뜨렸다. 이들은 재빨리 반격에 나섰다. 자기들 자동차로 무리를 지어 빼앗긴 영토를 되찾으러 갔다. 하지만 그곳에서 아이들이 전략적으로 깔린 긴 종이 위에 그림 그리는 것을 보고는 반격을 그만두었다.

거리 주변의 가게 주인들은 대혼란에 빠졌다. 주인들은 가게 앞까지 차를 끌고 올 수 없게 된 손님들을 잃게 될까봐 걱정했다. 레르너는 가게 주인에게 6개월이 지난 후에도 새로 만든 거리가 마음에 들지 않는다면 예전의 고속도로로 되돌리겠다고 약속했다. 곧 보행자 전용 구역 너머의 상인들은 이 새로운 공공 공간이 사실은 자동차가 없는 가게 앞으로 손님을 끌어당기고 있음을 알아차렸다. 그리고 보행자 전용 구역을 자기 가게 창문 앞까지 넓혀줄 것을 요구했다. 짧은 도로 하나를 거리로 되돌렸을 뿐인데 몇 해 뒤 쿠리치바는 보행자 구역으로서 아메리카에서 가장 큰 상업 공간을 갖춘 도시가 되었다.

사람들은 오늘날 이 거리를 일컬어 꽃의 거리라 한다. 자동차로부터 꽃의 거리를 되찾은 이래 여러 곳에서 이를 보행자 중심 거리의 훌륭한 성공 사례로 모방하고 있다. 꽃의 거리에서는 자동차 엔진의 붕붕거리는 소리가 아니라 사람들이 웅성거리는 소리와 발걸음 소리가 들린다. 이곳에서 사람들은 어깨에 힘을 풀고 느긋하게 걸으며 가게와 음식점과 거리를 걷는 다른 사람들에게 눈길을 돌린다. 가장 가까운 곳에서 빠르게 움직이는 물체에 관심을 쏟지 않는다. 이곳에서 아기의 엄마 아빠는 두려워서가 아니라 사랑스러워서 아기의 손을 잡는다. 다른 곳으로 이동하는 수단이 되었던 거리는 이제 다시 가만히 머무를 수 있는 곳이 되었다.

레르너 그룹이라 알려진 레르너와 동료들은 도시 대중교통의 중요성이 얼마나 중요한지 잘 알고 있었다. 이들은 자동차 보조금을 주지 않았고 자동차 옹호자들이 도시의 미래를 결정하게 놔두지도 않았다. 대신 서로 밀접하게 연관된 도시 성장과 교통 양쪽에 합리적인 계획을 실행했다.

첫째, 쿠리치바는 다차선 고속도로를 만들자는 유혹을 물리쳤다. 쿠리치바에는 거주 구역을 가로지르거나 서로 떼어놓아 도시의 아름다움을 해치는 콘크리트 괴물이 많지 않다. 다른 도시와 달리 다차선 고속도로가 도시의 더 작은 지역들의 교통 흐름을 막는 일도 없다. 둘째, 쿠리치바는 땅 밑으로 사람들이 다녀야 하는 지하철에 대한 유혹도 떨쳐냈다. 지하철은 예산이 너무 많이 든다는 이유도 있었다. 셋째, 도시 계획자들은 도심에서 질서 있게 뻗어나가는 선형의 다섯 회랑을 따라

도시가 커지도록 했다. 도시가 무질서하게 커지는 것을 막기 위해서였다. 다른 도시에서는 무질서한 도시 성장으로 대중교통 시설을 갖추는데 막대한 돈이 들어가고 있으며 그 효율도 낮다. 레르너 그룹의 도시계획은 다섯 개의 선을 중심으로 도시 성장을 집중하는 일을 도왔으며 그러한 회랑을 따라 교통은 물론이고 물과 전기와 하수도 관련 서비스도 더 쉽게 공급할 수 있었다.

쿠리치바는 이들 회랑을 따라 세상에서 가장 싸고 가장 혁신적인 대중교통 체계 중 하나를 운영한다. 시 당국은 도시의 각 회랑마다 2차선은 버스 전용 차선으로 지정하여 또 한 번 자가용 소유자들보다 대중을 우선하는 모범을 보였다. 그로부터 20년이 지나는 동안 이 체계에는 버스길, 또는 고속버스 체계, 또는 메트로 버스란 이름이 붙었다. 사실상 땅 위로 지하철을 놓은 것이다. 엄청나게 긴 버스들이 300명까지 승객을 싣고 버스 전용 차선을 따라 버스를 우대하는 교통신호에 맞춰 지나간다. 버스에는 커다란 문이 여럿 달려 있고, 이 문은 정거장을 이루는 커다란 유리관에 꼭 들어맞는다. 미리 돈을 낸 승객들이 이 문을 통해 재빨리 버스에 오른다. 교통 체증이 심할 때는 버스가 자동차보다 훨씬 빠르다. 버스길은 만드는 비용도 적게 든다(지하철은 1킬로미터에 9,000만 달러가 들어가지만 버스길에는 20만 달러밖에 들지 않는다). 버스길이 지하철보다 더 나은 점은 그것 말고도 많다. 버스길 덕분에 사람들은 지하로 지나가는 대신 도시의 햇빛과 창밖 풍경을 즐길 수 있다. 지하철을 타면 방향을 가늠하기 쉽지 않고 지하철이 버스보다 위험하다는 인식 때문에 중산층 일부는 지하철을 타지 않으려 한다. 버스길은 색깔에 따라 분류된 버스 체계를 통해 도시의 나머지 부분과 연결되며 승객들은 많지 않은 요금을 한 번만 내면 가고자 하는 곳 어디든 갈 수 있다.

쿠리치바 사람들은 시청의 대중교통 운행 방식을 열렬히 환영했다. 이 방식은 모든 통근자를 일등 시민으로 대우하기 때문이다. 완전히 자동차만 바라보며 지은 브라질리아를 빼면 쿠리치바는 브라질에서 일인당 자동차 숫자가 가장 많은 도시다. 그런데도 쿠리치바 시민 75퍼센트는 대중교통을 이용한다. 1974년부터 쿠리치바 인구는 빠르게 늘어났지만 통행량은 30퍼센트가 줄었다. 이런 교통량 역전은 전례가 없는 일이다.

자동차가 도시를 지배하기 전까지 중요한 교통수단이던 자전거도 쿠리치바에 돌아왔다. 오늘날 쿠리치바에는 도심에서 먼 거주지 및 거주지와 가까운 공원을 잇는 자전거 길 150킬로미터가 조성되어 있다. 노동자들은 고용자들이 지급하는 통근 수당과 시청의 자전거 이용 장려 정책의 도움을 받아 시에서 판매하는 자전거를 살 수 있다. 또한 자전거 사용자들은 자전거 길보다는 불법임을 알면서도 버스 전용 차선에 대한 자전거의 권리를 주장하는 쪽을 선택한다. 이따금씩 지나가는 버스는 왼쪽이나 오른쪽으로 피한다. 브라질 우베라바Uberaba 거리와 뉴욕, 미국 교외의 길을 자전거로 달리는 위험도 이미 겪어본 내게 쿠리치바의 버스 차선을 일하러 가는 쿠리치바 사람들과 함께 자전거로 달리는 일은 정말 특별한 경험이었다. 이 포장도로는 당신 것이다. 다투는 사람도 없다. 통근 거리는 그 자체로 공동체라 할 수 있다. 자전거에 탄 사람들이 겁이 나서 한 줄을 짓는 대신 용기 있게 무리를 지어 다니기 때문이다. 비상 차량도 거의 비어 있다시피 한 버스 차선을 이용한다. 대도시 가운데 비상 차량이 가장 빠르게 운행하는 도시가 쿠리치바인 것도 이 덕분일 것이다.

이 체제의 장점을 생각해보라. 브라질의 공식 연구에 따르면 쿠리치바는 크기가 같은 다른 브라질 도시보다 연료를 30퍼센트 덜 쓴다. 쿠리치바 시민들은 수입에서 교통비로 쓰는 비용이 보통 10퍼센트도 안 된다. 미국은 임금도 훨씬 많이 받고 자동차 값과 휘발유 값도 브라질보다 더 싸다. 그런데도 미국 사람들은 18퍼센트가 넘는 비용을 교통비로 쓴다. 미국의 극빈층은 40퍼센트가 교통비로 들어간다. 쿠리치바에서 차를 살 수 있는 사람이 많은 이유는 대부분 차는 집에 두고 대중교통을 이용하여 자동차에 들어가는 비용이 많지 않기 때문이다. 쿠리치바는 다른 도시보다 돈만 덜 드는 것이 아니다. 통행 시간도 훨씬 덜 들고 오염물질도 훨씬 덜 나온다. 세계도 이 점을 알아차렸다. 멕시코 시티, 보고타, 키토, 상파울루, 나고야, 오타와, 피츠버그 등 그 밖의 다른 지역에서도 쿠리치바의 버스길 교통 체계를 받아들인 것이다.

쿠리치바는 사람과 자연이 서로 해치는 일 없이 어울릴 수 있는 공간도 마련했다. 쿠리치바에는 수많은 작은 강이 흐른다. 이들 강에서 해마다 찾아오는 홍수는 엄청난 피해를 일으켰다. 처음에 시 당국은 강에 콘크리트 배수로를 깊게 깔고 그 일부는 땅에 묻어 강을 수로로 바꾸려 했다. 어느 나라에서나 쓰는 흔한 방식이었다. 강의 자연 범람원에 지은 집들을 지키는 길은 이 방법뿐이었기 때문이다. 그러나 시 당국은 자연과 공존하도록 설계하는 쪽이 더 현명한 일이라는 판단을 내렸다. 시는 범람원에 더는 집을 짓지 못하게 하고 강을 시 공원으로 지정하여 자유롭게 흐르게 하는 대신, 비가 너무 많이 올 때는 남아 있는 숲이 빗물을 빨아들이게 했다. 이것만으로도 시민들이 즐기며 쉴 수 있는 빈터가 크게 늘어났다.

오늘날 쿠리치바보다 인구 일인당 녹지 공간이 더 넓은 도시는 선진국에도 얼마 되지 않는다. 홍수가 났을 때 강물이 조깅하는 길에 토사를 퍼붓거나 소풍용 탁자를 뒤집는 일도 있지만 도시의 기반 시설이나 주택에 영향을 끼칠 만한 손해는 거의 없다. 쿠리치바의 탁 트인 강물이 늘 깨끗한 것은 아니지만 덕분에 도시는 아름다워졌고 시민들에게는 강물을 더 깨끗하게 하려는 동기가 생겼다. 강을 수로로 만들고 하수관으로 써버리고 나면 사람들은 더러운 물이나 물이 더러워지는 문제를 잊어버리기 쉽다. 또한 시는 나무를 소중히 여겨 나무 베는 일을 엄격하게 제한했다. 그 결과 쿠리치바는 풀과 나무가 많은 도시, 나무 그늘과 식물이 도시화의 흉한 몰골을 감춰주는 도시가 되었다.

쿠리치바와 라틴아메리카 대도시 대부분이 미국 도시보다 나은 점이 또 하나 있다. 바로 인구밀도다. 멕시코시티 면적은 오리건 주의 포틀랜드만 하지만 인구는 그 10배다. 보고타 역시 자동차를 푸대접하는 도시로 인구밀도가 애틀랜타 정도였다면 넓이가 지금의 20배는 되었을 것이다. 오밀조밀 모여 사는 편이 도시 서비스, 교통, 에너지 사용 면에서 효율이 더 높다. 게다가 도시 안팎에 쉬고 즐기며 사람이 아닌 생물이 살 공간도 더 많이 보존할 수 있다.

국제 언론과 쿠리치바의 홍보 정책으로 쿠리치바는 세계가 눈여겨보는 도시가 되었다. 흔히 이곳을 브라질의 환경 수도로 일컬으며 세계에서 가장 살 만한 도시 세 곳 가운데 하나로 순위를 매기기도 한다. 물론 과장된 부분이 없지 않다. 쿠리치바에는 역사나 문화로 보아 흥미를 끌 만한 볼거리도 거의 없고 여행 안내서도 쿠리치바를 무시하거나 어떻게 들어가고 나오는가를 간략하게 설명할 뿐인데도 이곳은 도시 계획자와 환경주의자와 그 밖의 이상주의자들에게 순례지로 여기는 곳이 되었다. 사람들은 이곳에서 희망을 찾는다. 이곳의 미래를 예측하기란 매우 어렵다.

쿠리치바는 여전히 커가는 도시이며 늘 도심보다는 변두리의 일을 처리하는 쪽이 더 어려웠다. 쿠리치바에서도 미국에서 그랬던 것처럼 도시 교회에 골프장과 주차장과 대형 백화점을 갖춘 곳들이 나타나기 시작했다. 그런 곳들 중 많은 수는 외부인 출입이 제한된 거주지다. 도시 일부는 무질서하게 커지기 시작했다. 여기에는 쿠리치바가 여전히 자가용 운전자들의 천국인 탓도 있을 것이다. 도시 계획자들은 매우 훌륭한 대중교통 체계를 만들어 수많은 사람을 자가용에서 떼어놓았다. 그리고 이들은 자가용의 효율성을 높이는 데도 대중교통만큼 많은 관심과 지성을 쏟았다. 도시 개발의 축이 되는 회랑의 버스 전용 차선 양쪽에 한 구획씩 건너 평행을 이루는 자가용 전용의 넓은 일방통행 도로를 놓은 것이다. 자동차를 소유한 이가 꾸준히 늘고 부자들은 점점 교외로 몰리는 상황에서 얼마나 오랫동안 쿠리치바의 거리가 교통 정체도 대기오염도 없이 남을 수 있을지 걱정스런 상황이다. 쿠리치바 사람들이 차를 집에 두는 가장 중요한 이유 중 하나는 차량 정체 때문이 아니다. 도시라면 어디에서나 볼 수 있는 사업체인 주차장이 많지 않고 돈도 많이 들기 때문이다. 도시가 커지고 도심에 모여 있는 가게와 사업체들이 주차장으로 둘러싸인 교외에 나타나기 시작하면 쿠리치바에서 자가용을 타지 않아도 될 가장 큰 이유가 사라질 것이며 더 많은 이들이 자가용을 끌고 도로로 나올 것이다.

쿠리치바 환경에 대한 좋은 평판과 그에 대한 이야기와 찬양 중 많은 부분은 신화이다. 신화는 대개 옛이야기에 대한 거짓말이다. 쿠리치바의 경우 이곳의 신화는 현재에 대한 반쪽짜리 진실이며 그 반쪽자리 진실은 미래에 완전한 진실이 되고자 한다. 이것은 분명히 가능한 꿈이며 자부심 있는 이들이 품은 손에 잡힐 것 같은 밝은 미래다. 쿠리치바 사람들은 자신들의 도시를 자랑스러워하며 쿠리치바의 신화를 굳건히 믿는다. 설문 조사에 응한 쿠리치바 시민의 100퍼센트가 쿠리치바에 살아서 행복하다고 했다. 쿠리치바는 라틴아메리카의 대도시 기준으로 볼 때 정말로 살 만한 곳이다. 쿠리치바 시민들의 수입은 브라질의 다른 지역보다 65퍼센트나 더 높다. 1970년대부터 쿠리치바에서 사업을 시작한 기업 덕분인데 이들 중 많은 수가 쿠리치바를 살고 싶은 도시로 생각했기에 정착한 것이다. 좋은 장소가 좋은 삶터를 만든 것이다. 쿠리치바가 다른 도시들에 비해 사람들의 마음을 잡아끄는 점은 이곳 사람들은 자기 삶터와 이웃을 사랑한다는 사실이다. 쿠리치바 사람들은 자기 도시를 자랑하는 노래를 부른다. 그리고 도시 공무원들은 쿠리치바에 세계의 환경 수도ecological capital라는 간판 대신 "사회자본Capital Social"이란 간판을 내건다. 쿠리치바는 사람을 위한 곳, 사람을 위한 삶터인 것이다.

6장 숨 막히는 삶터, 도시환경

인구 전망

　라틴아메리카는 선진 지역보다 인구 혁명은 뒤늦게 시작되었지만 인구 성장 속도는 더 빨랐다. 인구 변화의 흐름이 바뀌는 속도, 즉 출생률이 떨어지고 그 결과 인구 성장이 느려지는 속도 역시 라틴아메리카가 더 빠르다. 1800년에 미국인의 총 출생률, 곧 한 여성이 낳는 아이 수는 보통 일곱 명이었다. 이 숫자는 조금씩 줄어들었다. 1960년대 중반 베이비붐이 끝날 때까지 여성들은 적어도 아이 셋이 있었다. 멕시코 여성들은 1970년대 중반까지도 보통 일곱 아이를 낳았다. 오늘날 멕시코 여성들이 낳는 아이 수는 2.5명도 안 된다. 라틴아메리카는 선진국이 1세기하고도 반이 걸려 이룬 일을 한 세대 안에 이뤄냈다. 이번에는 출산율 떨어뜨리기다.

　라틴아메리카에서 출산율이 빠르게 낮아진 데는 여러 요인이 작용했다. 몇몇 요인은 기술 및 과학이 크게 발달한 덕분이었다. 1951년 멕시코시티에서 루이스 미라몬테스Luis Ernesto Miramontes Cárdenas가 처음으로 프로게스테론progesterone을 합성하여 노벨상을 받았다. 그리고 사람들은 프로게스테론을 에둘러 말해 알약la píldora이라고 했다. 프로게스테론 특허권을 거머쥔 멕시코 회사 신텍스Syntex는 세계 최대의 피임약 제조사이자 1950년대 후반 멕시코에서 다섯 번째로 수출을 많이 하는 회사였다. 알약 덕에 여성은 약을 먹는 것으로 임신을 피할 수 있게 되었다. 멕시코처럼 가톨릭교회의 세력이 약한 곳에서는 더했다. 알약은 1960년대 후반에 대중화되었다. 가톨릭교회의 영향력이 큰 곳이거나 피임약을 얻기 어렵거나 비싼 곳에서 여성들은 출산율을 떨어뜨릴 다른 방법을 찾았다. 대개 불법인데다 의학적으로 위험할 때가 많았지만 수많은 여성이 낙태를 선택했다. 다른 이들은 난관 결찰 수술로 여성 생식력을 없애는 일, 에둘러 말해 라틴아메리카어로 수술을 해결책으로 삼았다. 사회 불안을 걱정한 라틴아메리카 정부와 늘어나는 대중과 가난한 이들에게 공산주의가 지닌 매력을 걱정한 미국 정부도 여성 불임수술을 장려했다. 빈곤 근절, 양성 평등, 환경보호 같은 이유로 인구 폭발을 막으려 한 여러 국제기구 및 단체들도 마찬가지였다. 이들 모두 불임수술을 지원하여 수술을 싸게 또는 아예 공짜로 만들었다. 여러 단체가 하층민 여성들에게 다른 산아제한법은 지나치게 복잡하다는 이유로 불임수술을 권했다. 이런 단체는 가난한 여성들에게 그 밖의 다른 선택지를 허락하지 않았다. 불임수술의 대상은 가난한 여성과 원주민 여성이 가장 많았으며 때때로 강제 수술을 하기도 했다. 의료진은 불임수술로 일어날 수 있는 부작용과 관련해 거의 말해주지 않았다. 이 수술로 평생 아이를 낳지 못하게 된다는 사실은 더더욱 말해주지 않았다. 이들은 수많은 여성의 동의도 받지 않고 불임수술을 해버렸는데 이는 여성의 성에 대한 가장 심각한 인권침해였다고 할 수 있다. 수술받은 여성 대다수는 제대로 정보를 얻지 못한 상태였지만 스스로 선택한 이들이었다.

여성들이 자기가 바란 마지막 아이를 낳고 나서 수술을 선택하자 불임률이 하늘 높은 줄 모르고 치솟았다. 1968년에 푸에르토리코에서 아이를 낳을 수 있는 나이의 여성 셋 중 한 명이 불임수술을 받은 상태였다. 믿기 힘들 만큼 높은 비율이었다. 브라질에서 여성 불임수술은 1980년대 이래 가장 흔한 산아제한법이었다. 그리하여 1996년이 되면 결혼했거나 동거자가 있는 여성 가운데 40퍼센트가 불임수술을 받았다. 공공보건 체계에서 다른 수술보다 돈을 더 많이 준다는 이유로 안 해도 되는 제왕절개 수술을 한 의사들도 이러한 불임수술 비율을 높이는 데 한몫했다. 제왕절개를 하면 난관 결찰을 하기에 알맞은 상태가 되기 때문이다. 불임수술 비율이 가장 높은 곳은 정치인들이 원주민 불임 만들기를 공약으로 내걸고 여성들에게 공짜 수술을 약속한 브라질 북동부의 도시들이었다. 상루이스에서는 임신할 수 있는 나이의 여성 76퍼센트가 수술로 불임이 되었다.

스스로 생식 능력을 떨어뜨려서 아이를 더 적게 낳으려는 데에는 여러 가지 동기가 있으나 여기서는 자세히 설명하지 않을 것이다. 다만 아이 낳을 의욕을 떨어뜨리는 원인 중 많은 수는 도시화와 연관이 있다. 도시는 생식에 관련된 행동 방식을 크게 바꿔놓으며 도시화와 저출산율 사이에는 연관성이 많다. 브라질 전체의 총 출산율은 2.3명으로 장기적인 인구 갱신율인 2.1명보다 아주 약간 높다. 장기적인 인구 갱신율이 유지되는 나라의 인구는 길게 보아 안정을 유지할 것이다. 이민으로 인구가 바뀌는 것을 제외하면 10년마다 인구 조사에서 나오는 숫자가 거의 안 바뀐다는 이야기다. 그러나 브라질 도시 중에는 이미 출산율이 장기적인 인구 갱신율보다 훨씬 낮은 도시들이 많다. 브라질에서 가장 가난한 도시 중 하나인 사우바도르의 출산율은 겨우 1.8퍼센트다. 벨루오리존치도 마찬가지다. 사실 수많은 라틴아메리카의 최대 도시들은 출산율이 인구 갱신율보다 낮다. 거기에다가 도시로 가는 이들이 최대 도시에서 좀더 작은 도시로 더 많이 가게 되면서 전체 인구도 줄었다. 라틴아메리카의 출산율은 빠른 도시화 때문에 뚝 떨어졌다. 라틴아메리카 대부분의 출산율은 인구 갱신율 바로 위에 있다. 브라질, 아르헨티나, 코스타리카, 우루과이 같은 나라의 출산율은 인구 갱신율에 있고, 쿠바, 바베이도스 같은 나라는 이미 그보다 한참 아래에 있다.

라틴아메리카 인구는 여전히 아주 젊은 편이라 이 지역 인구는 앞으로 50년간 크고 작은 인구 성장을 계속할 것이다. 다만 지금과 같은 흐름이 계속된다면 인구 성장이 멈출 날도 머지않았다. 어떻게 보면 인구 성장률이 떨어지는 편이 지역을 위해서는 잘된 일이다. 도시와 경제는 늘어난 인구를 따라잡아 시민들에게 일자리와 집과 도시 서비스와 의료 정책을 제공할 수 있을 것이다. 다른 한편으로는 라틴아메리카 전체의 인구밀도는 선진국보다 더 낮은 상태에 머무를 것이다.

인구가 느린 속도로 늘어나는 것은 국가 발전과 가난 해결에 도움이 될 수도 있고 안 될 수도 있다. 이론대로라면 인구가 적은 편이 자연에 나을 것이고, 문화의 영향을 줄이는 데도 좋을 것이다. 그러나 도시는 출산율을 떨어뜨리는 대신 가계 소비를 늘린다. 시골에서 도시로 온 사람들은 전파 매체와 광고판에 에워싸인다. 그보다 더 중요한 점은 다른 사람들의 소비 형태를 보고 자신들에게 없는 것들을 발견하게 된다는 사실이다. 도시 출산율이 떨어지는 속도보다 욕망과 수요의 속도가 더 빠르게 증대한다. 환경이 받는 영향은 라틴아메리카가 소비수준은 그대로인 채 인구만 앞으로 50년 안에 두 배로 늘어나는, 지금 흐름

6장 **숨 막히는 삶터, 도시환경**

으로 봐서는 일어날 법하지 않을 경우보다는 현재 인구 또는 그보다 더 줄어든 인구가 가난을 없애는 데 성공하고, 제1세계 수준으로 소비할 경우에 훨씬 더 클 것이다.

거의 모든 라틴아메리카 도시민들은 더 크고 편한 집과 가전제품과 자동차를 바란다. 이미 차 한 대가 있으면 또 다른 차를 갖고 싶어한다. 이들이 선진국 사람들과 같은 부유함을 바라는 것은 이상한 일이 아니다. 현재 라틴아메리카 사람들은 미국인들보다 일인당 기름과 전기는 85퍼센트 덜 쓰고, 일인당 자동차 보유 대수도 80퍼센트 적다. 라틴아메리카는 2세기 동안 자연 자원 대부분을 제1세계로 수출했고 그 결과 환경에 커다란 상처를 입혔다. 현재 커가는 상품 시장은 라틴아메리카의 국내 시장이다. 가난이 사라진다면 인구 성장이 막히더라도 라틴아메리카의 환경 문제는 나아지기는커녕 훨씬 더 나빠질 가능성이 크다. 멕시코시티에는 현재 자동차 수가 400만 대밖에 없는데도 대기오염은 위험 수준이다. 멕시코시티가 제1세계의 자동차 사용 수준을 계속 쫓아간다면 자동차 수는 2,000만 대로 늘어날 것이다. 아직까지도 멕시코시티는 미국의 자동차 사용량을 따라가고 있다. 라틴아메리카 자동차 시장보다 더 빨리 커지는 자동차 시장은 중국 시장뿐일 것이다.

콜럼버스 이전에도 탈근대에도 라틴아메리카 문화에는 더 많은 재화를 갖고자 하는 특성이 있다. 이러한 욕망은 끝이 없어 보인다. 인간은 재화에 중독되어 일단 들어온 재화를 포기하기란 어렵다. 도시의 소비주의는 라틴아메리카 모든 곳에 영향을 끼치고 욕망과 수요를 끝없이 부풀리며 여기에 면역된 사람은 거의 없다.

코카 생산 중심지인 페루 텅고 마리아에서는 신흥 부자가 된 마약

거물들이 이웃들한테 "우와!" 하는 감탄사를 들으려고 번쩍번쩍 빛나는 세단을 사들였다. 하지만 그 마을 도로는 울퉁불퉁해서 세단을 몰수 있는 곳이 거의 없다. 브라질 아마존의 카야포Kayapó 원주민은 돈을 많이 받고 벌채권을 팔아넘긴 뒤 도로도 없는 마을에 자동차를 수입했다. 그저 그 자동차를 세워놓고 이웃의 부러움을 사고 싶었던 것이다. 멕시코와 과테말라 국경 지대에 사는 라칸돈Lacandon 원주민과 원주민의 거주지인 숲을 지키면서 살아온 어느 인류학자는 원주민이 더는 자연과 접촉하지 않는다는 것을 알게 되었다. 원주민도 소비재 상품에 정신이 팔려 생존 경제에 집중하지 못하는 것이다. 이 여성 인류학자에 따르면 라칸돈 원주민의 새 신발은 바로 자동차다.

19세기 말 라틴아메리카 대도시들은 근대에 이르고자 힘썼다. 마샤두 지 아시스가 꿈꿨던 그 도시를 명소로 문화의 중심지로 만들고자 한 것이다. 이런 꿈에서 오페라하우스와 극장만큼 중요한 건축물도 없었다. 멕시코시티에서나 마나우스에서나 근대를 향해 가는 도시에서 가장 많이 꾸미고, 가장 크게 지은 건축물이 바로 오페라하우스이거나 극장인 경우가 흔했다. 라틴아메리카가 수준 높은 문화에 이르렀다는 마지막 증거는 유럽의 신문기사를 장식하는 유명 가수를 초청하여 열대의 극장에서 노래를 부르게 하는 것이었다. 그리하여 엔리코 카루소 Enrico Caruso에서 사라 베른하르트Sarah Bernhardt에 이르기까지 많은 가수들이 라틴아메리카를 찾았고 이 전통은 오늘날까지 이어지고 있다. 1997년에는 플라시도 도밍고Placido Domingo가 산티아고 오페라극장 무대에 올라 기립 박수를 받았다. 하지만 플라시도 도밍고는 노래를 두 곡만 부르고 스모그 때문에 목이 아프다고 불평하며 무대를 나가버렸다. 플라시도 도밍고도 탄광 속 카나리아 역할을 한 것일까? 자연을 부당하게 다루다 보면 인간이 이룩했다고 주장하는 고상한 문화도 결국 파멸할 것이라는 신호일까? 우리는 근대인의 삶터로 도시를 만들었으나 그 도시에서 사람들은 숨 쉬고, 노래하고, 어디로 가는 것조차 손쉽게 할 수 없다.

라틴아메리카 자연이 변화하고 오염되는 일을 이해하는 데 도시는 앞으로도 매우 중요한 판단 기준이 될 것이다. 잘못 지은 도시는 안팎의 풍경을 망치고 더럽히며 스스로 만든 더러움에 시민들을 숨 막히게 할 뿐 아니라 사회 혼란과 범죄도 부추긴다. 반면 계획을 잘 세워 짓고 운영도 잘하는 도시는 아름답고 안전하고 공동체가 살아 있는 곳이다. 이런 도시는 자연을 더 아름답게 하는 것은 물론 자연과 융합하는 일도 가능하다. 더불어 문명이 지속될 가능성도 커진다. 오늘날 도시는 라틴아메리카의 환경 파괴에 따른 절망과 우려를 퍼뜨리는 근원이다. 그렇다고 도시를 외면한다면 문제는 더욱 커질 뿐이다. 도시는 라틴아메리카에서 가장 큰 환경문제인 동시에 하나밖에 없는 해결책이다. 라틴아메리카 사람들이 살 만한 다른 형태의 인간 삶터는 없다. 라틴아메리카 사람들은 떠나온 지 얼마 안 된 농장으로 돌아갈 수도 없고 북아메리카 도시의 교외와 같이 에너지를 많이 쓰는 도시 확산 양식을 계속 따라갈 수도 없다. 가까운 미래에 인구밀도가 높은 도시는 문화가 라틴아메리카 열대지방에 지속 가능한 삶터를 꾸밀 것인가에 대한 열쇠가 될 것이다.

7장

환경주의의 성장

이 땅은 코스타리카 사람들의 것이다. 코스타리카 사람 가운데 많은 이가 이 땅에

서 죽었다. 일부는 여전히 살아 있다. 그러나 대부분은 아직 태어나지도 않았다.[31]

1961년 유리 가가린Yuri Gagarin(1961년 4월 12일 우주선 보스토크 1호를 타고 1시간 48분 동안 우주비행을 마치고 돌아온 최초의 우주 비행사—옮긴이)이 처음으로 지구궤도에 들어서며 인류는 처음으로 신의 눈으로 자신들이 사는 별을 내려다볼 수 있었다. 그것은 정말로 새로운 시점이었다. 그러나 그 뒤 20년 동안 비좁은 우주선에서 창밖을 살펴보는 우주 비행사와 냉전의 적을 감시하는 인공위성 카메라만이 그 시각에서 지구를 볼 수 있었다. 1981년 우주정거장을 발사하며 그러한 모든 것이 바뀌었다. 이제 수십 명의 사람들이 지구궤도에서 몇 주씩 지내며 커다란 전망 창으로 세계를 내려다보게 되었다. 첩보 위성과 기후 관측 위성이 바라본 현상은 휴대용 카메라와 사람의 눈길을 잡아끌었다.

무엇보다 눈길을 끈 것은 사람이 땅 위에 남긴 흔적이었다. 그 흔적 가운데에서도 가장 뚜렷하게 보이는 것이 바로 세계에서 가장 큰 열대 우림의 파괴였다. 밤에는 우주정거장 승무원들이 브라질에 있는 아마존 서부 론도니아Rondônia에 불길 수천 개가 타오르는 모습을 사진으로 찍었다. 낮에는 피어오른 연기 더미의 크기를 쟀다. 연기는 300만 평방킬로미터나 퍼져 있었다. 승무원들은 변경의 정글을 개발하려고 주 정부들이 정글을 뚫어 만든 고속도로망을 따라 범상치 않은 유형으로 사라져간 숲을 기록했다. 론도니아에 농민과 목장 주인들이 숲을 없애 놓은 곳은 마치 지퍼처럼 보였다. 도로 주변 공터에서 뻗어나온 나무들이, 사라진 네모난 빈터들이 도로를 따라 점점이 늘어서 있었다. 우주정거장의 사진가들은 20년 동안 나무를 자른 빈터들이 여기저기 늘어가는 모습을 사진에 담았다. 이런 빈터는 한 도로에서 뻗어나와 다른 도로에서 뻗어나온 빈터를 만날 때까지 이어져 있다. 그 사이에 남는 것은 기껏해야 숲이 파괴되고 군데군데 남은 나무 수천 그루 뿐이었다. 볼리비아에서 숲의 나무를 베어낸 공터는 가끔 별표 모양이 된다. 숲의 나무들이 뾰족한 삼각형 모양의 도로가 정글에 생긴 도시 나 다른 도로와 만나는 곳에서부터 잘려 나가기 때문이다. 아마존 남 부에서는 낯익은 방식으로 숲을 파괴한다. 자금 지원을 후하게 받은 농장주들이 콩을 키우려고 질서 있게 다면체 모양으로 아주 넓은 면적 의 나무를 베어내는 것이다.

우주정거장에서 기록한 것들은 역사가 오래된 일이다. 역사는 되풀 이된다. 서로 다른 방식이라고는 하나 역사 속 거의 모든 시대에 사람 들은 숲을 없애왔다. 하지만 이토록 큰 규모로 숲을 없앤 적은 없었다. 게다가 이제는 실시간으로 처참하게 숲이 파괴되는 현장을 본다. 우주 정거장 덕분에 깨닫게 된 사실은 숲이 빠르게 없어지고 있다는 것만이 아니다. 엄청나게 큰 재앙이 닥칠 수도 있다는 것을 깨달았다. 우주비 행사들의 시선 아래에서는 대략 미국 땅을 모두 합쳐 놓은 것만큼 큰 숲이 가장자리와 가운데에서부터 타들어가고 있었다.

제1세계 사람들은 특히 라틴아메리카 자연환경을 많이 걱정한다. 실제로 선진국 시민은 자기 동네 풍경보다는 아마존의 환경 상태에 더 신경을 쓰는 것처럼 보일 때가 많다. 물론 삼림 파괴를 비롯한 환 경오염은 전 세계에 나타나는 현상이다. 역사를 보나 지구궤도에서 찍은 사진을 보나 문화는 세계 곳곳의 자연을 골고루 짓밟고 있음을 알 수 있다. 왜 제1세계 사람들은 수많은 다른 지역들 가운데 유독 한 지역의 위험에 이토록 걱정하는 것인가? 예를 들어 아마존 열대 숲이 망가지는 것과 인도네시아, 말레이시아, 아프리카 서부의 열대 숲이 망가지는 것 사이에는 질적·양적으로도 거의 차이가 없다. 환경주의에 앞서가는 나라들이 라틴아메리카와 거리도 가깝고 문화에서도 연결점이 있기 때문일 것이다. 라틴아메리카는 미국에게는 뒷마당이고 유럽의 옛 제국 영토 가운데서도 가장 유럽화가 많이 된 곳이다. 또 다른 이유는 인류 생존에 관련한 것이다. 아마존은 지구의 허파(현재는 신빙성을 잃은 이론이다)이며, 숲이 타면서 온실효과를 일으키는 가스가 늘어나고 지구온난화도 더 심각하다고 생각한 것이다. 아마존에 사는 식물 수백만 종 가운데 암이나 치료할 수 없는 병을 고칠 약재가 있을지도 모른다는 희망도 한몫한다. 아마도 가장 중요한 점은 아마존의 신열대 자연에 천국과 깨끗한 처녀지라는 상징이 강렬하게 자리잡고 있다는 사실일 것이다. 아마존은 오랫동안 처녀지 신화를 대표해왔다. 많은 이에게 아마존은 창세기의 마지막 장이자 인류가 나타나기 이전의 모습이 그대로 남아 있는 유일한 세계였다. 아마존이 파괴되어간다는 보고서는 낙원이 결국 파괴되고 있다는 이야기다. 우리가 환경의 중요성을 깨달은 순간 알게 된 사실이 마지막 낙원의 파괴이니 역설적인 일이다. 사람들은 이른바 인류의 고향이라는 에덴동산의 환경에 저지른 원죄 씻을 기회를 아마존이 점점 사라지면서 빼앗기고 있다고 믿는다.

콜럼버스는 지상천국이 아직 있다고 믿었고 그것이 콜럼버스가 아메리카의 열대지방을 보는 방식을 결정지었다. 우리 역시 그런 신화를 통해 아메리카 열대지방을 보고 있다. 따라서 이러한 신화는 전혀 새로운 것이 아니다. 아주 오래된 것이다. 여기서 진짜 이야깃거리는 열대에 낙원이 남아 있다는 신화가 아니라 대중이 갑자기 그 낙원의 미래를 걱정하게 되었다는 점이다. 20세기 마지막 약 30년 동안 환경주의, 곧 인류가 자연을 심각하게 더럽혔고 이런 활동이 인류의 삶에 피해를 끼칠 수 있으니 무엇인가를 해야 한다는 생각이 대중을 움직이게 했다. 이러한 대중운동은 시행착오를 겪었고 통일되어 있지도 않지만 매우 급진적이며 각계각층에 퍼져 있다. 환경 재앙이 닥칠 것이라고 소리치는 외로운 예언자는 옛날부터 있었다. 옛 정부도 인간이 자연 자원을 파괴하는 것을 막기 위해 보잘것없지만 노력해왔다. 이제는 대중도 같은 걱정을 한다. 학교 선생님도, 정치가도, 인기 있는 록 가수도 하나같이 나쁜 징조를 이야기한다. 1990년대에는 미국인의 75퍼센트가 어떤 식으로든 스스로를 환경주의자라고 생각했다. 물론 이들 중 대부분은 환경주의란 나라 안에서는 쓰레기를 재활용하고 나라 밖에서는 열대우림을 지키는 것 정도라고 생각한다.

자연에 신경을 쓴다는 것 자체가 인류 진보에는 자연이 정한 어떤 한계도 없으며, 사람이 자연을 이용하는 데는 윤리 면에서나 물질 면에서나 제한이란 것이 있을 수 없다고 믿었던 부모 세대에 대한 반란이다. 새 종교로 막 개종한 사람이 대개 그렇듯 새 이념을 받아들이는 사람도 그것이 옛 이념과 함께할 수 없음을 깨닫지 못한다. 그래서 지금 우리는 옛 이념인 발전주의가 새 이념인 환경주의와 어색하게 동거하는 시대에 살고 있다. "지속 가능한 발전"이란 바로 이 타협을 이르는 말이다. 특히 물질생활에서 평등을 누리기 바라면서도 그만큼 자기 삶터의 생태 기반에 점점 더 불안해하는 라틴아메리카 사람들에게 이 두 가지 이념을 함께 쫓아야 하는 것인지 아닌지 서둘러 답을 찾아야 할 중요한 문제이다.

자원 보호주의와 야생지

　넓은 의미에서 인간이 자연에 대한 걱정이라 할 수 있는 환경주의는 역사 속에서 여러 번 모습을 드러냈다. 역사에 쓸 만한 이야기가 되려면 그런 걱정을 하는 사람이 적어도 한 사람 이상이어야 한다. 고대까지 살펴보면 환경주의자라 할 만한 사람은 이미 수십 명이 있었다. 이들 중 대부분은 점점 사라져가는 야생의 땅 위에서 아무도 안 듣는 재앙의 위험을 알리던 외로운 영혼들이었다. 예를 들어 고대 그리스와 로마에도 숲과 땅이 파괴되는 것을 보며 걱정한 사람들이 있었지만, 로마도 그리스도 자신들이 환경에 끼치는 영향을 줄이려고 노력하지 않았다. 환경주의란 말을 들으려면 걱정에 사로잡힌 관찰자들이 문화를 설득하여 행동에 나서게 해야 한다. 사람이 자연에 끼치는 영향을 줄이고 지속 가능성이 큰 방식으로 움직이도록 이끌 사회정책을 조금이라도 실현해야 한다. 이런 사회정책에는 법, 정치, 규제, 환경을 파괴할 동기를 꺾는 일 따위가 포함될 수 있다.

　초기 환경주의 대부분은 자원 보호주의였다고 할 수 있다. 자원 보호주의는 꽤 오랜 옛날부터 20세기까지 환경을 생각하는 가장 흔한 방식이었다. 자원 보호주의는 처음부터 끝까지 사람을 위한 것이다. 자원 보호주의자는 환경 그 자체가 망가지는 것을 막기보다는 문명이 발전할 수 있도록 자연을 슬기롭게 쓰는 데 관심을 기울이기 때문이다.

자원 보호주의 단체들은 자연을 잘 관리하여 자기 문화가 오랫동안 풍요를 누리고 다른 문화들과 겨루는 경쟁에서 이기고 싶어한다. 우리는 커다란 건물을 짓는 일, 글쓰기, 경제·정치 분야의 전문화를 모든 문명의 특징이라 생각한다. 하지만 환경주의를 문명에 연관 짓지는 않는다. 환경주의는 생각보다 흔히 일어나는 움직임이다. 한동안 환경주의라 할 만한 첫 움직임은 19세기 중반 이후 미국과 유럽에서 일어난 자원 보호주의라고 믿었다. 이런 믿음에는 자화자찬이라 할 만한 점이 많다. 미국과 유럽은 옛날의 문화에서 이뤄낸 일들을 다시 생각해내 실행한 것뿐이다. 때문에 누가 먼저 환경주의를 생각해냈느냐를 정확히 말하기란 불가능에 가깝다. 환경주의라고 말할 수 있는 조건을 두고 티격태격할 수도 있을 것이다.

자원 보호정책, 특히 숲을 지키려는 정책은 19세기 이전에 어디서나 있었던 것은 아니지만 특이한 정책이라 할 만한 것도 아니었다. 이슬람 이집트는 이미 11세기에 고대인들이 벌거숭이로 만든 지역을 다시 숲으로 만들고자 많은 노력을 기울였다. 14세기 게르만족 나라들도 꽤나 정교한 삼림정책을 펼치고 있었다. 질척한 땅 위에 지은 집을 받칠 나무 말뚝과 배를 만들 목재를 주변 숲에서 베어 써야 했던 베네치아는 15세기 말에 엄격한 삼림관리법을 실행했다. 포르투갈은 레이리아 지역의 사라진 소나무 숲을 14세기 초에 다시 조성했고 말을 탄 삼림 경비원들이 숲을 지켰다. 경비원들은 지역민들이 땔나무 모으는 일을 관리하고 목재를 훔치는 범법자를 쫓아냈다. 경비원들은 숲 속에 화재를 막기 위해 총기와 부싯돌, 담배도 들고 오지 못하게 했다. 중세 유럽 왕들은 야생동물보호구역을 만들었는데 그곳에서 사냥을 즐기기 위해서였다. 사냥과 고기잡이에 대한 일반법도 만들었다. 이를테면 특정한 철에는 야생동물을 잡지 못하게 하거나 고기잡이 그물을 쓰지 못하게 했는데 이런 법은 흔한 것이었다. 유럽 밖에서는 적어도 17세기 말에 서부 인도, 중국, 일본에서 시행한 흙, 숲, 물 보호 정책이 성공을 거두고 있었다. 그러한 정책 중 일부는 18세기와 19세기 유럽 식민지 정책에 영향을 끼쳤다.

기록이 많은 것은 아니지만 앞에서 살펴보았듯 15세기의 잉카와 아스텍 사람들 또한 숲과 야생 생물을 보호하는 정책이 있었음을 짐작케 하는 증거가 있다. 아메리카에 온 이베리아인 식민자들 또한 환경에 관심이 있었다. 그러나 원주민 인구가 줄고 자연이 되살아나면서 그 누구도 자연을 지켜야 한다고 깨닫지 못했다. 자연이 지나치다 싶을 만큼 풍성해보였던 까닭이다. 결국 이베리아의 왕들이 자기 재산을 지키고 광업과 조선업에 쓸 나무를 남기고자 삼림보호구역을 만들었다. 브라질에서는 1655년에 왕이 배를 만들기에 가장 좋은 나무들을 '법이 관리하는 목재madeiras de lei'로 지정했다. 공유지에 있든 사유지에 있든 이 나무에는 도끼질을 할 수도 없고 불을 붙일 수도 없었다. 18세기 초 포르투갈 왕은 중요한 식량 자원인 맹그로브 숲이 농장주와 무두장이들로 말미암아 훼손되고 지역 어장이 무너지자 맹그로브 숲을 영구 보호지역으로 지정했다. 지역 어장을 지키기 위해서였다. 이는 자연의 상호 연관성, 즉 생태를 염두에 둔 첫 환경 조치들 중 하나인 것으로 보인다.

상호 연관성은 18세기 후반에 과학적 자원 보호주의란 이름이 붙은 이념의 특징이며, 아메리카에서는 영국의 동카리브 해 식민지에서 처음으로 나타났다. 앞에서 살펴보았듯 유럽인들은 인종과 발전에 중요하다는 이유로 기후에 관심을 많이 기울였다. 18세기 후반에는 기후 조절에서 숲이 어떤 역할을 하는가에 대한 유럽인들의 오랜 관념이 완전히 새롭게 바뀌었다. 한때 유럽 사람들은 열대 숲이 문화 발전에 나쁜 영향을 끼친다고 생각했다. 유럽인들은 숲에 식인 야수와 식인종이라고 알려진 원주민이 산다고 믿었다. 농사짓고 싶은 땅을 숲이 덮어 가리고 있기도 했다. 더구나 유럽인들은 숲의 풍경이 몸에 나쁜 기운을 전달하고, 병을 퍼뜨리고, 땅과 공기를 축축하게 한다고 믿었다. 유럽 사람들은 사회와 경제를 위한 일이라며 숲을 없애는 일을 감싸고돌았다.

그러나 바베이도스와 다른 열대 식민지 섬들에서 몇십 년 만에 숲이 다 사라지는 일을 겪고 나자 이제 현실이 보였다. 식민지 섬에서 숲이 사라지자 목재와 땔나무를 수입하는 데 돈이 많이 들어갔다. 샘은 마르고 언제나 흐르던 개울물도 줄었다. 토양침식도 빨라졌고 평균기온마저 올라갔다. 강우량 자체가 줄었다고 주장하는 이들도 많았다. 그런 생각을 가장 설득력 있게 드러낸 작품으로 알렉산더 폰 훔볼트와 조지 퍼킨스 마시George Perkins Marsh(1801~1882, 미국의 외교가이자 언어학자. 자연 보존에 대한 글을 써 최초의 환경주의자란 평가를 받는다—옮긴이)가 쓴 글이 있다. 가장 먼저 이러한 생각을 한 이들은 아메리카와 아시아의 유럽 식민지 관리들이었다. 이들은 조그마한 섬에서 빠르게 숲이 사라질 때 무슨 일이 일어나는가를 온몸으로 겪어야 했다. 1785년부터 영국령 세인트 빈센트 섬의 식물원을 책임지고 있던 알렉산더 앤더슨Alexander Anderson은 숲을 지키는 것이 사람에게도 이익이라고 주장했다.

> 대개 땅이 숲으로 적당히 덮여 있는 나라는 늘 서늘합니다. 이 얼마나 열대에 사는 사람과 동물에게 필요한 일입니까? 나무가 비를 부르는 효과가 크다는 사실도 의심할 여지가 없습니다. 사탕수수만큼 비가 잘 내려줘야 하는 작물이 또 어디 있겠습니까? 게다가 숲이 비를 부르는 것과 같은 이유로 공기를 잘 돌게 하고 그리하여 주민들의 건강에도 기여를 많이 합니다.[32]

앤더슨은 나무 없이는 식민지도 성공을 거둘 수 없으리라고 말했다. 옛날 농장주들이 바베이도스에서 섣불리 저지른 짓에 또 다른 이들이 다른 곳에서 흉내를 내자 식민지 관리들이 열대 자연을 어떻게 다뤄야 하는가를 다시 생각하게 되었다는 것이 앤더슨의 설명이다. 식민지 정부는 아직 숲이 있는 토바고와 세인트 빈센트 섬들에 보호림을 지정했는데 숲이 비를 부르고 기후를 더 좋아지게 한다는 건조 이론이 그 동기였다. 식물은 사람이 마시는 공기를 맑게 한다는 이론 역시 빼놓을 수 없는 동기였다. 토바고 섬에서 영국은 더 좋은 기후를 만들고, 강우량을 유지하고, 질병을 줄이고자 모든 구역에 대규모의 보호림을 만들었다. 이렇게 만든 보호림에는 그 뒤 2세기 동안 사람의 손길이 거의 닿지 않았다. 숲이 비를 부르고 강우량을 늘리는 데 어떤 역할을 하는지 연구는 아직 끝나지 않았다. 그리고 과학자들은 18세기 이론가들이 숲으로 얻을 수 있는 이익 대부분이 사실임을 밝혀냈다.

건조 이론은 이베리아 사람들이 만든 식민지에도 즉시 퍼져 나갔다.

그리고 작지만 열정적인 집단들이 숲을 파괴해서는 안 된다며 목소리를 높였다. 숲은 경제와 사회와 의료에 도움이 된다는 까닭에서였다. 이런 주장을 한 집단들 중 오늘날까지 가장 연구가 활발한 집단은 브라질에 있었다. 거의 모든 라틴아메리카 공화국들의 정치가 독립에 뒤따른 혼란에 빠져 있었기 때문에 열정적인 자원 보존주의자들의 경고에도 이를 들어줄 안정된 정부는 거의 없었다. 새로 생긴 나라들에서 식민지 시기부터 물려받은 거의 모든 자원 보존 정책은 뒤집히거나 잊히거나 무효가 되었다. 멕시코 정부를 비롯한 몇몇 정부들은 재빨리 자연 자원을 국부로 바꿔주겠다는 사람들에게 원주민들의 땅과 공유지를 사유지로 만들어 넘겨주는 데 열과 성을 쏟았다. 숲과 물과 흙에 어떤 해를 끼치든 상관하지 않았다. 이런 상황에서도 멕시코는 1856년에 넓은 보호림을 지정했고, 베니토 후아레스Benito Juárez(멕시코 원주민 출신 법률가로 1857년부터 1872년까지 멕시코의 대통령을 지냈다—옮긴이) 대통령은 1861년에 멕시코의 첫 국립산림법을 제정했다. 이는 독립으로 자원 보호주의가 피해를 보긴 했지만 아주 사라지지 않았음을 보여준다.

브라질은 독립 이후에도 여전히 포르투갈 왕가의 사람이 주권을 잡아 에스파냐계 아메리카보다 식민시대의 연장선에 놓인 것들이 많았다. 예를 들어 브라질나무는 여전히 전매품이었고, 그 밖의 다른 나무들도 서류상으로는 19세기 말까지 보호받았다. 게다가 브라질 정치는 다른 곳보다 안정되어 있던 터라 대부분 브라질에서 태어났지만 유럽에서 교육받은 브라질의 건조 이론가들은 황제에게 삼림보호 정책의 필요성을 설득할 수 있었다. 특히 황제가 사는 곳인 리우데자네이루가 가장 많은 관심을 받았다. 1800년 전까지 리우데자네이루 바로 위에 있는 티주카Tijuca 숲은 상태가 매우 좋았다. 나무가 빽빽해서 제법 규모가 큰 도망 노예들이 공동체를 이루고 살았다. 그런 공동체 가운데 하나는 인구가 200명이 넘었다. 이러한 도시 속 정글을 사랑하는 외국인 관광객들도 있었는데 이들은 놀랍도록 아름다운 자연이 있는 도시, 리우데자네이루를 굽어볼 수 있는 숲에서 가장 높은 코르코바두 언덕 정상에 올라가는 일이 많았다. 하지만 높은 곳에서 잘 자라는 커피나무가 리우데자네이루 인근의 울창한 산으로 들어오면서 곧 도시의 수원水源 주변을 벌거숭이로 만들어버렸다. 그러자 리우데자네이루로 들어오는 물 공급이 줄었고 노예들도 숨을 곳을 잃었다. 또한 나폴레옹의 포르투갈 침략을 피해 1808년에 브라질로 온 왕가와 왕실 관리들도 티주카 산맥 주변에 집을 지어 리우데자네이루의 숨 막히는 더위를 피했다. 이곳에 황실과 관련된 사람들이 많다 보니 이곳 교외에는 티주카 제국이란 이름이 붙었다. 교외화 현상에 커피 재배까지 겹치다 보니 티주카 산맥 곳곳이 벌거숭이가 되었다.

여전히 리우데자네이루가 물을 얻을 곳은 몇 안 되는 시냇물이 흘러나오는 티주카 산맥밖에 없었고, 1840년대에 이곳 시민들은 물 부족으로 어려움을 겪었다. 건조 이론을 따르면 물 부족은 숲을 다시 조성하여 풀 수 있는 문제였다. 하지만 그때까지 이 이론이 증명된 바는 없었다. 브라질 황제 페드루Pedro 2세(재위 1831~1889)는 1844년 이후 티주카 산맥의 중요한 수원 일대를 몰수하여 그곳에 다시 나무를 심기 시작했다. 그리고 그때까지는 제한된 규모의 나무 심기였다. 1861년에 황제는 마누엘 고메스 아처Manuel Gomes Archer를 티주카 숲의 삼림 보존 구역의 책임자로 임명했다. 이 시기에 티주카 삼림 보존 구역을 국립공원이라 하는 것은 적절치 않다. 삼림 보존의 목적이 단지 수원을 지키는 일이었기 때문이다. 그러나 티주카 숲은 분명히 라틴아메리카 환경사의 중요한 전환점이었고, 20세기에 들어서 완전히 국립공원으로 진화했다.

삼림 관리 일을 혼자 배운 아처는 맡은 일을 재빨리 시작했다. 아처는 콘스탄티누, 우엘우테리우, 레오폴두, 마누엘, 마리아, 마테우스라는 아프리카인 노예 여섯 명으로 구성된 삼림 관리 조와 함께 일하는 것을 허락받았는데 이들 모두 왕가의 노예였을 것이다. 아처는 이들과 함께 티주카 숲에서 가장 토양침식이 심한 언덕에서부터 매우 다양한 종류의 나무를 심었다. 처음에 노예들은 땅을 판 뒤 다른 숲에서 가져온 묘목들을 그곳에 옮겨 심었다. 그 뒤 아처는 마음에 드는 묘목을 더 빨리 얻을 생각으로 훌륭한 묘목장을 만들었다. 티주카 숲은 사람들이 보기에 아름답고 쓸모 있는 숲을 만드는 데 목적이 있었다. 아처는 자신이 신경 써서 고른 묘목을 잘 키우는 일이라면 토종 나무를 베는 일도 망설이지 않았으며, 외래종 나무와 쓸 만한 토종 나무도 함께 심었다. 1874년에 삼림 관리 일을 그만둘 때까지 몇 안 되는 삼림 관리원들과 함께 티주카 숲에 약 7만 2,000그루를 심었다. 오늘날 티주카 국립공원을 아름답게 빛내는 숲 대부분의 기반이 이때 조성된 것이다. 좁은 의미에서 아처는 기퍼드 핀쇼Gifford Pinchot에 앞선 셈이다. 핀쇼는 몇 년 뒤 아처의 팀보다 훨씬 더 크고 숙련된 사람들이 일하는 미국 삼림청을 세우는 데 중요한 역할을 했다. 아처도 그리고 그의 자리를 이은 브라질 사람들도 핀쇼만큼 커다란 영향력을 발휘하지는 못했다(이들의 거의 잊힌 업적이 조명받기 시작한 것도 최근의 일이다). 티주카 숲은 비록 작지만 아메리카에 이보다 더 크고 새롭게 조성한 열대 숲은 찾아볼 수 없다. 티주카 숲 만들기는 잉카 이후 아메리카에서 숲을 다시 살리고자 노력한 첫 사례일 것이다.

지금도 연구자들은 라틴아메리카에서 자원 보존을 위해 노력했다는 증거를 찾아내고 있다. 1906년 즈음 페루는 구아노 보존을 진지하게 생각하기 시작했고, 페루 정부는 구아노 산업이 막다른 골목에 이르러 무너지는 것을 막고 꾸준히 구아노를 생산하는 데 노력을 기울였다. 그 과정에서 물고기와 새를 전문으로 연구하는 외국인들을 상담자로 고용하기도 했다. 새로운 법은 새들이 둥지 트는 것을 보호하고 구아노 캐는 일을 규제했다. 상당히 많은 연구자와 새를 지키는 경비원이 조를 이뤄 일하며 정부로부터 봉급을 받았다. 얼마 가지 않아 페루의 한 해 구아노의 생산량은 네 배로 늘었다. 이렇게 구아노 공급은 늘었으나 수요는 대폭 줄었다. 페루 정부에서 지속 가능하고 경쟁력 있는 농업을 발전시키고자 구아노의 해외 수출을 금지했기 때문이다. 덕분에 세계무역이 구아노라는 중요한 자원을 바닥내는 일을 막을 수 있었다. 그런데 다른 곳에서처럼 자원 보호정책으로 흔히 일어나는 문제가 여기서도 발생했다. 구아노를 관리하는 이들이 사람한테 직접 이익이 되는 자연물은 지키면서 복지와 이윤을 위협하는 자연물은 무자비하게 파괴한 것이다. 사람들의 구아노 약탈을 막고 바닷새를 지키는 경비원들에게 새를 위협하는 유해한 생물은 모두 죽이라는 임무 또한 부여했던 것이다. 그래서 경비원들은 알과 새끼를 잡아먹는 갈매기와 콘도르 및 어미 새를 공격하는 송골매를 무자비하게 쫓았다(자료 10을 보라). 1917년에는 페루 남쪽 섬에서 두 달 만에 갈매기 5,000마리가 죽임을 당했다. 다음 해의 구아노를 얻을 수 있는 가마우지 알을 지키기 위해서였다.

다른 곳에서는 깃털로부터 특별한 새를 지키고자 보존법을 제정했다. 해오라기는 번식기 무렵에 아름다운 깃털이 자란다. 그런데 이 깃털을 파는 장사가 호황을 누리자 1900년에는 베네수엘라에서도 깃털 장사가 등장하게 되었다. 아메리카 원주민들은 오랫동안 새 깃털을 귀하게 여겨왔는데 마침내 서양의 소비자들도 깃털을 기호품으로 여기게 된 것이다. 그 뒤 10년 동안 여성들의 치장을 위해 베네수엘라의 새 약 1,000만 마리가 목숨을 잃었다. 해오라기 깃털 1온스는 금 1온스보다 다섯 배가 비쌌다. 외국인 회사들은 지역민들에게 엽총을 나눠 주었고 이들은 사냥감을 손쉽게 넣을 수 있었다. 사냥꾼들이 해오라기에서 얻으려는 것은 번식기의 깃털 한 줌뿐이었다. 이들은 깃털을 뽑으려고 새들에게 마구 총을 쏘아 댔다. 해오라기는 늘 같은 번식지로 돌아왔고 번식기가 끝날 무렵 자연스레 깃털을 떨어뜨렸다. 사냥꾼들한테서 해오라기를 지키면 떨어진 깃털만 주워 팔아도 돈을 벌 수 있었다. 자기 땅에 번식지가 있는 개인 지주들은 이 사실을 재빨리 알아차렸다. 결국 베네수엘라 정부는 해오라기 사냥을 규제하는 법을 제정했고, 1917년에는 번식기에 깃털을 줍지 못하며 총기 사용을 금지하는 강력한 법을 추진했다. 사람들에게 이 법을 지키게 하는 일은 어려웠으나 후대 사람들이 해오라기를 보는 데 이 법이 (그리고 변덕스런 패션 감각이) 기여한 것은 사실이다.

연구자들은 앞으로도 더 많은 초기 자원 보호정책의 사례를 찾아낼

자료 10. 1920년대 페루 산 가얀 섬에서 구아노를 낳는 새의 알을 위협한다는 이유로 희생당한 콘도르 두 마리.
출처 : Robert Cushman Murphy, *Bird Islands of Peru : The Record of a Sojourn on the West Coast*(New York : G. p. Putnam's Sons, 1925), 154쪽. 유타 주 프로보에 있는 브리검영 대학의 해럴드 B. 리 도서관 제공.

것이다. 그리고 라틴아메리카가 북아메리카만큼의 일관성은 아니더라도 자원 보호라는 같은 목적을 거의 같은 방식으로 추구했음을 밝힐 것이다. 또한 이런 모든 노력이 북쪽 나라들을 흉내 낸 것만은 아니며 일부는 북쪽 나라들에 앞서 실행한 사실도 증명할 것이다. 물론 자연 자원이 파괴되는 것을 막고 낭비도 줄이고자 한 자원 보호주의자들의 야심에 견주면 정책 변화는 그 기대에 훨씬 못 미치는 것이었다. 그렇지만 자원 보호주의자들에게 영향력이 아예 없었다고는 할 수 없다.

라틴아메리카에서 먼저 시행하지도 않았고 같은 시대에 시작하지도 않은 중요한 자원 보호정책으로는 야생지 보존 정책이 있다. 미국은 초기부터 야생지를 떠받들었다는 점에서 아주 특이한 나라였다. 미국은 야생이 남아 있는 장소에서 낭만을 느꼈고 야생과 자신들의 영혼이 연관되어 있다고 생각했다. 마음을 부드럽게 하고 영혼에 성스러운 기운을 불어넣을 장소로 세계 최초의 국립공원을 만든 것도 이 때문이었다. 모든 곳의 자원 보호주의자들이 자연 물질의 쓸모 있음에 초점을 맞출 무렵, 미국의 야생지 옹호자들은 자연이 영혼과 오락에도 도움이 된다고 주장했다. 이런 접근 역시 사람이 중심인 것은 마찬가지였다. 야생지 옹호론자들도 보기 좋은 장소와 멋진 생물들만 지키려고 했을 뿐 나머지는 신경 쓰지 않았고 덜 고상한 자연물은 아예 체계적으로 없애고자 했기 때문이다. 그럼에도 야생지 보존 정책이 놀라운 변화였던 점은 분명하다.

반대로 라틴아메리카 사람들은 자연에 낭만이란 걸 거의 느끼지 못했다. 라틴아메리카에는 아직까지 헨리 데이비드 소로Henry David Thoreau(이성보다는 감성을, 인간보다는 자연을 중시한 19세기 미국의 사상가이자 문학가—옮긴이), 존 뮤어John Muir(미국의 탐험가이자 환경 운동가로 자연 보존 운동의 역사를 이끌었다—옮긴이), 알도 레오폴드Aldo Leopold(미국의 대표적인 환경 운동가로 환경 윤리라는 분야를 새롭게 개척했다—옮긴이) 같은 인물이 나오지 않았다. 17세기 네덜란드령 브라질에서 잠시 꽃 피운 유행을 빼면 풍경화를 그리는 사람도 안데스와 멕시코의 산맥에서 영감을 얻은 프레더릭 에드윈 처치Frederik Edwin Church(세계 여행을 하며 북극 지방과 안데스 산맥의 경치를 화폭에 담은 미국의 풍경화가—옮긴이) 같은 일부 외국인을 빼면 거의 없다시피 했다. 호세 마리아 벨라스코가 멕시코 계곡을 그린 것은 정말 보기 드문 예다. 보통 벨라스코가 그림 중심에 놓은 것 역시 도시, 철도, 폐허처럼 문화가 낳은 것들이었다.

라틴아메리카에서 왜 야생지를 고려하는 움직임이 더 늦게 나타났는지를 밝히려면 더 많은 연구가 필요하다. 자연의 아름다움을 물건처럼 바라보고 아직 기계가 일으키는 파괴에서 살아남은 부분을 지키려고 애쓰기까지는 먼저 공업화가 눈에 띄게 큰 피해를 일으켜야 하는 것일지도 모른다. 라틴아메리카의 경우 공업 기계와 도시화가 거세게 밀려오는 데까지 북아메리카 일부 지역만도 한 세기가 넘는 시간이 더 걸렸다. 야생지 보호 정책 역시 그만큼 늦었다. 그뿐만이 아니다. 어떤 이들은 미국인들이 아메리카의 자연을 아끼고 숭배까지 한 것은 자신들에게 없는 과거를 자연으로 대체하려는 문화 민족주의 때문이라고도 한다. 미국인들은 총안銃眼을 설치한 것처럼 삐죽삐죽한 산과 강렬한 빛깔의 협곡을 역사 속 물건으로 내세워 유럽인들이 아끼는 성과 유화에 대항했다. 하지만 라틴아메리카에는 고대 유적에 바로크 양식의 교회에 부왕의 궁전이라는 유산까지 있었다. 따라서 역사에 내세울 것이 부족하다는 생각을 할 필요가 없었고 자연을 대용품으로 삼을 필요도 없었다.

라틴아메리카 사람들의 역사 인식이 잘 발달하지 않은 것도 이유 중 하나일지 모른다. 19세기 말 미국에서는 전문 역사학이 잘 발달해 있었다. 수많은 역사학자들이 빠르게 바뀌어가는 시대 환경 속에서 미국 역사의 특수성을 연구한 상태였다. 20세기 초 미국인들은 변경이 사라져간다는 것만 아니라 비버, 바이슨, 여행 비둘기도 사라지거나 거의 사라져버렸다는 사실을 깨닫고 있었다. 반대로 아마도 더 많은 토종 생물 종을 잃었을 라틴아메리카 나라들 중 상당수는 사람에 대한 것이든 자연에 대한 것이든 글로 써놓은 역사가 얼마 되지 않았다. 게다가 써놓은 글을 읽고 정보를 얻을 수 있는 독자도 미국보다 더 적었다.

사람은 그리 오래 사는 존재가 아니다. 역사의식을 잘 키우지 못한 사람들은 자연은 물론이고 자신의 역사도 제대로 알지 못하게 된다. 오늘날에도 옛 대서양 숲이 있던 지역의 브라질 사람들 중에는 현재 자신들이 사는 농장과 도시가 브라질에만 있는 생태 보고 중 하나를 밀어내고 지은 것이라는 사실을 듣도 보도 못한 사람이 허다하다. 하지만 역사의식은 커가고 있다. 이제 브라질 사람들은 얼마 전까지만 해도 아마존이 어땠는가를 잘 안다. 따라서 아마존 숲이 대서양 숲과 같은 운명을 겪게 된다면 뼈저린 허전함을 느끼게 될 것이다. 환경사가 맡아야 할 어떤 중요한 역할이 있다면 그것은 옛날에 무엇이 있었고, 무엇을 잃었으며, 잃은 만큼 얻은 것이 있느냐 없느냐를 생각하게 하는 일일 것이다.

라틴아메리카에서 환경사 분야는 여전히 걸음마 단계에 있다. 그러니 역사가들이 소로, 뮤어, 레오폴드만큼 뛰어난 사상가나 활동가를 찾아내는 일이 절대 불가능하다고 생각해서는 안 된다. 환경 영웅은 다른 영웅이 그런 것처럼 태어나는 것만큼이나 창작되는 존재이다. 그리고 미국의 환경 영웅들은 자기가 살았던 시대보다 다음 세대에 훨씬 더 큰 영향을 끼쳤다. 앞으로 라틴아메리카는 동시대 사람들한테 무시당하고 명예도 묘비명도 없이 땅에 묻힌 자신들의 환경 선지자들을 찾아내게 될 것이다.

대중 환경주의의 한계

   거의 모든 역사학자가 1962년에 레이철 카슨Rachel Carson이 펴낸
《침묵의 봄Silent Spring》이 현대 대중 환경주의의 출발점이라는 데 동의
한다. 이때부터 대중도 자연에 관심을 느끼게 된 것이다. 카슨은 합성
살충제를 마구 써서 아침에 새 지저귀는 소리를 영원히 들을 수 없게
된 미래를 내다보고 침묵의 봄이란 제목을 붙였다. 분명히 새 지저귀
는 소리를 좋아하는 사람은 많다. 어떤 이는 새소리를 못 들으면 그리
워할지도 모른다. 《침묵의 봄》이 일으킨 혁명은 그것 때문만이 아니다.
새라는 생물이 모조리 내일 사라진다 해도 전혀 알아차리지 못하는 사
람도 많을 것이다. 한 세대가 지나면 지구는 특히 아침에 자연의 노랫
소리로 가득 차 있었다는 사실을 더 많은 사람이 잊어버릴 것이다. 벌
레가 죽고 사라진다 해서 안타까워할 사람은 사실상 아무도 없을 것이
다. 애초에 살충제는 벌레를 죽이려고 만든 것이기도 하다. 해양 생물
학자이자 조류 관찰자인 카슨에게는 아마 새와 아름다움에 대한 걱정
이 《침묵의 봄》을 쓰게 된 가장 중요한 동기였을 것이다. 그러나 《침묵
의 봄》이 인기 있는 책이자 논쟁거리가 된 것은 이 때문이 아니다. 카슨
은 사람들에게 무시무시한 수치와 설득력 있는 증거로 사람도 결국은
자연 생태의 일원이며 벌레와 새를 해치는 것은 사람도 해칠 수 있다
는 점을 되새겨주었다. 카슨은 화학이란 이름의 소리도 형체도 없는

악령의 위협을 보여주었다. 미래 세대는 화학을 더러운 낱말이자 인간이 앓는 암과 연관된 낱말로 만들었다. 현대 환경주의는 진보 그 자체에 대한 두려움에서 태어났다.

대중 환경주의는 인간의 자연관에 일어난 혁명이었다. 자원 보호주의가 나타날 때까지 서양인들은 자연을 문명이 정복하고 파괴하고 밀어내야 할 적으로 보았다. 그리고 자원 보호주의는 자연을 적이 아닌 노예로 바꾸었다. 영원한 진보라는 인간 사회의 꿈이 유지될 수 있는 것은 바로 자연이라는 노예가 명령에 따라 일하며 꾸준히 목재, 물, 식량을 생산해주었기 때문이다. 야생지의 미국에서 자동차로 관광을 즐길 수 있었던 대중이 그랬던 것처럼, 야생지를 사랑한 이들에게 자연은 아름다운 편의 시설이었다. 자연은 영혼의 힘을 키우고 지친 몸을 놀이로 쉬게 할 수 있는 놀이터였던 셈이다.

하지만 1960년대에 태어난 현대 환경주의는 환경에 대한 우리의 생각을 뿌리부터 바꾸어놓았다. 이제 자연은 단순히 문명이 정복하고, 자원 보호주의가 부리고, 소풍객들이 소비하는 대상이 아니다. 오늘날 우리는 점점 더 자연을 인간의 자만심과 무절제한 행동의 희생자로 보고 있다. 더 중요한 점은 우리가 자연을 우리와 희생을 함께 겪는 동료로 본다는 사실이다. 오늘날 우리는 인류의 생존과 자연의 행복이 떼려야 뗄 수 없는 관계에 있다고 생각한다. 따라서 새로운 환경주의가 요구하는 것은 인류를 자연의 위험이나 인색함에서 지키자는 것이 아니다. 자연의 죽음을 막자는 것이다. 사람도 멸종 위기 종이 될 수 있다고 깨닫고 나서야 문화와 자연은 합의점을 찾았다. 그 합의점이란 생태가 중요하다는 것이었다. 이렇게 자연을 보는 방식에 혁명이 일어나자 시민들은 점점 합성 화학물질이 아닌 다른 것도 위협으로 느끼기 시작했다. 방사성 폐기물, 물과 공기 오염, 빠른 인구 성장, 생물 멸종, 대기 및 기후 변화도 걱정거리가 되었다.

카슨의 책이 바꾼 것은 대중의 생각만이 아니다. 과학 연구의 방향 자체가 바뀌고 인간 자신의 잘못된 판단에서 비롯된 무절제로부터 인간을 지키는 정부 정책이 꾸준히 시행되는데 카슨의 책만큼 영향을 끼친 작품은 그 이전에도 이후에도 거의 없었다. 미국의 지방 정부들은 화학제품 사용을 규제하기 시작했고, 연방 정부는 디디티DDT처럼 가장 위험한 종류로 보이는 화학약품 사용을 금지했다. 1960년대 후반이 되면 환경 정책은 이미 살충제에 따른 오염보다 훨씬 많은 것을 다루고 있었다. 연방 정부는 사람과 사람이 아닌 존재들이 사는 곳을 지키기 위해 전례 없는 법들을 제정하여 정부 권한을 강화했다. 사유재산과 이윤이라는 신성한 권리도 이런 법을 막을 수는 없었다. 1970년의 깨끗한 공기법Clean Air Act과 1972년의 깨끗한 물법Clean Water Act은 사람에게 가장 필요한 두 요소인 물과 공기가 얼마나 깨끗해야 하는가에 대한 엄격한 기준을 마련했다. 1973년의 멸종위기종보호법Endangered Species Act은 목록에 실린 생물을 해치는 그 어떤 행동도 금지했다. 여기서는 그러한 생물들의 서식지를 망가뜨리는 일도 금지했다는 점이 눈에 띈다. 1975년의 에너지 정책 및 보존법Energy Policy and Conservation Act은 미국 내 에너지 소비량을 줄이는 것이 목적이었다.

레이철 카슨을 비롯한 환경주의의 선구자들이 라틴아메리카에 어떤 영향을 끼쳤는지에 대해서는 연구가 충분하지 않다. 그럼에도 번역자들은 카슨의 책을 거의 즉시 에스파냐어와 포르투갈어로 출판했다.

가난한 나라는 현대 환경주의를 따를 단계가 아니라고 주장한 이들이 많다. 오늘날의 라틴아메리카조차 환경주의 운동의 일원이라고 할 만한 조건을 갖추지 못했다. 하지만 라틴아메리카 사람들이 북반구 이웃들에 견주어 환경 감수성이 떨어지거나 감수성의 폭이 좁은 것은 아니다. 라틴아메리카의 환경 정책은 미국보다 실행 시기도 늦고 접근 방식에도 다른 점이 많다. 북쪽과 남쪽 사이의 태도와 행동의 차이는 대개 남쪽이 더 가난하고 민주주의도 허약하기 때문이라고 설명할 수 있다. 남쪽이 환경에 대해 철이 덜 들어서가 아니다. 라틴아메리카 환경주의는 발전이 덜 되었다고 단정하는 이들 상당수가 지나친 자만심에 빠진 것이다. 이들은 북쪽이 남쪽보다 생태주의에서 앞선 정도를 과장한다.

라틴아메리카에는 거의 30개에 이르는 공화국들이 있다. 이 나라들이 자연에 대해 옛날에 어떤 태도를 보였고 어떤 법을 제정했고 그렇게 해서 무엇을 이뤄냈고 전망은 어떠한가를 환경주의에 따라 제대로 정리하기란 쉬운 일이 아니다. 예컨대 코스타리카와 아이티라는 작은 두 나라는 지리와 기후에서 가까운 나라지만 생태가 입은 피해 및 환경 전망 사이에는 상당한 거리가 있다. 코스타리카는 생물 다양성 보존계의 귀염둥이지만 아이티는 구제불능의 대재앙이다. 라틴아메리카 환경주의가 미국과 유럽의 환경주의 운동에서 영향을 많이 받았다는 점에는 의심할 여지가 없다. 하지만 눈에 보이는 여러 면에서 라틴아메리카는 이미 그 두 지역과 같은 목표를 성취해냈다. 물론 라틴아메리카 사람들에게는 신경 써야 할 것도 더 많고 해야 할 일도 더 많지만 그 일에 쓸 수 있는 자원은 더 적다.

1980년대 라틴아메리카 사람들은 앞 장에서 살펴본 것과 같은 환경 문제로 악명 높은 대도시들에 살고 있었다. 미국인들은 레이첼 카슨 이후 화학물질이나 산업폐기물 따위의 돈이 많아서 생기는 오염물질을 청소하기 시작했다. 반면 라틴아메리카 사람들은 그런 오염물질 말고도 정화가 안 된 하수나 쓰레기 같은 가난 때문에 생기는 오염물질도 처리해야만 했다. 멕시코시티, 산티아고, 리마, 리우데자네이루 사람들은 무시무시하게 규모가 크고 치명적인 환경오염에 직면했다. 라틴아메리카 각지의 농부들은 땅심이 떨어진 땅을 일구어 수확량이 줄어도 이 농부들에게는 합성 비료를 살 돈이 없다. 농장 일꾼들 역시 미국에서는 레이첼 카슨이 이름도 이해할 수 없는 약자(DDT, BHC, 2, 4-D)로만 소개한 위험한 화학물질을 아주 가까이서 들이마시면서 일해야만 했다.

　　국제연합UN은 1972년에 스톡홀름에서 유엔인간환경회의UNCHE를 열었다. 회의에 참석한 많은 라틴아메리카 대표들은 더 발전한 나라들이 환경오염, 생물 다양성, 야생지 보호를 놓고 보여주는 새로운 관점에 놀랐다. 브라질 공무원 한 사람은 브라질은 다른 무엇보다 원하는 것이 바로 환경오염이라고 주장했다. 그리고 환경오염은 나라가 발전했다는 훌륭한 증거라는 것을 그 이유로 들었다. 어떤 작가는 개발도상국들은 온 식구를 먹일 만큼 밥을 많이 짓느라 너무 바빠서 부엌에서 나오는 더러운 것들 따위를 걱정할 틈이 없다고 주장했다. 가난한 나라 대표들은 제1세계를 비판했다. 제1세계 사람들은 자기 나라 환경을 파괴하여 부자가 되었으면서 가난한 나라 사람들에게는 그와 같은 문화 권리와 특권을 허용하지 않으려 한다는 비판이었다.

이렇듯 제1세계와 제3세계 사이의 환경을 바라보는 태도에 차이가 있었다. 그렇지만 라틴아메리카 공화국들이 전국 단위 환경법을 제정하는 속도는 꽤나 빨랐다. 사실 멕시코가 환경오염 방지 및 억제 법을 만든 해는 1971년으로 미국에서 공기 및 물법을 만든 해와 같다. 라틴아메리카의 수십 개 나라가 스톡홀름 회의에 대한 반응으로 미국 환경보호국EPA을 본뜬 정부 부처를 만들었다. 국내 대중이 그런 것을 요구했다기보다는 국제사회의 압력과 근대 국가가 아닌 것처럼 보이지 않을까 하는 오래된 두려움 때문이었다. 아마도 서류상으로 가장 급진적인 사례는 1980년 칠레 헌법의 19번 조항일 것이다. 이 조항에 따르면 칠레 시민들에게는 환경오염이 없는 환경에서 살 권리가 있었다. 칠레에서 환경오염은 헌법 위반이다.

미국에서 환경 운동은 대중이 시작하여 정부가 받아들인 것이었다. 그러나 라틴아메리카에서 환경주의를 시작한 주체는 정부였다. 그리고 환경 정책은 우파와 좌파 모두 정부로부터 내려왔다. 도미니카공화국에서 환경주의를 일으킨 호아킨 발라게르Joaquín Balaguer는 공산주의와 민주주의에 반대하는 보수주의자였다. 발라게르는 대통령 임기만 여섯 번을 보내면서 30년 넘게 도미니카 정치를 지배한 사람이다. 한편으로 발라게르는 사람 잡는 선임 대통령인 라파엘 트루히요Rafael Trujillo를 기꺼이 도운 사람으로 그 자신도 정적에게 협박과 폭력을 휘두르는 데 거리낌이 없었다. 다른 한편으로 그는 파리 대학을 졸업한 지식인이자 수많은 글을 쓴 작가였다. 1920년대 초부터 죽음을 앞둔 2002년까지 발라게르의 책상에서 시, 전기, 문학 평론, 소설이 쏟아져 나왔다.

발라게르가 언제부터 왜 환경 정책을 실행하고 관리했는지는 여전히 수수께끼다. 하지만 그가 권력을 잡은 날부터 포기한 날까지 도미니카공화국의 자연 풍경에 엄청난 영향을 남겼다는 사실은 부정할 수 없다. 발라게르 앞의 트루히요는 도미니카공화국의 숲을 무지막지하게 베어댔다. 자기 자신이 부자가 되기 위해서였다. 트루히요가 1960년대 초에 암살당해 도미니카공화국 정치가 혼란에 빠졌을 때 벌목꾼과 토지 무단 점유자들은 이웃나라 아이티가 했던 방식을 따라 더 빨리 숲을 파괴했다. 1966년에 정권을 잡은 발라게르는 벌목을 완전히 금지하고 국유림에 불법으로 들어온 토지 무단 점유자들과 벌목꾼들을 군대로 보내버렸다. 군대는 벌목꾼과 무단 점유자 수십 명을 그 자리에서 사살했다. 발라게르는 자신의 정치 야심을 돕는 지배층에도 전혀 벌목 허가를 내주지 않았다. 특히 엘리트가 막대한 돈을 들여 만든 제재소에 불을 지르고 숲에다 불법으로 지은 호화 주택을 불도저로 밀어버린 사건은 유명하다. 발라게르는 국립공원 체제를 크게 확대하고 도미니카공화국 최초로 해양 환경 보호구역들을 지정했다. 그중 두 곳은 흑등고래 보호구역으로 삼았다. 발라게르는 바닷가와 강가와 수많은 습지를 아무도 건드리지 못하게 했다. 또한 야생동물 수를 유지하고 생물 다양성을 지키기 위해 1992년 리우환경협약WSSD에 가입한 뒤 10년 동안 그 어떤 사냥도 금지해버렸다. 여기에 오염을 줄이도록 기업가들을 압박하고, 몇몇 댐 건설을 반대하고, 수많은 도로를 전혀 수리하지 않고 그대로 두어 변경에 사람이 들어가는 일을 거의 불가능하게 만든 이도 발라게르였다. 죽음을 앞둔 몇 해 동안 발라게르는 점점 정치판에서 영향력을 잃어갔다. 눈도 거의 멀었다. 그런데도 발라게르는 자신의 약삭빠른 정치력을 발휘하여 자신이 만든 국립 자연보호구역을 계속 보호받게 했다. 발라게르가 남긴 글에 얼마나 환경에 대한 감수성이 있었는가는 아직 연구되지 않았다. 따라서 왜 발라게르가 환경주의 정책을 추진했는지를 따지는 일은 추측 이상이 될 수 없다. 하지만 발라게르가 남긴 기록은 독특하고도 이상한 기록임에는 변함이 없다.

니카라과에서 폭넓은 환경 정책을 추진한 이들은 1979년에 권력을 잡은 좌파 산디니스타Sandinista(산디니스타 민족해방전선의 구성원. 1979년 아나스타시오 소모사 데바일레 대통령을 몰아내고 소모사 가문의 46년 독재를 무너뜨렸다—옮긴이) 혁명가들이었다. 도미니카공화국의 트루히요가 그랬던 것처럼, 니카라과의 소모사 정권의 돈과 권력을 얻고자 자연을 강간했다. 그리고 외국 회사에도 자연을 강간할 권리를 기꺼이 팔아넘겼다. 미국인이 모든 주식을 갖고 있던 니카라과 왕솔나무 회사는 1961년까지 니카라과 북동부 숲의 상당 부분을 벌거숭이로 만들었다. 그중에서도 소나무는 거의 모조리 베어내 버렸다. 1970년대에는 니카라과 전체 숲의 30퍼센트가 사라졌고, 팔 수 있을 만한 거의 모든 태평양 해안의 목재가 잘려나갔다. 소모사Anastasio Somoza Debayle는 1973년에 멸종위기에 처한 야생동식물의 국제 거래에 관한 협약CITES에 가입했다. 하지만 니카라과는 중앙아메리카에서 가장 심하게 협약을 어기는 나라로 열대의 새와 거북이 고기와 대형고양이과 동물 가죽을 전 세계에 팔아치웠다. 소모사 자신도 주식회사 토르투가스를 세웠다. 멸종위기인 초록바다거북을 잡아다 도살하는 기업이었다. 1970년대 초이 회사는 해마다 거북이 고기를 40톤씩 수출했다. 니카라과는 또한 살충제를 많이 써서 땅이 가장 많이 오염된 나라 중 하나이기도 했다. 니카라과의 강과 지하수층 대부분이 농약에 오염되어 있었다. 니카라과는 일인당 농약 중독률이 세계 최고이기도 했다. 해마다 400명이 농약에 중독되어 죽었다. 라틴아메리카에서 환경오염에 찌든 니카라과보다 더 가난한 나라는 아이티밖에 없었다.

산디니스타에 처음부터 환경에 마음을 쏟은 지도자는 거의 없었다. 하지만 이들은 자연환경이 나빠지는 것과 가난한 이들이 고통받는 것 사이에 연관이 있다는 주장을 적극 받아들였다. 교황의 반대에도 투쟁에 끼어들어 새로운 혁명정부의 문화부 장관이 된 급진파 신부 에르네스토 카르데날Ernesto Cardenal(1925~. 니카라과의 해방 신학자이자 시인—옮긴이)은 "해방을 바라는 이는 인간만이 아니다, 살아 있는 모든 것이 해방을 찾아 울부짖고 있다. 혁명은 호수와 강과 나무와 동물들을 위한 것이기도 하다"[33]는 시를 썼다. 산디니스타는 정권을 잡은 지 한 달 만에 국립자연자원환경연구소IRENA를 세웠고 그 직원은 1년 사이에 400명으로 늘어났다. 산디니스타는 니카라과의 광업과 임업과 해양자원을 국유화하여 외국 회사들이 니카라과의 자원을 가져가지 못하게 막았다. IRENA는 가장 위험한 농업용 살충제 여덟 가지를 수입하는 일과 가장 심각한 멸종 위기 상태에 있는 생물 종들을 수출하는 일을 금지했다. 그리하여 포유동물 26종, 조류 19종, 파충류 4종의 수출이 금지되었다. 국민 교육 활동을 활발하게 벌인 결과, 니카라과는 지역 안에서 CITES를 가장 잘 실천하는 나라가 되기도 했다. IRENA는 바다거북과 그 서식지를 살리기 위한 보존 정책을 실행했고, 꾸준한 노력을 통해 1985년까지 27평방킬로미터 넓이에 나무를 다시 심었다. 외국인 벌목꾼이 없을 때는 땔나무를 모으는 사람들이 숲에 가장 큰 위협이었다. 그래서 산디니스타는 수력발전 댐이나 대형 지열 발전소를 포함한 여러 대안 에너지원을 얻고자 노력했고 태양열 조리기와 개량형 장작 난로를 도입했다. 또한 쿠바와 스웨덴의 도움을 받아 사탕수수를 짜고 남은 찌꺼기나 목화 줄기 같은 농업 쓰레기를 태워 전기를 만드는 바이오메스Biomass 발전소를 짓기도 했다.

산디니스타가 거둔 성공 중 상당수가 콘트라 전쟁(1979년 소모사 정권을 무너뜨리며 집권한 산디니스타 정권에 맞서 일어난 반군과 산디니스타 사이의 전쟁. 반군 세력을 콘트라라 했으며 미국의 지원을 받았다—옮긴이)으로 일어난 소란과 산디니스타들 자신의 사라지지 않는 경제성장의 욕망 속에 파묻혀버렸다. 콘트라 반군은 환경주의에 따라 지은 설비를 공격하고 숲을 불태우는 일을 중요하게 여겼는데 산디니스타 혁명 성공의 상징이었기 때문이다. 산디니스타는 정권에 대한 지지를 이끌어내고자 사람 손이 닿지 않은 국토의 상당 부분을 농민들에게 나누어주었고 농민들은 숲을 농장으로 바꾸었다. 또한 산디니스타는 국유화한 기업 중 여러 곳이 공해를 일으키는 것으로 악명 높았는데도 그러한 기업의 발전을 장려했다. 그 기업들을 버리면 국가 발전이 뒤처질 수 있기 때문이다. 부지런히 교육 활동을 벌이긴 했지만 산디니스트 정권 내내 환경주의는 거의 엘리트만 믿는 이념이었다. 산디니스타가 1990년에 선거에서 정권을 잃은 이후 이들이 세운 환경주의 개혁 정책도 전부는 아니더라도 많은 수가 정책 우선순위에서 밀려났다. 저마다 시기는 달라도 라틴아메리카 모든 나라에서 환경 운동이 정부와 북반구에서부터 사회 각층으로 퍼져 나갔다. 조그마한 사건이든 대재앙급이든 널리 알려진 여러 환경 재앙(미국의 러브 캐널 사건. 인도의 보팔 사건, 일본의 미나마타 사건)은 환경 의식에 대한 인식의 폭을 넓혔다(러브 캐널 사건은 뉴욕 주에서 독성 폐기물이 묻힌 땅을 학교 및 주거지로 이용하다 1970년대부터 유해 화학물질이 스며 나와 주민들이 집단 이주하게 된 사건이다. 보팔 사건은 1984년 인도 보팔 지역의 살충제 생산 회사에서 독가스 누출로 수천 명이 죽은 사건이다. 미나마타 사건은 1956년 일본 미나마타 시 주민들이 공장에서 내버린 화학 폐기물에 오염된 수산물을 먹고 수많은 사람이 수은 중독에 걸린 사건을 말한다——옮긴이).

브라질의 쿠바터웅 시는 합성물질의 위험성에 대한 레이철 카슨의 예언을 10배로 부풀려 실현했다. 빌링스 저수지가 있는 상파울루 고원은 바닷가 산맥 위에 있고 그 아래에서는 전기를 값싸게 얻을 수 있었다. 브라질에서 가장 공업이 발달한 도시인 쿠바터웅은 바로 그곳에서 얻는 싼 전기를 바탕으로 하여 태어났다. 쿠바터웅은 복잡하게 퍼져 있는 늪지대와 우뚝 치솟은 산맥 사이에 자리한 질퍽질퍽한 땅으로 늪지대에는 맹그로브 나무가 많았고 산맥은 열대우림으로 덮여 있었다. 이곳 도시의 좋은 점이라고는 전기를 싸게 많이 얻을 수 있다는 것밖에 없었다. 가솔린, 플라스틱, 살충제, 비료 같은 석유화학제품을 만들고 싶어하는 국영기업과 다국적 회사들이 막대한 정부 보조금을 받으며 쿠바터웅으로 몰려들었다. 그리하여 1980년 초에는 조그마한 쿠바터웅에 100여 개가 넘는 공장에서 브라질 전체 공업 생산품의 16퍼센트를 생산했다. 브라질 경제는 20세기에 가장 빠르게 성장한 국가 중 하나로 이른바 브라질의 기적이라는 말을 낳았는데 여기에 같은 넓이에서라면 쿠바터웅만큼 기여한 도시는 없었다. 브라질 사람 수만 명이 일자리를 찾아 쿠바터웅으로 몰려들었고 쿠바터웅은 이들 모두를 고용할 수 없을 정도였다. 결국 대다수는 시꺼먼 연기를 뿜어대는 공장 굴뚝과 사람 잡는 화학물질이 들어찬 탱크 가까이에 있는 슬럼에서 살게 되었다. 슬럼 가까이에는 질퍽한 땅 위로 아슬아슬하게 올려 지은 파이프들이 얽혀 미로를 이루고 있었다.

쿠바터웅이 아니더라도 공업화된 도시라면 공업화된 만큼 심각하게 환경을 더럽혔을 것이다. 쿠바터웅의 오염은 철저한 환경 재앙을 불러일으켰다. 도시가 자리한 곳의 지형과 기후 때문이었다. 옛 쿠바터웅 주변의 바닷가 늪지대에는 맹그로브 숲이 있었고 숲에는 물고기와 새가 득시글거렸다. 하지만 석유화학 폐수가 늪지대에 쌓이면서 그곳은 1980년대 초에 이미 모든 생명이 사라진 상태였다. 늪지대에는 마치 비누거품 같은 거품이 일어 점박이처럼 보였다. 물은 미끈거리는 독성 폐기물로 뒤범벅되어 있었다. 카슨이 내다본 대로 자연은 소리를 잃었다. 그것만이 아니었다. 자연의 겉모습마저 일그러졌다. 어부들에 따르면 늪에 남은 몇 안 되는 물고기들 몸에는 병에 걸린 흔적이 있었고 돌연변이가 눈에 띄었다. 공장 굴뚝 수천 개가 뿜어낸 대기 오염물질도 산맥에 가로막히고, 이 지역에 주로 부는 바람에 밀리고, 가끔 일어나는 대기 역전 현상에 눌려 점점 더 빼곡하게 쌓였다. 아황산가스는 물론이고 그보다 훨씬 더 위험한 화학물질도 대서양변의 가파른 산속 숲으로 쏟아져 들어왔다. 브라질 정부의 자체 조사 결과를 보면 독성 화학물질이 쌓인 정도는 기록이 시작된 뒤 역사상 최고 농도에 이르렀다. 쿠바터웅 위쪽 언덕에 독기를 품은 비가 엄청나게 쏟아지자 산의 흙을 지탱하던 식물 상당수가 죽어버렸다. 그리고 그 뒤 쏟아진

비는 쿠바터웅의 공업지대와 주거지역에 거대한 진흙 산사태를 일으켰다.

미국에서도 그랬듯 물고기와 새와 숲이 사라지는 일에 사람들이 한숨을 내뱉을 수는 있다. 하지만 이미 세계는 무슨 수를 써서라도 발전을 이루겠다는 브라질 방식을 인정하고 있었고, 그 정도 일로 그러한 방식을 반대하는 다른 목소리를 내는 일은 없었다. 성난 대중의 목소리도 울려 퍼지지 않았다. 여기서도 대중을 환경 운동에 끌어들인 것은 사람이 생물로서 겪는 위협이었다. 쿠바터웅 사람들은 주변 새와 물고기와 숲을 둘러싼 바로 그 독성 공기와 물과 함께 살아야 했기 때문이다. 위협은 장애와 기형을 안고 태어나는 아기가 유난히 많다는 보도로 시작되었다. 뇌가 없는 아기도 있었다. 강아지와 새끼 고양이를 비롯해 갓난아이가 팔다리 없이 태어나기도 했다. 그러나 이 사건은 아직도 기록 정리가 제대로 되어 있지 않다. 쿠바터웅의 유아 사망률이 브라질 어느 도시보다 높았다는 사실에 대해서는 장애와 기형 기록보다 더 많은 기록이 정리되어 있다. 1980년대 초에 이르면 쿠바터웅 시민의 셋 중 한 명이 호흡기 질환에 시달렸고, 공기가 가장 나쁜 날에는 지역민들, 특히 학교에 다니는 아이들이 공짜로 산소를 공급하는 서비스를 시작한 병원과 진료소로 대피해야 했다. 군사정권이 임명한 쿠바터웅 시장은 일처리를 제대로 못하면서도 도시 멀리에서 직무를 수행했다. 시장도 오염된 쿠바터웅에서 살기를 거부했기 때문이다. 브라질 사람들은 쿠바터웅의 소름 끼치는 현실을 놓고 씁쓸한 농담을 해댔다. 대중가요의 가사 중 새색시와 함께 쿠바터웅에 할인가로 신혼여행을 가는 신랑이 사랑에 들뜬 목소리로 이렇게 노래한다. "자기야, 이리와. 방독면 벗고 뽀뽀해줘."

사람들이 돌연변이를 일으키고 산업 재해로 비극이 일어나면서 쿠바터웅 문제는 웃어넘길 만한 수준을 넘어섰다. 1984년 2월 국영 석유회사인 페트로브라스Petrobras에서 가솔린을 나르던 파이프 하나가 새어 저지대 슬럼가의 하나인 빌라 소코의 늪지대로 흘러내려가면서 만성 문제는 재앙으로 바뀌었다. 냄새가 아주 고약했을 텐데도 주민들은 아주 오랜 기간 화학물질 악취를 맡으며 살아오다 보니 평소와 다른 점을 전혀 알아차리지 못했다. 결국 파이프가 터져 슬럼가 상당 부분이 날아가 버렸다. 학교에 돌아오지 못한 아이들 숫자를 기초로 사망자 수는 200~700명 사이를 오간다. 이렇듯 부정확한 추정치를 보면 통제할 수 없이 강한 힘을 지닌 공업 집단 앞에 사람 목숨은 별것 아니란 인상을 받게 된다. 이듬해에는 도시를 둘러싼 헐벗은 산 위로 비가 많이 내려 어마어마한 산사태가 일어났다. 산사태 중 하나는 합성 질소비료를 만드는 데 쓰는 압축 암모니아를 나르던 파이프 하나가 파손되어 6,000명이 대피하고 65명이 병원에 입원해야 했다. 또 다른 대규모 산사태는 브라질에 하나뿐인 핵발전소에서 겨우 800미터 떨어진 곳에서 일어났다.

라틴아메리카에서도 환경 재앙이나 그런 재앙이 일어났다는 소문은 환경주의를 따르는 사람들의 공감대를 넓혔다. 자동차와 공장 사이에서 숨을 쉬어야 하는 사람, 농약을 쓰며 일해야 하는 사람, 점점 목장으로 바뀌어가는 숲에서 고무나무 수액을 짜는 사람, 야생동물이 사라지고 어장이 줄어들고 흙이 점점 메말라가는 환경을 견뎌내며 밥을 먹어야 하는 평범한 사람들 모두 욕심과 낭비가 잘못이라고 주장하는 환경주의에 전적으로 동감했다. 그리하여 처음에는 국제사회의 유행을 좇는 국회 엘리트들이 종이에 쓴 법률일 뿐이던 환경주의가 삶의 질을 높이고 물질 자원을 더 나은 방법으로 쓰고 싶어하는 대중의 도구가 되었다.

쿠바터웅 참사 이전에도 브라질에는 이미 수많은 환경보호법과 환경보호를 맡은 정부 기구가 있었지만 효력은 있으나 마나 했다. 1984년과 1985년의 참사 이후 지역민들은 브라질 전국의 지지와 국제사회의 관심을 받으며 쿠바터웅의 기업들을 길들이고 도시를 깨끗하게 하자는 운동을 일으켰다. 오늘날에도 쿠바터웅은 신혼여행지로는 생각조차 할 수 없는 곳이지만 살아가는 데 견딜 만한 도시는 되었다. 쿠바터웅 시민들도 환경 걱정을 많이 한다. 시민들은 도시환경을 개선하고 인간 삶의 지속 가능성이 경제성장과 적어도 동급 대접은 받을 수 있도록 여전히 노력하고 있다.

오늘날에는 라틴아메리카 전역의 거의 모든 대중매체에서 환경주의를 다룬다. 공교육 및 사교육에서도 환경주의는 상당한 비중을 차지한다. 거의 모든 신문에서 날마다 환경에 관련된 주제나 재앙이나 위험에 처한 종을 다룬 기사를 싣는다. 라틴아메리카에서 가장 큰 텔레비전 방송국들 역시 환경 프로그램을 미국 대형 민영 방송국들보다 더 많이 방영한다. 1980년대 후반 브라질에서는 거의 밤마다 텔레비전에서 아마존이 불타는 모습을 볼 수 있었다. 다른 곳의 텔레비전에서는 붉은바다거북과 혹등고래와 짖는 원숭이와 케트살이 겪는 고통을 보여주었다. 라틴아메리카 전역의 학교에서도 같은 내용을 가르쳤다.

환경주의가 대중에게 퍼져 나가자 정치판도 이를 알아차렸다. 어떤 곳에서는 1980년대 후반, 어떤 곳에서는 더 이른 시기부터 환경주의를 부르짖는 정치 공약을 점점 더 흔히 들을 수 있게 되었다. 대통령 후보도 지방 선거 후보도 커가는 환경 감수성에 응답했다. 독일의 본보기를 따라 소수의 인원이 녹색당을 만들기도 했다. 대개 공약과 인물 면에서 주류 정당과 손잡은 결과였지만 녹색당원으로서 국회의원으로 뽑힌 이도 있었다. 대중이 녹색당에 관심이 있다는 증거였다. 환경주의를 내건 비정부기구NGO도 수십 개씩 생겨났다. 초기의 비정부기구 중 많은 수는 좀더 큰 국제조직의 지역 지부에 지나지 않았다. 시에라 클럽Sierra Club(1892년 미국에서 설립된 민간 환경보호 단체—옮긴이)과 세계 야생생물기금WWF을 비롯한 수많은 국제조직은 여전히 조직과 자금 면에서 매우 중요한 역할을 수행한다.

그러나 예외도 많다. 칠레 사람들은 1968년에 첫 자생 환경주의 비정부기구를 만들었다. 브라질 사람들은 이와 같은 일을 1971년에 했다. 1990년대 브라질에는 이미 환경주의 민간단체가 2,000개나 있었다. 칠레에 있던 공식 환경 단체는 80개였고, 멕시코에는 1,000개가 넘었다. 국제조직들이 거의 아무 역할을 하지 않는 곳에서도 지역민들 스스로 조직을 만들었다. 이를테면 언뜻 보기에는 발라게르의 민족주의에 지원을 받은 것으로 보이는 도미니카공화국의 모든 환경주의 비정부기구들은 모두 도미니카 사람들이 스스로 만든 것이다. 참여자 수가 적은 편이고, 자금도 많지 않지만 이런 조직들 상당수가 매우 활발히 활동하고 있다.

야생지 보존 또한 점점 더 중요하고 인기 있는 정책이 되어갔다. 20세기 초에 많은 수는 아니지만 몇몇 곳이 국립공원으로 지정되었으나 국민들은 이에 대한 인식이 부족했다. 오늘날에는 수백 개에 이르는 국립공원이 있다. 그리고 수많은 나라에 표면적을 견줘보면 선진국보다 훨씬 넓은 국립공원과 자연보호구역이 있다. 코스타리카는 영토의 4분의 1을 국립공원으로 지정했다. 대부분 생물 다양성을 지키기 위한 공간이다. 미국의 국립공원들, 특히 대중이 즐겨 찾는 공원들은 적어도 처음에는 자연을 위해 지정한 공간이 아니었다. 눈부시게 아름답고 사람이 놀고 쉬기에 좋은 곳이라 공원으로 만든 것이었다. 쿠리치바 시민들에게서 본 것처럼, 코스타리카 사람들에게도 환경주의는 국민 정체성에서 빼놓을 수 없는 부분이다. 코스타리카 사람들은 나라 환경에 자부심을 느끼며 환경보호는 반드시 지켜야 하는 원칙이 되어가고 있다. 에콰도르는 1959년에 지정한 갈라파고스 국립공원을 포함하여 국토의 3분의 1의 환경을 보호한다. 멕시코는 8퍼센트, 칠레는 19퍼센트를 보호한다. 라틴아메리카의 국립공원이 미국의 국립공원과 다른 점은 또 있다. 라틴아메리카에서 자연 공간은 원주민과 농민이 살아온 곳이자 앞으로도 살아갈 곳이라는 점을 인정하는 차원에서 때때로 국립공원 안에서 농사와 채집을 포함한 여러 활동이 허용된다. 정부와 민간 조직들은 국립공원의 경계를 정할 뿐만 아니라 푸른바다거북, 흰긴수염고래, 황금머리사자타마린, 하얀입술패커리 같은 특정 생물과 그 생물들의 서식지를 지키고자 힘쓰고 있다. 이러한 노력은 널리 알려졌고 대중의 지지도 받는다.

1990년대 초 여론조사에 따르면 라틴아메리카 사람들이 미국 사람들보다 환경에 관심이 더 많았다. 경제성장이 더 중요한가, 자연보호가 더 중요한가를 묻자 칠레 사람과 우루과이 사람의 64퍼센트, 멕시코 사람과 브라질 사람의 71퍼센트가 자연보호가 더 중요하다고 대답했다. 물론 사람의 감정은 교육받은 정도나 사회경제 수준에 따라 달라진다. 살고 있는 장소 또한 영향을 끼친다. 한 사람이 열대우림을 걱정하는 정도는 열대우림에서 멀리 떨어져 살수록 커지고 가까이 살수록 줄어들며 열대우림 안에서 사는 사람은 사실 그런 걱정을 전혀 하지 않는다는 속담에는 어느 정도 진실이 깃들어 있다. 비평가들은 라틴아메리카의 환경주의는 매우 얄팍한 것이라 개개인의 이해관계에 안 맞을 때는 편리하게 잊어버린다는 사실을 지적했다. 어느 외국인 관찰자는 국제 환경주의 운동이 라틴아메리카에 끼친 영향을 미국 대중음악에 견주었다. 미국에서 녹음한 대중음악은 마치 편안한 음색으로 라틴아메리카를 휩쓸고 많은 이들이 즐기지만 가사는 아주 조금밖에 이해하지 못한다. 마찬가지로 천박하거나 별로 정성을 기울이지 않거나 지속적이지 않거나 지나치게 인간 중심으로 생각한다는 따위의 라틴아메리카 환경주의를 겨냥한 비판 중 많은 수는 공정하게 생각하자면 미국과 유럽의 대중 환경주의에도 똑같이 할 수 있는 비판이다.

라틴아메리카와 선진국의 환경주의는 매우 다른 점도 있다. 그 차이의 대부분은 오랫동안 라틴아메리카 정치가 민주주의 체제가 아니었다는 데 원인이 있다. 라틴아메리카 시민들은 정치계나 정치 담론에서 자기 목소리가 거의 또는 전혀 반영되지 않으리라 짐작하고 행동하며 입을 닫았는데 그것이 옳은 판단인 경우가 흔했다. 최근까지도 라틴아메리카 여러 나라에서는 개인에게 환경문제로 입은 피해에 소송할 권리가 없었다. 약자를 지킬 수 있는 길이 완전히 막혀 있었던 것이다. 제대로 된 민주주의에서는 법과 의회가 약자에게 힘을 실어줘 강자가 사업을 하면서 생기는 환경 비용을 부당하게 떠넘기지 못하도록 막는다. 그러나 라틴아메리카 대부분이 여전히 사회경제의 불공정함이 일상인 곳에서 생태 정의를 지키기 위한 투쟁을 벌이고 있다. 라틴아메리카에서는 여전히 환경 운동가들을 옥에 가두고 심지어는 살해당하는 사람도 있다. 지난 20년 동안 정치력이 약한 집단의 사람들도 자신들이 환경 정의를 위한 조직 운동을 할 수 있다는 생각을 품었다. 그리고 활동에 나섰다. 그런 활동이 생전 처음인 정치활동일 때도 흔했지만 그러한 집단 상당수가 놀라운 성과를 거두었다.

환경주의를 막는 또 다른 장애물은 바로 가난이다. 농민들이 지역 숲이나 국립공원까지 밀고 들어올 때는 보통 배가 고픈 경우다. 브라질의 이구아수 국립공원처럼 세계의 유명한 국립공원들조차 가난한 농민들의 사냥과 불법 점거와 나무 베기는 예외가 되지 않는다. 정부가 지키는 숲 대부분이 숲 자체는 멀쩡해도 그 안에 사는 야생동물은 거의 사라진 상태다. 먹을거리를 찾는 굶주린 이들과 이국적인 새와 가죽을 불법으로 파는 가난뱅이들 때문이다. 미국의 국립공원도 처음에는 이런 문제를 겪었다. 그 뒤 거의 1세기 동안 미국에는 돈을 벌 기회가 많았고, 덕분에 국립공원에서 이런 압력을 행사할 일은 일어나지 않았다.

국가 차원에서는 가난과 빚이 환경보호 조치에 나서는 일을 방해한다. 국립공원으로 사용할 땅을 사고, 하수를 처리하고, 오염을 덜 일으키는 기술을 채택하고, 경찰이나 공원 순찰대원으로 하여금 사람들이 환경법을 지키도록 하는 데 엄청난 비용이 들어간다. 그런데 재정이 부족한 정부들은 경제성장을 북돋는 일에는 기꺼이 돈을 빌렸지만 환경법 준수를 책임지는 기관들에는 제대로 예산을 주지 않았다. 환경법이 그 법을 써놓은 종잇값보다도 값을 못했다. 국제 비정부기구가 한 나라의 외국 빚을 깎아주고 채무를 탕감해주는 대신 몇몇 정책은 그 나라의 환경 정책을 시행하는 자연과 빚을 맞바꾸는 것으로 예산을 받을 수 있었다. 그럼에도 여전히 예산을 받지 못한 정책이 많다. 환경 담당 정부기구로는 별의별 연구소에, 센터에 의원회가 끝이 없을 만큼 많지만 이 기구들을 책임지는 사람은 대부분 정부에서 보낸 낙하산 인사이며 직원 수는 턱없이 모자란 것으로 악명 높다. 돈도 없고 강력한 권한도 없으니 이런 기구들이 할 수 있는 일이란 거의 없다. 이들 중 그나마 이상을 품은 이들도 기껏해야 교육이나 환경 의식 키우기 같은 일에만 뛰어들 뿐이다. 그것도 거의 비정부기구와 손잡고 하는 일이다. 라틴아메리카의 정부 환경 기구들은 넣으라는 공은 넣으려고 노력하지 않고 축구장에 서서 관중을 응원하는 축구 선수 같다고 비판한 사람도 있었다.

선진국에서는 민주주의가 보장하는 기능에 따라 모든 사람이 거의 동등한 생산과 소비 기회를 누리며 환경주의도 야생지를 보호하고 자연 속에서 쉬고 아름다운 곳을 지키는 삶의 질 향상을 강조하는 추세다. 라틴아메리카에서는 자연을 지키기 위한 싸움이 자연스럽게 경제 및 사회 정의를 이루려는 싸움으로 연결된다. 자연환경을 지키는 것만이 목적이 아니라 자연 자원—깨끗한 물, 비옥한 땅, 삼림 자원—을 쓸 권리를 얻기 위한 투쟁도 많다. 아마존 고무나무에서 수액을 짜는 사람들은 열대우림을 지키고 싶어한다. 하지만 이 사람들은 무엇보다 자신들의 밥그릇을 지키기 위해 그렇게 하는 것이다. 중앙아메리카의 어부들은 바닷가 맹그로브 숲과 새우 양식장을 지키고 싶어한다. 이것도 대개 식구를 계속 먹여 살리기 위한 일이다. 선진국 사람들은 보기 안 좋다는 이유로 댐 건설을 반대한다. 라틴아메리카 사람들은 자신들의 몸과 마음을 먹여 살리는 주변 환경을 지키고자 댐 건설을 반대한다. 부자 나라의 환경주의는 근대화와 개발로 인간이 자연에서 멀어졌기 때문에 시작된 운동이다. 반면 가난한 나라 사람들이 환경주의를 주장하는 것은 자연 없이는 자기 삶과 문화를 지킬 수 없음을 알기 때문이다. 선진국 사람들은 이미 이러한 사실을 거의 잊어버렸다. 선진국 환경주의는 꿈과 환상으로 돌아간다. 그러나 라틴아메리카 환경주의는 답답한 현실 때문에 존재한다.

부자 나라든 가난한 나라든 대중 환경주의는 결국 철저한 인간 중심주의에 따른 것이다. 자연의 가치를 판단하는 일도 대부분 인간의 가치관에 따라 결정된다. 민주주의가 정말로 오염을 줄이고, 소비 기회를 평등하게 하고, 인간의 삶의 질을 높이기는 한다. 하지만 민주주의에서 투표권을 누리는 존재는 사람뿐이다. 자연의 주민들에게는 발언권도 없다. 몇몇 사람들이 자연을 대변하고자 하지만 진짜 자연의 대표는 존재하지 않는다. 역사 기록을 볼 때 우리가 사는 세기만큼 진보주의에 충실하고 대중 환경주의가 널리 퍼진 세기도 없다. 사람이 생각하는 거의 모든 다른 이상론에서처럼 환경주의에서도 위선을 볼 수 있다. 집단으로서 인간은 지구를 살리는 데 생각을 같이 한다. 하지만 개인으로서 인간은 기막히게 빨리 지구를 먹어치우고 있다. 다들 자연에 대해 좋은 말을 하지만 식물과 동물과 땅과 환경을 제멋대로 소비하는 데서 자연에 대한 인간의 진짜 태도가 드러난다. 민주주의에서 유권자는 언제나 옳다. 인간 경제에서는 소비자가 언제나 옳다. 그리고 민주주의는 다수의 희망을 나타내는 정치체제로서 앞으로도 인간이 부자로 잘 사는 쪽을 무엇보다 중요한 일로 여길 것이다. 우리가 문화를 자연보다 더 중요하게 여기며 자연이 더 오래 유지되게 하는 일보다는 여전히 문화의 재산을 늘리는 쪽의 편을 들어주고 있는 것은 이 때문이다.

멕시코의 왕나비 보존 구역은 모든 곳의 대중 환경주의에 문제가 있음을 뚜렷하게 보여주는 사례다. 거의 모든 사람이 왕나비를 아름다운 생물로 여긴다. 왕나비는 북아메리카 사람이라면 흔히 만날 수 있는 생물로 보존할 가치가 있는 생물이라는 데 거의 모든 사람이 동의할 것이다. 3월부터 9월 사이에 미국과 캐나나 동부 전역에서 꽃의 꿀을 먹고 박주가리 위에 알을 낳으러 남쪽에서 이주해온다. 왕나비는 한 달 정도박에 살지 못하다 보니 정신없이 짝짓기를 한다. 그리하여 세대를 바꾸면서 점점 더 북쪽으로 이주한다. 9월이 오면 왕나비들은 갑자기 짝짓기에 관심을 잃는다. 한 세대가 5,000킬로미터나 되는 기나긴 여행을 시작하여 멕시코에 있는 겨울나기 터로 간다. 자신들의 증조부나 알고 있을 머나먼 안식처로 가는 것이다. 멕시코시티 서쪽과 북쪽의 산속에 있는 한 번도 가본 적 없는 자기들 집을 왕나비들이 어떻게 찾아가는지 그 방법은 아직 밝혀지지 않았다. 왕나비 떼가 도착하는 모습은 마치 하늘에서 불무더기가 내려오는 것 같다. 그래서 해마다 왕나비 떼가 대이동을 하는 모습은 이미 아스텍 이전부터 사람들의 감탄을 자아냈다. 왕나비들은 이곳 서늘한 산속에서 우뚝 솟은 오야멜 전나무에 들러붙어 추위를 피하며 겨울을 난다. 수많은 왕나비가 빽빽하게 무리지어 모이면 1헥타르에 160만 마리일 때도 있다. 이 가운데 많은 수가 긴 겨울을 넘기지 못하고 죽는다. 다시 따뜻한 봄이 오면 왕나비들의 짝짓기 본능도 되돌아온다. 그리하여 수컷들은 정신없이 짝짓기를 하며 온 삶을 불사르고 알을 밴 암컷들은 북쪽으로 이주하며 새로운 주기를 시작한다.

시에라마드레 오리엔탈 산맥에 사는 멕시코 사람들 중 극히 소수가 겨울이면 왕나비가 찾아온다는 것을 오랜 옛날부터 알고 있었다. 이 비좁은 산속 안식처에 북아메리카의 거의 모든 왕나비가 모여든다는 사실은 1975년에야 밝혀졌다. 캐나다 곤충학자 프레드 어커트Fred Urquhart는 왕나비가 겨울을 나는 곳을 1940년대부터 조사해왔다. 자원봉사자 수천 명이 조심스레 왕나비 날개에 꼬리표를 붙여 이주 경로를 추적했다. 그러던 어느 날 멕시코시티에서 섬유산업 자문관으로 일하던 케네스 브루거Kenneth Brugger는 어커트의 자원봉사자를 모집한다는 광고를 읽었다. 그리고 자신이 옛날에 가까운 산맥으로 자동차 여행을 가다가 구름처럼 모인 왕나비 떼를 본 적이 있음을 어커트에게 알렸다. 그 뒤 2년 동안 브루거는 어커트의 요청을 받고 여러 차례 그곳을 찾아갔다.

마침내 1975년 1월 2일, 색맹인 브루거는 멕시코인 아내 카탈리나와 함께 전나무 숲으로 걸어 들어갔다. 그리고 그곳 나무들이 온통 나비로 뒤덮여 있는 것을 보았다. 그곳이 바로 북아메리카 사람들이 아마도 가장 친숙하게 생각할 곤충의 고향, 즉 나비 연구자들에게는 성배나 다름없었다. 이곳을 처음으로 찾아낸 이가 캐나다 사람한테 부탁을 받은 미국 사람과 멕시코 사람이었으니 매우 상징적인 일이었다.

그리고 어커트가 처음으로 왕나비의 겨울나기 터를 찾아와 미네소타의 자원봉사자 한 사람이 꼬리표를 붙여놓은 왕나비를 찾아냈다. 멕시코, 캐나다, 미국, 세 나라의 생태가 연결되어 있다는 분명한 증거였다. 어커트의 35년에 걸친 연구가 열매를 맺은 것이다.

연구자들은 주변을 돌아다니며 겨울나기 터 14곳을 더 찾아냈다. 그 뒤 관계자들은 벌목 사업이 커지면서 위협받고 있는 왕나비 겨울나기 터를 지켜야 할 필요성을 알리기 위해 오랜 기간 홍보 활동에 들어갔다. 오야멜 전나무가 없으면 왕나비 종도 살아남을 수 없었다. 왕나비를 사랑하는 사람들은 멕시코 대중에게 왕나비의 겨울나기 터는 세계 8대 불가사의 중 하나이며 예배하러 오는 사람들은 눈부신 스테인드글라스를 볼 수 있는 장엄한 대성당이라고 묘사했다. 이런 과장된 말에 귀 기울이는 사람은 거의 없었다. 아직 대중 환경주의는 몇몇 사람들만 생각하는 이념일 뿐이었다. 한편 이 싸움에 뛰어든 이들이 보여준 집념은 본받을 만한 것이었다. 히나 오가리오Gina Ogarrio는 어커트가 1976년에 《내셔널 지오그래픽National Geographic》에 쓴 글을 보고 감동받아 겨울나기 터를 찾는 일을 도왔다. 그뿐만이 아니었다. 히나 오가리오는 1980년에 왕나비보존협회를 조직했고, 협회는 꾸준히 압력을 넣고 성명을 발표하여 정부 고위층이 협회의 주장에 귀를 기울이게 했다. 1986년 멕시코 대통령 데 라 마드리드Miguel de la Madrid(재임 1982~1988)는 왕나비 겨울나기 터 다섯 곳을 생물권 보존 구역으로 지정했다. 지정된 곳은 여전히 농민의 땅으로 남겠지만 이제부터 나무를 베려면 엄격한 절차에 따라 허가를 받아야만 했다.

멕시코시티에서 환경주의자들이 법으로 거둔 승리는 치바티 우아

칼Chivati-Huacal의 왕나비 겨울나기 터에는 곧바로 재앙이 되었다. 그곳에 땅이 있던 농부들은 자신들이 멕시코 혁명에서 피 흘리며 얻어낸 숲에 정부가 멋대로 벌목을 규제하자 분노로 들끓었다. 정부가 자신들의 복지보다 "벌레"(지역민 일부는 왕나비를 '벌레'라 했다)의 복지를 더 챙기기로 했다는 데 기막혀 했다. 이 상황에 치바티 우아칼의 농부들은 숲에 있는 거의 모든 나무를 베어버리는 것으로 응수했다. 그 뒤 겨울이 오자 치바티 우아칼에 돌아온 나비들은 며칠 동안 혼란에 빠져 날아다니다 알 수 없는 곳으로 가버렸다. 치바티 우아칼 농부들은 정부가 공동체의 권리를 침범하자 거기에 항의 표시를 했을 뿐이다. 나비를 몰아내면 다시 온전한 토지 사용권을 되찾을 수 있으리라 믿은 것이다. 사실 보존 구역의 벌목 가운데 치바티 우아칼에서처럼 정치 문제의 벌목은 소수다. 여전히 가난 때문에 돈을 벌기 위한 벌목은 계속되고 있다. 지역민들은 나무 한 그루마다 많으면 150달러씩 벌 수 있다. 이 지역은 고도가 높아 날씨가 추운 탓에 겨울에는 난방용으로 땔나무를 모아야만 한다. 또한 요리하는 데도 땔나무가 들어간다.

관광업이 허용된 로사리오 보존 구역 가까이에 사는 농민들은 해마다 5만 명씩 찾아오는 관광객으로부터 얻는 수입을 반겼다. 농민들은 대개 멕시코 관광객들에게 먹을 것과 숙박 시설과 교통 시설을 제공하여 돈을 번다. 로사리오 농민들은 숲을 지키고자 나무가 없는 곳에는 나무를 다시 심으려 한 적도 있다. 몇몇 농민들은 새로 생긴 수입원을 아끼려고 불도 때지 않고 겨울을 나기도 했다. 그러나 나비 관광업은 한철 장사라 벌목 규제로 잃는 손해를 다 메우지 못했고 삼림 파괴는 계속되었다. 관광업이 발달하지 않은 보존 구역에서 그런 현상은 더 심했다. 보존 구역을 정한 뒤 지금까지 보존 구역의 다섯 곳 중에서 두 곳의 모든 나무가 사라졌다. 1971년까지 보존 구역에는 숲 2만 7,100헥타르가 있었으나 1999년까지 남아 있던 숲 가운데 가장 크고 손상을 입지 않은 숲의 너비는 겨우 5,800헥타르였다. 관광업이 발달한 로사리오 보존 구역에 가장 위협이 되는 것은 로사리오가 누리는 인기일 것이다. 인기가 좋으니 정부가 더 좋은 도로를 만들고, 주차장에 캠핑장까지 짓고 있기 때문이다. 관광객이 점점 더 자주 찾아와도 왕나비가 그것을 참아낼지는 아무도 모른다.

왕나비가 줄어드는 것이 기록으로 확인되자 비난은 당연히 멕시코 농부와 벌목꾼들에 쏠렸다. 이들 중 상당수가 불법을 저지르기도 한다. 하지만 이들은 가난 때문에 그랬던 것이며 이들이 입힌 피해는 왕나비가 받는 더 큰 공격의 일부에 지나지 않는다. 왕나비를 멸종으로 몰아가는 무리들 가운데 돈이 더 많은 집단도 생각해보자. 19세기 말에 포르피리오 디아스의 요청을 받고 멕시코 중부에 진출한 외국계 벌목 회사들은 왕나비 안식처가 그곳에 있다는 것이 알려지기 한참 전에 여러 안식처를 파괴했을 것이다. 하지만 농민과 원주민의 땅은 벌목 회사들로부터 보호를 받았다. 그런 땅도 없었다면 왕나비는 도대체 왜 그랬는지 영문을 알 길도 없이 한 세기 전에 조용히 사라졌을지도 모른다. 게다가 왕나비는 여러 나라에 걸쳐 사는 생물이다. 그러니 미국과 캐나다의 연구자들이 왕나비 보존을 위해 벌이는 일도 무시할 수 없다.

왕나비는 박주가리 없이는 살 수 없다. 그런데 미국 농부들은 농경지를 넓혀가는 과정에서 야생식물을 쟁기로 갈아엎고 제초제를 뿌려

404

박주가리를 비롯한 다른 잡초들이 다시 자라지 못하게 했다. 최근에는 유전공학자들도 왕나비를 위협하기 시작했다. 옥수수 씨앗을 개량하는 유전공학자들이 중서부 농민들에게 더 잘 팔릴 만한 제품을 만들고자 오랫동안 옥수수를 괴롭혀온 해충에게 치명적인 살충 성분을 분비하는 옥수수를 개량한 것이다. 이 살충 성분은 옥수수 해충과 유전자가 비슷한 왕나비 애벌레에도 치명적이다. 유전자를 조작한 옥수수 꽃가루가 닿은 왕나비 애벌레의 44퍼센트가 죽었으며 살아남은 것들도 무게가 보통 애벌레의 절반밖에 되지 않았다. 또한 최근 몇십 년간 교외에 새로 지은 집에 대한 미국인들의 수요가 전례 없이 늘어나는 현상도 문제가 되었다. 이런 수요로 도시가 무시무시하게 빨리 커지면서 박주가리로 덮여 있던 들판은 잔디밭으로 빠르게 바뀌었기 때문이다. 게다가 미국인들은 잔디밭에 제초제를 마구 뿌리는데 제초제는 왕나비가 꿀을 얻는 들꽃과 왕나비 애벌레를 먹여 살리는 박주가리를 죽인다. 곤충이라면 가리지 않고 그대로 죽이는 살충제 사용량이 늘어나고 있음은 물론이다.

멕시코에는 왕나비 보존 구역에 농민들이 보금자리를 트는 일을 막는 법이 있다. 멕시코 북쪽 나라들에는 유전공학자와 도시의 무분별한 확장으로부터 왕나비 서식지를 지킬 법이 사실상 없다. 도시 교외에 사는 전사 천 명보다 보존 구역에서 땔나무를 모으는 농민 한 사람이 왕나비에 입히는 피해가 더 많다고 하지만, 사실 보존 구역 가까이에 사는 농민 한 사람에 교외 시민 몇 만 명이 있는 상황이다. 역사 속에서 문화는 무엇보다 농경과 자연 자원 채취를 통해 자연에 영향을 끼쳤다. 멕시코 농부들은 지금도 그런 방식으로 살아간다. 하지만 선진국에서는 인간 거주지가 농경과 자원 채취를 제치고 야생동물 서식지를 해치는 가장 중요한 요인이 되고 있다. 교외에 무질서하게 늘어나는 집과 별장, 거기에 사는 사람들을 위한 도로와 한 줄로 늘어선 상점과 식당이야말로 부자 나라에 아직 남은 생물 다양성을 위협하는 가장 큰 요인이다.

스스로 나비와 다른 야생 생물을 사랑한다고 생각하는 잘 배운 미국 사람과 캐나다 사람 수백만이 소비자로서 내리는 간단한 결정이 야생 생물의 삶터를 엄청난 규모로 파괴한다. 2004년 뉴저지, 버지니아, 미네소타의 관측소가 관측한 왕나비의 수는 그 어느 때보다 적었다. 결국 환경을 어떻게 생각하든 국적이 어디든 인간은 계속해서 왕나비 수를 줄여나갈 것이다. 그리고 아무것도 바뀌지 않는 한 왕나비는 멸종될 것이다. 나비처럼 예쁘고 사랑받는 생물을 지키자는 환경주의조차도 그 효과보다는 큰 호응만 얻을 때가 흔하다. 생물 다양성은 인기는 있지만 돈 주고 사려는 사람은 별로 없는 상품이다. 더구나 왕나비도 이렇게 살아남기 어려운데 인간이 못생기고 쓸모없다고 여기는 생물과 그 생물의 서식지에는 살아남을 기회라도 있겠는가.

앞에서 보았듯 잉카나 아스텍의 제사장들처럼 우리는 날마다 문명의 제단에 자연을 제물로 올린다. 대개 동물을 제물로 삼는 방식이 에둘러가는 길이듯 직접 동물의 목을 따는 대신 서식지를 파괴하는 것이다. 현대의 희생제나 고대 아메리카 사람들의 희생제나 인간의 안전과 번영을 지키고자 자연을 태워 죽이는 목적은 옛날과 다를 바 없다. 단지 자연을 희생시키는 규모만 달라졌을 뿐이다.

침략당한 낙원

역사 속에서 세계 경제는 오랫동안 라틴아메리카를 자연 자원이 담긴 바구니 정도로 취급했다. 라틴아메리카는 자원을 포장하여 배에 싣고 내다 팔아 돈 많은 외국인들의 소비 욕구를 채워주었다. 자연은 신화와 현실 모든 면에서 문화에 많은 것을 의미한다. 문화에 무엇보다 중요한 점은 자연이 쓸모 있는 상품이라는 것이다. 자연은 판 사람은 돈을 벌고 산 사람은 기쁨을 얻는 교환 상품이다. 그 대상이 설탕이든 커피든 바나나든 깃털이든 마호가니든 간에 라틴아메리카 산업 대부분은 온대 소비자가 좋아하는 것들로 열대에만 있는 상품을 온대에 내다 팔아서 이익을 얻는 것이었다.

최근 들어 라틴아메리카에서 잘나가는 관광산업도 그런 틀을 따른다. 하지만 관광업에는 한 가지 특이한 점이 있다. 관광업은 다른 나라의 독특한 자연을 컨테이너에 실어 저 멀리 있는 소비자한테 보내지 않는다. 열대 관광국이 소비자를 수입해서 멋지게 포장한 여행 일정에 따라 자연의 아름다움을 사서 즐기게 한다. 물론 라틴아메리카 관광객이 찾는 이유에는 색다른 문화도 있다. 살아 있는 문화든 죽은 문화든 상관없다. 요즘 관광객 대부분이 가장 바라는 것은 낯선 문화를 체험하는 것이 아니라 황홀한 자연에 빠져보는 것이다. 어쨌거나 문화는 점점 더 획일화하고 있다. 관광객들도 세계 어디에서나 비슷한 서비스에 비슷한 기념품을 찾는다. 때문에 처음 방문하는 곳에서 만나는 가장 새로운 것으로 여전히 자연만 한 것이 없다. 물론 자연도 바뀌지만 말이다. 하지만 얼마 전부터 문화 관광업이 사라져가는 문화를 외국인 소비자가 구매할 만한 상품으로 바꾸어온 것처럼, 자연 관광업은 상처 입은 자연을 포장해 파는 속임수를 쓰기 시작했다.

오늘날 가장 수요가 많은 자연은 바닷가이다. 북반구의 소비자가 보기에 부드러운 모래로 된 초승달 모양의 모래언덕에 잔잔한 청록색 물길, 널따랗게 드리운 야자수 그늘이 있는 열대의 바닷가는 자연이 낳은 가장 아름다운 풍경이라 할 수 있다. 나는 아홉 살에 처음으로 열대 바닷가에 가보았는데 그 일은 내 기억 속에 가장 생생하며 잊을 수 없는 느낌으로 남아 있다. 바닷가는 바위투성이에 춥고 삭막한 미국의 한 지역에서 자란 내게는 개발이 활발히 이루어진 와이키키의 바닷가조차도 자연과 초자연의 경계선에 있는 것처럼 보였다. 밤에도 향기롭고 훈훈한 바람을 받으며 울타리도 없는 탁 트인 백사장을 맨발로 걸으며 수정처럼 맑고 푸른 물에 몸을 담그는 경험을 할 수 있다면 차갑고 어두운 북반구에서 온 이들은 기꺼이 돈을 낼 것이다.

2004년 설문 조사에서 미국인의 74퍼센트가 휴가 때 가장 가고 싶은 곳으로 바닷가를 꼽았다. 물론 이들 모두 열대 바닷가를 즐길 수 있는 것은 아니다. 하지만 그럴 수 있는 사람들은 라틴아메리카의 산호 모래와 청록색 바닷물을 특등 상품으로 여긴다. 그리하여 바닷가 관광업은 거닐고 싶은 바닷가가 있다는 축복을 듬뿍 받은 라틴아메리카 나라들에 가장 큰 수입원이거나 가장 중요한 수입원 중 하나가 되었다. 규모가 크고 업종도 많은 멕시코 경제에서조차 관광업은 석유 대금과 미국에 간 이민자들이 보내오는 송금에 이어 세 번째로 중요한 외화벌이 수단이다. 그러나 앞서 자연을 상품으로 만든 다른 사례에서 보았듯 그 대상이 설탕이든 바나나든 팔 수 있는 상품을 만들고 유지하는 자원은 그 상품을 사는 외국인들 때문에 망가지게 된다. 바로 우리가 상상하는 살아 있는 바닷가다.

관광은 모험을 좋아하는 지배층이 수 세기 동안 해온 일이다. 하지만 사람들이 바닷가에 놀러가기 시작한 것은 얼마 안 된 현상이다. 19세기 중반부터 북반구 사람들이 카리브 해 지역에서 겨울을 나긴 했으나 나라마다 좋아하는 곳은 달랐다. 영국 사람들은 바베이도스를, 프랑스 사람들은 마르티니크를, 네덜란드 사람들은 퀴라소 섬을 가장 즐겨 찾았다. 20세기가 시작되면서 많은 미국인이 열대 과일을 미국으로 실어 오는 바로 그 배 갑판 위에서 처음으로 열대를 경험했다. 바나나 함대가 있는 연합청과물회사 및 다른 회사들은 소비자들이 열대를 여행하게 함으로써 추가 수입을 얻었다. 이들 관광객들은 외국 문화의 위협 없이 여행을 즐겼다. 주로 시설이 좋은 선실에 머물렀기 때문이다. 물론 중간마다 아바나나 킹스턴처럼 오락용으로 특별 지정한 항구에 배를 멈추기도 했다.

그 당시 사람들은 바닷가를 보러 집을 떠나는 것이 아니었다. 바닷가 모래밭은 텅 비어 있었다. 열대지방의 매력은 기후였다. 아직도 항구 지역은 황열병이 들끓었지만 그 바깥의 열대기후는 몸에 좋다는 인식이 퍼져 나갔다. 열대 나라들에서는 술과 노름을 마음대로 즐길 수 있다는 데 매력을 느끼는 사람도 있었다. 특히 금주법 시기에 그런 사람이 많았다. 바닷가 자체를 매력적으로 여기기 시작한 것은 제2차 세계대전 무렵으로 보인다. 어떤 이들은 인기 영화배우들에서 비롯되었다고 생각한다. 언론은 이미 인기 배우들의 삶을 계획적으로 대중에 알리고 있었다. 그런 인기배우들이 카리브 해 지역에 별장을 사기 시작했다. 이때부터 타블로이드 신문에도 이들이 선탠을 즐기는 모습이 실렸다. 옛날 사람들에게 바닷가는 황무지이자 자주 찾는 이라고는 바람과 어부밖에 없는 바다의 사막이었다. 그런 바닷가가 그곳을 찾는 소비자들에게 아름다운 여가를 누릴 수 있는 곳이자 우쭐거릴 기회를 제공하는 장소가 된 것이다.

햇볕에 피부를 적당히 태우고 멋진 티셔츠를 입는 것이 공립학교 놀이터에서 잘난 척하는 데 도움이 된다는 것을 나는 아홉 살 때에 이미 알았다. 왜 문화가 바닷가를 옛날처럼 텅 빈 황무지가 아닌 이야기 속 낙원 같은 곳으로 보게 되었는지 아직 완전한 연구가 끝나지 않았다. 나는 바닷가의 매력 중 하나는 바닷가가 근대에 남은 마지막 공유지라는 데 있다고 생각한다. 수많은 나라가 바닷가를 모든 사람에게 열린 곳이자 공공재산으로 여긴다. 바닷가는 여전히 개인이 만든 담이나 정부에서 지은 도로에 막히는 일 없이 거닐 수 있는 몇 안 되는 장소 중 하나다. 바닷가에 서면 나는 세 방향 어느 쪽으로든 내 뜻대로 돌아다닐 수 있다. 바닷가 위쪽으로도 아래쪽으로도 먼 바다 쪽으로도 마음대로 갈 수 있다. 내 발길을 막아서는 것은 자연이지 문화가 아니다. 바닷가를 뺀 자연의 나머지 부분은 대부분 담장으로 막혀 있다. 하지만 마음대로 갈 수 있다는 자유를 뺀 바닷가의 나머지 매력은 광고업자들의 뛰어난 능력에서 나온다고 해야 할 것이다. 광고업자들은 옛날에는 깨닫지 못했거나 아니면 존재하지도 않았던 욕망과 환상을 우리 마음

7장 환경주의의 성장

안에 만들어낸다.

1950년대 아카풀코Acapulco로 향하는 비행기와 배에는 할리우드의 주요 인물과 그 수행원들이 타고 있었다. 아카풀코에서 엘리자베스 테일러가 결혼했고 프랭크 시내트라가 노래를 불렀고 케네디 대통령이 휴가를 보냈다. 중산층 미국인들도 곧 따라왔다. 그러자 멕시코와 외국의 투자자들은 아카풀코에 호텔과 나이트클럽과 레스토랑과 휴양시설을 지었고 부동산 중개인들은 겨울 별장을 팔러 돌아다니기 시작했다. 이는 뒷날에도 거의 변화 없이 반복되는 행동 방식이 되었다. 작은 항구였던 아카풀코가 몸집을 쑥쑥 키워갔다. 외국인 관광객 덕분이었다. 그런데 푸른 산과 하얀 백사장이 있는 이 낙원에 도로 하나가 없었다. 때문에 멕시코시티에서 아카풀코로 가는 것보다는 로스앤젤레스에서 아카풀코로 가는 길이 더 쉬웠다.

한편 휴양하는 사람과 임시 이주자의 도시 아카풀코도 수많은 다른 제3세계 도시들처럼 매우 빨리 커졌다. 도시에는 물이 모자랐고 쓰레기가 쌓여갔다. 아카풀코의 오수도 아무 처리 없이 강으로 흘러들어갔다. 아카풀코가 호황일 때 멕시코 대통령으로서 텅 빈 바닷가 땅을 사서 직접 투기에 나선 미겔 알레만Miguel Alemán은 뒷날 정부에서 아카풀코를 관광 도시로 만드는 기반 시설을 짓는 일을 도왔다. 그러나 1960년대 중반에 아카풀코는 전성기가 지난 것 아니냐는 말이 나왔다. 호황 이전의 아카풀코를 기억하는 이들은 옛 아카풀코 바닷가와 비슷하게 사람의 손때가 묻지 않은 다른 바닷가에 눈길을 돌리기 시작했다. 더불어 아카풀코의 매력이 어느 정도 빛이 바래자, 호텔 경영자들은 멕시코 중산층이라도 끌어오기 위해 애쓸 수밖에 없었다. 멕시코시티로 이어지는 새 고속도로도 뚫리고 부자 미국인들과 경쟁할 일도 줄어들었으니 멕시코 중산층은 세상이 다 아는 사람 발길로 잘 다져진 아카풀코의 해안에서 이제야 휴가를 보낼 만하다고 생각하게 되었다. 오늘날 아카풀코를 찾는 사람 중 열에 여덟은 멕시코 사람이다. 아카풀코는 이제 대부분의 외국인 관광객이 버린 땅이 되었다.

아카풀코는 눈에 띄게 내리막길을 걸었지만 열대의 바닷가를 느껴보고자 하는 사람은 늘어갔다. 그 결과 태평양 해안 방방곡곡에 날씨가 추운 지역의 아메리카에서 온 사람들을 위한 휴양지가 생겨났다. 유람선을 타면 카보 산 루카스, 푸에르토 바야르타와 마사틀란에 갈 수 있고, 시우아테네호와 우아툴코에는 비행기를 타면 갈 수 있다. 레저 차량으로는 엔세나다와 푸에르토 페냐스코에 갈 수 있다. 이런 발전이 거듭될수록 바닷가 땅은 점점 더 도시로 변해갔다. 관광객인 척하며 찾아온 멕시코 노동자들은 바닷가 먼 곳에 정착하고, 새 호텔과 휴양 시설은 아직 사람 발길이 닿지 않고 북적거리지 않은 바닷가 땅을 찾아 도시를 양옆으로 쭉쭉 늘린다.

앞에서 살펴본 땅심을 키워내는 농업과 바닷가 휴양도시가 커가는 방식에는 비슷한 점이 있다. 커피와 설탕 농장주들은 변경의 처녀지에서 땅심을 다 빨아낸 다음 그 땅을 버리고 떠나버린다. 마찬가지로 바닷가 관광업도 옆으로 퍼져 나가는 경향을 띤다. 점점 더 까다로워지는 관광객들이 찾는 사람 손길이 닿지 않은 바닷가를 찾아 관광지가 옆으로 뻗어나가거나 거리를 두고 띄엄띄엄 새로 생겨나는 것이다. 관광업이 한물간 자리에는 값어치가 떨어지고 생산성도 덜한 흠집 난 상품들만 남는다. 이런 관광지라도 완전히 버림받는 일은 드물다. 아카풀코는 아직 영업 중이다. 하지만 자연이 흉해진 곳에서는 호텔 등급과 여러 서비스 요금도 떨어진다. 모든 회계사는 다른 모든 자본재처럼 상품이 된 자연의 가격은 낮춰 잡는다. 중고 바닷가를 팔려면 값을 깎아야 하는 법이다.

바닷가의 도시화는 다른 도시에서처럼 똑같은 문제를 일으켰다. 물과 공기가 더러워졌고, 소음과 범죄가 늘어나고, 도시가 비좁아지고, 실업자가 늘어났다. 여기에 문화도 비슷비슷해졌다. 아카풀코 바닷물에서 똥을 보았다는 소문이 계속 들려왔다. 시우아테네호에서도 최근에 같은 소문이 전해졌다. 이런 소문들은 바닷가 관광업에 엄청난 피해를 줄 수 있다. 지역민에게는 그 지역 바닷물을 깨끗하게 해야 할 동기가 되지만 돈 많은 사업가는 관광업이 낳은 쓰레기를 치우고 상처 입은 도시 이미지를 살리려고 애쓰는 쪽보다 아직 사람 발이 안 닿은 바닷가로 가버리는 쪽을 택한다. 쓰레기는 문제의 일부일 뿐이다. 관광객들은 아름다운 자연의 조건 중 하나로 인적이 드문 곳을 꼽는다. 눈부시게 아름다운 바닷가조차도 몸에다 기름을 바른 몸뚱이들이 우글거리면 그 매력을 상당 부분 잃어버리기 마련이다. 바닷가 관광을 많이 해본 사람이 무엇보다 싫어하는 것이 바로 자기와 같은 종인 인간이 우글거리는 풍경이다.

이러한 훼손 과정은 현재 멕시코에서 가장 인기 있는 관광지이자 바닷가 대중 관광의 상징인 칸쿤Cancún에서도 되풀이되고 있다. 관광객은 칸쿤에 술 마시고 춤추고 즐기려고 온다. 다른 어떤 곳에서도 할 수 있는 일이다. 그런데도 이 사람들이 칸쿤을 찾는 이유는 이곳의 자연이 눈부시게 아름답기 때문이다. 칸쿤의 바닷물은 하늘만큼 푸르고 바닷가에서 수백 미터도 안 되는 거리에 세계에서 두 번째로 큰 산호섬에 갈 수 있다. 그곳에는 알록달록한 물고기와 바다거북과 아름다운 산호가 산다. 다양한 생물이 빽빽하게 모여 산다는 점에서 산호섬은 바다의 열대우림이라 할 만하다. 자크 이브 쿠스토Jacques-Yves Cousteau(프랑스의 전설적인 해양 탐험가로 스쿠버 다이빙 장비인 아쿠아렁과 수중 카메라를 개발해 심해의 아름다움과 해양 환경 문제를 널리 알렸다—옮긴이)가 1960년대에 해저 프로그램을 진행했던 곳이기도 하다. 해마다 400만 명씩 관광객이 찾던 칸쿤은 30년이 지난 지금, 자연의 매력에는 여기저기 긁히고 찢긴 자국이 보인다.

자연 그대로인 칸쿤은 관광객이 찾기에는 지나치게 야생성이 강한 곳이었다. 1970년대 초에 멕시코 대통령 루이스 에체베리아Luis Echeverría(재임 1970~1976)가 개발을 내다보고 칸쿤 일대 땅을 사들였을 때, 사람들이 새가 둥지를 틀고 물고기가 알을 낳던 맹그로브 숲을 파괴하고 모기를 박멸하고 늪에서 물을 빼버린 것은 이 때문이었다. 칸쿤 앞에는 방파제처럼 파도를 막아주는 26킬로미터의 섬이 하나 있는데 그 섬 위에 호텔이 하나둘 들어서기 시작했다. 호텔 방 몇 만 개에 화장실 몇 만 개도 들어섰다. 화장실과 호텔 방에서는 정화 처리가 불가능할 만큼 오수가 넘쳐나 호수 하나로 흘러갔다. 이제는 선망의 대상이 된 칸쿤의 바닷가 뒤쪽에서 호수는 점점 더 오염되어갔다. 거침없는 개발로 으리으리한 휴양 시설들이 칸쿤의 바닷가에 들어서면서 칸쿤은 종종 라스베이거스와 비교된다. 물에는 오물이 스며들고 땅에는 침식작용이 일어났다. 침식작용은 호텔과 풀장과 도로를 짓느라 모래를 파냈기 때문이다. 유카탄 일대에 땅 위를 흐르는 강이 없고 따라서 침식작용도 없었던 덕에 산호초가 번성했다. 그런데 이제는 그 산호초가 오물에 중독되고 풍화작용에 질식당해 죽어갔다. 칸쿤에는 땅 밑을 흐르는 맑은 강이 있었다. 이 강에 뛰어내려 보려고 이곳을 찾는 관광객도 많다. 하지만 수백 개에 이르는 호텔과 별장이 지하 물탱크를 설치하면서 그곳에서 나오는 오물에 강조차 오염되었다. 유카탄 반도 전체는 오랜 옛날 산호초였던 구멍 많은 석회암과 아름다운 하얀 모래로 되어 있다. 이런 석회암과 모래는 오염 물질이 바다로 흘러드는 것을 막지 못한다.

언뜻 보기에는 조용히 물 위를 지나다니는 거대한 유람선도 환경을 심각하게 해친다. 유람선의 닻은 산호초를 부수고 배 바닥에서 흘러나오는 기름기 섞인 물은 바닷가 모래를 더럽히기 때문이다. 관광업에서 가장 크고 가장 빠른 성장을 보여주는 유람선 여행은 카리브 지역 같이 섬세한 해양 환경에 걱정거리가 되고 있다. 유조선도 바다에 시커먼 기름을 쏟아 재앙을 일으키지만 이 모두는 사고 때문이다. 유람선도 분명히 오물 탱크다. 거기에다 법의 허가를 받고 사람 배설물을 고의로 바다에 버리는 오물 탱크다. 배수관이 달린 채 떠다니는 도시인 유람선의 승객들은 날마다 똥오줌 2만 5,000갤런을 바다로 흘려보낸다. 그것만이 아니다. 유람선에서는 날마다 회색 물(화장실이 아닌 곳에서 흘러나온 오수) 14만 3,000갤런이 흘러나온다. 회색 물에는 목욕탕 비눗물에서 사진 인화에 쓰는 화학물질까지 싱크대에 들어가는 모든 물질이 섞여 있다. 이런 오수 중 배 안에서 처리하는 것은 거의 없다. 안전하게 처리하려고 오물을 항구로 가져가지도 않는다. 유람선은 그 모든 폐수를 바다에 쏟는다. 지킬 것 같지 않은 규제가 하나 있다. 오수와 폐수는 바닷가에서 5킬로미터 이상 떨어진 곳에만 버릴 수 있다는 것이다. 겨우 5킬로미터, 수영하는 사람들한테도 훤히 보이는 거리다.

숲이 줄고 물이 더러워지고 도시가 마구잡이로 뻗어나가는 칸쿤의 미래는 어둡다. 아카풀코도 똑같은 이유로 똑같은 일을 겪었다. 미국인 관광객들이 바닷가를 평가하는 가장 중요한 기준은 깨끗함이다. 깨끗함이 경치나 기후보다 더 중요하다. 그리고 미국인 관광객들이 바닷가에서 가장 즐겨하는 것이 술 마시는 일이다. 바닷가 모래가 하얗고 바닷물이 파란 이상 관광객은 계속 칸쿤을 찾아올 것이다. 하지만 더 많은 관광객이 수영장 술집에 앉아 바닷가를 바라보는 것으로 만족할 것이다. 수영장 물은 염소 처리가 되어 있어 안전하기도 하며 그 빛깔은 하얀 백사장에 맞닿은 자연의 바다 빛을 흉내 낸다.

어느 일요일 오후에 나는 칸쿤 북부의 한적한 바닷가를 걸었다. 그러다 평평한 무헤레스 섬과 뭍 사이에 있는 아름다운 청록색 해협을 감탄하며 바라보았다. 무헤레스 섬은 거리가 멀어 지평선을 넘어 솟아나온 높다란 호텔로 확인할 수밖에 없었다. 그런데 별안간 내 바로 앞의 파란 물속에 사람의 똥으로 보이는 것이 떠다녔다. 호텔이나 유람선에서 나온 것이었을지도 모른다. 하지만 수영을 하러 왔다가 공중화장실에 가고 싶지 않았거나 갈 수 없었던 사람이 남긴 것일 가능성이 크다. 어쨌든 외국인 관광객이 욕지기를 하며 후다닥 바닷가를 떠나게할 만한 소식임에는 분명하다. 최근 설문 조사에서 칸쿤을 찾은 사람 가운데 20퍼센트만이 다시 찾겠다는 응답을 했다. 칸쿤을 다시 찾는 이는 더 남쪽에 있는 마야 강에 가거나 벨리즈에 갈 것이다. 마야 강과 벨리즈에서도 똑같은 이야기가 되풀이되고 있다. 물론 마야 강과 벨리즈의 이야기는 아직 초기일 뿐이다. 그곳 바닷가는 조용하고 모래톱도 살아 있다. 언젠가 자연을 최대 매력으로 삼는 관광업이 관광객을 맞아들이면서 이들이 보려고 온 것을 망가뜨리지 않고 계속 유지할 수 있을 것인가? 아직 풀리지 않은 문제이다. 어떤 학자는 대중을 상대하는 관광업은 석유 탐사와 같다고 했다. 조심스레 뽑든 마구잡이로 뽑든 석유가 다 떨어지면 모두 짐 싸고 떠난다는 것이다.

어떤 이들은 생태 관광에 기대를 건다. 생태 관광이란 정말로 낯선 자연의 아름다움을 보러 관광객이 찾아오는 것을 뜻한다. 기대를 품은 사람들은 관광객이 쓴 달러가 자연을 지키는 일에 쓰일 것이라 생각한다. 생태 관광은 대개 재정에는 파산을, 환경에는 재앙을 안겨주었다. 보통 생태 관광객은 야생 생물을 보고 싶어한다. 하지만 시야를 가리지 않는 열대우림은 드물다. 게다가 유카탄 숲의 야생동물과 조류는 수 세기에 걸친 원주민의 사냥으로 모두 사라진 상태다. 생태 관광은 관광객의 기대를 채워주고자 사람들을 아직 망가지지 않은 자연 속으로 데려가는 경향이 있다. 그런데 정말 자연을 보존하고 싶다면 그런 곳은 들어가면 안 된다. 관광객 스스로 자신이 찾은 곳을 만족해하는 모습을 보이면 호텔업자와 부동산 중개인들이 따라오기 때문이다. 더 심각한 문제는 생태 관광이란 말 자체가 온갖 여가 활동의 장사 수단이 되었다는 점이다. 돌고래와 같이 헤엄치거나 맹그로브 나무가 무성한 늪에서 제트 스키를 타는 일 따위가 그런 여가 활동에 포함된다. 현실은 관광객 대부분이 자연 그 자체보다는 자기들이 자연 속에서 무슨 일을 경험할 수 있는가에 더 관심을 기울인다는 것이다. 관광객도 자연이 망가지면 한숨을 쉬긴 하지만 관광객은 잠시 지나갈 뿐이며 한번 찾아오고 마는 경우가 대부분이다. 그러다 보니 관광객은 변화를 요구하지 않는다. 해외에서 활발한 대중 환경주의란 이처럼 얄팍한 것이다.

변화를 요구해야 하는 사람은 관광 수입에 기대는 지역민들이며 이들이 요구하는 일도 점점 늘어나고 있다. 관광업이 환경에 일으키는 문제를 다는 아니더라도 일부는 풀 수 있는 기술이 있다. 똥오줌을 물로 흘려보내지 않는 화장실을 모든 호텔과 별장과 유람선에 설치하면 심각한 오수 문제를 단번에 풀 수 있을 것이다. 관광업자는 단지 새롭다는 이유로 관광객이 그런 이상한 장치를 쓰지 않을 수도 있다는 걱정을 한다. 관광업자들도 앞서 본 사탕수수 농장주나 커피 농장주와 비슷하게 행동한다. 일하는 법을 바꾸거나 자연을 지키고 살찌우는 대신 그냥 다른 곳의 자연을 망가뜨리러 떠나버리는 것이다. 망가뜨릴 새 땅이 있는 한 계속될 일이다.

열대 테마파크는 환경 관광의 최신판이다. 문화 관광업은 원주민의 춤과 제사 같은 문화 표현물을 공업사회 이전에 있었던 사라진 세계를 찾는 여행자들에게 상품으로 팔아먹는다. 생태 관광업자들도 똑같다. 이들은 자연이 사라져가자 진짜 자연 대용물로 쓸 가상 자연을 만들었다. 해마다 수백만 명씩 찾아오는 관광객 중 대다수가 처음 오는 사람들이다. 이 사람들은 관광지의 문화와 자연에 대해 아는 게 없기 때문에 진짜와 대용물의 차이도 대개 알아채지 못한다. 이런 전시물은 자연도 아니고 자연을 담은 박물관이라고도 할 수 없다. 그보다는 돈을 받고 각각 독특한 자연을 경험하게 해주는 가게들이 들어서 있는 쇼핑몰에 가깝다. 소비자들은 어느 모로 보나 이런 경험에 만족하는 것으로 보인다. 이곳에서는 유원지 디즈니랜드의 입장료 정도만 내면 바다거북과 바다소를 쓰다듬고, 잡아놓은 나비와 해자에 갇힌 재규어를 구경하고, 지하 강에서 잠수를 즐기고, "개선된" 바닷가에서 푹 쉴 수 있다. 추가 요금을 낸 관광객은 현재 가장 인기 있는 돌고래와 "헤엄치기"를 할 수 있다. 헤엄을 못 치는 사람은 인공으로 만든 바닷가 바닥으로 잠수모를 쓰고 걸어 들어가 업체에서 옮겨놓은 물고기에 먹이를 줄 수도 있다. 외식으로는 레스토랑 아홉 곳 중 하나에서 지역 해산물로 만든 요리를 먹는다. 연인들은 이곳에서 결혼식도 올릴 수 있다. 지상에는 눈부시게 아름다운 소금물 수족관이 있는데 이곳에서 관광객들은 일주일은 잠수해야 볼 수 있을 만큼 다양한 해양 생물이 모여 있는 모습을 두꺼운 특수 아크릴 수조 너머로 구경할 수 있다.

엑스카렛Xcaret 방문자는 엑스카렛 측이 지역 생물을 보호하려고 애쓴다는 인상을 받는다. 번식기를 맞은 거북에게 보호소를 제공하거나 어미가 버린 마코 앵무새 둥지의 알을 구하는 등의 일을 한다는 것이다. 휴양지에서는 왜 동물들을 지키는 데 그런 노력을 기울여야 하는지 거의 이야기해주지 않는다. 엑스카렛에서 마코 앵무새는 손님들을 반기는 알록달록한 환영 위원 역할을 한다. 홍보 담당자는 공원 측에서 기르는 마코 앵무새가 많은 이유에 대해 마코 앵무새는 조금만 시끄럽거나 소란스러워도 새끼를 버리는 나쁜 어미이기 때문이라고 주장한다. 또한 공원 직원들이 포식자를 막지 않았다면 주변 바닷가의 거북들도 모두 사라졌을 것이라고 이야기한다. 어쨌든 공원에 매우 다양한 생물이 모여 있는 모습에 손님들은 자연에 아무 문제가 없다는 느낌을 받는다. 엑스카렛에 오는 사람 대부분은 으리으리한 호텔이나 호화 유람선에서 후다닥 공원으로 들어오느라 암초가 상한 것을 보지 못한다. 관광객을 위한 시설을 만드느라 석회암이 갈라진 것이다. 갈라진 틈은 현재 마르가리타 칵테일을 마시고 버린 플라스틱 컵과 전기가 다 떨어진 임대 자동차 배터리를 버리는 쓰레기장이 되어 있다. 공중화장실에서 새어나온 오물이 모인 똥구덩이가 화장실 바로 밑에 있는 것 역시 보지 못한다. 바닷가에서 어미 거북을 몰아내고 둥지에서 어미 마코 앵무새를 겁줘 쫓아내는 이들이 바로 관광객과 관광객들이 사치를 즐기는 엑스카렛 공원인 것도 깨닫지 못할 것이다. 엑스카렛 쪽에서 보호하거나 우리에 가둘 생각조차 하지 않는 생물들이 쫓겨났다는 점 또한 모른다는 사실은 말할 필요도 없다. 가상 자연은 누더기가 된 자연의 현실을 숨긴다. 수많은 관광객에게는 훼손된 자연보다 잘 꾸며놓은 가짜 자연이 더 아름답고 마음에 든다는 것도 전혀 놀랄 일이 아니다. 관광객들은 유카탄의 자연에는 아무 문제가 없다는 인상을 품고 엑스카렛을 떠난다. 자신들이 쓴 돈이 유카탄의 자연을 더 개선하는 데 쓰일 것이라고도 믿는다. 열대 아메리카는 더럽혀지지 않은 에덴동산이라는 신화가 입장료로 그럴듯한 겉모습을 얻는 것이다.

자연이 점점 더 망가지는데도 계속 살아갈 수 있을 만큼 인간은 똑똑한가. 우리는 이미 자연이 주는 여러 혜택을 과학기술과 예술로 교체했다. 어쩌면 산소와 먹을거리를 합성할 수 있을 것이고 자연을 실제로든 가상으로든 새로 만들어 영혼의 욕구를 채울 수도 있을 것이다. 어쩌면 달에 만든 인공 생물권에서 영원히 살 수 있을지도 모른다. 그곳은 생명 유지 장치와 가상으로 만든 지상의 영상, 새소리, 향기로 가득 차 있을 것이다. 그리고 가상은 현실보다 더 풍요롭고 덜 위험할 것이다. 엑스카렛과 같은 사례는 우리가 자연의 모조품으로 몇몇 사람들을 얼마 동안 속일 수 있을 만큼 영리하다는 사실을 보여주는 증거다. 하지만 진짜 자연은 우리의 손아귀를 빠져나가는데, 모래톱과 숲이 사라지는데, 우리가 자랑하는 그 힘은 어쩌면 어머니 지구에서 탯줄을 자른 아이처럼, 우주인처럼 살 수 있게 해줄지도 모를 그 힘은 잃어버린 것들을 되살려줄 만큼 강력하지 못하다. 사라져버린 것을 되찾을 수는 없다. 쿠스토의 산호초 영상이 담긴 오래된 다큐멘터리와 엑스카렛의 다양한 야생동물들처럼 대여료와 입장료를 받으려고 자연을 기록하고 가둬놓은 것들에서 우리 아이들은 기쁨보다는 씁쓸함을 더 많이 느낄 것이다.

헤아릴 수 없이 오랜 옛날부터 우리는 나머지 자연과 긴장 관계에 있었다. 하지만 콜럼버스와 다른 이들이 그랬던 것처럼, 인간과 짐승이 평화롭게 함께 사는 신화 속의 에덴을 찾는 사람들은 오늘날에도 존재한다. 나머지 자연과 싸움을 끝내고 위대한 조화를 이루는 일은 현대 문화가 품을 수 있는 가장 숭고한 꿈 중 하나이다. 어쩌면 결국 이루지 못할 꿈일지도 모른다. 우리에게는 부족한 점이 아주 많을지도 모른다. 그러나 상관없다. 지금보다는 훨씬 더 자연과 잘 지낼 수 있을 것이다. 다른 곳에서처럼 라틴아메리카에서도 점점 더 많은 사람이 그러한 목적을 위해 더 균형 잡힌 관계를 위해 기꺼이 문화에 입는 손해를 감수하려고 한다. 우리는 라틴아메리카에 살 만한 도시, 지속 가능한 정원, 상처 입지 않은 야생이 함께하는 평화로운 풍경의 에덴을 만들 수 있다. 흔치 않은 일이겠지만 인간과 나머지 자연이 서로 도움이 되는 풍경을 이룰 수도 있을 것이다.

후기_ 쿠바의 최신 혁명

인민은 세계경제와 장거리 운송과 강대국의 "선의"에 기대어 먹을거리를 얻어서는 안 됩니다.[34]

　나는 요즘 하루하루 살아가는 환경이 얼마나 많은 합성물질로 둘러싸여 있는지를 점점 더 깊이 깨닫고 있다. 지금 앉아서 글을 쓰고 있는 이곳조차도 합성물질로 되어 있다. 이베리아에서 온 식민자들이라면 더러운 흙이나 가공하지 않은 나무나 살아 있는 식물이라 할 만한 것이 손에 닿지 않는 환경에서 사는 것이 뭐가 나쁘냐고 할 것이다. 앞에서 보았듯이 이베리아 출신 식민자들도 신발을 신고 땅에서 떨어진 침대에서 자며 자신들을 지구의 자연과 분리했다. 플라스틱 의자와 책상, 일하는 데 쓰는 컴퓨터, 바닥에 깔아놓은 나일론 카펫, 눈앞에 보이는 라텍스 페인트, 코에 걸친 안경, 서랍 안의 아스피린, 머리카락에서 풍기는 샴푸 냄새까지 내 주변의 거의 모든 것이 인공물이고 석유화학 제품이다. 내가 누리는 물질문명과 내가 고른 물건의 거의 모든 것이 석유로 만든 것이다. 석유는 그 밖에도 셀 수 없이 많은 부분에서 내 삶의 질을 높여주었다.

　내가 배부르게 먹는 것도 석유화학 덕분이다. 내가 먹는 것 중에는 수많은 가공 과정을 거친 것이 많다. 합성물질도 점점 더 많이 들어가고 석유화학의 마법으로 자연에서 낼 수 없는 맛이 나기도 한다. 무엇보다 석유의 가장 중요한 역할은 생산의 초기 단계에 있다. 석유는 현대 농부들의 힘을 키워준다. 현대의 농부 한 명은 기계를 이용해 같은 일을 했던 조상들 수백 명 몫의 일을 할 수 있다. 석유는 비료를 합성하는 연료이다. 그 비료로 농부는 같은 작물을 해마다 같은 농토에 심어 옛날과는 비교할 수 없을 만큼 많은 양을 수확한다. 살충제와 제초제 또한 거의 석유로 만든다. 덕분에 농부는 밥상을 위협하는 무시무시한 해충과 잡초 군단도 간단하게 제거할 수 있다. 수천 킬로미터 떨어진 곳에서 밥상으로 먹을거리를 옮겨오는 것도 석유다. 내가 먹는 사과는 뉴질랜드산이고, 멜론은 멕시코에서 재배한 것이고, 포도는 칠레에서 딴 것이다. 이제는 이렇게 먹을 수밖에 없다. 내 고향 땅도 옛날에는 소농과 관개농업을 하는 사람들의 땅이었고, 수입하지 않아도 식량이 충분했다. 지금은 사료용 알팔파 건초와 맛은 있지만 양은 얼마 안 되는 복숭아 말고는 아무것도 키우지 않는다. 석유가 없어지면 나를 먹여 살리고 즐겁게 해주는 것들도 많이 사라질 것이다.

현대는 분명히 석유화학 시대다. 지난 세기에 문화가 이루어낸 놀라운 성과 중 많은 부분은 석유를 빼놓고 생각할 수 없다. 문화가 땅과 물과 어장과 숲과 대기에 회복할 수 없는 해를 입히며 자연 앞에서 으스대며 부추긴 것 또한 화석연료의 힘이었다. 한동안 인간은 석유를 마음껏 쓰고 자연을 제물 삼아 왕처럼 먹고 살았다. 그렇다면 석유가 다 떨어지면 무슨 일이 일어날까? 석유 공급이 갑자기 끊기면 어떻게 될까?

비슷한 일은 옛날에도 있지 않았는가. 북한에서 그런 일이 일어나자 나라의 농업이 무너져버렸다. 제대로 보도되지 않았지만, 수십 만 명이, 특히 아이들이 굶주렸으며 이후 북한은 외국의 식량 지원에 의존하게 되었다. 북한은 모든 석유와 살충제를 소비에트 진영에서 얻어왔으며 식량 수입도 많이 했다. 그러나 소비에트 진영이 무너지자 근대 사회의 필수 자원을 얻을 수 없게 되면서 북한은 1세기 전 과거로 돌아갔다. 그로부터 거의 20년이 지났지만 북한 지도부는 여전히 소비에트가 멸망했음을 부정하며 살고 있다. 아주 깔끔하게 제복을 차려입은 교통경찰들이 뻣뻣한 자세로 평양의 주요 교차로 근무지에 들어온다. 그리고 다차선 도로를 다니는 차량들에 성실하게 교통신호를 전달한다. 하지만 이 도로는 사실상 몇 년째 차량 통행이 끊긴 상태다.

소비에트의 멸망으로 자원 공급이 끊긴 나라는 북한 말고도 또 있다. 섬나라 쿠바도 석유화학제품이라는 생명줄이 끊어졌다. 쿠바는 오랫동안 러시아와 우호 관계를 맺으며 좋은 조건으로 자국의 설탕과 시베리아 석유, 유독성 석유 부산물, 석유로 만든 비료를 맞바꾸었다. 그리고 그 기간에 세계에서 기계와 화학물질을 많이 쓰는 농업 체계를 발전시켰다. 농토에 쓰는 비료, 살충제, 제초제의 양으로 보면 바로 가까이에 있는 라틴아메리카 이웃 나라들보다는 캘리포니아와 더 비슷한 농업 체계였다. 1989년에 석유 공급이 갑자기 끊기면서 쿠바 사람들 스스로 특별한 시기라 일컫는 상황에 빠진 것은 그 때문이었다. 석유 수입이 반으로 뚝 떨어지자 교통이 끊겼고 전기 생산에도 문제가 생겼다. 비료와 살충제 수입도 80퍼센트가 줄면서 나라 전체의 설탕 수출량도 반으로 줄었다. 아바나 주의 사료와 우유 생산도 80퍼센트나 줄었다. 전기가 없으니 농부는 농토에 물을 댈 수 없고, 디젤 연료가 없으니 트럭 운전사는 도시 시장에서 먼 곳에 있는 수확물을 밭에서 썩도록 내버려둬야만 했다. 식량을 운송할 수 있었다 해도 쿠바 사람들이 굶주림에 시달리기는 마찬가지였을 것이다. 1989년 이전에 쿠바는 필요한 식량의 60퍼센트를 수입했다. 쿠바 시민이 하루에 먹는 음식 열량은 평균 2,800칼로리였는데 1993년까지 쿠바 사람의 평균 칼로리 섭취량은 1,800으로 떨어졌다. 쿠바 사람은 옛날에 먹던 양의 3분의 2만 먹었고 단백질도 40퍼센트 덜 섭취했다. 그 결과는 쿠바 사람의 몸으로 드러났다. 1989년까지는 쿠바 사람의 33퍼센트가 과체중이거나 심한 비만이었다. 그러나 1993년까지 그 숫자는 거의 반으로 줄었다. 특별한 시기에는 어쩔 수 없이 열량 섭취량도 줄이고 운동도 많이 해야 했다. 가스통이 비었기 때문이다. 그러다 보니 살도 쭉 빠졌다. 영양부족과 빈혈에 시달리는 아이나 임신부도 생겨났다.

다른 곳이었다면 이런 비극에는 대규모 식량 지원이 뒤따랐을 것이다. 고립주의를 추구하고 핵에 집착하는 북한에도 식량 지원은 계속되고 있다. 하지만 쿠바를 위한 식량 지원은 거의 없었다. 미국은 이 상황을 몇십 년 된 쿠바 경제 제재 조치(1959년 피델 카스트로는 독재자 바티스타를 축출하고 정권을 장악하여 쿠바 혁명에 성공한다. 그리고 2년여 만에 쿠바가 사회주의 국가임을 공식 선언하자 미국은 쿠바를 침공했으나 실패했고 카스트로와 미국의 대립은 이때부터 본격화되었다. 1961년 쿠바와 미국과의 외교가 단절되었고 쿠바에 대한 경제 제재 조치는 지금까지 계속되고 있다—옮긴이)의 고삐를 늦추어야 할 인도주의의 위기 상황으로 받아들이지 않았다. 오히려 미국은 쿠바에 대한 경제 제재 조치의 고삐를 더 단단히 조였다. 어떤 미국 회사나 그 자회사도 쿠바와 무역을 못하게 막았다. 식량 무역도 예외가 아니었다. 쿠바의 식량 수입량은 더욱 줄어들었고, 미국의 선출직 관리 몇몇은 굶주린 쿠바가 미국에 무릎을 꿇을 것이라는 희망을 숨기지 않았다.

쿠바는 거의 고립된 것이나 마찬가지였다. 처음에 피델 카스트로는 쿠바 사람들에게 허리띠를 바짝 조여야 한다는 호소와 임신부 및 7세 미만 어린이처럼 먹을 것이 가장 필요한 이들에게 식량이 먼저 돌아가도록 애쓰는 일 말고는 아무 일도 할 수 없었다. 인민은 고통받았고 굶주리는 사람도 있었지만 의미심장하게도 죽은 사람은 아무도 없었다. 쿠바 사람들은 북한 사람들과 달리 현실감각을 갖추고 곤경에 맞섰다. 그리고 문제를 해결할 장기 전략을 짜기 시작했다. 많이 배우고 기술력이 뛰어나며 정치에서도 일관성이 있는 쿠바 사람들은 최악의 상황도 자신들의 희생과 의지로 넘어설 수 있음을 다시 한 번 입증했다. 이들은 이미 과거에 기후와 지정학에 따른 재앙을 견뎌낸 사람들이었다. 쿠바 사람들이 자국의 식량 위기에 맞서 내놓은 답은 역사상 최대의 유기농업 실험이었다.

트랙터를 굴릴 연료도 타이어도 부품도 없는 상황이 되자 수많은 농부들이 다시 황소를 부려 밭을 일구기 시작했다. 나이 든 농부들과 점점 그 수가 줄어가던 대장장이들이 전문 기술을 제공했다. 사람이 해야 하는 일이 늘긴 했지만, 소를 쓰는 농사가 기계를 쓰는 농사보다 좋은 점이 훨씬 더 많았다. 트랙터는 땅을 단단하게 다졌지만 황소는 그렇지 않았다. 트랙터라면 차고에 넣어둬야 하는 진흙투성이 우기에도 황소는 일할 수 있었다. 황소는 1년 내내 일을 시킬 수 있으니 덕분에 일부 지역에서는 1년에 세 번이나 수확할 수 있었다. 황소 똥을 비료로 쓸 수 있었음은 물론이다.

살충제가 없어지자 쿠바는 소비에트가 무너지기 전부터 생물을 이용한 해충 구제 실험 연구에 더욱 박차를 가했다. 예컨대 인도가 원산지이며 현재는 수많은 쿠바 농장에서 키우는 인도 멀구슬나무에서 쿠바 과학자들은 여러 가지 살충 물질을 추출해냈다. 이 물질들은 목표로 하는 벌레만 죽이고 익충에게는 해를 끼치지 않는다. 인도 멀구슬나무 추출물은 벌레만 죽일 뿐 아니라 벌레를 쫓아내고 벌레의 밥맛을 떨어뜨리며 번식도 조절한다. 사람을 비롯한 포유동물은 이러한 추출물에 해를 입지 않는다. 연구원 몇백 명이 섬 곳곳에 배치되어 인도 멀구슬나무 추출물을 생산했다. 사자개미 같은 육식 곤충을 기르는 조도 있었다. 쿠바 사람들은 사자개미 떼를 이용해서 플랜테인 바나나와 고구마를 바구미 떼로부터 훌륭하게 지킬 수 있었다. 농부들은 거의 모든 벌레를 죽이는 광역 살충제가 없으니 자연의 균형이 어느 정도 회복되는 것을 발견했다. 예전에는 양배추를 공격하는 진딧물을 화학 살충제로 듬뿍 적셨겠지만 이제 농부들은 참을성 있게 기다린다. 그러면 이틀 안에 기생벌이 나타나 진딧물을 가볍게 처리해버린다. 옛날 같았으면 다른 모든 벌레와 함께 살충제 핵폭탄을 맞았을 기생벌들이다.

쿠바 농업의 가장 큰 난관은 비료가 없다는 것이었다. 수십 년 동안 철저한 기계화 농업을 실행한 결과, 쿠바 땅은 자연스런 땅심이 떨어진 상태였다. 쿠바 사람들은 비옥도를 높여 수확량을 유지할 방법을 찾고자 안간힘을 썼다. 먼저 소, 돼지, 닭에서 나오는 거름을 뿌렸다. 비록 그 양은 적지만 점점 늘어나고 있었다. 작물도 재활용했다. 설탕을 만들고 남은 사탕수수 찌꺼기를 모아 비료로 쓴 것이다. 농민들이 농토에 뿌린 모든 물질의 혼합물 질을 높이는 지렁이 농법 또한 받아들였다. 흙에 뿌리면 질소와 다른 양분의 함유량을 바꾸는 여러 가지 미생물도 대량생산했다. 쿠바 농학자들은 현재 기술로서는 땅의 비옥도를 유지하기에는 아직 멀었다는 점을 인정한다. 어쩌면 아바나에서 여전히 1초에 5입방미터씩 사람의 똥오줌을 바다에 버리기 때문일 것이다. 쿠바 사람들도 아직까지는 이 자원을 재활용하기 꺼린다. 하지만 쿠바 사람들은 땅심을 지키는 방법을 발견하며 목표에 조금씩 다가서고 있다. 예를 들어 쿠바 농부들은 여러 다른 작물을 돌려가며 심는 법을 수십 가지 개발했다. 이런 방법은 땅심이 오르내리는 것을 합리적으로 조절하고 해충이 모여드는 것 또한 막아준다.

쿠바 농업에 일어난 혁명 가운데 가장 눈에 띄는 것이 지리상의 변화다. 농업이 농촌에서 대거 도시로 이동한 것이다. 농업 위기 때 상황이 가장 나쁜 곳은 아바나였다. 쿠바 농업의 중심 지역에서 멀었기 때문이다. 아이가 딸린 굶주린 사람들이 최전선에서 전투하는 병사가 되었다. 쿠바 사람들은 찾을 수 있는 모든 곳에서 씨앗을 공짜로 우려내거나 잘라내서 남는 땅 모든 곳에 작물을 심기 시작했다. 도시에서 아무도 안 쓰던 땅은 물론이고 집과 아파트의 뒤뜰과 발코니와 지붕에까지 채소밭이 점령했다. 정부도 이런 흐름을 알아차리고 협동조합을 도와 이제는 안 쓰는 야구장이나 심지어는 주차장에까지 농장을 설치하기 시작했다. 흙이 좋은 곳에는 집약농장을 만들었다. 바닥이 포장된 곳에는 줄지어 세운 돋음모판에 다른 곳에서 옮겨온 흙과 유기 물질을 채운 농경 시설인 오르가노포니코organopónocos를 설치했다. 오랫동안 아바나의 노동자와 학생에게 점심을 제공해온 공장과 공립학교도 안 쓰던 땅을 다시 찾아 식량 생산에 활용했다. 이렇게 정부가 지원하여 만든 밭에서만 30개가 넘는 카페테리아에 신선한 농산물을 공급했다. 한편 도시에서 직접 생산한 식량의 반 이상은 주로 채소, 향신료, 달걀, 돼지, 오리, 토끼를 기른 가족 농장에서 나왔다. 1999년에는 10만 명이 넘는 가족농이 식량 2만 3,000톤을 생산했다. 그리고 농부들은 식량 대부분을 지역 자유 시장에서 팔거나 다른 물건과 맞바꾸었다. 배고픔과 이윤을 얻고 싶은 마음이 도시를 농토로 만들었다. 1990년대 말이 되면 쿠바 사람들은 굶주리지 않는 곳은 물론이고 30년 전보다 더 질 좋고 다양한 식사를 하게 되었다.

이제 쿠바 사람들에게는 농약도 없고 지역 토종에 신선하기까지 한 먹을거리가 생겼다. 더불어 도시 농업이 기계화 농업보다 표면적당 식량 생산량이 더 많았다. 다른 곳에서라면 사람들이 먹을 것과 살 길을 찾아 야생지와 우림으로 가야 한다는 압력을 느꼈을 것이다. 도시 집약농업은 그런 압력이 없다. 화석연료 소비와 온실가스 배출도 도시 집약농업 덕에 많이 줄어들었다. 반면 미국에서는 농업이 전국 석유 소비량의 20퍼센트를 차지한다. 자가용보다 기름을 더 많이 쓰는 것이다. 쿠바 사람들은 아직 식량 자급을 달성하지 못했으며 여전히 식량, 특히 쌀 수입에 의존한다. 쿠바는 넓지 않은 국토에 많은 인구가 사는 나라다. 쿠바의 인구밀도는 미국의 세 배에 이른다. 하지만 지금처럼 식량 생산이 늘어난다면 식량 수입이 필수가 아닌 사치가 되는 것도 시간문제일 것이다. 오늘날 쿠바의 식량 안보가 1989년보다 나은 상황이라는 데 의심의 여지가 없다. 전체 농업 상황도 그때보다 나아진 상태일 것이다.

쿠바가 계속 지속 가능한 농업을 추구할지는 가늠하기 힘들다. 이런 추세에 대한 위협 중 하나는 유기농 사업자들이 우후죽순 쏟아져나온 자유 시장 개혁에 최근 카스트로가 제동을 걸고 나선 일이다. 카스트로의 사망으로 무역 봉쇄가 끝날지 모른다는 것도 위협이다. 봉쇄가 풀리면 쿠바 경제에 커다란 도움이 될 수 있지만 동시에 지속 불가능한 농업 방식이 쿠바에 되살아날 수도 있다. 위기가 지나가고 나면 제2차 세계대전 뒤에 미국에서 뜰 안 텃밭이 사라졌던 것처럼, 쿠바에서도 도시 농장과 텃밭이 사라질지 모른다고 걱정하는 사람들도 있다. 한편에서는 바뀐 점들이 사라지지 않으리라 반론하는 사람도 많다. 가공 처리한 고기와 통조림에 담은 채소를 먹다가 늘 신선한 돼지고기와 농작물을 먹게 된 사람은 웬만해서는 옛날로 돌아가려 하지 않는다. 어떤 이들은 석유와 석유 부산물을 다시 쓸 수 있더라도 농부와 소비자 대부분이 지속 가능한 유기농 식량과 유기농의 안전성을 사랑하기 때문에 농업용 석유화학제품 수요는 많지 않을 것이라고 주장한다. 수많은 쿠바 사람들은 최근의 지속 가능한 농업 발전을 경제 봉쇄가 부른 전화위복으로 여긴다.

이제 쿠바에서는 도시 사람도 거의 모든 현대인이 잊어버린 것 하나를 알게 되었다. 우리는 먼 조상들은 석유도, 화학비료도, 살충제도 쓸 수 없었으니 밥거리를 어디서 얻을지 알 수 없었다고 생각한다. 이것 또한 현대인들의 오만에서 나온 거짓말이다. 먼 옛날에도 아메리카 사람들은 잘 먹고 살았다. 재난만 발생하지 않으면 될 일이었다. 또한 이 사람들은 대개 농사를 직접 지었고, 밥거리가 어디서 오는지 정확하게 알았다. 현대인들은 완전히 다르다. 우리 중에 방금 먹은 밥거리가 어디서 왔는지 아는 이는 매우 드물다. 오늘날 우리는 사람이 가장 먼저 알아야 할 것들을 모른다. 먹을 것이 어디서 오고, 환경에 어떤 대가를 치루며, 어떻게 생산되는지를 모른다. 석유의 힘은 우리를 생존의 가장 밑뿌리에서 떼어놓아 얼마나 피해가 크고 미래가 얼마나 위협받는지를 깨닫지 못하게 했다. 우리는 슈퍼마켓과 식당에서 언제까지나 푸짐하고 다양한 식사를 할 수 있으리라 믿는다. 먹을거리가 하늘에서 내려주는 만나 같은 마법이라도 되는 것처럼 말이다. 역사상 그 어느 미신보다 더 꽉 막힌 미신이다.

거의 모든 선진국 사람들은 자연을 상대로 전투의 최전선에 있다. 그런데 그 전선은 군량을 생산하는 후방 전선에서 수십만 킬로미터 떨어진 곳일 때가 많다. 내가 먹는 거의 모든 것이 적어도 대륙 하나의 절반 정도 거리는 지나서 식탁에 올라온다. 우리는 긴 보급선에 매달려 있는데다 그 보급선은 값싼 석유와 장거리 운송 설비와 안정된 정부와 변덕스럽지 않은 날씨에 의지한다. 커다란 자연재해나 병충해가 일어나지 않아야 한다는 조건도 포함된다. 우리는 이런 조건 중 어느 하나도 보장할 수 없다. 텔레비전과 자동차 부품과 이민자와 노동력의 외부 위탁은 세계화 경제에 맡겨도 괜찮을 것이다. 그러나 다음에 무엇을 먹느냐 하는 문제를 세계화 경제에 맡긴 일은 현대 문명의 가장 큰 실수일지도 모른다. 멕시코는 녹색혁명이 태어난 곳이다. 이곳에서 잡종 작물과 석유화학 농업 체제가 시작되었다. 그런 멕시코조차도 오늘날 식량 수입 의존도가 현대 농업이 시작되기 이전보다 더 높다. 멕시코는 작물 가짓수도 적고 땅심도 약한 탓에 농업 전망도 어둡다. 쿠바는 스스로 어떻게 할 수 없는 상황 속에서 미래를 위한 모범이 될 수도 있는 농업을 이뤄냈다. 쿠바가 성공하여 한 나라가 연료를 적게 투입한 지역 유기농업으로도 밀집한 인구를 먹여 살릴 수 있음을 증명한다면 오랜 쿠바 혁명의 가장 값진 유산이 될 것이다.

  칠레에서 우연히 알게 된 일본인 관광객에게 책을 번역한다는 이야기를 하니 무슨 책을 번역하느냐고 물었다. 그래서 라틴아메리카 환경을 다룬 책이라고 했더니 뒤이어 나온 말이 "아, 아마존!"이었다. 아마도 일본 사람이 아닌 한국 사람이었다고 해도 반응은 크게 달랐을 것 같지 않다. 보통 한국 사람은 상당수가 "라틴아메리카"나 "환경"하면 아마존을 떠올린다.

  사실 이 책도 아마존 이야기를 한다. 하지만 그것이 전부는 아니다. 아마존은 오늘날 라틴아메리카라는 땅덩이에서 자연의 일부인 인간이 나머지 자연 속에 삶터를 일궈온 이야기의 하나일 뿐이다. 그리고 삶터란 사람이 사는 곳, 문화와 자연이 서로 만나 바라는 바를 이루고자 부대끼는 곳을 뜻한다. 이 책은 라틴아메리카 환경 속에서 나타난 여러 문화와 그 문화의 삶터를 지속 가능성을 잣대로 하여 살펴보며 인간과 나머지 자연을 모두 주인공으로 한다. 이러한 삶터에는 아마존과 농촌, 바닷가는 물론이고 고도로 산업화된 도시도 포함된다.

  주의해야 할 점은 저자가 강조하듯 이 책은 지속 가능한 성장을 다룬 책은 아니라는 것이다. 그보다는 한 삶터가 자기 문화를 지키며 얼마나 오래 살아남을 수 있느냐가 이 책이 던지는 가장 중요한 질문이다. 경제성장률이나 평등 사회야 어찌 되었건 사람이라는 생물 종은 끈질기게 살아남는다. 하지만 우리가 대를 이어 물려주는 기억과 감정을 담은 문화는 우리가 생각하는 것보다 훨씬 더 연약하다. 삶터가 무너진다는 것은, 문화가 사라진다는 것은 인간이란 종이 멸망하는 것에 버금가는 비극이다. 저자가 지속 가능성에 초점을 맞춘 것은 이 때문이다.

저자는 지속 가능성을 재는 가늠자로 네 요소를 들었다. 인구, 기술, 소비관, 자연관이 그것이다. 모든 다른 조건이 같을 때 인구가 적은 문화가 많은 문화보다 더 지속될 가능성이 크다. 하지만 물자를 펑펑 쓰는 소수는 입에 풀칠만 하는 다수보다 지속 가능성을 훨씬 더 깎아내리므로 소비관 역시 중요하다고 하겠다. 기술 역시 자원을 알뜰하게 쓰는 기술이냐 낭비를 부추기는 기술이냐에 따라 지속 가능성에 영향을 많이 끼쳤다.

그러나 자연관을 이야기하는 까닭은 앞의 세 요소와 다르다. 정도에는 차이가 있어도 원주민이든 유럽인이든 바라는 것을 얻고자 생물 다양성을 줄인 것은 마찬가지였기 때문이다. 환경주의가 크게 성장한 선진국이 오히려 환경을 더 많이 파괴하는 모순만 봐도 자연관이 정말 지속 가능성에 영향을 끼치는가는 의심할 수밖에 없다.

그런데도 저자가 자연관을 강조하는 것은 인간을 뺀 나머지 자연이 모두 사라진 지속 가능한 삶터를 바라지 않기 때문이다. 우리는 이 땅에서 얼마나 많은 생물이 사라져갔는지 잘 모른다. 다행히 라틴아메리카에는 아직 나머지 자연의 생물 다양성이 다른 곳에서보다 훨씬 많이 남아 있지만 이곳에도 멸종의 위험은 커가고 있다. 우주를 단위로 해서 보았을 때 드물기 짝이 없는 생명을 드문 것을 귀하게 여기는 인류가 생각 없이 파괴해왔다는 점은 가볍게 넘어갈 수 없는 모순이다.

이것은 지속 가능성과는 다른 문제다. 물론 지속 가능성이 낮은 경제에서 자연을 망가뜨리기가 더 쉬운 것은 사실이다. 그러나 지속 가능성은 어디까지나 사람을 위한 목적이며 자연을 위한 것은 아니다. 어쩌면 자연이 모두 사라지더라도 사람은 인공물로 자연을 대체하며 계속 살아남을 수 있을지도 모른다. 그러나 저자는 이런 미래는 지옥과도 같은 것이며 인간 문화가 목표로 삼아서는 안 될 일이라고 잘라 말한다. 그리고 문화는 무한한 경제성장을 포기해서라도 자연과 함께 공존하는 길을 가려면 자연을 자연 그 자체로 살아남게 배려해야 한다. 그러려면 무생물조차도 존중할 수 있는 우리의 자연관에 더 큰 변화가 일어나야 하는 것이다.

확실히 이런 생각과 우리 가운데 상당수가 익숙해 있을 생각 사이에는 먼 거리가 있다. 상당수는 지구의 모든 것은 사람을 위한 것이며 지속 가능성이란 다른 별로 자원을 찾아 떠날 만한 기술을 개발할 때까지만 필요할 뿐이라고 여길 것이다. 일본 저자 다나카 요시키田中芳樹의 공상과학소설로 한국에서도 인기를 끈《은하영웅전설》에서는 인류가 자원을 모두 빨아먹고 지구를 버린 일을 당연한 인류 역사의 한 부분으로만 그리고 지구에 집착하는 이들을 이성이 없는 광신도로 그렸다. 테라포밍terra forming(지구가 아닌 외계 행성이나 위성 등 천체 환경을 지구와 유사하게 만들어 인간을 비롯한 지구 생물이 거주할 수 있도록 개조하는 작업)이 가능한 공상과학소설 속에서도 생태계는 없어도 그만이며 필요하면 만들면 되는 존재일 뿐이다. 모든 것은 기술력의 문제에 달려 있다. 문명은 기생충처럼 자연을 좀먹으며 자라나고 다 자라면 자연을 죽이고 독립한다.

어떤 사람은 "그래서 그게 어쨌단 말이냐? 사람만 잘 살면 그만이지 않은가?"라고 심드렁하게 물을지도 모른다. 그러나 그렇게 생각하는 사람은 "인간이란 무엇인가?"에 대한 대답이 시대와 장소에 따라 바뀌어왔음을 기억해야 할 것이다. 라틴아메리카 역사에서 정복자들은 선주민족의 일원들에게 흔히 자연인Natural이란 이름을 붙였으며 때로는 이들을 "인간 문명"을 위해 모조리 없애버려도 되는 것, 없애야 할 것으로 취급했다. 한 예로 1859년 마푸체Mapuche 민족의 남은 영토를 빼앗기 위한 전쟁을 선동하던 칠레의 신문《엘 메르쿠리오El Mercurio》는 한 사설에서 마푸체 민족을 인류를 괴롭히는 성가신 자연물, 잡아죽여야 할 짐승으로 취급했다.

> "…… 팜파 인디언이나 아라우카노Araucano(마푸체 민족을 일컬어 에스파냐 사람들이 붙인 이름) 인디언은 인류와 문명의 이익을 위해 쇠사슬로 묶거나 없애버려야 할 야수일 뿐이다."

인간의 말 한마디 할 수 없는 다른 생물들이 사라지든 말든 신경 쓰지 않는 사람들이 자신과는 말 한마디 건네지 않는 타인에게 특별한 감수성을 보여주리라 생각하긴 어렵다. 저자가 강조했듯 인류도 환경의 일부이며, 우리가 흔히 자연이라 일컫는 것은 인간을 뺀 "나머지 자연"이다. 인간의 범위를 좁게 잡고 무한한 발전을 뒤쫓는 이들에게는 당신 또한 사라져도 상관없는 "자연"일 수 있다.

어쩌면 저자가 영감을 얻었을지도 모를 미국 영화 〈소일런트 그린

Soylent Green〉(1973)에서는 자연이 모두 사라진 인간 세계를 그린다. 그 세계에서 자연은 영화로만 볼 수 있는 세상일 뿐이다. 그리고 대다수 사람들은 자신도 모르게 서로 잡아먹으면서 비참한 삶을 이어간다. 영화다운 상상력이 섞인 이야기이긴 하나 인간을 뺀 나머지 자연이 모두 사라진 세상이 어떤 세상이 될지는 아무도 모른다. 저자의 자연관을 헛된 이상에 찌든 낭만주의가 아니라 일어날 수도 있는 일에 대한 경고로 보아야 할 이유다.

인구, 기술, 자연관, 소비관을 중점으로 삼아 인간과 나머지 자연의 삶터로 바라본 라틴아메리카의 역사는 지금까지 여러 면에서 한국 사회에 흔히 퍼진 이야기와는 사뭇 다른 모습이다. 이 책에서 펼쳐 보이는 에스파냐 정복 이전 라틴아메리카 문화에 대한 이야기부터가 '상식'과는 제법 거리가 있다.

내용을 살펴보면 먼저 라틴아메리카는 유럽인 정복자들이 오기 전에는 나무와 풀이 우거진 자연 그대로의 땅이었다는 신화를 깨면서 출발한다. 정복자들이 오기 전에 라틴아메리카는 사람으로 북적거리는 땅이었다는 사실 자체는 현대에 이 대륙 역사에 대한 관련 서적을 조금이라도 훑어본 사람이라면 그다지 새삼스러울 게 없는 이야기로 받아들일 것이다. 흥미로운 것은 사람들로 북적거리는 땅이라는 사실과 자연 그대로의 땅이라는 믿음이 함께 살아 있다는 점이다. 저자에 따르면 라틴아메리카는 전혀 자연 그대로인 곳이 아니었다. 아스텍 문명, 잉카 문명, 심지어는 원시적으로 보이는 투피족조차도 자기 문화 나름의 기술로 주변 환경을 크게 바꾸어놓으며 먹을 것을 찾았다. 아마존조차도 사람의 손때가 안 탄 원시림은 아니었다. 그 많은 인구도 구대륙에 견줘 결코 뒤떨어지지 않았으며 어쩌면 더 뛰어났을지도 모를 식량 확보 기술 덕분에 가능했다.

왜 투피족과 아스텍은 사람을 잡아먹었던 것일까? 저자에 따르면 이는 이들의 자연관 때문이었다. 예를 들어 아스텍은 자연과 인간을 동등한 존재로 보았고 동물을 잡아먹을 수 있다면 인간도 먹지 못할 까닭은 없다고 믿었다 한다. 그렇다고 자연을 친구로 보았다는 이야기는 아니다. 아스텍에게 자연은 무섭고 두렵기까지 한 상대였다. 다른 문화들도 결국 자연을 소비 대상으로 삼기는 마찬가지였다. 투피족처럼 욕심이 많지 않던 아스텍과 잉카의 귀족들처럼 사치를 부린 이들의 움직임은 자연에 깊은 흔적을 남겼다.

그렇다면 콜럼버스 이전 문명들이 무너진 것은 환경이 감당할 수 없는 수준으로 소비를 늘렸기 때문일까? 이 책은 그런 해석에 신중한 반론을 제기한다. 자신들이 저지른 환경 파괴로 멸망한 문명 이야기는 마치 우리가 환경을 잘 관리하면 환경도 보답해줄 것만 같은 착각을 불러일으킨다. 하지만 자연은 냉정하다. 예를 들어 화산 폭발은 환경주의자를 피해 가지 않는다.

사실 이미 오랫동안 원시 자연의 땅이 아니라 사람의 땅이었던 곳을 이른바 신세계로 만든 것은 유럽인 정복자들을 따라온 유라시아의 병원균과 동식물이었다. 유라시아의 병균은 이에 대한 면역이 약했던 원주민의 몸을 상대로 전무후무한 정복 전쟁을 펼쳤고, 원주민 인구는 무섭도록 빠르게 곤두박질쳤다. 에스파냐 정복자들이 아프리카에서 노예를 수입하게 된 것은 이러한 인구 감소 때문이었다. 그리고 사람이 사라진 땅 위를 토착 동식물과 유라시아에서 들어온 종들이 함께 덮어가기 시작했다. 그렇게 들어온 종들 가운데 일부는 선주민족들의 먹거리에도 올라갔고, 인구가 줄어들고 먹을 것은 늘어 배가 고프지 않은데도 사람은 떼로 죽어가는 기괴한 관경이 펼쳐졌다.

주로 이베리아반도에서 건너온 유럽인 정복자들도 나날이 세를 넓혀가는 색다른 자연과 살아남은 색다른 문화들에 적응해야 했다. 유럽인들은 낯선 자연 속에서 전설 속의 존재들을 찾아 헤맸으며, 어떤 이는 엄청난 두려움을, 어떤 이는 자연의 아름다움에 사랑을 느꼈다. 자연과 인간을 분리하는 유럽 관습의 벽을 자연이 뚫고 들어오는 데 두려움을 느끼기도 했다. 무엇보다 이들은 부귀영화를 좇았고 유럽 귀족다운 소비를 하고 싶어했다. 그래서 정복자들은 원주민의 재산을 빼앗으려 했으나 이베리아 왕정은 유럽과 비슷한 재산 관념을 지닌 원주민의 재산권을 보호하며 이런 욕망을 상당 부분 가로막았다. 바뀐 사회 환경 속에서 유럽인들이 적용하려 한 유럽식 공유지 관념은 경우에 따라 지속 가능성에 도움이 되기도 하고 안 되기도 했다.

이베리아 사람들의 자연관은 특히 오늘날에는 멕시코 시가 된 테노치티틀란에서 엄청난 갈등에 부딪혔다. 아스텍 사람들은 테노치티틀란을 둘러싼 호수를 신의 선물로 여겼고 이를 이용할 줄 아는 기술도 있었다. 그러나 이베리아 사람들은 도시를 둘러싼 호수를 병균의 온상이자 위협으로 받아들였다. 실제로 여러 차례 엄청난 물난리에 시달리기도 했다. 그래서 호수의 물을 빼고자 온갖 방법을 동원했다. 그것이 멕시코 시의 기반을 약하게 할 것이란 사실은 몰랐다. 이렇듯 주변 환경에 무지하다곤 해도 이베리아 사람들은 짧은 시간 안에 엄청나게 넓은 땅을 정복하고 수많은 도시를 세웠다. 하지만 "신세계"를 만들어낸 진짜 주인공은 이베리아인 정복자들이 아니라 병균과 동식물들이었다고 할 수 있다.

이제 유럽 정복자들이 다스리는 신세계, 이른바 아메리카라 이름 붙은 삶터는 지속 가능한 상태를 이루었을까? 길게 보아서는 그렇다고 보기 힘들다. 이베리아인 정복자들은 귀족이 되려고 남의 땅을 정복해 아메리카를 만들었으나 유럽인 귀족답게 살기 위해 필요한 물건을 아메리카에서 찾기는 매우 어려웠다. 그래서 정복자들은 유럽에 내다 팔 만한 것을 찾아 헤맸다. 여기서 에스파냐 사람들은 주로 은을, 포르투갈 사람들은 주로 설탕을 팔았는데 그 과정에서 수많은 사람이 죽었으며 상품을 가공하기 위한 땔감을 쓰느라 드넓은 숲이 잘려나갔다. 몇몇 섬들은 아예 나무가 다 잘려나가 벌거숭이가 되어버렸다.

그렇지만 여전히 이베리아 왕국들이 아메리카를 지배한 시기는 생태계에는 오랜 회복 기간이었다. 무엇보다 당시 아메리카에는 인구가 매우 적었고 본국은 아메리카 통제를 위해 유럽인의 아메리카 이주를 엄격하게 제한했다. 거기다 이베리아 사람들이 아메리카 전역을 지배하는 것도 아니었다. 아메리카의 상당 부분은 여전히 선주민족들이 다스리고 있었다.

식민지에 적용되는 여러 무역 규제 또한 식민지산 물자의 가격과 함께 생산 의욕을 떨어뜨렸고 이는 자연에 이익이 되는 일이었다. 특히 브라질 나무 수집, 고래 사냥, 다이아몬드 채광 등은 국왕이 직접 독점하여 생산량을 일부러 낮췄다. 독점 상품 값을 올리기 위해서였다. 속셈이야 어떻든 그로 말미암아 자연이 덜 쥐어 짜이는 데 도움이 된 것만은 사실이었다. 이런 면에서 대토지 독점조차도 자연이 짊어진 짐을 덜어주었다고 한다.

또한 이베리아 왕정은 자연 자원 보호 정책을 실시했고 더불어 그 자연 자원에서 먹을 것을 얻는 가난한 사람들의 생존권도 지켜주었다. 저자의 평가는 아메리카를 식민지로 지배한 왕정이 이후 라틴아메리카의 독립 공화정보다 가난한 사람과 자연을 더 부지런히 지켰다는 것이니 에두아르도 갈레아노Eduardo Hughes Galeano의 《수탈된 대지Las venas abiertas de America Latina》로 한국에 널리 알려진 이베리아 "식민주의"에 대한 비난에 익숙한 독자들에게는 꽤나 당황스런 이야기일 것이다.

이베리아 지배 시기는 19세기 들어 에스파냐와 포르투갈령 아메리카가 독립하며 끝났다. 그리고 새로 생긴 국가들은 본국의 간섭이 사라졌으니 자유무역을 통해 북반구 국가들과 같은 번영을 누릴 수 있기를 기대했다. 그러나 공업 경쟁력이 약한 라틴아메리카는 농업, 광업, 임업 수출 이외에는 공산품을 수출할 수 없었다. 게다가 그러한 수출을 통한 발전의 길에는 여러 가지 장애물이 놓여 있었다.

첫째, 인종주의라는 거짓 장애물이 있었다. 인종주의는 수많은 일리 있는 비판에도 불구하고 라틴아메리카 지배층의 특권을 합리화해 1940년대까지도 공식 석상에서 인기를 누렸다. 그러나 다른 장애물들은 현실이었다. 둘째, 열대 질병이 있었다. 열대 질병은 예방과 치료법이 널리 퍼질 때까지 라틴아메리카 주민의 기대 수명을 낮추고 농민들의 활력을 떨어뜨렸다. 셋째, 지진과 화산 폭발 같은 자연재해 또한 한 나라의 산업구조를 바꾸고 도시 하나를 지도에서 지워버렸다. 물론 이런 어려움이 유라시아에 있었던 어려움보다 더 지독한 것이었다고 단정할 수는 없으나 유럽인들이 겪어본 것과는 다른 종류였음은 분명하다.

또한 저자는 라틴아메리카가 겪은 독특한 난관으로 식물 병에 대해 이야기한다. 라틴아메리카인들은 처음에 고무를 팔아 많은 돈을 벌었지만 결국 아시아 고무 농장에 밀릴 수밖에 없었다. 아마존에는 고무나무를 병들게 하는 잎마름병으로 고무나무 집약농법이 불가능했기 때문이었다. 라틴아메리카의 바나나 농장도 곰팡이의 공격에 시달렸고 이에 맞선 한 미국 회사의 노력은 경제 제국주의의 심화와 바나나 농장 노동자들의 건강 악화로 이어졌다.

인간의 힘이 라틴아메리카의 자연을 정말로 압도하기 시작한 것은 화석연료를 많이 쓰게 되면서부터였다. 화석연료 사용은 인류가 지구에 오랫동안 저축한 태양의 에너지 계좌에서 돈을 빼내 쓰는 것과 같아서 한번에 엄청난 힘을 발휘하는 것이 가능했다. 라틴아메리카 사람들은 이 힘으로 오랫동안 꿈꾸어왔던 일들을 실현했다. 그러나 그 결과가 정말 바라던 대로 되었는지에 대해 이 책은 의문을 제기한다.

이를테면 멕시코 사람들은 포르피리오 디아스 대통령 시절에 마침내 증기력을 동원해 거대한 운하를 파내어 호수의 물을 다 빼버리는 데 성공했다. 그러나 호숫물을 빼면 도시 지반이 굳으리란 기대와는 정반대로 도시가 가라앉기 시작했다. 호수가 말라 버리면서 전통적인 생활 수단을 잃은 농민들도 많았다. 이들은 정권에 대한 분노를 멕시코 혁명 지지로 드러냈다.

19세기 들어 유럽인들이 대량으로 사용한 구아노와 질산나트륨은 세계 농업 생산량과 인구가 그때까지 한계를 벗어나 성장하는 데 도움을 주었다. 그리고 구아노와 질산나트륨의 고갈은 하버-보슈법 개발로 이어졌다. 그러나 이러한 근대 농업의 탄생에 좋은 면만 있는 것은 아니었다. 이제 농민들은 외부에서 얻을 수 있는 비료에 기대면서 토질 관리를 소홀히 하기 시작했다. 그리고 이전에는 자연 비료로 쓰던 똥오줌은 쓰레기가 되어 환경을 오염시키는 원인이 되었다. 무엇보다 심각한 문제는 근대 농업은 고갈되는 자원에 대한 의존도가 높아 이전보다 지속 가능성은 오히려 떨어진다는 점이다.

라틴아메리카는 또한 수력발전을 적극 받아들인 지역이기도 하다. 수력발전은 화력발전보다는 깨끗하고 지속 가능한 에너지원이라는 평가를 받았으며 에너지 사용을 민주화할 것이라는 기대를 모았다. 실제로 수력발전으로 생긴 에너지로 많은 사람이 혜택을 보았다. 도시는 깨끗해지고 도시민은 건강해졌다.

그러나 저자는 수력발전에 대해 부정적인 측면도 살펴볼 것을 요구한다. 적지 않은 사람들이 댐 건설로 땅이 물에 잠겨 살던 곳을 빼앗기고 지역 환경과 가깝게 엮인 자신들의 문화를 파괴당했다. 거기다 댐은 다 쓰지도 못할 전기를 생산하느라 농사나 다른 일로 쓸 수 있는 땅을 오로지 전기 생산만을 위한 저수지로 바꾸어버렸다. 여러 댐은 깨끗한 물을 대기는커녕 물을 더럽혔다. 가장 심각한 것은 토사가 계속 쌓이면서 댐이 무용지물되거나 가뭄으로 저수지가 낮아져 수력발전이 어려워질 때도 있다는 사실이다. 이런 사례를 들어 저자는 에너지 생산 확대를 만병통치약으로 여기고 이에 집착하는 어리석음을 비판하는 동시에 인류는 에너지 생산 확대를 통해 끝없는 탐욕을 채우려 하기보다는 슬기롭게 아껴 쓰는 법을 배워야 한다고 강조한다.

인간의 힘과 에너지 사용 확대를 살펴본 저자는 라틴아메리카의 도시 이야기를 이어간다. 환경사에 도시라니 이상하게 여길 사람도 있겠지만 도시도 인간이 만들기는 했지만 환경이다. 게다가 도시 인구 비중이 매우 높은 라틴아메리카에서 도시 환경의 중요성을 무시할 수는 없다. 라틴아메리카 사람들은 이베리아 문화의 영향으로 도시를 좋아해 예전부터 도시에 많이 살았고 인구 폭발보다 도시화가 더 일찍 시작되어 놀라운 속도로 진행되었다. 도시가 급속도로 커지다 보니 도시계획을 중요하게 여기는 이베리아 도시 전통에서도 해결하지 못할 갖가지 환경 문제가 터져 나왔다.

그러한 환경문제 대부분은 예전 도시들도 겪은 것이었다. 그러나 현대 라틴아메리카 도시에는 자동차 문제가 추가되었다. 원래 부자들의 장난감에 지나지 않았던 자동차는 부유층과 포드사의 로비를 통해 시내 전차를 몰아내고 도시의 주요 교통수단이 되었다. 그 결과 도시의 공기는 배기가스로 더러워지고 사람들이 서로 만나는 공간이었던 거리는 자동차가 다니는 것 말고는 쓸모없는 도로로 바뀌었다. 도로 외에도 자동차는 수많은 보조 공간과 막대한 국가보조금을 받았다. 그러나 자동차를 몰고 다니는 사람은 라틴아메리카인의 20퍼센트에 지나지 않으며 서민들은 오히려 늘어난 교통비로 고통 받는다. 그렇다고 갑자기 자동차를 거리에서 치워버리자니 지금까지 자동차에 맞춰 키워온 도시가 마비될 위험이 크다. 도로로 서로 나뉜 라틴아메리카 시민들은 거리와 공동체를 잃었다.

하지만 모든 도시가 이런 것은 아니다. 브라질의 도시 쿠리치바는 자동차와 도로보다는 거리와 대중교통을 우선시한 도시계획으로 자동차 문제의 상당 부분을 줄이는 데 성공했고 콘크리트에 덮이지 않은 자연을 볼 수 있는 공간도 늘어났다. 여전히 여러 문제가 있긴 하지만 쿠리치바는 분명 사람 살기에 더 좋은 도시가 되었다고 저자는 단언한다.

그렇다면 라틴아메리카에서 도시는 지속 가능한 삶터일까? 현재로선 대개 그렇지 못하다. 피임약이나 임신중절수술은 물론 도시화도 분명 출산율을 떨어뜨려 인구 성장을 억누르는 것으로 보인다. 그리고 인구가 적으면 당연히 자연이 받는 부담도 줄어든다. 하지만 이는 한 사람이 쓰는 소비량이 늘지 않을 때 해당되는 이야기다. 도시는 개인당 소비량을 늘리며 그러한 소비문화를 주변에도 퍼뜨린다. 인구가 줄더라도 개인당 소비가 엄청나게 늘면 인구가 느는 것만 못하다. 오늘날 도시환경은 이미 심각하게 오염된 상태다.

저자는 그렇다고 도시를 버릴 수는 없다고 주장한다. 도시는 환경오염과 과소비의 핵일 수도 있지만 쿠리치바처럼 잘 관리한 도시는 그 반대가 될 수도 있다. 라틴아메리카 도시는 미국과 캐나다의 도시와는 다른 길을 갈 수도 있을 것이라고 저자는 희망을 품는다.

그런데 이 모든 이야기의 축을 이룬 환경주의는 라틴아메리카에서 어떤 역사를 거쳐 왔을까? 저자는 환경 파괴도 환경주의도 현대에 나타난 새로운 현상은 아니라고 말한다. 사실 미국에서 환경주의가 대중에 전파되기 이전에도 라틴아메리카를 비롯한 세계 곳곳에서 초기 형태의 환경주의라 할 수 있는 자원 보호주의가 있었고, 인간에게 쓸모 있는 여러 자연 자원을 지키기 위한 법을 만들기도 했다. 미국은 인간에게 직접 쓸모가 없는 야생 지역도 보호하려 했다는 점에서만 라틴아메리카와 달랐다. 아마도 이는 미국인들이 자신들에게는 많지 않은 과거의 장엄한 건축물 대신 자연물을 미국 민족주의를 대표하는 상징물로 지키려 했고, 역사학이 발달해 자신들이 잃어버린 자연물을 더 잘 기억하고 아쉬워했기 때문일 것이다. 어쩌면 라틴아메리카에도 그런 생각을 한 선각자들이 있었지만 역사학자들이 아직 찾아내지 못했을 뿐인지도 모른다.

하지만 그 시절의 환경주의는 몇몇 소수 지식인과 관리나 신경 쓰는 일이었을 뿐이다. 환경주의가 대중운동이 된 것은 20세기에 레이철 카슨이 쓴 《침묵의 봄Silent Spring》을 통해 자연을 해치는 일이 우리 자신을 해치는 일이 될 수도 있음을 경고하면서부터였다. 《침묵의 봄》의 성공과 함께 미국인들은 자연을 정복 대상이 아니라 무절제한 진보에 인간과 함께 시달리는 희생자로 보기 시작했고 여러 가지 환경보호법을 제정했다. 라틴아메리카도 나라마다 정도의 차이는 있어도 환경보호정책을 받아들였으며 때로는 우파 독재자가, 때로는 좌파 혁명가들이 환경보호정책의 주체가 되었다. 브라질 도시 쿠바터웅에서 일어난 환경 재난도 환경주의의 성장을 부추겼다.

그러나 라틴아메리카 대중 환경주의에는 여전히 심각한 한계가 있다. 독재 정부는 환경 정책이 제대로 실행되는 것을 가로막으며 여러 가난한 이들은 살아남기 위해 자연보호구역을 침범한다. 물론 살아남기 위해 지역 환경을 지키려는 이들도 있다. 하지만 이것도 인간 자신을 지키기 위한 일일 뿐이다. 환경보호정책이 인간의 이익을 해치는 것으로 보일 때 지역민들이 어떻게 나올 수 있는지는 멕시코의 왕나비 서식지 보호정책의 역사가 잘 보여준다. 환경주의를 믿든 믿지 않든, 평범한 소비자 수백만 명의 선택이 자연을 희생시키고 있다. 라틴아메리카 선주민족 문명이 그랬던 것처럼 문명의 제단에 자연을 제물로 바치고 있는 것이다.

이러한 얄팍한 환경주의의 최신 형태로 저자는 해수욕장과 생태 관광을 꼽는다. 해수욕장 산업은 깨끗한 바닷가를 찾아 이리저리 이동하며 가는 곳마다 환경을 더럽히고 망가뜨린다. 생태 관광 역시 더럽히지 않은 환경에 사람을 불러들여 그곳을 더럽히고 다른 곳으로 옮겨간다. 이제 생태 관광은 가상 자연을 꾸며내 사람들을 속이는 단계에까지 이르렀다.

저자는 상상한다. 어쩌면 우리는 가상 자연으로 우리 자신을 속이고 모든 자연물을 인공물로 갈아치우며 살아남을 수 있을지도 모른다. 하지만 아무리 큰 힘을 손에 넣더라도 한 번 잃어버린 자연을 되찾기란 어려울 것이며 이는 우리 자손에게 상실감을 물려줄 것이다. 그러니 아무리 어렵고 힘들더라도 자연과 인간이 공존하는 길을 찾으려 힘써야 한다.

쿠바의 농업 혁명 이야기가 책의 마지막을 장식한다. 저자는 현대 농업은 화석연료에 지나치게 의존한 나머지 석유 공급이 어쩌다 끊기기라도 하면 심각한 식량 위기에 빠질 수 있다고 걱정한다. 소련 붕괴로 석유를 얻기 어려워진 북한의 농업 위기가 그러한 사실을 잘 보여준다. 그런데 쿠바는 석유 공급이 줄어든 상황을 북한과는 다른 방식으로 풀었다. 쿠바에서는 잘 짜인 식량 공급 정책으로 가장 어려운 시기에도 어느 정도 영양실조는 있을지언정 굶어 죽는 사람은 없었다.

그리고 다양한 유기농업기술과 도시농업으로 상황을 바꿔 나가 1990
년대 말에 식량 위기를 벗어났다.

　물론 이런 실험은 미국의 봉쇄와 석유 조달 위기 때문에 쿠바 사람
들도 어쩔 수 없이 선택한 길이었다. 하지만 결과적으로 석유에 훨씬
덜 의존하며 지속 가능성이 더 큰 농업을 일궈냈다. 쿠바가 이러한 농
업을 더 발전시키고 유지한다면 이는 세계 농업의 미래 모델이 될 수
있을 것이며 쿠바 혁명의 가장 위대한 성과가 될 것이다.

　이 책은 무엇보다 선주민족 문명과 이베리아 왕정이 다스리던 아메
리카에 대한 정당한 평가를 서술했다는 점에서 그 의의가 있다. 더구
나 19세기 칠레 공화국이 선주민족인 마푸체 민족을 상대로 펼친 식민
주의를 공부하는 번역자로서 당연히 관심 있는 주제였다.

　먼저 이 책은 콜럼버스 이전 여러 선주민족이 식량을 얻은 방식을
자세히 설명했다. 저자는 "선주민들에게는 바퀴가 없었다. 철기도 없
었다"처럼 유라시아에 '없는 것'을 통해 선주민족의 문화를 정의하지
않고 오히려 유라시아 문명에는 없었으나 선주민들에게는 있었던 것
을 보여준다. 또한 선주민족의 문화를 군사기술뿐만 아니라 생산기술
에서도 열등한 것으로 보는 편견에 일침을 놓는다. 그러나 저자는 주
로 브라질, 멕시코, 페루를 중심으로 서술하여 《총, 균, 쇠Guns, Germs,
and Steel》와 같은 책들이 선주민족 문명에 대해 퍼뜨린 편견을 모두 반
박하지는 못했다. 칠레 역사를 공부해온 번역자로서 아쉬운 부분이기
도 하다. 이를테면 유럽인 식민자들이 오기 전에 칠레 지역에서 원주
민들이 식량 생산 활동을 하지 않았다는 《총, 균, 쇠》의 주장은 틀린 것

이나 이 책에서는 다루지 않았다. 이스터 섬의 문명 붕괴가 라파누이들이 스스로 환경을 파괴했기 때문이라는 주장에 대해서도 논란과 반박이 있으나 역시 이 책에서 다루는 이야기는 아니다. 물론 어떤 책도 모든 내용을 다 다룰 수는 없으니 저자의 잘못이라고 할 수는 없다. 어쨌든 선주민 문명에 대한 편견이 조금이나마 바뀌기를 기대한다.

다음으로 관심을 끄는 점은 이베리아 "식민주의" 체제에 대한 저자의 긍정적인 평가와 아메리카 독립을 요구한 공화주의자들에 대한 상대적 저평가다. 독립운동가들은 라틴아메리카 해방을 위해 싸웠으나 이베리아 식민주의의 잔재를 모두 없애는 데 실패했고, 오늘날 라틴아메리카 문제의 근원은 그러한 식민주의 유산에 있다는 에두아르도 갈레아노식 설명에 익숙한 사람들에게는 매우 낯선 관점일 것이다. 어쩌면 식민주의 옹호라고 말하는 사람이 있을지도 모르겠다.

사실 공화주의 크리오요 독립운동가들을 이베리아 왕정과 비교하여 비판하는 것은 적어도 원주민 역사가들(원주민을 연구하는 역사가가 아니라) 상당수에서 볼 수 있는 관점이다. 실제로 마푸체 민족은 칠레 독립운동 시기에 오히려 에스파냐 왕당파 편에서 싸웠다. 번역자 개인으로서도 이베리아 왕국들의 정책은 오히려 식민주의보다는 고전 제국주의에 가까웠으며 진짜 식민주의의 주체는 바로 그 독립투사들과 그 투사들의 조상으로 직접 정복지를 지배했던 크리오요 귀족들이라고 생각한다. 한국에는 이러한 신생 공화국들이 아직 남아 있던 원주민의 자주권을 어떻게 짓밟았는지 그 과정은 자세히 소개되지 못했다. 크리오요 독립 공화국들의 침략 전쟁이 당시 세계의 제국주의와 어떻게 적극 협력했는지도 거의 알려지지 않았다. 그러나 크리오요들과 유럽인들이 발명해낸 지리 단위인 라틴아메리카는 "수탈된 대륙"이면서 선주민족의 땅과 독립을 밟아 뭉갠 "수탈한 대륙"이기도 한 것이다.

또 하나 눈에 띄는 점은 이 책이 자연과 인간의 상호작용과 19세기, 20세기 라틴아메리카의 중요 사건들을 연결 지었다는 사실이다. 멕시코 혁명은 물론이고 중앙아메리카에서 미국이 펼친 제국주의 역시 자연과 무관한 것이 아니었다. 저자는 크리오요와 이른바 메스티소 중심 역사에서 스쳐 지나갔던 자연Naturaleza과 선주민족Naturales의 역사가 라틴아메리카 역사에서 얼마나 중요한 요소였는지 일깨워준다.

마지막으로 게으른 탓에 공부가 모자라 이 책의 모든 내용에 대해 하나하나 의의를 따지긴 어렵다. 아무쪼록 이 책을 읽는 독자들 스스로 나름의 의의를 찾아내고, 책의 내용을 배우고, 비판을 통해 자양분을 얻었으면 좋겠다. 앞으로도 라틴아메리카와 라틴아메리카가 덮어버린 세계에 대한 더 다양한 이야기를 공부하고 소개할 수 있기를 바란다.

이 작은 번역서가 한국의 라틴아메리카 지역학뿐만 아니라 역사학과 환경학, 우리 자신에 대한 이해에도 많은 도움이 되기를 빈다.

칠레 산티아고 로스 아라우카노스 거리에서

조성훈

미주_

1) Pedro de Magalhães de Gandavo, *Tratado da terra do Brasil & história de Província Santa Cruz a que vulgarmente chamamos Brasil*, 1576, 12th ed(Recife, Brazil : Editora Massangana, 1995), 53~54쪽.

2) 마야의 기도. J. Eric S. Thompson, *Maya Archaeologist*(Norman : University of Oklahoma Press, 1975), 139~140쪽에서 인용.

3) Bartolomé de Las Casas, *An Account, Much Abbreviated, of the Destruction of the Indies*, ed. Franklin W. Knight(Indianapolis, In : Hackett Publishing, 2003), 4~5쪽.

4) 같은 책.

5) Jean de Léry, *History of a Voyage to the Land of Brazil*, trans. J. Whately(Berkeley : University of California Press, 1990), 56~57쪽.

6) De Léry, *History of a Voyage to Brazil*, 101~102쪽.

7) Diego Durán, *History of the Indies of New Spain*, trans. D. Heyden(Norman : University of Oklahoma Press, 1994), 203~205쪽.

8) Pedro Sancho, *An Account of the Conquest of Peru*, trans. P. A. Means(New York : The Cortés Society, 1917), 159쪽.

9) Diego Durán, *Book of the Gods and Rites and Ancient Calendar*, trans. F. Horcasitas and D. Heyden (Norman : University of Oklahoma Press, 1971), 275쪽.

10) Bernardino de Sahagún, *General History of the Things of New Spain: Florentine Codex*, trans. A. J. O. Anderson and C. E. Dibble(Santa Fe, NM : School of American Research, 1950), 238[Book 4, Chapter 28].

11) Bernabé Cobo, *Historia del Nuevo Mundo*[1653](Seville : Sociedad de Bibliófilos Andaluces, 1867~1907), Ser. 1, Vol. 19, 2nd ed., 350쪽.

12) Andrew Sluyter, *Colonialism and Landscape : Postcolonial Theory and Applications*(Lanham, MD : Rowman & Littlefield, 2002), 63쪽에서 재인용.

13) Alfred W. Crosby, "Conquistador y Pestilencia : The First New World Pandemic and the Fall of the Great Indian Empires," *Hispanic American Historical Review* 47(August 1967), 336쪽에서 재인용.

14) 페루 바즈 지 카밍냐가 포르투갈의 마누엘 왕에게 보낸 편지. 1500년 5월 1일. 리우데자네이루 국립도서관의 전자도서관. 사진은 원본 영상 파일임. http://bnd.bn.pt/ ed/viagens/brasil/obras/carta pvcaminha/index.html.

15) Louisa Hoberman, "Bureaucracy and Disaster : Mexico City and the Flood of 1629," *Journal of Latin American Studies* 6(1974), 214쪽에서 재인용.

16) 윌리엄 웨일리. 1672년 1월 20일, 자메이카. David Watts, *The West Indies : Patterns of Development, Culture, and Environmental Change Since 1492* (Cambridge, England : Cambridge University Press, 1987), 284쪽에서 재인용.

17) André João Antonil, *Cultura e opulência Brasil, por suas drogas e minas*(SãoPaulo : Companhia Melhoramentos, 1976), 2권 8장.

18) Griffith Hughes, *The Natural History of Barbados*(London : 1750 ; reprint, New York : Arno Press, 1972), 21쪽.

19) Antonio S. Pedreira, *Insularismo*(San Juan, Puerto Rico : Editorial Edil, 1969[1934]), 43~44쪽.

20) Montesquieu, Charles de Secondat, baron de, *The Spirit of the Laws*, trans. A. M. Cohler, B. C. Miller, H. Stone(New York : Cambridge University Press, 1980), 234쪽.

21) Adèle Toussaint-Samson, *A Parisian in Brazil*, ed. June E. Hahner, trans. Emma Toussaint (Wilmington, DE : Scholarly Resources, 2001), 23쪽.

22) J. R. McNeill, "Ecology, Epidemics, and Empires : Environmental Change and the Geopolitics of Tropical America, 1600~1825," *Environment and History* 5(1999) : 181쪽에서 재인용.

23) José Bento Monteiro Lobato, "Urupes," in *Obras Completas*, Vol. 1(São Paulo : Editora Brasiliense, 1968), 275 · 279쪽.

24) Louis A. Pérez, Jr., *Winds of Change : Hurricanes and the*

Transformation of Nineteenth-Century Cuba(Chapel Hill : University of North Carolina Press, 2001), 83~84쪽에서 재인용.

25) Louis A. Pérez, Jr. *Winds of Change*, 124쪽.

26) José Augusto Drummond, *Devastação e preservação ambiental no Rio de Janeiro*(Niterói, Brazil : Editorial da Universidade Federal Fluminense, 1997), 25쪽.

27) Joaquin Maria Machado de Assis, *Quincas Borba*(Rio de Janeiro : Eduardo, s.d.), 15쪽.

28) Richard Everett Boyer, "Mexico City and the Great Flood: Aspects of Life and Society, 1629~1635,"(Ph.D. diss., University of Connecticut, 1973), v.에서 재인용.

29) Fanny Calderón de la Barca, *Life in Mexico: The Letters of Fanny Calderón de la Barca*, ed. H. Fisher and M. Fisher(New York : Doubleday, 1966), 174~175쪽.

30) Edmondo de Amicis(마드리드의 푸에르토 델 솔 광장을 묘사한 부분), Elizabeth Nash, *Madrid : A Cultural and Literary Companion*(New York : Interlink Books, 2000), 24~25쪽에서 재인용.

31) 코스타리카 속담. Sterling Evans, *The Great Republic : A Conservation History of Costa Rica*(Austin : University of Texas Press, 1999), ix에서 재인용.

32) Richard H. Grove, *Green Imperialism : Colonial Expansion, Tropical Island Edens and the Origins of Environmentalism*, 1600~1860(New York : Cambridge University Press, 1995), 301쪽에서 재인용.

33) Daniel Faber, *Environmental Under Fire : Imperialism and the Ecological Crisis in Central America* (New York : Monthly Review Press, 1992), 150쪽에서 재인용.

34) Fernando Funes, et al., eds., *Sustainable Agriculture and Resistance : Transforming Food Production in Cuba*, with an introduction by Peter Rosset(Oakland, CA : Food First Book 2002), xix.

더 읽을거리_

일반 도서

Brailovsky, Antonio Elio, and Dina Foguelman. *Memoria verde: Historia ecológica de la Argentina*. Buenos Aires: Editorial Sudamericana, 1991.

Castro Herrera, Guillermo. *Los trabajos de ajuste y combate: naturakza y sociedad en la historia de América Latina*. Bogotá: Ediciones Casa de las Américas, 1994.

Dean, Warren. *With Broadax. and Firebrand: The Destruction of the Brazilian Alantic Forest*. Berkeley: University of California Press, 1995.

Evans, Sterling. *The Green Republic: A Conservation History of Costa Rica*. Austin: University of Texas Press, 1999.

Fernández–Armesto, Felipe. *Civilizations: Culture, Ambition, and the Transforma-tion of Nature*. New York: Free Press, 2001.

García Martínez, Bernardo, and Alba González Jácome, eds. *Estudios sobre historia y ambiente en América I: Argentina, Bolivia, México, Paraguay*. Mexico City: El Colegio de México, Centro de Estudios Históricos, 1999.

Garcia Martínez, Bernardo, and María del Rosario Prieto, eds. *Estudios sobre historia y ambiente en América II: Norteamérica, Sudamérica y el Pacífico*. Mexico City: Instituto Panamericano de Geografía e Historia, 2002.

Kircher, John. *A Neotropical Companion: An Introduction to the Animals, Plants, and Ecosystems of the New World Tropics*, and ed. Princeton: Princeton University Press, 1998.

McNeill, J. R. *Something New Under the Sun: An Environmental History of the Twentieth-Century World*. New York: W.W. Norton, 2000.

Richards, John F. *The Unending Frontier: An Environmental History of the Early Modern World*. Berkeley: University of California Press, 2003.

Roberts, J. Timmons, and Nikki Demetria Thanos. *Trouble in Paradise:*

Globalization and Environmental Crises in Latin America. New York: Routledge, 2003.

Simonian, Lane. *Defending the Land of the Jaguar: A History of Conservation in Mexico.* Austin: University of Texas Press, 1995.

Williams, Michael. *Deforesting the Earth: From Prehistory to Global Crisis.* Chicago: University of Chicago Press, 2003.

1장_ 오래된 신세계

Amold, Philip P. *Eating Landscape: Aztec and European Occupation of Tlalocan.* Niwot: University Press of Colorado, 1999.

Ayerza, Ricardo, Jr., and Wayne Coates. *Chia: Rediscovering a Forgotten Crop of the Aztecs.* Tucson: University of Arizona Press, 2005.

Balee, William, ed. *Advances in Historical Ecology.* New York: Columbia University Press, 1998.

Butzer, Karl W. "Economic Aspects of Water Management in the Prehispanic New World." *Antiquity* 70:267 (1996): 200–5.

Coe, Sophie D. *America's FirstCuisines.* Austin: University of Texas Press, 1994.

Denevan, William M. "The Pristine Myth: The Landscape of the Americas in 1492." *Annals of the Association of American Geographers* 82:3 U1992): 369–85.

Denevan, William M. *Cultivated Landscapes of Native Amazonia and the Andes.* Oxford: Oxford University Press, 2001.

Denevan, William M. "The Native Population of Amazonia in 1492 Reconsidered." *Revista de Indias* 43 (2003): 175–88.

Fisher, Christopher T., Helen P. Pollard, lsabel lsrade–Alcántera, Victor H. Garduño–Monroy, and Subir K. Banerjee. "A Reexamination of Human–Induced Environmental Change within the Lake Pátzcuaro Basin, Michoacán, Mexico." *Proceedings of the National Academy of Sciences* 100(2003): 4957–62.

Krech, Shepard, III. *The Ecological Indian: Myth and History.* New York:

W.W. Norton, 1999.

Lentz, David, ed. *imperfect Balance: Landscape Transformations in the Precolumbian Americas.* New York: Columbia University Press, 2000.

LeVine, Terry Y., ed. *Inka Storage Systems.* Norman: University of Oklahoma Press, 1992.

Mann, Charles C. 1491: *New Revelations of the Americas Before Columbus.* New York: Alfred A. Knopf, 2005.

Murra, John V. *The Economic Organization of the Inca State.* Greenwich, CT: JAI Press, 1980.

O'Hara, Sarah L., F. Alayne Street−Perrott, and Timothy P. Burt. "Accelerated Soil Erosion around a Mexican Highland Lake Caused by Prehispanic Agriculture." *Nature* 362 (March 4, 1993): 48−51.

Palem, Ángel. *Obras hidráulicas prehispánicas en el sistema lacustre del vallede México.* Mexico City: Instituto Nacional de Antropología e Historia, 1973.

Schwartz, Marion. *A History of Dogs in the Early Americas.* New Haven, CT: Yale University Press, 1997.

Whitmore, Thomas M., and B. L. Tumer II. *Cultivated Landscapes of Middle America on the Eve of Conquest.* Oxford: Oxfbrd University Press, 2002.

2장_ 정복자 자연

Boyer, Richard Everett. *La gran inundación: Vida y sociedad en Mexico, 1629−1638.* Mexico City: Secretaría de Educación Pública, 1975.

Butzer, Karl W., and Elizabeth K. Butzer. "Transfer of the Mediterranean Livestock Economy to New Spain: Adaptation and Ecological Consequences." In *Global Land Use Change: A Perspective from the Columbia Encounter*, ed. B. L. Tumer II, 151−93. Madrid: Consejo Superior de Investigaciones Científicas, 1995.

Butzer, Karl W., and Elizabeth K. Butzer. "The 'Natural' Vegetation of the Mexican Bajio: Archival Documentation of a 16th−Century Savanna Environment." *Quaternary International* 43:4 (1997): 161−72.

Crosby, Alfred W. *The Columbian Exchange: Biological and Cultural Consequences of 1492.* Westport, CT: Greenwood Press, 1972.

Crosby, Alfred W. *Ecological Imperialism: The Biological Expansion of Europe, 900–1900.* Cambridge: Cambridge University Press, 1986.

Endfield, Georgina H., and Sarah L. O'Hara. "Degradation, Drought and Dissent: An Environmental History of Colonial Michoacán, West Central Mexico." *Annals of the Association of American Geographers* 89:3 (1999): 402–22.

Gerbi, Antonello. *Nature in the New World: From Christopher Columbus to Gonzalo Fernández de Oviedo,* trans. Jeremy Moyle. Pittsburg: University of Pittsburgh Press, 1986.

Hoberman, Louisa Schell. "Bureaucracy and Disaster: Mexico City and the Flood of 1629." *Journal of Latin American Studies* 6:2 (November 1974): 211–30.

Hoberman, Louisa Schell. "Technological Change in a Traditional Society: The Case of the Desague in Colonial Mexico." *Technology and Culture* 21 (July 1980): 386–407.

Holanda, Sérgio Buarque de. *Visão do paraíso: Os motivos edênicos no descobri mento e na, colonizaçã do Brasil,* 4th ed. São Paulo: Editora Nacional, 1985.

Kiple, Kenneth, F. *The Caribbean Slave: A Biological History.* Cambridge: Cambridge University Press, 1984.

Livi–Bacci, Massimo. "Return to Hispaniola: Reassessing a Demographic Catastrophe." *Hispanic American Historical Review* 83 (2003): 3–51.

Melville, Elinor G. K. A *Plague of Sheep: Environmenml Consequences of the Conquest in Mexico.* Cambridge: Cambridge University Press, 1994.

Melville, Elinor G. K. "Conquest Landscapes: Ecological Consequences of Pastoralism in the New World." In *Le Nouveau Monde–Mondes Nouveaux; L'Experience Americaine,* eds. Serge Gruzinski and Nathan Wachtel, 99–113. Paris: Ecole des Hautes Etudes, Siences Sociales, 1996.

Musset, Alain. *De L'eau vive à L'eau morte. Enjeux techniques et culturels dans la Vallée de Mexico(XVIe–XIXe siècles)*. Paris: Éditions Recherche sur les Civilisations, 1991.

Musset, Alain. "De Tláloc a Hipócrates: el agua y la organización del espacio en la cuenca de México, siglos XVI–XVIII." In *Tierra, agua y bosques: historia y medio ambiente en el México central*, ed. Alejandro Tortolero Villaseñor, 127–77. Guadalajara, Mexico: Universidad de Guadalajara, 1996.

Sluyter, Andrew S. "The Ecological Origins and Consequences of Cattle Ranching in Sixteenth–Century New Spain." *Geographical Review* 86:2(1996): 161–77.

Sluyter, Andrew S. *Colonialism and Landscape: Postcolonial Theory and Applications*. Lanham, MD: Rowman & Littlefield, 2002.

Super, John C. *Food, Conquest, and Colonization in Sixteenth–Century Spanish America*. Albuquerque: University of New Mexico Press, 1988.

3장__ 식민지 시대 대차대조표

Anderson, Robin L. *Colonization as Exploitation in the Amazon Rain Forest, 1758–1911*. Gainesville: University Press of Florida, 1999.

Brown, Kendall W. "Workers' Health and Colonial Mercury Mining at Huancavelica, Peru." *The Americas* 57:4 (April 2001): 467–96.

Brown, Larissa V. "Urban Growth, Economic Expansion, and Deforestation in Late Colonial Rio de Janeiro." In *Changing Tropical Forests: Historical Perspectives on Today's Challenges in Central and South America*, eds. Harold K. Steen and Richard P. Tucker, 165–75. Durham, NC: Forest History Society, 1992.

Cleary, David. "Towards an Environmental History of the Amazon: From Prehistory to the Nineteenth Century." *Latin American Research Review* 36:2(2001): 64–96.

Cunill, Pedro. "La temprana sementera urbana chilena y los comienzos del deterioro ambiental." In *Siete estudios: Homenaje de la Facultad de Ciencias Humanas a Eugenio Pereira Salas*, ed. Pedro Cunill, 59–80.

Santiago: Universidad de Chile, 1975.

Dore, Elizabeth. "Environment and Society: Long—Term Trends in Latin American Mining." *Environment and History* 6 (2000): 1—29.

Endfield, Georgina H., and Sarah. L. O'Hara. "Perception or Deception? Land Degradation in Post—Conquest Michoacán, West Central Mexico." *Land Degradation and Development* 10 (1999): 381—96.

Lipsett—Rivera, Sonya. *To Defend Our Water with the Blood of Our Veins: The Struggle for Resources in Colonial Puebla.* Albuquerque: University of New Mexico Press, 1999.

MacCameron, Robert. "Environmental Change in Colonial New Mexico." *Environmental History Review* 18:2 (1994): 17—40.

MacLeod, Murdo J. "Exploitation of Natural Resources in Colonial Central America: Indian and Spanish Approaches." In *Changing Tropical Forests: Historical Perspectives on Today's Challenges in Central and South America,* eds. Harold K. Steen and Richard P. Tucker, 31—9. Durham, NC: Forest History Society, 1992.

Miller, Shawn William. "Fuelwood in Colonial Brazil: The Economic and Social Consequences of Fuel Depletion for the Bahian Recôncavo, 1549—1820." *Forest & Conservation History* 38 (October 1994): 181—92.

Miller, Shawn William. *Fruitless Trees: Portuguese Conservation and Brazil's Colonial Timber.* Stanford: Stanford University Press, 2000.

Miller, Shawn William. "Stilt—Root Subsistence: Colonial Mangrove Conservation and Brazil's Free Poor." *Hispanic American Historical Review* 83:2 (May 2003): 223—53.

Rostworowski de Diez Canseco, Maria. *Recursos naturales renovables y pesca: siglos XVI y XVII: Curacas y sucesiones, Costa Norte,* 2nd ed. Lima: Instituto) de Estudios Peruanos, 2005.

Schwartz, Stuart B. *Sugar Plantations in the formation of Brazilian Society: Bahia 1550—1835.* New York: Cambridge University Press, 1985.

Sweet, David Graham. "A Rich Realm of Nature Destroyed: The Middle Amazon Valley, 1640—1750." Ph.D. diss., University of Wisconsin, 1974.

Watts, David. *Man's Influence on the Vegetation of Barbados, 1627 to 1800.* Hull, England: University of Hull, 1966.

Watts, David. *The West Indies: Patterns of Development, Culture and Environmental Change since 1492.* Cambridge: Cambridge University Press,1987.

Watts, David. "Ecological Responses to Ecosystem Shock in the Island Caribbean: The Aftermath of Columbus, 1492–1992." In *Ecological Relations Historical Times: Human Impact and Adaptation,* eds. R. A. Butlin and N, Roberts, 267–79. Cambridge, MA: Blackwell Publishers, 1995.

West, Robert C. *The Mining Community in Northern New Spain: The Parral Mining District.* Berkeley, CA: IberoAmericana, 1949.

4장_ 열대 환경결정론

Brannstrom, Christian, "Polluted Soil, Polluted Souls: The Rockefeller Hook worm Eradication Campaign in São Paulo, Brazil, 1917–1926." *Historical Geography* 25 (1997): 25–45.

Cañizares–Esguerra. Jorge. *How to Write the History of the New World: Histories, Epistemologies, and Identities in the Eighteenth–Century Atlantic World.* Stanford: Stanford University Press, 2001.

Caviedes, César N. *El Niño in History: Storming through the Ages.* Gainesville: University Press of Florida, 2001.

Davis, Mike. *Late Victorian Hobcausts: El Niño Famines and the Making of the Third World.* New York: Verso, 2001.

Dean, Warren. *Brazil and the Strugg le for Rubber: A Study in Environmental History.* Cambridge: Cambridge University Press, 1987.

Durham, William. *Scarcity and Survival in Central America: Ecological Origins of the Soccer War.* Stanford: Stanford University Press, 1979.

Gallup, John Luke, Alejandro Gaviria, and Eduardo Lora, eds. *Is Geography Destiny? Lessons from Latin America.* Stanford: Stanford University Press, 2003.

García Acosta, Virginia, ed. *Historia y desastres en América Latina*, Vol. 1. Bogotá: La Red/ClESAS, 1996.

Gerbi, Antonello. *The Dispute of the New World: The History of a Polemic, 1750–1900*, revised ed., trans. Jeremy Moyle. Pittsburgh: University of Pittsburgh Press, 1973.

Marquardt, Steve. "Green Havoc: Panama Disease, Environmental Change, and Labor Process in the Central American Banana Industry." *American Historical Review* 106: 1 (February 2001): 49–80.

Marquardt, Steve. "Pesticides, Parakeets, and Unions in the Costa Rican Banana Industry, 1938–1962." *Latin American Research Review* 37:2(2002): 3–36.

McNeill, John R. "Ecology, Epidemics and Empires: Environmental Change and the Geopolitics of Tropical America, 1600–1825." *Environment and History* 5 (1999): 175–84.

Pérez, Luis A., Jr. *Winds of Change: Hurricanes and the Transformation of Nineteenth–Century Cuba*. Chapel Hill: University of North Carolina Press, 2001.

Richardson, Bonham C. *Economy and Environment in the Caribbean: Barbados and the Windwards in the Late 1800s*. Gainesville: University Press of Florida, 1997.

Schwartz, Stuart B. "The Hurricane of San Ciriaco: Disaster, Politics, and Society in Puerto Rico, 1899–1901." *Hispanic American Historical Review* 72:3(August 1992), 303–34.

Schwartz, Stuart B. "Hurricanes and the Shaping of Circum–Caribbean Societies." *Florida Historical Quarterly* 83:4 (2004): 381–409.

Soluri, John. "Accounting for Taste: Bananas, Mass Markets, and Panama Disease." *Environmental History* 7:3 (July 2002): 386–410.

Soluri, John. "Bananas, Biodiversity, and the Paradox of Commodification." In *Territories, Commodities and Knowledges: Latin American Environmental Histories in the Nineteenth and Twentieth Centuries*, ed. Christian Brannstrom, 121–47. London: Institute for the Study of the

Americas, 2004.

Stein, Stanley. *Vassouras: A Brazilian Coffee County, 1850–1900*. Cambridge: Harvard University Press, 1957.

Stepan, Nancy Leys. *Picturmg Tropical Nature*. Ithaca, NY: Cornell University Press, 2001.

Weinstein, Barbara. *The Amazon Rubber Boom, 1850–1920*. Stanford: Stanford University Press, 1983.

5장_ 인간의 의지

Cariño Olvera, Martha Micheline. *Historia de las relaciones hombre–naturaleza en Baja California Sur, 1500–1940*. La Paz, Mexico: Universidad Autónoma de Baja California, 1996.

Chalhoub, Sidney. *Cidade febril: cortiços e epidemias na corte imperial*. São Paulo: Companhia das Letras, 1996.

Cushman, Gregory Todd. "The Lords of Guano: Science and the Management of Peru's Marine Environment, 1800–1973." Ph.D. diss., University of Texas, Austin, 2003.

Cushman, Gregory Todd. " 'The Most Valuable Birds in the World' : International Conservation Science and the Revival of Peru's Guano Industry, 1909–1965." *Environmental History* 10:3 (2005): 477–509.

Folchi Donoso, Maurício. "La insustentibilidad de la industria del cobre en Chile: los homos y los bosques durante el siglo XIX." *Revista Mapocho* 49(2001): 149–75.

Garavaglia, Juan Carlos. "Human Beings and the Environment in America: On 'Determinism' and 'Possibilism.'" *International Social Science Journal* 44:4(1992): 569–77.

Guayacochea de Onofri, Rosa. "Urbanismo e salubridad en la ciudad de Mendoza (1880–1916)." *Revista de Historia de América e Argentina* 14(1987): 171–202.

Hall, Anthony L. *Drought and Irrigation in Northeast Brazil*. Cambridge: Cambridge University Press, 1978.

Konrad, Herman W. "Tropical Forest Policy and Practice during the Mexican Porfiriato, 1876–1910." In *Changing Tropical Forests: Historical Perspectives on Today's Challenges in Central and South America*, eds. Harold K. Steen and Richard P. Tucker, 123–43. Durham, NC: Forest History Society, 1992.

McCook, Stuart. *States of Nature: Science, Agriculture, and Environment in the Spanish Caribbean, 1760–1940*. Austin: University of Texas Press, 2002.

Perló Cohen, Manuel. *El paradigma Porfiriano: Historia del desague del Valle de México*. Mexico City: Umversidad Nacional Autónoma de México, 1999.

Romero Lankao, Patricia. *Obra hidráulica de le ciudad de México y su impacto socio-ambiental* (1880–1990). Mexico City: Instituto Mora, 1999.

Santiago, Myrna I. *The Ecology of Oil: Environment, Labor, and the Mexican Revolution, 1900–1938*. New York: Cambridge University Press, 2006.

Stepan, Nancy Leys. *Beginnings of Brazilian Science: Oswaldo Cruz, Medical Research, and Policy, 1890–1920*. New York: Science History Publications, 1976.

Tortolero Villaseñor, Alejandro. "Transforming the Central Mexican Waterscape: Lake Drainage and its Consequences during the Porfiriato." In *Territories, Commodities and Knowledges: Latin American Environmental Histories in the Nineteenth and Twentieth Centuries*, ed. Christian Brannstrom, 121–47. London: Institute for the Study of the Americas, 2004.

Tucker, Richard P. *Insatiable Appetite: The United States and the Ecological Degradation of the Tropical World*. Berkeley: University of California Press, 2000.

6장_ 숨 막히는 삶터, 도시환경

Browder, John, and Brian Godry. *Rainforest Cities: Urbanization, Development, and Globalization in the Amazon*. New York: Columbia

University Press, 1997.

Ezcurra, Exequiel. *De las chinampas a la megalópolis: El medio ambiente en la Cuenca de México.* Mexico City: Fondo de Cultura Economica, 1990.

Gilbert, Alan. *The Latin American City.* Nottingham, England: Monthly Review Press, 1998.

Joseph, Gilbert M., and Mark D. Szuchman, eds. *I Saw a City Invincible: Urban Portraits of Latin America.* Wilmington, DE: Scholarly Resources, 1996.

Keck, Margaret. "'Water, Water Everywhere, Nor Any Drop to Drink': Land Use and Water Policy in São Paulo." In *Livable Cities: Urban Struggles for Livelihood and Sustainability,* ed. Peter Evans, 162–97. Berkeley: University of California Press, 2002.

Lewis, Oscar. "Urbanization without Breakdown: A Case Study." *The Scientific Monthly* 75 (1952): 31–41.

McKibben, Bill. *Hope, Human and Wild: True Stories of Living Lightly on the Earth.* New York: Little, Brown and Co., 1995.

Menezes, Cláudio Luiz. *Desenvolvimento urbano e meio ambiente: a experiencia de Curitiba.* Campinas, Brazil: Papirus, 1996.

Pezzoli, Keith. *Human Settlements and Planning for Ecological Sustainability: The Case of Mexico City.* Cambridge: Massachusetts Institute of Technology Press, 1998.

Schwartz, Hugh. *Urban Renewal, Municipal Revitalization: The Case of Curitiba, Brazil.* Alexandria, VA: Hugh Schwartz, 2004.

Simon, Joel. *Endangered Mexico: An Environment on the Edge.* San Francisco: Sierra Club Books, 1997.

Trindade, Etelvina Maria de Castro, et al. *Cidade, homem, natureza: uma história das políticas ambientais de Curitiba.* Curitiba, Brazil: Universidade Livre do Meio Ambiente, Secretaria Municipal do Meio Ambiente, 1997.

Tulchin, Joseph, ed. *Economic Development and Environmental Protection in Latin America.* Boulder, CO: Lynne Rienner Publishers, 1991.

7장_ 환경주의의 성장

Brannstrom, Christian. "Rethinking the 'Atlantic Forest' of Brazil: New Evidence for Land Cover and Land Value in Westem São Paulo, 1900–1930." *Journal of Historical Geography* 28 (2002): 420–39.

Carvalho, José Murilo de. "O motivo edênico no imaginário social brasileiro." *Revista Brasileira de Ciências Sociais* 13:38 (October 1998): 63–81.

Castro Herrera, Guillermo. "On Cattle and Ships: Culture, History and Sustainable Development in Panama." *Environment and History* 7 (2001): 201–17.

Coomes, Oliver T. "A Century of Rainforest Use in Western Amazonia: Lessons for Extraction–Based Conservation of Tropical Forest Resources." *Forest & Conservation History* 39:3 (July 1995): 108–20.

Dean, Warren. "Ecological and Economic Relationships in Frontier History: São Paulo, Brazil." In *Essays on frontiers in World History*, eds. George Wolf–skill and Stanley Palmer, 71–100. College Station: Texas A&M University Press, 1983.

Diamond, Jared. *Collapse: How Societies Choose to Fail or Succeed.* New York: Penguin Books, 2005.

Drummond, José Augusto. "The Garden in the Machine: An Environmental History of Brazil's Tijuca Forest." *Environmentl History* 1:1 (1996): 83–104.

Drummond, José Augusto. *Devastaçao e preservação ambiental no Rio de Janeiro.* Niterói, Brazil: Editora da Universidade Federal Fluminense, 1997.

Endfield, Georgina H., and Sarah L. O'Hara. "Conflicts Over Water in 'The Little Drought Age' in Central Mexico." *Environment and History* 3 (1997): 255–72.

Faber, Daniel. *Environment Under Fire: Imperialism and the Ecological Crisis in Latin America.* New York: Monthly Review Press, 1993.

Garcia–Johnson, Ronie. *Exporting Environmentalism: U.S. Multinational*

Chemicd Corporations in Brazil and Mexico. Cambridge: The Massachusetts Institute of Technology Press, 2000.

Goldstein, Karl. "The Green Movement in Brazil." In *Research in Social Movements, Conflicts and Change: The Green Movement Worldwide*, ed. Matthias Finger, 119–93. Greenwich, CT: JAl Press, 1992.

Graham, Wade. "MexEco?: Mexican Attitudes Toward the Environment." *Environmental History Review* 15 (1991): 1–17.

Grove, Richard H. *Green Imperialism: Colonial Expansion, Tropical Island Edens and the Origins of Environmentalism, 1600–1860*. Cambridge: Cambridge University Press, 1995.

Guha, Ramachandra. *Environmentalism: A Global History*. New York: Longman, 2000.

Guha, Ramachandra, and Joan Martinez–Alier. *Varieties of Environmentalism: Essays North and South*. London: Earthscan, 1997.

Hecht, Susanna, and Alexander Cockburn. *The Fate of the Forest: Developers, Destroyers, and Defenders of the Amazon*. New York: Harper Perennial, 1990.

Howard, Philip. "The History of Ecological Marginalization in Chiapas." *Environmental History* 3:3 (1998): 357–77.

Jacobs, Jamie Elizabeth. "Community Participation, the Environment, and Democracy: Brazil in Comparative Perspective." *Latin American Politics and Society* 44:4 (2002): 59–88.

Keck, Margaret. "Parks, People and Power: The Shifting Terrain of Environmentalism." *NACLA Report on the Americas* 28:5 (March/April 1995), 36–41.

Lutzenberger, José A. *O fim do futuro*. Porto Alegre, Brazil: Editora Movimento, 1976.

Martinez–Alier, Joan. *The Environmentalism of the Poor: A Study of Ecological Conflicts and Valuation*. Cheltenham, England: Edward Elgar, 2002.

McNeill, John R. "Deforestation in the Araucaria Zone of Southern Brazil,

1900–1983." In *World Deforestation in the Twentieth Century*, eds. John F. Richards and Richard P. Tucker, 15–32. Durham, NC: Duke Press Policy Studies, 1988.

Nash, Roderick. "The Exporting and Importing of Nature: Nature– Appreciation as a Commodity, 1850–1980." *Perspectives in American History* 12 (1979): 517–60.

Pádua, José Augusto. "The Birth of Green Politics in Brazil: Exogenous and Endogenous Factors." In *Green Politics Two*, ed. Wolfgang Rüdig. Edinburgh: Edinburgh University Press, 1992.

Pádua, José Augusto. "Cultura esgotadora: Agricultura e destruição ambiental nas últimas décadas do Brasil Imperio." *Estudos Sociedade e Agricultura* 11(October 1998): 134–63.

Pádua, José Augusto. *Um sopro de destruição: Pensamento político e crítica ambiental no Brazil escravista* (1786–1888), 2nd ed. Rio de Janeiro: Jorge Zahar, 2004.

Pattullo, Polly. Last Resorts: *The Cost of Tourism in the Caribbean*. London: Cassell, 1996.

Place, Susan E. "Ecotourism and the Political Ecology of 'Sustainable Development' in Costa Rica." In *Tropical Rainforests: Latin American Nature and Society in Transition*, revised ed., ed. Susan E. Place, 221–31. Wilmington, DE: Scholarly Resources, 2001.

Sedrez, Lise Femanda. "The Bay of All Beauties: State and Nature in Guanabara Bay, Rio de Janeiro, Brazil, 1875–1975." Ph.D. diss., Stanford University, 2004.

Sonnenfeld, David A. "Mexico's 'Green Revolution,' 1940–1980: Towards an Environmental History." *Environmental Review* 16:4 (1992): 29–52.

Wallace, David Rains. *The Quetzal and Macaw: Costa Rica's National Parks*. San Francisco: Sierra Club Books, 1996.

Wood, Charles, and Marianne Schmink. "The Military and the Environment in the Brazilian Amazon. *Journal of Political and Military Sociology* 21:1 (1993): 81–105.

Wright, Angus. *The Death of Ramon Gonzalez: The Modern Agricultural Dilemma*, revised ed. Austin: University of Texas Press, 2005.

Zerpa Mirabal, Alfonso J. *Explotación y comercio de plumas de garza en Venezuela: fines del siglo XIX–principios del siglo XX*. Caracas: Ediciones del Congreso de la República, 1998.

후기_ 쿠바의 최신 혁명

Diaz–Briquets, Sergio, and Jorge Pérez–López, eds. *Conquering Nature: The Environmental Legacy of Socialism in Cuba*. Pittsburg: University of Pittsburg Press, 2000.

Funes, Femando, Luis García, Martin Bourque, Nilda Pérez, and Peter Rosset, eds. *Sustainable Agriculture and Resistance: Transforming Food Production in Cuba*. Oakland, CA: Food First Books, 2002.

찾아보기_

476